2019
HORS-SÉRIE

DOSSIER THÉMATIQUE

POLITIQUES SOCIALES LOCALES

Coordonné par Robert Lafore et Jean-Luc Outin

RFAS
Revue française des affaires sociales

La **documentation** Française

RFAS

Revue française des affaires sociales

HORS-SÉRIE 2019

Ministère des Solidarités et de la Santé
Ministère du Travail
Ministère de l'Action et des Comptes publics

Les appels à contribution, les recommandations aux auteur·e·s et les informations sur les numéros à paraître sont disponibles sur :
http://drees.social-sante.gouv.fr/etudes-et-statistiques/publications/revue-francaise-des-affaires-sociales/

Adresse de la rédaction : 18 place des Cinq-Martyrs-du-Lycée-Buffon, 75014 Paris
Adresse postale : 14 avenue Duquesne, 75350 Paris 07 SP

Conception graphique : Atelier Philippe Bretelle (maquette intérieure)
et Stéphane Jeandet (maquette de couverture)

ISSN : 00352985

Sommaire

POLITIQUES SOCIALES LOCALES

POLITIQUES SOCIALES LOCALES

Revue soutenue par l'Institut des Sciences Humaines et Sociales du Centre National de la Recherche Scientifique (France)

ISSN 0769-3362

Droit et Société

Administration et abonnement

Lextenso
70, rue du Gouverneur Général Éboué
92131 Issy-les-Moulineaux Cedex, France
Tél. : 01.40.93.40.40

Secrétariat de rédaction

Institut des Sciences sociales du Politique, ENS Paris-Saclay
61 av. du Président Wilson F-94235 Cachan cedex
Tél. : 01.47.40.59.63
e-mail : geraldine.doite@ens-paris-saclay.fr

Site Internet : ds.hypotheses.org
La revue est disponible sur Persée, Cairn.info et HeinOnline

Au sommaire du numéro 102/2019

POLITIQUES SOCIALES LOCALES

Avant-propos

Robert Lafore et Jean-Luc Outin

L'existence de mesures sociales définies à un niveau local est, en France, un fait ancien. Visant initialement l'assistance aux pauvres, ces aides ont précédé la mise en place d'un système national de protection sociale. D'ailleurs, l'avènement de la IIIe République est marqué par « la confirmation du référent territorial en matière d'assistance et d'hygiène publiques » (Pollet, 2013). De même, la charte municipale de 1884 donne aux communes une grande liberté d'action, en leur attribuant une clause générale de compétences. La base solidariste à caractère professionnel sur laquelle se sont construites les assurances sociales puis, après 1945, la Sécurité sociale, a contribué à une mise à l'écart partielle de l'assistance et à un effacement corrélatif du local. L'extension de la société salariale a conforté, jusqu'au début des années 1980, la prépondérance prise par les mécanismes d'assurances sociales à base professionnelle ou interprofessionnelle assortis d'une couverture nationale. Cependant, l'assistance n'a pas pour autant disparu. Elle a continué à se développer en se renouvelant, confortant ainsi le cadre local d'une partie des aides sociales.

En 1982, année qui marque une première étape dans la décentralisation, la notion de « bloc de compétences » est utilisée pour délimiter les prestations et services relevant de l'État et les interventions sociales du ressort des collectivités locales. Cette nouvelle donne territoriale s'est accompagnée, après 1992, d'un mouvement de déconcentration au sein même de l'administration de l'État. La maîtrise politique des prestations d'aide sociale et des décisions concernant les établissements et services sociaux est devenue la norme avec le transfert aux conseils généraux des compétences correspondantes.

La loi constitutionnelle du 28 mars 2003 qui a ouvert l'acte II de la décentralisation a affirmé, dans son article premier, l'organisation décentralisée de la République. Elle consacre l'existence juridique des régions et garantit une autonomie financière aux collectivités locales en l'assortissant de mécanismes de péréquation. De plus, la loi relative aux libertés et responsabilités locales du 13 août 2004 a énuméré l'ensemble des nouvelles compétences transférées par l'État aux collectivités locales. Dans ce cadre, les départements, considérés avec les intercommunalités comme les piliers de la proximité, se sont vus attribuer un rôle de « chef de file » en matière d'action sociale en prenant à leur charge l'ensemble des prestations d'aide sociale. En matière de logement social, le texte prévoit que l'essentiel des responsabilités est transféré aux départements et aux groupements intercommunaux.

Acte III de la décentralisation, la loi de modernisation de l'action publique territoriale et d'affirmation des métropoles, du 27 janvier 2014, vise à clarifier les compétences des collectivités territoriales et à doter les métropoles, structures intercommunales les plus intégrées, d'un véritable statut pour permettre leur développement. De plus, en créant des « conférences territoriales de l'action publique », le législateur a cherché à développer la concertation entre les collectivités. Cela est rendu d'autant plus nécessaire que la réponse aux besoins et les interventions concrètes correspondantes mettent fréquemment en jeu différents niveaux territoriaux et plusieurs champs d'intervention.

Enfin, la loi portant nouvelle organisation territoriale de la République, du 8 août 2015, a renforcé le rôle des régions en matière économique et d'aménagement durable du territoire et conforté les intercommunalités. Si le département conserve son rôle d'acteur local central en matière de solidarité, il perd sa clause de compétence générale marquant la volonté de circonscrire son champ d'intervention. À l'inverse, la commune la conserve, mais elle peut ou doit transférer une partie de ses compétences à l'échelon intercommunal. Dans le champ de l'action sociale, la mise en place de centres intercommunaux d'action sociale en est une illustration parmi d'autres. Enfin, le Plan pauvreté, présenté à l'automne 2018, oriente résolument l'action publique dans ce domaine vers sa territorialisation et prévoit la mise en place, pour sa mise en œuvre, d'un « service public de l'insertion » qui appelle un nouvel ordonnancement des acteurs locaux.

En redéfinissant le rôle des différents échelons territoriaux, l'État central cherche à impliquer de nouveaux acteurs, non seulement dans la gestion de l'action publique, mais aussi dans sa définition, voire dans sa conception : la proximité et la transversalité sont ainsi fréquemment mises en avant mais la portée pratique de ces principes reste à mieux caractériser. De plus, la mutation des prérogatives et de l'organisation des collectivités territoriales en matière d'action sociale induit des systèmes complexes mobilisant différents niveaux territoriaux faute de savoir ou de pouvoir définir le niveau pertinent de l'intervention (Avenel, 2017). Enfin, l'État reste un acteur central comme l'atteste le rôle qui est le sien dans la définition des dispositifs et des conditions d'attribution des prestations. Dans ce sens, la notion de décentralisation, souvent utilisée pour caractériser l'implication des collectivités locales, s'apparente plutôt à une délégation dont la portée est à interroger du point de vue de sa pertinence pour articuler l'économique et le social et ne pas limiter celui-ci à une fonction réparatrice (R. Lafore, 2016).

Pour apporter des éléments d'analyse et d'illustration de ces évolutions et de leurs enjeux, la DREES et la CNAF (Caisse nationale des allocations familiales) ont lancé, en mars 2015, un appel à projets de recherche proposant d'aborder les politiques sociales locales et la territorialisation des politiques sociales à partir de quatre axes relatifs aux principes qui les (la) fondent, aux dispositifs qui les (la) concrétisent, aux acteurs qui les (la) portent et aux modes de régulation qu'elles (elle) mettent (met) en œuvre (Dauphin, Outin, 2019). Le présent numéro de la *Revue française des affaires sociales* rassemble des contributions issues de ce programme.

D'une certaine manière, les observations présentées ici font écho aux préoccupations exprimées à l'occasion du mouvement dit des « gilets jaunes » qui a débuté en novembre 2018 et du Grand débat national du début de l'année 2019. Parmi les thèmes abordés, celui de la fracture territoriale a été particulièrement présent. Ainsi, le document de synthèse des débats organisés par les conseils économiques sociaux et environnementaux régionaux mentionne que « les citoyens et des maires ont des difficultés pour appréhender la place de leur commune sur le nouvel échiquier » territorial. Cela contribue à un sentiment d'éloignement de la décision publique. De plus, la réorganisation par fusion des collectivités territoriales et l'évolution concomitante de l'aménagement du territoire engendrent le sentiment que les écarts entre territoires vont croissant. Cela est conforté par de nombreux facteurs tels que la présence moindre des services publics, des politiques de péréquation et de compensation financières de l'État plus réduites, moins lisibles et peu anticipatrices, les retards de certains territoires en matière d'équipements de télécommunication ou encore la tendance à l'urbanisation et la concentration des activités économiques sur quelques pôles. La diversité de ces éléments et leur cumul plus ou moins important contribuent à étayer cette appréciation d'une fracture territoriale. Elle rend encore plus nécessaire l'appréhension de chaque territoire comme un tout aux composantes variées dont la complémentarité doit être soutenue et non comme la juxtaposition d'espaces particuliers plus ou moins concurrents.

Les articles présentés dans ce numéro consacré aux politiques sociales locales apportent, en filigrane de leurs objets empiriques, des éclairages sur au moins trois questions : la configuration du territoire d'intervention, la redéfinition de la prestation, les systèmes d'acteurs.

Le territoire et le renouvellement des fondements des politiques sociales

La complexification des situations sociales et des réponses à apporter remettent en cause la notion de bloc de compétences censée clarifier le rôle des différentes collectivités locales. En effet, l'intervention sociale devient plus composite. Au « modèle tutélaire » des origines qui s'était combiné avec un « modèle réparateur » dans la période de l'après-guerre, s'est adjoint, dans les années 1980, un « modèle intégrateur ». Dans le cadre de celui-ci, le territoire devient une catégorie centrale des actions destinées à accompagner des populations « interstitielles » mal prises en compte dans les formes d'intervention antérieures (Lafore, 2007). On passerait ainsi d'un modèle de type « social d'intervention » à un modèle « social contractualiste » ou de responsabilité. Le premier est marqué par l'attribution d'aide à des populations ciblées à travers des conditions générales ; le second est fondé sur des projets impliquant largement les acteurs locaux (Ion, 2000).

Ces approches sont l'occasion de problématiser la manière dont le territoire participe aux recompositions que l'on observe au sein des politiques sociales. À l'évidence, il ne se limite pas à un cadre géographique ou administratif ; il met en jeu un espace qui est tout à la fois social, économique et politique au sein duquel s'expriment des besoins et se partagent des ressources en fonction d'intérêts et de représentations qui se confrontent. De plus, au-delà de ses caractéristiques observées à un moment donné, le territoire s'inscrit dans une trajectoire longue. Sa dimension locale ne préjuge en rien la portée, générale ou à la marge, des aménagements qui s'y élaborent dans le champ de la solidarité collective, que ce soit en termes de droits et de devoirs ou dans la recherche d'une nouvelle combinaison entre les principes de sécurité sociale, d'assistance et de prévoyance que l'on observe dans la protection sociale.

Enfin, cette promotion du territoire interroge les inégalités de traitement des populations qui peuvent en découler. Il s'agit, en effet, de trouver un équilibre entre les principes d'égalité et de solidarité nationale, d'une part, et les libertés locales, d'autre part. Se trouve ainsi posée la question de la tension entre l'autonomie des collectivités territoriales et l'encadrement normatif de l'État relatif à la mise en œuvre des politiques sociales. Cette dimension inhérente au processus de décentralisation s'avère particulièrement cruciale dans ce domaine puisqu'à travers les droits sociaux correspondants, elle met en jeu des droits constitutionnels fondamentaux.

Au-delà de ces considérations générales, des interrogations plus circonscrites sont ouvertes. L'extension des intercommunalités et la mise en place des métropoles fournissent des opportunités nouvelles pour aborder ces questions du fait de la recomposition des territoires d'intervention qui leur sont liés. Ainsi, l'approche de l'action publique par le territoire conduit à examiner l'échelon pertinent qu'il convient de retenir pour concevoir les politiques sociales. La répartition des compétences dévolues à chaque circonscription géographique peut se heurter au développement nécessaire d'interventions combinant des champs variés (l'emploi, la formation, l'hébergement, l'action sociale, la santé, etc.) et relevant d'échelons différents. La transversalité des approches accentue, sans doute, la tendance à l'agencement multiniveau des interventions. Les questions relatives à leur coordination dans la durée, en termes de priorités à définir, de ressources à mutualiser, de formes d'intervention pluri-institutionnelle à concevoir se trouvent posées. Par exemple, la notion de chef de file, utilisée pour désigner le rôle éminent confié aux départements dans la mise en œuvre du RSA, ne suffit pas à définir un mode de coordination à la fois stratégique et opérationnel (Avenel, 2017). Cependant, la pertinence du périmètre de l'intervention sociale ne peut être examinée simplement à travers le prisme de l'efficience gestionnaire et de la rationalisation des moyens. La question doit être également abordée du point de vue de ce qui fonde sa légitimité. Si les transferts d'attributions construisent un cadre juridique indispensable à celle-ci, il faut prendre en compte les processus longs qui forgent les identités locales et les instances qui assurent l'expression politique des populations. D'un point de vue plus concret, ces inégalités territoriales s'inscrivent dans des trajectoires socio-économiques longues. Plus largement, elles reflètent des histoires locales marquées par des évènements, des acteurs et des compromis (Martin et Pouchadon, Lemercier).

Comment les différences de ressources qui en découlent influent-elles sur la conception des dispositifs locaux et sur les partenariats mobilisés ? La recomposition actuelle du paysage politico-institutionnel local confère une acuité particulière à cette question. L'organisation politico-administrative du territoire – fondée traditionnellement sur un modèle uniforme illustré par le triptyque « commune, département, région » fait place à une diversité plus grande. Sans doute, des modes différenciés d'organisations des territoires se rencontrent dans d'autres pays européens. Mais ils s'inscrivent dans des traditions nationales très différentes. En France, les « territoires d'exception », marqués par des interventions spécifiques, montre que l'intervention publique a visé à faire émerger une stratégie de développement social et une logique de projet en lieu et place d'une logique de guichet.

Les prestations, les équipements et les services : vers une recomposition cognitive

Les prestations, les équipements et les services dont il est question ici prennent place, du point de vue juridique et institutionnel, dans le cadre de l'aide sociale et de l'action sociale. La première, à caractère obligatoire, est fondée sur des lois et règlements de portée générale qui configurent les prestations. Les droits correspondants ont trois caractéristiques principales : ils sont « alimentaires » (c'est-à-dire fondés sur l'expression de besoins particuliers), « subjectifs » (le besoin exprimé est soumis à l'appréciation d'une instance), « subsidiaires » (c'est-à-dire qu'ils interviennent en dernier recours et peuvent mettre en jeu des solidarités privées). Dans ces conditions, le cadre normatif général peut donner lieu à interprétations locales, ce qui contribue à une certaine variété des prestations réelles. L'action sociale, quant à elle, est intrinsèquement plus diverse puisqu'elle met en place des interventions facultatives relatives à des aides directes ou indirectes, des équipements et services collectifs (comme les équipements d'accueil du jeune enfant), ou bien des mesures d'accompagnement et de suivi social. Par ailleurs, la crise économique qui s'est ouverte en 2008, par son ampleur et sa durée, a eu des conséquences sociales importantes. La stabilisation de la pauvreté monétaire observée à partir de 2012-2013 s'effectue à un niveau sensiblement plus élevé que celui atteint avant la crise et se double d'un accroissement sensible de la part des personnes en situation de pauvreté durable (Onpes, 2018).

À un niveau général, l'analyse des conditions de mise en place de ces prestations, équipements et services ainsi que l'examen des transformations intervenues au cours des années récentes informent sur les besoins et les populations que l'action publique locale cherche à satisfaire. La limitation des ressources n'est pas sans incidences sur les choix que les collectivités ont à opérer pour répondre à de nouvelles demandes, se recentrer sur certains publics et en évincer d'autres, plus ou moins subrepticement. Sans doute, cette question ne peut être abordée à un niveau d'ensemble. Les choix réels varient selon que les dispositifs concernent la petite enfance, le handicap, la dépendance, la pauvreté, l'insertion sociale, etc. Il s'agit alors d'examiner les prestations, les équipements et les services correspondants sous l'angle des conditions d'attribution, des barèmes utilisés pour calculer le coût résiduel à la charge de l'usager, des durées d'intervention de professionnels accordées, des règles en matière d'obligation alimentaire ou de récupération successorale, de suivi et d'accompagnement, de régime des sanctions, etc. Dans la mesure où ces interventions reflètent des choix ou des compromis politiques au-delà de leurs caractéristiques juridiques et institutionnelles concrètes, plusieurs questions se posent.

Les travaux présentés ici montrent une certaine volonté de mettre à l'écart les logiques sectorielles héritées qui découpent bénéficiaires et organisations par publics cibles en construisant des modes d'interventions (prestations matérielles et financières) selon des catégories et sous-catégories, chacune étant orientée vers une filière organisationnelle spécialisée depuis l'inscription dans le statut catégoriel jusqu'à la prise en charge. On tend, sur les divers espaces observés, à substituer à ce modèle d'appréhension des problèmes sociaux une approche qui se veut « globale » et « transversale », centrée sur les « besoins » de chaque personne singulière avec un ensemble de prestations diversifiées intervenant successivement ou simultanément, cela obligeant à décloisonner les acteurs au sein de l'action sociale et à désectoriser ce secteur d'action publique en le connectant à l'emploi, à la santé, à l'éducation, à la formation, au logement, etc. Les thèmes du « parcours », de « l'accompagnement », de « l'individualisation » comme ceux de « l'accès aux droits » et de « l'inclusion » sont autant de symptômes de ces reconfigurations.

Mais, il faut également examiner la question sous l'angle des modalités de mise en œuvre des prestations du fait des instruments contractuels (plans d'aide, contrats d'engagement réciproque, etc.) qui leur sont liés. L'accompagnement des personnes semble emblématique à cet égard. En faisant du bénéficiaire un acteur à part entière dont les projets et les compétences sont reconnus, le registre de l'intervention se modifie pour passer « d'un idéal éducatif à un horizon capacitaire » (Guiliani, 2013). De plus, l'accompagnement s'inscrit dans le cadre d'un parcours mettant en jeu des champs d'intervention différents et des acteurs dont la coordination est délicate, comme le soulignent plusieurs contributeurs (Anne Eydoux *et al.*, Christophe Trombert).

On observe ainsi une forte prégnance des arrangements catégoriels hérités qui structurent encore l'appréhension et le traitement des situations problématiques de telle sorte que l'impact de ce nouveau modèle dit « inclusif » paraît relativement réduit en pratique. Même s'il jouit d'une forte légitimité, le modèle de « l'inclusion » suscite aussi des controverses dont il faut apprécier la nature et la portée en termes de « sens ».

Sur le premier aspect, les observations empiriques présentées montrent que les principes qui le commandent (droits individuels, adaptation aux situations singulières, maintien au plus près du droit commun, etc.) parviennent difficilement à constituer un ensemble cohérent nettement identifiable et identifié comme tel par les acteurs, qui se démarquerait des représentations qui fondaient antérieurement les interventions sociales. Sur le second, si la référence générale à « l'inclusion » constitue un socle de significations mobilisatrices du fait de son potentiel novateur, cela n'est pas sans ambiguïté, dès lors qu'il s'agit de la rendre opérationnelle. Des différences d'interprétation apparaissent selon les champs d'intervention et les cultures professionnelles, non seulement en termes de contenu et de transition individuelle (insertion professionnelle/accès à des droits sociaux) mais aussi en termes de droits et obligations respectives des bénéficiaires et de la collectivité.

Enfin, la question des critères de « justice locale » tels que le besoin, le mérite, l'efficacité, etc. au sens de J. Elster (1995) reste posée. Une autre façon de l'aborder est de reprendre la distinction entre le « social de compensation », remède à l'exclusion et le « social de compétition » qui cherche à remettre les individus dans le circuit de l'emploi pour qu'ils retrouvent une autonomie personnelle (Donzelot, 1994). L'examen des processus de reconnaissance des besoins et de mobilisation des ressources permet de préciser comment les dispositifs en vigueur portent la trace de ces débats *via* les caractéristiques des prestations et leurs conditions d'attribution.

Les systèmes d'acteurs territoriaux : entre hiérarchie et coopérations, encadrements et autonomie

L'une des caractéristiques des politiques sociales locales est sans doute la multiplicité des acteurs en présence, qu'ils appartiennent à la sphère publique (État, collectivités locales de différents échelons territoriaux et établissements publics) ou bien à la sphère privée, de l'ordre marchand ou non marchand (entreprises, associations). Sans doute, l'implication de chacun de ces acteurs est variable selon que l'on se place au niveau de la définition des interventions, de leur financement ou de leur mise en œuvre opérationnelle. Elle varie aussi selon les champs d'intervention.

Si la décentralisation a modifié la place et le rôle de ces différents acteurs, ils restent tous présents et doivent coopérer plus ou moins activement ou inscrire leur intervention spécifique dans les cadres réglementaires et budgétaires définis par d'autres. D'ailleurs, la transversalité accrue des interventions croise les champs de l'insertion professionnelle et/ou sociale, du sanitaire et médico-social qui mobilisent des professionnels bien différents. De plus, l'intervention d'opérateurs (en matière de conseils ou de prestations spécifiques, par exemple) et de fonctionnaires territoriaux en charge des dimensions budgétaires, de contrôle et d'évaluation diversifie encore davantage le système d'acteurs. Enfin, au-delà de celle des professionnels reconnus, il faut considérer la place des bénévoles, par exemple les aidants profanes, et celle des usagers de plus en plus sollicités au nom d'un principe de responsabilisation.

Bien sûr, les configurations d'acteurs se différencient selon les mesures considérées : petite enfance, pauvreté et urgence sociale, dépendance, etc. Cependant, deux séries d'interrogations générales, au moins, doivent être abordées. La première porte sur les relations de pouvoir existant entre ces acteurs dont les légitimités (électives et politiques, professionnelles et techniques, militantes et altruistes, etc.) doivent être plus ou moins conjuguées pour organiser ces réseaux. Les logiques de projets et la transversalité liée au renouvellement des approches impliquent non seulement une gouvernance partagée, souvent à géométrie variable selon les territoires et les dispositifs, mais aussi le passage de modes hiérarchiques de gouvernement à des formes de coopération négociée au sein des systèmes d'acteurs. Les articulations entre les différents niveaux de collectivités sont une question d'autant plus importante que la dernière réforme territoriale interroge des principes généraux tels que la clause de compétence générale ou la pertinence de dispositions comme les blocs de compétences ou encore la notion de chef de file. La montée en puissance des métropoles comme des intercommunalités peut limiter d'autant le rôle du « département providence ». De plus, les autres acteurs tels que les organismes sociaux, les associations et les entreprises ne peuvent pas être réduits à un simple rôle d'opérateurs : leur technicité et leurs ressources leur donnent des moyens d'infléchir des modes d'intervention généraux (Letablier, 2015).

La seconde dimension concerne les ressources de toute nature que tous ces acteurs apportent dans cette coordination obligée. La pluralité de ces derniers soulève plusieurs questions. Entre l'encadrement normatif produit par les uns et la mise en œuvre par les autres, des glissements et des tensions peuvent se produire. Si le contexte économique local influence les ressources financières disponibles et les modalités d'éligibilité *via*, par exemple, la tarification pratiquée, il faut prendre en compte des éléments non monétaires tels que les systèmes de valeurs et les critères de légitimation utilisés pour définir les normes d'intervention pratique. La logique de projet ne peut se résumer à une dimension instrumentale ou procédurale. La coordination des acteurs et la définition d'outils et de dispositifs transversaux et multiniveaux ne dispensent pas de l'explicitation d'une base plus substantielle. Celle-ci porte, par exemple, sur le sens que chaque acteur donne au social et sur les normes de justice particulières qu'il utilise pour allouer des ressources rares entre les personnes à accompagner ou pour définir les critères d'éligibilité à une prestation ou à un service. L'exemple de l'orientation des allocataires du RSA ou la définition des degrés d'autonomie chez des personnes dépendantes illustrent, parmi beaucoup d'autres, la réinterprétation que les « opérateurs » font des règles générales qui leur sont fournies.

Sur ce plan, les positionnements institutionnels et les identités professionnelles permettent sans doute d'éclairer l'ensemble des pratiques des acteurs et les difficultés de coopération entre eux. Les registres des droits et devoirs, de l'urgence et du secours, de l'autonomie et de l'accompagnement, etc. s'interprètent de manière en partie spécifique selon qu'ils sont mis en œuvre dans les différents champs des politiques sociales et pour les différents publics.

En conclusion, les observations réalisées sur les recompositions de l'action sociale au niveau des « territoires » invitent à prolonger l'analyse en s'interrogeant sur la « prestation » elle-même, c'est-à-dire sur les modalités concrètes de prise en charge des personnes concernées. En effet, les prestations du modèle « d'inclusion » semblent se caractériser par une combinaison de ces deux types de logique : prestation en espèce connectée à des prestations en nature (accompagnement, appui divers) comme dans le cas du RSA. L'enjeu est alors de doser les rapports entre un « droit » (prestation en espèce) et une forme de contrepartie, soit l'engagement et les efforts du bénéficiaire inscrits dans un instrument qui, de plus, mobilise une responsabilité répartie (et souvent diluée) entre plusieurs acteurs publics ou parapublics. La question est de savoir si la « territorialisation » de l'action sociale combinée au modèle de « l'inclusion » ne produit pas des effets dans les logiques des prestations ou si, dans l'autre sens, selon les prestations considérées (ASPA – AAH/APA – PCH[1]), leurs modalités d'utilisation ne se modifient pas pour accompagner des transformations dans les modes d'intervention qui deviennent plus composites.

Ainsi, le développement d'un modèle « économie des services » à travers lequel les choix et arbitrages opérés par les bénéficiaires tendent à modeler l'offre peut coexister avec un maintien des logiques de régulation par les financeurs et les opérateurs sous forme d'un contrôle de l'offre de services et de prises en charge, les prestations monétaires étant intégrées par ce modèle sans interférer sur l'offre. Ces inflexions dans le modèle de prestations conduisent à examiner la manière dont l'autorité qui les fournit les conçoit, selon qu'elle les considère comme un bien ou comme un droit. Dans le premier cas, cela interroge les conditions de sa production en termes de quantité/qualité, coût ; dans le second, l'accent est mis sur les conditions d'éligibilité et d'accès effectif.

On peut examiner également si les modalités de mise en œuvre des services (service public/délégation à associations/services marchands) interfèrent sur les caractéristiques de la prestation ou du service en termes de quantité, prix, qualité ou mode de rationnement.

L'enjeu est d'importance puisqu'il s'agit de savoir si la « territorialisation » de l'action sociale induit un changement dans la régulation des ressources, avec notamment un renforcement du poids des demandeurs. Sous l'influence du modèle « inclusif », on peut assister à des évolutions vers un modèle beaucoup plus ouvert de prestataires et un recul ou, *a minima*, une transformation du contrôle public de l'offre. Dans une telle perspective, le modèle « territorialisé » et « inclusif » serait porteur d'une recomposition du système prestataire en le poussant inéluctablement vers une logique de prestations monétaires, lesquelles peuvent passer rationnellement comme le meilleur moyen de donner au bénéficiaire le maximum d'autonomie. De là, les pouvoirs publics verraient leur rôle évoluer vers la « régulation » d'une offre « conforme » à des normes réglementaires plutôt que de rester dans l'aménagement d'un secteur d'opérateurs qu'ils structurent. Sans doute, les observations de terrain ne permettent pas de répondre clairement, dans la mesure où ces évolutions sont plus ou moins amorcées selon les territoires et les champs d'intervention.

1. ASPA : allocation de solidarité aux personnes âgées ; AAH : allocation aux adultes handicapés ; APA : allocation personnalisée d'autonomie ; PCH : prestation de compensation du handicap.

La question revêt aussi un second plan, mis en avant de façon récurrente, mais peu exploré : dans un système « national » de prestations, leur « territorialisation » suppose qu'il existe des marges d'interprétation et d'application des législations au niveau des acteurs publics locaux. Ces marges sont variables selon les prestations, la distinction « prestations en nature/prestations monétaires » pouvant passer là encore comme une variable décisive. Les prestations en nature ouvrent un champ d'appréciation aux pouvoirs locaux quand les secondes, soumises à une logique réglementaire stricte, les transforment en simples gestionnaires de prestations légales.

Avec la territorialisation, mais aussi avec « l'inclusion », les prestations en nature doivent en principe être pensées en fonction de l'existence d'opérateurs pertinents sur chacun des territoires concernés ainsi qu'à travers la plus ou moins bonne adéquation entre cette offre et les « besoins » du territoire. Le « local » (et ses caractéristiques) prend donc un poids nouveau. Se pose la question de savoir si cela ouvre des marges nouvelles aux acteurs publics et opérateurs dans l'application des législations ou, au contraire, si cela les met davantage sous l'emprise du pouvoir central qui, en dernière instance, répartit les ressources. En tout état de cause, il s'instaure une nouvelle dialectique « national/local » qui peut être explorée en relation avec la diversité des configurations d'acteurs et de leur mode de coopération et avec l'impact de la territorialisation sur l'organisation des services, les pratiques des professionnels et la diversité des critères d'attribution des aides.

Si la nature monétaire ou non des prestations peut apparaître centrale, selon les publics et les prestations (le RSA est sans doute différent à cet égard de l'AAH ou de l'ASPA), les facteurs territoriaux et la façon dont les acteurs les affrontent ouvrent des marges d'interprétation différenciées. Ces dernières produisent probablement de très grands écarts dans la prise en charge effective des bénéficiaires et, au final, dans le contenu même de leurs droits.

Présentation des contributions

À travers sa présentation de l'aide et de l'action sociales des collectivités territoriales, Isabelle Leroux rappelle d'abord l'importance relative des budgets correspondants. Représentant environ 10 % des dépenses totales de protection sociale, ce champ implique des acteurs très variés parmi lesquels les départements ont un rôle prépondérant tant du point de vue des masses financières mobilisées que du nombre d'actions mises en œuvre. L'inégale répartition géographique des aides et des dépenses des départements découle non seulement des différences de contextes sociaux, économiques et démographiques mais aussi des priorités retenues pour définir les interventions. Au niveau communal, l'action sociale est présente sous au moins une forme dans la quasi-totalité des collectivités. La diversité de l'offre de services et de prestations est, ici, très corrélée avec leur taille. La variété des besoins mais aussi la présence d'acteurs locaux, publics ou privés, des secteurs marchands ou non marchands contribuent à soutenir des innovations permettant de dépasser le traditionnel colis de fin d'année et de mobiliser des ressources financières souvent combinées. Enfin, ces données montrent l'importance prise par les intercommunalités puisque près de la moitié d'entre elles attribuent maintenant des prestations d'action sociale.

S'appuyant sur une démarche monographique, l'article d'Elisabetta Bucolo, Anne Eydoux, Laurent Fraisse, Alexandra Garabige, Léa Lima, Jules Simha, Loïc Trabut et Claire Vivès, intitulé « Penser global, agir local ? Désectorisation des politiques sociales et échelles d'action publique », présente une analyse des recompositions opérées dans l'action sociale territoriale à partir de dispositifs mis en place en direction de personnes âgées dépendantes, de demandeurs d'emploi en difficulté d'insertion professionnelle et de mères isolées précaires.

Les auteurs présentent une synthèse des diverses observations réalisées et en tirent des enseignements généraux permettant d'apprécier comment les montages dédiés à ces trois types de publics se constituent, fonctionnent et affrontent avec plus ou moins de succès les difficultés qui ne manquent pas de surgir.

Dans un premier temps, ils rappellent que la transversalité ne peut pas être appréhendée à un échelon local particulier et qu'elle renvoie à des formes d'organisation variées. Dans bien des cas, les dispositifs correspondants sont multiniveaux et relèvent de plusieurs modèles : le *case managemen*t de courtage fondé sur un accueil généraliste destiné à diagnostiquer les besoins des personnes, le *case management* clinique impliquant la coordination de l'offre de services par un professionnel et le modèle de transversalité intégrée au niveau d'une structure ou *via* la coopération entre professionnels de structures différentes au sein d'un dispositif.

Dans un deuxième temps, l'article analyse les difficultés rencontrées dans le cadre de l'approche transversale. Pour l'essentiel, elles tiennent à la nécessité de dépasser le modèle sectoriel d'action sociale afin d'articuler les acteurs à tous les niveaux, qu'ils gouvernent les domaines concernés ou qu'ils soient en charge directe des interventions. L'examen pointe le réagencement délicat des compétences institutionnelles sur le territoire. Il montre aussi que ces dispositifs transversaux interrogent l'organisation géographique des interventions et les métiers et compétences professionnelles des accompagnants.

Dans un troisième temps, les auteurs examinent ce qui contribue à la gouvernance effective de la transversalité : la production de savoirs et d'outils territorialisés destinés à dépasser les approches sectorielles, la mise en place d'instances *ad hoc* pour faciliter l'accès des publics ou la coopération des professionnels. La question des financements s'avère ici d'autant plus délicate qu'elle se confronte aux logiques sectorisées des financeurs et à leurs normes de gestion spécifiques.

Finalement, en éclairant les tenants et aboutissants de ce nouveau paradigme qui tend à structurer l'action sociale pour affronter la complexité des situations individuelles et favoriser leur approche globale, l'analyse fait apparaître de nouveaux enjeux autour des relations de pouvoir entre les acteurs impliqués.

En examinant « l'émergence de “politiques de l'autonomie” sur le plan local : entre innovations et prégnance des filières d'action sociale », Marie-Laure

Pouchadon et Philippe Martin montrent les avancées et les difficultés rencontrées pour concrétiser ce qu'ils n'hésitent pas à nommer une révolution dans la conception de l'action sociale et médico-sociale. En effet, le paradigme de la société inclusive, au cœur de la loi du 11 février 2005, implique de faire de l'individu l'acteur de sa propre vie. Dans cette perspective, l'environnement doit offrir les ressources nécessaires pour répondre aux aspirations et aux choix de chacun. D'où l'intérêt de cet objet pour examiner la territorialisation des politiques sociales et les enjeux qui en découlent.

À travers les observations réalisées dans les deux départements des Landes et de la Gironde, les auteurs analysent, dans un premier temps, les signes de transformation des politiques en direction des personnes âgées et des personnes handicapées: mise en place d'organisations départementales moins cloisonnées, dynamiques de coordination impliquant des outils et des agents nouveaux ou encore innovations sociales locales telles que le Village landais Alzheimer ou, en Gironde, le « territoire 100 % inclusif ». Dans un deuxième temps, l'analyse souligne cependant la prégnance des logiques traditionnelles de filière et de secteur. Plusieurs facteurs y contribuent : l'existence de catégories sociales et juridiques distinctes pour traiter les deux populations visées, la combinaison variée des cultures professionnelles dans l'évaluation des besoins des personnes ou encore les défis de l'accompagnement individualisé.

Au total, il apparaît que les principes fondant la démarche d'inclusion impliquent une transformation assez radicale dans la manière dont les personnes en situation de handicap ou de dépendance sont considérées. D'où la nécessité de multiples évolutions pour les institutions, afin d'adapter les organisations et les pratiques professionnelles. La territorialisation de l'intervention en est une dimension. Cependant, ces évolutions s'opèrent sans que les mots désignant les « transformations cognitives » correspondantes soient dits. Cela contribue à l'ambivalence de la territorialisation opérée : les politiques la visent mais l'action reste largement verticale et organisée en filières.

L'article de Quitterie Roquebert, « Disparités départementales dans l'accompagnement des personnes âgées fragiles : un état des lieux », interroge l'incidence de la décentralisation en rappelant qu'elle se manifeste tant sur la solvabilisation de la demande d'accompagnement que sur la régulation de l'offre. Si un cadre légal est fixé au niveau national, il laisse des zones d'incertitude et des marges de manœuvre qui débouchent sur des pratiques variées. Il s'agit donc non seulement de mesurer l'ampleur de ces écarts, mais aussi d'examiner leurs conséquences sur l'accompagnement des bénéficiaires en termes de qualité du service et de prix acquitté, du fait des ressources financières mobilisées par les collectivités locales. Les tensions entre des préoccupations de gestion rapprochée et les exigences d'équité globale d'un dispositif social induisent des politiques différentes. Ce sont donc plus fondamentalement les caractéristiques redistributives du dispositif qui sont interrogées.

Les travaux antérieurs, de nature ethnographique, qui ont identifié les facteurs influant les pratiques départementales sont actualisés à partir de nouvelles enquêtes conduites entre 2012 et 2015 et affinées à travers la prise en compte des caractéristiques sociodémographiques des territoires. L'auteure prolonge l'analyse en examinant la manière dont les pratiques départementales influent, d'abord, sur l'ouverture des droits, *via* la reconnaissance de la perte d'autonomie et la définition du plan d'aide, puis sur l'offre à travers les choix faits en matière de producteur d'aide ou de tarification des services et enfin sur le partage de leurs coûts entre le bénéficiaire et la solidarité publique.

À travers ces trois prismes successifs, l'analyse montre la responsabilité de l'acteur départemental et les enjeux qui découlent des choix faits, aussi bien en termes d'accès à une aide financée publiquement, de propriétés assurantielles du dispositif, de recours à une aide professionnelle, de qualité de la main-d'œuvre employée et de propriétés redistributives de la prestation. L'approche dépasse donc largement, la question de la variété de l'intervention pour s'adapter à des besoins locaux spécifiques. On pourrait sans doute prolonger la réflexion en s'interrogeant sur la nature même de la prestation servie, entre ses caractéristiques affichées et ses modalités réelles.

L'accompagnement global des demandeurs d'emploi en difficulté, instauré en 2014 par un protocole national, est questionné par Anne Eydoux, Jules Simha et Claire Vivès pour examiner le renouvellement du service public de l'emploi et les politiques locales d'insertion. Ce dispositif, qui combine accompagnement social et accompagnement professionnel, s'avère complexe à mettre en œuvre du fait de son architecture partenariale, transversale et multiniveau.

En s'appuyant sur des enquêtes monographiques dans les deux départements du Maine-et-Loire et de la Seine-Saint-Denis, l'article s'intéresse à la construction de savoirs territorialisés concernant les diagnostics, les valeurs et les objectifs affichés, les normes d'action, les instruments et les modèles de référence. Ces éléments structurent les représentations des problèmes à traiter et des solutions à apporter en matière d'accompagnement global. Il revient d'abord sur la genèse du dispositif pour rappeler sa mise en œuvre délicate et les décalages existant entre sa définition nationale et ses déclinaisons locales. Puis, il présente les outils de la transversalité élaborés dans les départements pour rendre opérationnel le travail d'accompagnement conjoint, développer les connaissances mutuelles ou désamorcer les conflits. Enfin, à travers l'examen de l'outil particulier qu'est le Fonds social européen (FSE), les auteurs montrent que, pour le financement d'un dispositif partenarial, les normes de gestion par les nombres et par la performance qui sont requises sont problématiques.

Tous ces constats empiriques révèlent que le renouvellement attendu du dispositif d'accompagnement global n'a pas eu véritablement lieu dans les départements observés, malgré un outillage bien développé. D'où un décalage entre une transversalité formelle et les pratiques réelles du travail conjoint. Celui-ci découle davantage d'initiatives bricolées qui interrogent la notion même d'accompagnement global.

Abordant la prise en charge de proximité sous l'angle des parcours, l'article de Christophe Trombert, « Territoires d'intervention, parcours de prise en charge, mobilités », cherche à appréhender l'action sociale territorialisée à partir des usagers et des questions que posent leurs parcours aux professionnels de terrain. Deux approches sont développées.

La première examine les phénomènes de concurrence entre les acteurs locaux pour accéder à des ressources rares, ainsi que l'impact des indicateurs d'activité et de résultat sur leurs pratiques. Elle identifie cela comme des obstacles au déploiement réel d'une action sociale territorialisée. Ainsi, l'analyse de la domiciliation administrative illustre comment la délégation locale des interventions dans un contexte de rareté des ressources d'aide engendre des phénomènes de concurrence inversée, produisant des délestages entre services, aggravés par la crainte de demandes ultérieures dans d'autres domaines de l'action sociale locale. De même, la recherche de bons indicateurs de résultats susceptibles d'avoir un impact favorable sur les financements peut entrer en contradiction avec les besoins des usagers, en termes de nature et de durée d'accompagnement, par exemple.

Dans un deuxième temps, c'est la question des publics appréhendés comme « bons ou mauvais risques », qui est envisagée. Sont surtout mis là en évidence les phénomènes d'éviction de certains usagers par les structures, craignant qu'ils n'affectent leur efficience et/ou leurs bons rapports avec d'autres acteurs. Plus largement, la question de la cohérence des parcours est posée au regard du vécu des usagers.

En mobilisant des matériaux issus de nombreuses enquêtes, les auteurs abordent des questions centrales pour la mise en œuvre des politiques d'action sociale qui se veulent « territorialisées » et structurées de façon à assurer des « parcours » pour les usagers concernés. L'intérêt principal, du fait de l'approche qualitative et des analyses du type *street level bureaucracy*, est de montrer que, loin des finalités partenariales et systémiques mises en exergue par les promoteurs de ces politiques, des obstacles tenant aux logiques des divers acteurs ainsi qu'aux contraintes dans lesquelles ils se trouvent, conduisent à produire des cloisonnements, des mécanismes d'éviction de certains usagers, des concurrences, etc. Ces distorsions sont appréciées à l'échelle des acteurs de terrain qui sont en prise directe avec les usagers et qui opèrent dans un cadre les conduisant à adopter des rationalités peu en accord avec les objectifs affirmés mais, en revanche, en adéquation avec les mécanismes de financement et d'évaluation de leurs actions.

Dans son article « Que faire des enfants des "Autres" ? Reconfigurations institutionnelles de la protection de l'enfance à Mayotte », Élise Lemercier interroge le sens que peut avoir, d'une part, le retour au territoire dans un espace marqué par la faiblesse des normes nationales et, d'autre part, la quasi-absence de mobilisation des acteurs publics et privés dans ce champ de l'intervention sociale. En effet, dans ce territoire devenu département français en 2011, les politiques sociales s'y sont institutionnalisées en même temps qu'elles étaient décentralisées. Relatant les débats entourant l'ouverture d'une maison d'enfants à caractère collectif, l'auteure analyse les tensions qui ont marqué les relations entre l'État et le département, l'un et l'autre se renvoyant la responsabilité de l'insuffisance des actions mises en place.

Dans un premier temps, l'article interroge la pertinence d'une politique d'aide sociale à l'enfance dérogatoire invoquée par certains, notamment au sein du conseil départemental. Confrontant deux approches, l'une privilégiant les liens familiaux et l'autre l'intérêt supérieur de l'enfant, cette politique sociale ne peut se comprendre sans faire référence à « l'enjeu de la légitimité politique de ces mineurs à vivre sur le sol mahorais ». Dans ce contexte, la mise en place d'un foyer d'accueil pour les enfants joue un rôle symbolique essentiel dans les négociations financières entre l'État et la collectivité départementale. D'un point de vue plus pratique, les professionnels se réfèrent à leur expérience pour soutenir le placement en hébergement collectif. Plus largement, l'action associative et les constats établis par différentes instances contribuent à rendre public le problème.

Dans un deuxième temps, l'auteure revient sur l'inscription de la question à l'agenda du conseil départemental. La stratégie incitative développée par l'État, notamment à travers un volet financier de rattrapage, se combine avec l'entrée en scène d'une nouvelle génération d'élus locaux pour reconnaître que l'inaction n'est plus possible. De plus, un ciblage plus large de l'aide sociale à l'enfance permet l'émergence d'un compromis entre la normalisation des prises en charge et les attentes du corps électoral en matière de préférence locale. Cependant, il reste fragile car le département est un acteur majeur dans « la fabrique des frontières nationales de la citoyenneté sociale » et l'État opte pour une réserve prudente face à ces questions cruciales dont la portée dépasse largement le cadre départemental étudié ici.

En complément des articles principaux, deux « points de vue » présentent la mise en place d'interventions sociales particulières dans deux territoires différents. Le premier concerne une initiative locale relative à la mise en place d'un dispositif de prévention du suicide dans un cadre intercommunal et l'autre est relatif à l'expérimentation « territoires zéro chômeur de longue durée » dans l'agglomération de Lille. Pour faire avancer un projet commun sur les territoires, ces deux expériences soulignent d'abord les synergies à impulser entre des acteurs locaux très variés (professionnels de différents champs, élus, associatifs, citoyens) pour que chacun change de posture, coopère et se lance dans l'innovation. Ensuite, elles montrent l'importance des cadres mis en place (instances, chartes, etc.) pour permettre tant l'organisation de l'intervention concrète que l'approfondissement du projet initial. En effet, l'animation est indispensable pour rechercher des solutions aux questions qui ne manquent pas de se poser et pour soutenir la mobilisation des acteurs dans leur démarche d'innovation. Enfin, le soutien des élus fournit une légitimité indispensable à la pérennisation de l'intervention.

Références bibliographiques

Avenel C. (2017), « Les enjeux et les impacts de la réforme territoriale sur la mise en œuvre des politiques sociales », *Revue française des affaires sociales*, n° 2, avril-juin.

Dauphin S. Outin J.-L. (2019), « Politiques sociales locales - Programme de recherche de la DREES et de la CNAF », *Les Dossiers de la DREES*, n° 33, février.

Donzelot J., Estèbe P. (1994), *L'État animateur, essai sur la politique de la ville*, Paris, Éditions Esprit, collection « Ville et société ».

Elster J. (ed.) (1995), *Local Justice in America*, New York, Russell Sage Foundation.

Guiliani F. E. (2013), *Accompagner. Le travail social face à la précarité durable*, Rennes, Presses universitaires de Rennes.

Ion J. (2000), *Le travail social à l'épreuve du territoire*, Paris, Dunod.

Lafore R. (2007), « La pauvreté saisie par le droit : la construction juridique de l'assistance en France », Actes du séminaire Droit et pauvreté, ONPES, MiRe-DREES.

Lafore R. (2016), « Finances sociales départementales : la cote d'alerte », *Actualités sociales hebdomadaires*, n° 2916.

ONPES (2014), « Les effets d'une crise de longue durée », Rapport 2013-2014.

Pollet G., Payre R. (2013), *Socio-histoire de l'action publique*, Paris, La Découverte.

Rosanvallon P. (1981), *La crise de l'État providence*, Paris, Seuil.

Warin P. (2007), *L'accès aux droits sociaux*, Grenoble, Presses universitaires de Grenoble.

[ÉLÉMENTS DE CADRAGE]

L'aide et l'action sociales des collectivités locales

Isabelle Leroux

RÉSUMÉ

L'aide et l'action sociales des collectivités locales en France reposent en premier lieu sur l'aide sociale départementale, qui représente la moitié des dépenses d'aide et d'action sociales nationales et 64 % des dépenses de fonctionnement des départements en 2017. Celle-ci comprend 4,2 millions de prestations ou mesures d'aide sociale à destination des personnes âgées, des personnes handicapées, des enfants ou jeunes majeurs en danger ou en risque de l'être, et pour l'insertion. Les départements ont, à ce titre, dépensé 37 milliards d'euros (nets des recouvrements ou remboursements). La répartition géographique des bénéficiaires et des dépenses d'aide sociale par habitant est hétérogène et diffère selon le secteur d'aide considéré. En matière de dépenses par bénéficiaire, celles liées au revenu de solidarité active (RSA) et celles liées aux personnes âgées sont moins variables d'un département à l'autre que celles liées à l'aide sociale aux personnes handicapées ou à l'aide sociale à l'enfance (ASE).

Outre certaines actions sociales obligatoires, les communes et leurs établissements publics de coopération intercommunale (EPCI) mettent en œuvre des actions sociales dans divers secteurs. En 2014, plus de huit communes françaises sur dix, représentant 98 % de la population française et plus de 80 % des intercommunalités développaient au moins une forme d'action sociale. Les communes interviennent principalement dans les domaines de l'aide aux personnes âgées, de la lutte contre la pauvreté et les exclusions, de la jeunesse et la famille, de l'hébergement et du logement ou encore de la petite enfance et de l'aide aux personnes handicapées.

Introduction

Mises en œuvre par de multiples acteurs, l'aide et l'action sociales sont des composantes de la protection sociale en France. La définition précise de leur périmètre au sein de cet ensemble plus large n'est pas unique. Dans cet article, l'aide et l'action sociales sont entendues comme les composantes de la protection sociale définies dans le Code de l'action sociale et des familles (CASF). Elles relèvent de multiples domaines de l'action publique : aide aux personnes âgées ; aide aux personnes handicapées ; enfance, jeunesse et famille ; lutte contre la pauvreté et les exclusions...

L'aide et l'action sociales représentent 10 % des dépenses de protection sociale

L'aide et l'action sociales recouvrent schématiquement trois types de mesures : l'aide sociale dite « légale », qui répond à des normes édictées par la loi ; l'aide sociale dite « extralégale » qui reprend les dispositifs de l'aide sociale légale, mais pour laquelle le pourvoyeur d'aide décide de montants plus élevés ou de conditions d'attribution plus souples ; et enfin l'action sociale qui comprend toutes les mesures qu'une collectivité ou un acteur de la protection sociale mène auprès de personnes dans le besoin, en dehors ou en complément des régimes de sécurité sociale et de l'aide sociale.

L'aide et l'action sociales représentent globalement 10 % des dépenses totales de protection sociale, soit 71 milliards d'euros en 2017. Elles sont principalement financées par les départements (51 %) et par les caisses d'allocations familiales et l'assurance maladie (39 %). L'État y contribue à hauteur de 7 %. Enfin, les communes et intercommunalités interviennent également, mais pour de moindres montants (3 %).

64 % des dépenses de fonctionnement des départements sont consacrés à l'aide sociale en 2017

L'aide sociale, qui relève de la compétence des conseils départementaux depuis les lois de décentralisation de 1982-1983, comprend des prestations et des services destinés aux personnes qui se trouvent en situation de besoin en raison de la vieillesse, du handicap ou de difficultés sociales. Elle s'exerce dans quatre domaines principaux : l'insertion, en lien notamment avec le revenu de solidarité active (RSA), l'aide aux personnes âgées, l'aide aux personnes handicapées et l'aide sociale à l'enfance (ASE).

L'aide sociale départementale occupe une place importante dans le budget des départements[1]. En 2017, les dépenses brutes[2] d'aide sociale s'élèvent pour la France métropolitaine et les départements et régions d'outre-mer[3] (DROM), hors Mayotte, à 39,2 milliards d'euros sur un budget global de fonctionnement, hors intérêts de la dette, de 61,3 milliards d'euros[4]. Ce montant représente ainsi 64 % des dépenses de fonctionnement[5] des conseils départementaux, alors que la proportion était inférieure à 60 % au début des années 2000. Cette part varie de 41 % à 76 % selon les départements en 2017, et est en partie corrélée au montant global des dépenses sociales[6]. Seuls sept départements consacrent moins de la moitié de leur budget à l'aide et l'action sociales et cette proportion est comprise entre 60 % et 70 % (inclus) dans deux tiers des départements.

Les départements peuvent engager des recours en récupération auprès des bénéficiaires de certaines aides, de leurs obligés alimentaires ou de leurs héritiers. S'ajoutent des recouvrements auprès d'autres collectivités territoriales, des remboursements de participations et de prestations, des mandats annulés et des subventions[7]. En 2017, les conseils départementaux ont ainsi récupéré ou recouvré 1,4 milliard d'euros, soit 3,6 % des dépenses brutes totales d'aide sociale. Après déduction de ce montant, les dépenses nettes engagées par les départements s'élèvent à 37,8 milliards d'euros, soit une augmentation de 0,8 % en euros constants[8] en un an (tableau 1), de 12 % en cinq ans, et de 29 % en dix ans. Ces dépenses totales nettes représentent 1,6 % du produit intérieur brut (PIB) français, un rapport qui a augmenté depuis 2001 où il était de 0,7 %.

1. Dans cet article, par convention, les « départements » désignent les collectivités en charge des compétences départementales : les conseils départementaux, la métropole de Lyon et les collectivités territoriales uniques de la Guyane et de la Martinique.
2. Ces dépenses sont toutefois nettes des récupérations faites auprès des bénéficiaires, des obligés alimentaires et sur successions dans le cadre de l'aide sociale à l'hébergement (ASH) aux personnes âgées.
3. Collectivités régies par l'article 73 de la Constitution.
4. Source : DGCL (Direction générale des collectivités locales), extraits de comptes administratifs des départements.
5. Les dépenses de fonctionnement comprennent les charges de personnels, les achats et charges externes, les dépenses d'intervention, les charges financières et autres charges de fonctionnement mais ne comprennent pas les dépenses d'investissement, et sont hors remboursement des emprunts et intérêts de la dette. En dehors de l'aide sociale, ces dépenses de fonctionnement couvrent les dépenses de prévention médico-sociale, les dépenses pour les collèges, les dépenses de voirie et les contingents versés aux services départementaux d'incendie et de secours (SDIS), y compris les dépenses de personnel.
6. Le coefficient de corrélation est de 38 %.
7. Ne sont pas inclus ici les financements en provenance de la Caisse nationale de solidarité pour l'autonomie (CNSA) et du Fonds de mobilisation départemental pour l'insertion (FMDI).
8. Sauf mention contraire, les évolutions de dépenses sont systématiquement indiquées en euros constants. Elles sont donc délattées de l'indice général des prix à la consommation de l'ensemble des ménages de France métropolitaine et des DROM. En 2017, cet indice a augmenté de 1,0 % en moyenne annuelle.

TABLEAU 1

Les dépenses d'aide sociale départementale, de 2001 à 2017

Dépenses en millions d'euros courants, évolutions en euros constants 2017

	2001	2006	2011	2016	2017	Évolution (en %)	
						2016/2017	2001/2017
Dépenses brutes d'insertion et d'allocation liées au RSA, RMI et RSO[1], dont:	745	7204	8932	11777	11818	-0,7	1174,0
dépenses d'allocation	-	6063	7830	10741	10809	-0,4	-
dépenses d'insertion	745	1140	1102	1036	1009	-3,6	8,8
Dépenses brutes[2] d'aide sociale aux personnes âgées, dont:	1746	5657	6901	7357	7606	2,3	249,6
APA	-	4365	5371	5784	5942	1,7	-
ASH en établissement et famille d'accueil	881	999	1236	1278	1292	0,0	17,7
Dépenses brutes d'aide sociale aux personnes handicapées, dont:	3110	4580	6842	8115	8320	1,5	114,7
ACTP	697	762	537	429	405	-6,5	-53,4
PCH	-	93	1263	1836	1931	4,1	-
accueil et hébergement en établissement et famille d'accueil	2271	3326	4373	5077	5186	1,1	83,3
Dépenses brutes d'ASE, dont:	4591	5736	7109	7778	7965	1,4	39,2
enfants accueillis à l'ASE[3]	3154	4418	5466	6104	6318	2,5	60,8
actions éducatives	270	361	423	461	473	1,6	40,7
Dépenses brutes de personnel, services communs et autres frais d'intervention sociale[4]	1747	2576	3238	3339	3453	2,3	58,6
Dépenses totales brutes (hors aide médicale générale)	11970	25753	33023	38367	39161	1,0	162,6
Dépenses totales nettes (hors aide médicale générale)	11308	25120	31581	37084	37759	0,8	168,0

ACTP: allocation compensatrice pour tierce personne. PCH: prestation de compensation du handicap.

APA: allocation personnalisée d'autonomie. ASH: aide sociale à l'hébergement.

1. Dépenses d'allocation et d'insertion liées au RMI, aux contrats d'insertion-revenu minimum d'activité (CI-RMA), aux contrats d'avenir, au RSA expérimental et au RSA socle et socle majoré à partir de 2009, ainsi qu'aux contrats uniques d'insertion à partir de 2010.

2. Les dépenses d'ASH aux personnes âgées en établissement sont des dépenses nettes des récupérations auprès des bénéficiaires, de leurs obligés alimentaires et des recours sur succession

3. Entre 2003 et 2004, le questionnaire d'enquête a été modifié afin d'affiner la description des dépenses. En particulier, les « autres dépenses » d'ASE sont depuis davantage détaillées, et une partie d'entre elles peuvent ainsi être affectées aux postes de dépenses adéquats, et notamment à celui des dépenses de placement. Cette évolution induit une légère « rupture » de série statistique, hormis pour le total des dépenses d'ASE.

4. Hors frais de personnel liés aux assistants familiaux ainsi qu'au RMI et au RSA quand ils sont identifiés.

Note • Les dépenses d'ACTP et de PCH pour les personnes de 60 ans ou plus sont intégrées aux dépenses à destination des personnes handicapées.
Les évolutions de dépenses sont indiquées en euros constants 2017. Elles sont donc déflatées de l'indice général des prix à la consommation de l'ensemble des ménages de la France entière.
Dans ce tableau, les dépenses totales d'aide sociale départementale sont présentées hors dépenses d'aide médicale générale (AMG), supprimée en 2000. En 2001, les dépenses d'AMG représentaient encore 0,24 % du total les incluant.

Champ • France métropolitaine et DROM (hors Mayotte).

Source • DREES, enquête Aide sociale.

4,2 millions d'aides sociales départementales fin 2017

En décembre 2017, les départements sont en charge de 4,2 millions de mesures d'aide sociale départementale (tableau 2). Les aides sociales au titre de l'insertion, qui regroupent les allocations du RSA[9] et, dans les départements d'outre-mer, le revenu de solidarité (RSO) en représentent 45 %. Les aides à destination des personnes âgées en constituent 34 %, tandis que les prestations en faveur des personnes handicapées et les mesures d'ASE représentent respectivement 13 % et 8 % des aides.

Durant les quinze dernières années, le nombre de mesures d'aide sociale ne suit pas la même évolution selon le champ considéré. Conséquence de la crise économique de la fin des années 2000, le nombre de mesures d'aide en lien avec l'insertion (RMI, RSA et RSO) a fortement augmenté à la fin de cette décennie et a poursuivi sa progression rapide au cours des années qui ont suivi avant de diminuer pour la première fois en 2016, tendance confirmée en 2017. L'augmentation du nombre de mesures d'aide aux personnes âgées et handicapées est, elle, principalement due à la montée en charge des deux allocations individuelles de solidarité : l'allocation personnalisée d'autonomie (APA) pour les personnes âgées depuis 2002 et la prestation de compensation du handicap (PCH) pour les personnes handicapées depuis 2006. La croissance démographique des jeunes de moins de 21 ans contribue en partie seulement à la progression de l'ASE, qui, bien que la moins dynamique, a été de 27 % entre 2001 et 2017.

Entre 2016 et 2017, le nombre total d'aides sociales baisse de 0,9 %. Cette tendance globale est le résultat de plusieurs évolutions. Le nombre d'allocataires du RSA et du RSO diminue de 0,4 %, une baisse moins marquée que celle observée entre 2015 et 2016. À l'inverse, les autres aides sociales continuent de progresser. Ainsi, le nombre d'aides sociales aux personnes âgées et aux personnes handicapées augmente respectivement de 1,5 % et 2,6 % en 2017, toujours porté par le développement de l'APA et de la PCH. Le nombre de mesures d'ASE est celui qui croît le plus (+3,1 %) entre 2016 et 2017, en raison principalement de la multiplication des mesures de placement (+4,8 %). Cela s'explique en grande partie par l'accroissement du nombre de mineurs non accompagnés (MNA).

Au total, 6,7 % de la population bénéficie d'une aide sociale des départements, en incluant les conjoints des allocataires du RSA (mais sans compter les personnes à charge des allocataires).

9. Pour le RSA, le nombre d'aides indiqué ici correspond au nombre de foyers allocataires du RSA, hors RSA jeunes qui n'est pas à la charge du département, soit 1,88 million fin 2017. La population couverte par le RSA, incluant aussi les conjoints et les enfants à la charge des allocataires, est plus élevée : 3,80 millions de personnes.

TABLEAU 2

Les bénéficiaires d'une aide sociale départementale en décembre, de 2001 à 2017

	2001	2005	2010	2015	2016	2016[2]	2017	Évolution 2016-2017 (en %)
Allocataires du RSA, RMI et RSO[1]	1078080	1299500	1524970	1947120	1865280	1893940	1885630	-0,4
Aides sociales aux personnes âgées, dont:	**339680**	**1090900**	**1323420**	**1408510**	**1430310**		**1452380**	**1,5**
APA	0	939200	1175600	1265040	1286470		1309920	1,8
ASH en établissement et chez des particuliers	121030	119960	124010	124010	125070		124410	-0,5
Aides sociales aux personnes handicapées, dont:	**235830**	**260980**	**387890**	**504600**	**518190**		**531670**	**2,6**
ACTP	129340	136520	91590	68570	65160		61350	-5,9
PCH	0	0	154470	271030	284090		298450	5,1
accueil et hébergement en établissement et chez des particuliers	93330	107880	121440	143520	147140		150070	2,0
Aides sociales à l'enfance (ASE), dont:	**270540**	**283130**	**301060**	**326630**	**333840**		**344080**	**3,1**
enfants accueillis à l'ASE	140130	144080	151550	163790	169110		177230	4,8
actions éducatives	130410	139050	149510	162840	164730		166850	1,3
Total des aides	**1924130**	**2934510**	**3537340**	**4186870**	**4147620**	**4176280**	**4213760**	**0,9**

ACTP: allocation compensatrice pour tierce personne. PCH: prestation de compensation du handicap.

APA: allocation personnalisée d'autonomie. ASH: aide sociale à l'hébergement.

[1] Sont dénombrés les allocataires du RSA socle ou socle et activité (jusqu'en 2015), hors RSA jeunes. Le RSA a remplacé le RMI et l'API en 2009, mais l'API n'est pas prise en compte ici car elle n'était pas à la charge des départements.

[2] Nouvelle série statistique. En 2016, la CNAF a amélioré son système de production de statistiques sur les bénéficiaires de prestations légales. Les données à partir de 2016 ne sont pas comparables avec les données des années précédentes. Afin de permettre l'étude des évolutions, les données 2016 (ancienne série) comparables à l'ancien système de production statistique sont également présentées.

Note • Sont dénombrés ici les bénéficiaires d'une aide sociale, c'est-à-dire les personnes ayant un droit ouvert à la prestation au 31 décembre de l'année, hormis pour l'APA pour laquelle sont dénombrés des bénéficiaires payés au titre du mois de décembre.
Les totaux des aides comportent des doubles comptes car une même personne peut bénéficier de plusieurs aides. C'est le cas de 88 % des bénéficiaires de l'ASH en établissement d'hébergement pour personnes âgées qui sont également bénéficiaires de l'APA fin 2015, selon l'enquête EHPA de la DREES. De même, les bénéficiaires de l'ACTP en établissement peuvent aussi percevoir une aide à l'hébergement. Enfin, certains mineurs ou jeunes majeurs peuvent bénéficier d'une action éducative tout en étant accueillis à l'ASE.

Champ • France métropolitaine et DROM (hors Mayotte).

Source • DREES, enquête Aide sociale.

Une structure des dépenses différente de celle des aides

Depuis 2001, la structure des dépenses brutes d'aide sociale a connu de profonds bouleversements (tableau 1). Entre 2001 et 2017, les dépenses d'aide sociale à l'enfance ont progressé à un rythme régulier, mais leur part est désormais bien inférieure à ce qu'elle était en 2001 en raison de nouvelles prestations prises en charge par les départements dans les autres domaines de l'aide sociale. La part des dépenses liées aux personnes âgées ou handicapées a augmenté sensiblement, du fait notamment de la création de l'APA en 2002 et de la PCH en 2006, du développement des aides à l'accueil des personnes handicapées et du vieillissement de la population. La part liée au revenu minimum d'insertion (RMI), puis au RSA, a crû fortement en 2004 en raison du transfert aux départements du versement de l'allocation du RMI et, en 2009, de la création du RSA, y compris sa partie majorée destinée aux anciens allocataires de l'allocation de parent isolé (API).

La répartition des dépenses d'aide sociale n'est pas la même que celle du nombre de bénéficiaires. En 2017, un tiers des dépenses brutes d'aide sociale, hors dépenses de personnels et services communs et autres frais d'intervention sociale, est consacré au RSA et RSO (allocations et insertion), 23 % à l'aide aux personnes handicapées, 22 % à l'aide sociale à l'enfance et 21 % à l'aide aux personnes âgées. Alors que les trois allocations individuelles de solidarité (APA, PCH, RSA) constituent 83 % des mesures d'aide sociale, elles représentent 52 % des dépenses (hors personnels, services communs et autres interventions sociales). À l'inverse, les dépenses liées aux mesures de placement contribuent largement plus aux dépenses d'ASE que ce que ne représentent les mesures de placement parmi les mesures d'ASE.

Une inégale répartition géographique des aides et des dépenses

Quel que soit le champ d'aide sociale considéré, les proportions de bénéficiaires dans la population varient d'un département à l'autre. Ces disparités sont le reflet du contexte démographique et socio-économique local (répartition par âge ou par niveau de revenu, situation du marché du travail local), mais également des politiques sociales mises en place par les départements et les autres acteurs.

Étant donné le poids des allocataires du RSA dans l'ensemble des mesures d'aide sociale, leur répartition sur le territoire influe fortement sur la distribution géographique des aides sociales (carte 1). En second lieu, la répartition hétérogène des aides sociales aux personnes âgées joue également un rôle important dans celle de l'ensemble des mesures d'aide sociale. Au total, le taux de mesures d'aide sociale en France métropolitaine et dans les DROM est de 63 pour 1 000 habitants fin 2017. Le taux départemental varie du simple au triple, en excluant la Guadeloupe, la Martinique et La Réunion, où le taux est particulièrement élevé (supérieur à 145).

La répartition sur le territoire des dépenses d'aide sociale est proche de celle des mesures mais est un peu moins hétérogène. En 2017, la dépense annuelle nette moyenne d'aide sociale est de 570 euros par habitant ; elle varie du simple au double selon les départements, en excluant ici aussi la Guadeloupe, la Martinique et La Réunion, où la dépense nette par habitant est supérieure à 1 000 euros (carte 2). Plus de la moitié des départements dépensent moins que le montant moyen national et, parmi eux, 40 ont une dépense d'aide sociale par habitant comprise entre 470 et 570 euros. À l'inverse, ce montant va de 570 à 670 euros dans 30 départements et est encore supérieur dans 14.

Des dépenses départementales par bénéficiaire plus hétérogènes pour le handicap et la protection de l'enfance

La dépense par habitant d'un département est liée à la part des bénéficiaires dans la population du territoire mais aussi à la dépense moyenne consacrée à chaque bénéficiaire. Les dépenses relevant des domaines du RSA et des personnes âgées, pour lesquels les conditions d'attribution et le montant des aides sont fixés nationalement, laissent relativement moins de marge de manœuvre aux départements. Les disparités en matière de dépense annuelle moyenne par bénéficiaire sont ainsi relativement faibles pour le RSA : le rapport interdécile est de 1,1 (tableau 3). Pour les aides aux personnes âgées, les dépenses par bénéficiaire sont un peu plus variables (rapport interdécile de 1,3) mais moins que pour le handicap ou la protection de l'enfance, pour lesquels les départements ont davantage de liberté dans le montant des aides ou dans les modalités de prise en charge. Ainsi, dans ces deux domaines, les disparités en matière de dépenses par bénéficiaire sont plus prononcées, le rapport interdécile atteint 1,6.

CARTE 1
Taux de mesures d'aide sociale départementale, fin 2017

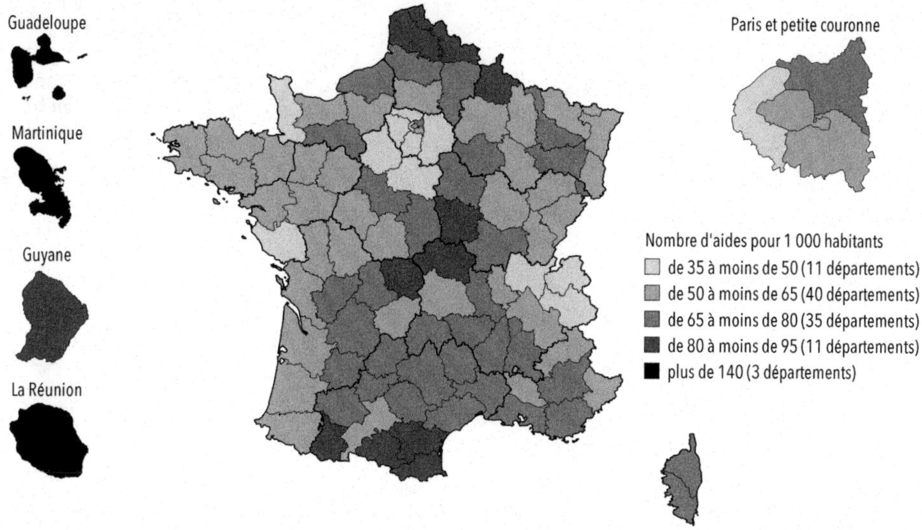

Notes • Les mesures d'aide sociale comprennent les allocataires du RSA (hors RSA jeunes) et du RSO, les mesures d'aide sociale aux personnes âgées, aux personnes handicapées et d'aide sociale à l'enfance. Au niveau national, en décembre 2017, le taux de mesures d'aide sociale est de 63 pour 1 000 habitants.

Sources • DREES, enquête Aide sociale 2018 ; CNAF ; CCMSA ; INSEE, estimations provisoires de population au 1er janvier 2018 (résultats arrêtés fin 2018).

CARTE 2
Dépenses totales nettes d'aide sociale par habitant en 2017

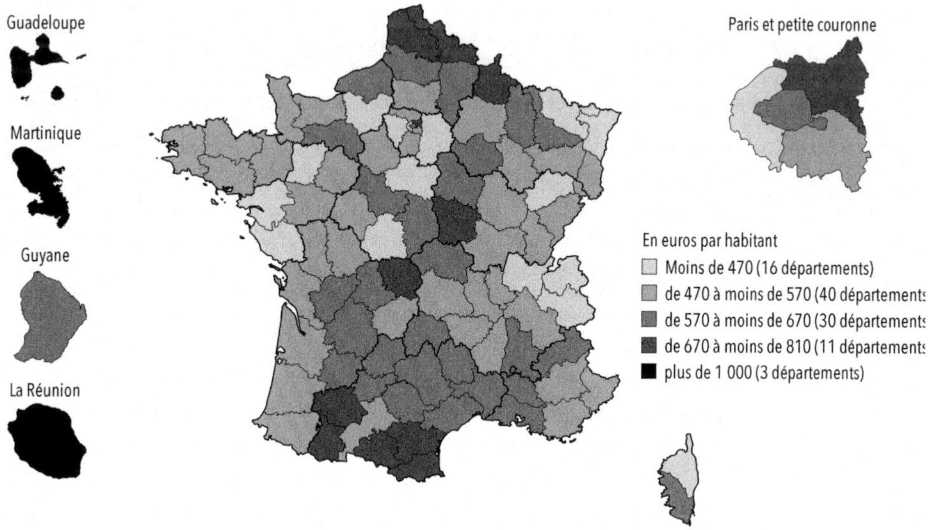

Note • Au niveau national, la dépense totale nette d'aide sociale des départements est de 570 euros par habitant.

Sources • DREES, enquête Aide sociale 2017 ; INSEE, estimations provisoires de population au 1er janvier 2018 (résultats arrêtés fin 2018).

TABLEAU 3

Indicateurs de disparité de l'aide sociale des départements, en 2017

		1er décile	1er quartile	Médiane	3e quartile	9e décile	Rapport interdécile	Max/Min en France métropolitaine et DROM (Hors Mayotte)	Max/Min En France métropolitaine
Nombre de bénéficiaires moyen pour 1000 habitants en 2016	Insertion	15,3	19,3	23,5	29,5	39,2	2,6	12,0	5,1
	Aide aux personnes âgées	15,4	20,7	23,7	28,8	34,3	2,2	11,3	4,8
	Aide aux personnes handicapées	6,6	7,3	8,3	9,5	10,7	1,6	5,3	3,6
	Aide sociale à l'enfance	3,7	4,4	5,2	6,1	7,2	1,9	4,4	4,4
Nombre de bénéficiaires moyen pour 1000 habitants âgés de…	Insertion… 15 à 64 ans	25,1	31,6	38,3	48,6	64,1	2,6	12,3	5,0
	Aide aux personnes âgées… 60 ans et plus	64,5	73,7	85,5	98,8	111,9	1,7	2,8	2,7
	Aide sociale à l'enfance… moins de 21 ans	14,5	17,7	21,0	25,8	29,5	2,0	3,8	3,8
Dépenses nettes par bénéficiaire, en euros	Insertion	5750	6020	6160	6310	6550	1,1	1,6	1,3
	Aide aux personnes âgées	4450	4750	5010	5380	5790	1,3	3,8	1,9
	Aide aux personnes handicapées	11290	12670	14280	15380	17560	1,6	2,6	2,6
	Aide sociale à l'enfance	16140	18190	21300	23710	26280	1,6	3,1	3,1

Lecture • La médiane, les 1er et 3e quartiles, les 1er et 9e déciles sont des valeurs qui partagent en deux les observations d'une variable rangée en ordre croissant. La médiane est la valeur qui sépare l'ensemble des départements répondants en deux groupes de même importance. Le 1er quartile et 3e quartile sont les valeurs en dessous desquelles se situent respectivement 25 % et 75 % des départements. Le 1er décile et le 9e décile sont les valeurs en dessous desquelles se situent respectivement 10 % et 90 % des départements. Par exemple, les dépenses nettes d'aide sociale aux personnes handicapées sont inférieures à 12690 euros par aide dans 25 % des départements. Le rapport interdécile est le rapport entre la valeur du 9e décile et celle du 1er décile.

Note • Les nombres de bénéficiaires ou d'habitants moyens en 2017 sont les moyennes des nombres observés en décembre 2016 ou au 1er janvier 2017 et de ceux observés en décembre 2017 ou au 1er janvier 2018. Un bénéficiaire est une personne ayant un droit ouvert à une aide au 31 décembre, hormis pour l'APA pour laquelle sont dénombrés des bénéficiaires payés au titre du mois de décembre. Pour l'insertion, sont dénombrés les foyers allocataires du RSA (hors RSA jeunes) et du RSO. Les dépenses d'insertion comprennent les dépenses d'allocations et d'insertion liées au RSA, au RSO et aux anciens dispositifs liés au RMI.

Champ • France métropolitaine et DROM (hors Mayotte).

Sources • DREES, enquêtes Aide sociale 2015 et 2016 ; CNAF ; CCMSA ; INSEE, Estimations provisoires de population au 1er janvier (résultats arrêtés fin 2017).

Au moins une forme d'action sociale développée dans 82 % des communes fin 2014

Les communes ne sont tenues qu'à peu d'obligations légales dans le domaine social, mais elles peuvent mettre en place de nombreuses actions sociales dites « facultatives », à destination de leurs administrés, dans un ou plusieurs secteurs spécifiques : accompagnement des personnes âgées, inclusion sociale, petite enfance, etc. Cette action sociale communale peut être menée par les services communaux ou par les centres communaux d'action sociale (CCAS) et être également confiée à un établissement public de coopération intercommunale (EPCI). De plus, les communes peuvent, par convention passée avec le département, gérer les prestations légales d'aide sociale et, en particulier, l'instruction des demandes d'aides. C'est le cas d'une commune sur dix (soit 50 % de la population) fin 2014 : six fois plus dans les moyennes et grandes communes que dans les petites (32 % contre 5 %). L'action sociale communale peut enfin prendre de très nombreuses formes : la mise en œuvre d'actions dans des secteurs spécifiques ou l'attribution de prestations telles que des aides financières remboursables ou non, des bons alimentaires, des tarifs réduits, des ateliers de prévention, etc.

Fin 2014, plus de huit communes sur dix mettaient en place au moins une forme d'action sociale[10], par le biais de leurs services communaux ou de leur CCAS, soit une couverture quasi totale de la population. Parmi celles ne déclarant aucune action, 6 % appartiennent à une intercommunalité ayant opté pour une compétence d'action sociale. Finalement, seules 12 % des communes (représentant 2 % de la population) n'ont pas mis en œuvre d'action sociale, que ce soit par le CCAS, les services communaux ou l'intercommunalité.

Plus la population est nombreuse, plus l'action sociale est diversifiée

La majorité des communes œuvrent dans un à six secteurs d'action sociale différents (56 %) et près d'une commune sur cinq dans sept à onze d'entre eux. Par ailleurs, 9 % des communes proposent des prestations sociales, sans pour autant déclarer agir dans un domaine social en particulier.

La diversité des actions sociales mises en place est corrélée à la taille de la commune. Ce résultat était déjà observé en 2002 (Dutheil, 2002). Les communes de moins de 500 habitants, majoritaires sur le territoire français mais ne couvrant qu'une petite partie de la population (54 % des communes, représentant 7 % de la population), développent moins souvent des actions sociales. En effet, près d'un tiers de ces communes déclarent ne mener directement aucune action sociale sur leur territoire, que ce soit dans un domaine précis ou par le biais de prestations.

10. Les statistiques présentées dans cette fiche sont toutes issues de l'enquête sur l'action sociale des communes et intercommunalités (ASCO) de la DREES.

Toutefois, elles sont plus nombreuses à faire partie d'une intercommunalité ayant opté pour une compétence optionnelle ou facultative d'action sociale : c'est le cas de 9 % d'entre elles, contre 6 % de l'ensemble des communes. Les communes et leurs intercommunalités n'ayant aucune action sociale représentent, au total, 19 % des communes de moins de 500 habitants. Quand elles exercent une action sociale, la majorité d'entre elles la développent dans moins de six secteurs, et 21 % dans un seul secteur.

A contrario, plus les communes sont peuplées, plus l'action sociale menée sur leur territoire est diversifiée. Les deux tiers des petites communes (moins de 1 500 habitants) développent une action sociale dans un à six secteurs spécifiques, tandis que les deux tiers des moyennes et grandes communes (dont la population est supérieure à 1 500 habitants) le font dans plus de sept.

Plus la commune est grande, plus les prestations d'action sociale qui y sont dispensées sont nombreuses – une commune pouvant attribuer une ou plusieurs prestations pour chaque domaine d'action sociale. Les communes proposent en moyenne cinq prestations différentes : près de trois fois plus dans les communes de plus de 1 500 habitants (dix en moyenne) que dans les petites communes (quatre en moyenne). Ces diverses prestations relèvent le plus souvent de l'un des quatre grands types suivants : des chèques d'accompagnement personnalisé, des aides financières non remboursables, des aides financières remboursables et des prestations en nature. La quasi-totalité des moyennes ou grandes communes proposent au moins l'un de ces quatre types de prestation, de même que les deux tiers des petites communes. Au total, 71 % des communes, qui couvrent 94 % de la population française fin 2014, attribuent au moins un type de prestations.

Les personnes âgées, premier public visé par l'action sociale communale

Fin 2014, l'action sociale concerne en premier lieu les personnes âgées, et ce quelle que soit la taille de la commune. C'est le cas pour la quasi-totalité des grandes communes (plus de 10 000 habitants) ainsi que pour plus de la moitié des communes de moins de 500 habitants. Au total, les deux tiers des communes – couvrant 90 % de la population – réalisent une action sociale spécifique en faveur des personnes âgées (tableau 4).

Environ 40 % des communes, représentant environ 80 % de la population, mettent en place des actions auprès des jeunes et des familles ainsi que contre la pauvreté et les exclusions. La proportion est deux fois et demie plus élevée dans les moyennes ou grandes communes que dans les petites. Un tiers des communes interviennent auprès des personnes handicapées et dans les domaines du logement et de la petite enfance. Mais 60 % des communes de plus de 1 500 habitants développent une action spécifique sur ces sujets. L'insertion professionnelle ne concerne qu'une commune sur six et seulement une petite commune sur dix. Entre 10 % et 15 % des communes mettent en œuvre des actions dans les domaines de la prévention sanitaire, du transport, du sport et de l'urbanisme.

TABLEAU 4
Proportion des communes ayant mis en place une action sociale, par secteur, fin 2014

En %

	Petites communes			Moyennes et grandes communes				Ensemble des communes	Part de la population couverte
	Moins de 500 habitants	De 500 à 1 500 habitants	Ensemble	De 1 500 à 5 000 habitants	De 5 000 à 10 000 habitants	Plus de 10 000 habitants	Ensemble		
Personnes âgées	52	75	60	89	95	98	91	66	90
Jeunesse et famille	21	48	30	72	88	93	78	39	79
Lutte contre la pauvreté et les exclusions	20	43	28	73	90	97	79	37	81
Personnes handicapées	19	35	24	57	79	87	65	32	72
Hébergement/logement	14	35	21	63	87	91	71	30	75
Petite enfance	15	31	21	53	73	84	61	28	68
Insertion professionnelle	7	16	10	36	59	75	45	17	56
Accès aux soins et prévention sanitaire	6	15	9	28	52	83	40	15	58
Transport	6	11	8	30	48	57	37	13	44
Sports	3	12	6	29	56	64	38	12	50
Urbanisme	4	11	6	24	44	43	30	11	37
Autres[1]	3	4	3	7	10	15	8	4	13

[1] La catégorie « Autres » comprend d'autres secteurs cités par les communes comme la culture, l'environnement ou l'éducation.

Note • Seules les actions mises en place par les services communaux ou un centre communal d'action sociale (CCAS), hors activité des établissements publics de coopération intercommunale (EPCI), sont prises en compte.

Lecture • 66 % des communes mettent en place des actions à destination des personnes âgées. Ces actions couvrent 90 % de la population française.

Champ • Communes de France métropolitaine et DROM, hors Mayotte.

Sources • DREES, Enquête ASCO ; INSEE, Recensement de la population 2012.

Le colis de fin d'année, prestation la plus distribuée

Deux tiers des communes proposent des prestations en nature : 56 % des petites communes et 93 % des moyennes ou grandes communes en proposent. Le colis de fin d'année est la prestation la plus distribuée, que ce soit dans les communes de moins de 500 habitants (34 % d'entre elles) ou dans celles de plus de 10 000 habitants (70 %). L'aide aux démarches administratives est également fréquente : c'est le cas pour 15 % des communes de moins de 500 habitants et 85 % des communes de plus de 10 000 habitants. Un tarif réduit ou la gratuité des centres de loisirs ou des colonies de vacances sont proposés dans plus d'un tiers des communes de plus de 1 500 habitants, alors que ces prestations sont peu répandues dans les villes moins peuplées (4 % des communes de moins de 1 500 habitants). Ces dernières privilégient davantage la distribution de jouets ou les bons alimentaires.

Des aides financières non remboursables sont mises en place dans plus de la moitié des communes. Le secours d'urgence (45 % des communes) et la prise en charge des factures (31 %) sont les aides le plus souvent citées, quel que soit le nombre d'habitants. Dans les petites communes, l'aide alimentaire en espèce est plus fréquente que la prise en charge des frais de transport, au contraire des communes plus peuplées.

Les chèques d'accompagnement personnalisé[11] et les aides financières remboursables (microcrédits, rachat de crédit, caution locative ou autres prêts et avances remboursables) sont peu répandus, respectivement proposés par 5 % et 10 % des communes. Les aides financières remboursables sont quasiment inexistantes dans les communes de moins de 500 habitants (2 % de ces communes), alors qu'un tiers des grandes communes en attribuent.

Plus de huit intercommunalités sur dix développent une action sociale

Fin 2014, 83 % des intercommunalités mènent une action sociale, c'est-à-dire qu'elles développent une action dans un secteur social spécifique ou délivrent des prestations sociales.

Les secteurs de l'action sociale qui leur sont transférés sont définis par les communes, soit comme une « compétence optionnelle d'intérêt communautaire », soit comme une « compétence facultative », soit à ces deux titres à la fois. Près de la moitié des intercommunalités ont opté seulement pour la compétence optionnelle d'action sociale d'intérêt communautaire et un tiers pour la seule compétence facultative d'action sociale. Près de 10 % des intercommunalités ont choisi les deux types de compétence.

Pour exercer ces compétences sociales, un EPCI peut créer un centre intercommunal d'action sociale (CIAS) : c'est le cas d'une intercommunalité sur six.

11. Les chèques d'accompagnement personnalisé permettent d'acquérir des biens et services, notamment en matière d'alimentation, d'hygiène, d'habillement, de transports et d'actions éducatives, culturelles, sportives ou de loisirs. Plus rarement, il s'agit de prestations remboursables.

La petite enfance est le secteur le plus investi par l'action sociale intercommunale

Fin 2014, 83 % des intercommunalités, couvrant 84 % de la population, mettent en place des actions dans au moins un secteur social spécifique. Les domaines d'intervention sont nombreux mais très peu d'intercommunalités en couvrent l'intégralité. En effet, parmi les EPCI intervenant dans au moins un secteur, 10 % le font dans un seul, 74 % en couvrent de deux à six et 16 % plus de sept secteurs[12]. Les EPCI interviennent le plus souvent dans le secteur de la petite enfance (66 % d'entre eux, représentant 35 % de la population) et de la jeunesse et de la famille (58 %) [graphique 1]. Près de la moitié mènent des actions en faveur des personnes âgées. Le sport, l'urbanisme et les autres domaines tels que l'environnement, la culture ou l'éducation sont ceux où les intercommunalités interviennent le moins.

GRAPHIQUE 1
Proportion d'intercommunalités ayant mis en place une action sociale et part de la population couverte, par secteur, fin 2014

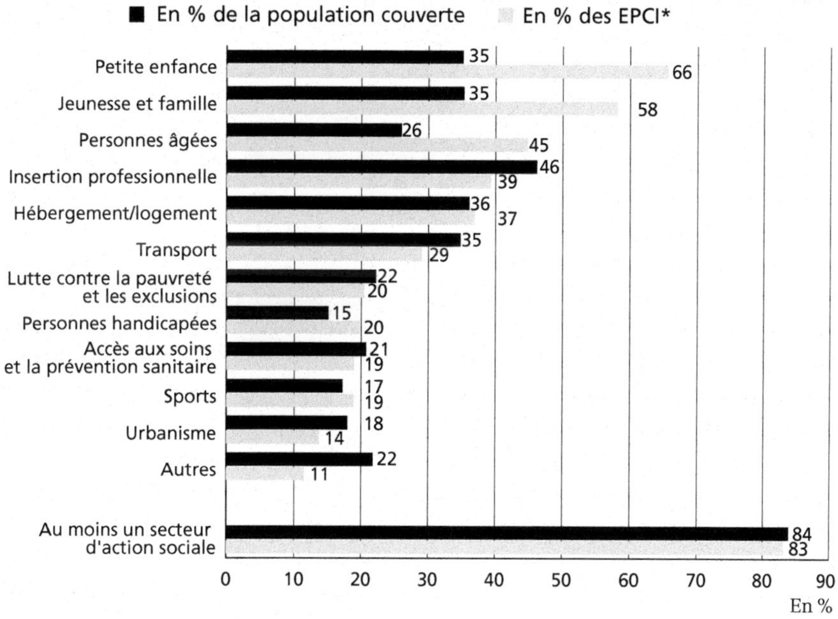

*EPCI : établissement public de coopération intercommunale.

Note • L'ensemble des EPCI regroupe 94 % de la population française.

Lecture • 66 % des EPCI, couvrant 35 % de la population française, mettent en place des actions dans le secteur de la petite enfance.

Champ • EPCI de France métropolitaine et DROM hors Mayotte.

Sources • DREES, Enquête ASCO ; INSEE, Recensement de la population 2012.

12. Le nombre de secteurs est, dans cette fiche, comptabilisé parmi les douze répertoriés dans l'enquête ASCO de la DREES (voir annexe 1).

Près de la moitié des intercommunalités attribuent des prestations d'action sociale

Un EPCI peut attribuer une ou plusieurs prestations qui relèvent le plus souvent de l'un des quatre grands types suivants : les chèques d'accompagnement personnalisé (permettant d'acquérir biens et services), les aides financières non remboursables (secours d'urgence, prise en charge des factures...), les aides financières remboursables (microcrédits et autres prêts ou avances) et les prestations en nature (tarifs réduits ou gratuité d'établissements et services, aides aux démarches administratives, bons de transport...).

Fin 2014, près de la moitié des intercommunalités attribuent au moins une prestation. Les prestations en nature sont les plus fréquemment distribuées (44 % de l'ensemble des EPCI). Dans cette catégorie, le tarif réduit ou la gratuité des centres de loisirs (20 % des EPCI) ainsi que l'aide aux démarches administratives (16 %) sont le plus souvent citées. Des aides financières non remboursables sont également mises en place dans 15 % des intercommunalités : la prise en charge des frais de transport est la plus fréquente (8 % des intercommunalités). Enfin, les aides financières remboursables et les chèques d'accompagnement personnalisé sont très peu répandus, respectivement proposés par 2,9 % et 1,4 % des EPCI.

Références bibliographiques

Abdouni S. (2018), « Fin 2017, les départements ont attribué 2 millions de prestations d'aide sociale aux personnes âgées ou handicapées », DREES, *Études et Résultats*, n° 1091, octobre.

Amrous N. (2018), « 341 000 mesures d'aide sociale à l'enfance en cours fin 2017 », DREES, *Études et Résultats*, n° 1090, octobre.

Cabannes P.-Y., Richet-Mastain L. (dir.) (2018), *Minima sociaux et prestations sociales. Ménages aux revenus modestes et redistribution*, Paris, DREES, collection « Panoramas de la DREES-social ».

Clément É., Mansuy M. (2011), « Les dépenses sociales des départements : évolutions et disparités spatiales », *in* Zaidman C. (dir.), *Les comptes de la protection sociale en 2009*, Paris, DREES, p. 17-52.

Diallo C.T. (2019), « Le ralentissement des dépenses d'aide sociale des départements se confirme en 2017 », *Études et Résultats*, DREES, n°1105, février.

Dutheil N. (2004), « L'action sociale des communes de 5000 à moins de 200000 habitants », DREES, *Études et Résultats*, n° 307, avril.

Dutheil N. (2003), « L'action sociale des communes de 100 à moins de 5000 habitants », DREES, *Études et Résultats*, n° 271, novembre.

Dutheil N. (2002), « L'action sociale des communes – Premiers résultats », DREES, *Études et Résultats*, n° 195, octobre.

Havette S., Molière E., Moriceau C. (2014), « L'action sociale facultative des communes et des intercommunalités », DREES, *Dossiers Solidarités et Santé*, n° 56, septembre.

Leroux I. (dir.) (2018), *L'aide et l'action sociales en France - édition 2018*, DREES, collection « Panoramas de la DREES-social ».

Des séries historiques et des données départementales détaillées sur les bénéficiaires et les dépenses d'aide sociale ainsi que sur la population couverte par le RSA ou encore sur l'action sociale des communes sont diffusées sur l'espace Data.Drees : www.data.drees.sante.gouv.fr

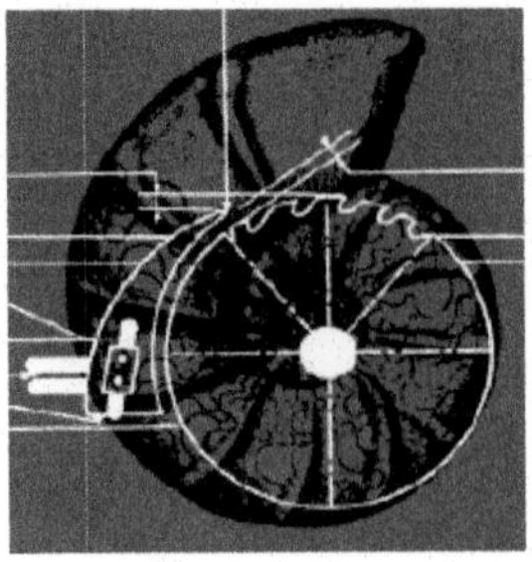

TRAVAIL, GENRE ET SOCIÉTÉS

la revue du Mage

42/2019
NOVEMBRE

publiée par les éditions La Découverte et accessible en ligne sur le portail Cairn
http://www.cairn.info/revue-travail-genre-et-societes.htm

Revue semestrielle publiée avec le concours de l'INSHS-CNRS, du CNL et de la Mairie de Paris

Travail, genre et sociétés
Université Paris Descartes - 45 rue des Saints Pères - 75270 Paris Cedex 06
tél. 33 (0)1 76 53 36 00 - mél: tgs.cnrs@shs.parisdescartes.fr
http://www.travail-genre-societes.com

Abonnement - Éditions La Découverte - ladecouverte@alternatives-economiques.zendesk.com

Penser global, agir local ? Désectorisation des politiques sociales et échelles d'action publique

Elisabetta Bucolo, Anne Eydoux, Laurent Fraisse, Alexandra Garabige,
Léa Lima, Jules Simha, Loïc Trabut et Claire Vivès

RÉSUMÉ

Cet article interroge les recompositions de l'intervention sociale territoriale ou territorialisée à partir de l'analyse de dispositifs mettant en place des formes d'accompagnement global pour des publics dont les besoins, identifiés comme complexes, sont réputés nécessiter une approche transversale, mobilisant plusieurs secteurs d'intervention. Il s'appuie sur une enquête à caractère monographique portant sur des dispositifs destinés à trois catégories de publics : personnes âgées dépendantes, demandeurs d'emploi en difficulté d'insertion et mères isolées précaires. L'article examine ces dispositifs en soulignant leur caractère souvent multiniveau ainsi que la variété des modèles de transversalité dont ils relèvent. Il analyse ensuite les difficultés de leur mise en œuvre, en montrant que ces dispositifs transversaux interrogent les compétences territoriales, la géographie des interventions auprès des publics et les compétences professionnelles des acteurs. Enfin, il explore les défis que pose leur gouvernance.

ABSTRACT

Think Global, Act Local? "Desectorisation" of Social Policies and Levels of Public Action

This article examines recompositions of territorial or territorialised social intervention based on an analysis of global support schemes for populations whose needs, identified as complex, are thought to require a cross-cutting approach calling on several intervention sectors. It draws on a monographic survey addressing measures targeting three categories: dependent seniors, job seekers considered as "remote from employment", and lone mothers in a precarious situation. The article stresses the often multi-level nature of these measures, as well as the variety of cross-cutting models involved. It then considers the difficulties in implementing these measures, which raise questions as regards territorial competencies, the geographies of intervention and the professional skills of the operators. Lastly, it considers the challenges posed by the governance of these systems.

Introduction

À l'heure où se manifeste dans de nombreux pays d'Europe un désenchantement vis-à-vis de la capacité des politiques sociales nationales et supranationales à faire face au renouvellement des besoins sociaux (chômage, précarité, pauvreté, vieillissement, etc.) dans un contexte budgétaire contraint, la tentation est grande de considérer les échelons territoriaux (régions, départements, communes et leurs regroupements) comme les territoires pertinents de redéploiement des interventions sociales. Elle l'est d'autant plus que certaines questions sociales (retour à l'emploi des demandeurs d'emploi et des allocataires de minima sociaux, prise en charge de la dépendance, etc.) au cœur des préoccupations politiques actuelles débordent des frontières sectorielles de l'intervention publique. On assiste à l'émergence de nouvelles catégories cibles de l'action publique, dont les difficultés appelleraient une prise en charge globale, passant par un décloisonnement des interventions et par la coopération d'acteurs de différents secteurs à l'échelle locale. À propos des politiques d'activation (ou de retour à l'emploi) des publics vulnérables d'âge actif en Europe, M. Heindereich et D. Rice (2016) affirmaient que « ce défi doit être traité essentiellement au niveau local », suggérant une transformation en profondeur des interventions publiques, recentrées sur une organisation locale des services : « Les mondes locaux de l'aide sociale et des prestations de service sont au cœur du "nouvel" État social actif axé sur les services ». Si les travaux portant sur les politiques sociales locales ainsi réenchantées mentionnent ces évolutions, évoquant à la fois un « retour du local » et une montée des politiques transversales, la mise en œuvre des politiques locales transversales reste peu étudiée – si ce n'est dans le champ des politiques de l'emploi et du service public de l'emploi (Berthet et Bourgeois, 2015).

La recherche s'appuie sur une enquête qualitative portant sur des dispositifs transversaux d'accompagnement global relevant d'initiatives tant locales que nationales et se déployant à divers échelons territoriaux. Un premier type de dispositif concerne des mères de famille monoparentale en insertion et relève d'initiatives locales diverses destinées à leur offrir un accompagnement combinant accès à un mode d'accueil pour les enfants et soutien à la recherche d'emploi. Un deuxième type de dispositif, d'impulsion nationale, consiste à proposer aux demandeurs d'emploi en difficulté suivis par Pôle emploi un accompagnement social par des travailleur.se.s sociaux, mis en œuvre dans (et par) les départements. Un troisième type de dispositif, également d'impulsion nationale, consiste à aménager des parcours de soins pour les personnes âgées à risque de perte d'autonomie en instaurant, à différents niveaux territoriaux (du département aux arrondissements), une coordination entre professionnel.le.s de santé et de l'action sociale. Le choix de ces dispositifs résulte de l'observation de l'émergence d'une logique commune de décloisonnement sectoriel liée à l'accompagnement global. Chacun de ces trois types de dispositifs a fait l'objet de deux monographies territoriales. Au total, notre recherche (voir encadré) s'appuie donc sur six monographies de dispositifs transversaux, territoriaux ou (pour reprendre la distinction de Michel Autès, 1995) territorialisés, croisant politiques d'insertion et de la petite enfance, ou action sociale et politiques de l'emploi, ou encore politiques de santé et action sociale.

UNE RECHERCHE SUR LA TRANSVERSALITÉ DANS LES POLITIQUES LOCALES [ENCADRÉ]

Cet article s'appuie sur une recherche sur les politiques locales transversales menée pour la Direction de la recherche, des études, de l'évaluation et des statistiques du ministère des Affaires sociales par le Conservatoire national des arts et métiers (Laboratoire interdisciplinaire pour la sociologie économique et Centre d'études de l'emploi et du travail) et l'Institut national d'études démographiques. Cette recherche, coordonnée par Anne Eydoux, Léa Lima et Loïc Trabut, a porté sur des dispositifs d'accompagnement global pour trois types de publics : mères de famille monoparentale précaires, personnes âgées dépendantes et demandeurs d'emploi en difficulté. L'enquête à caractère monographique s'est appuyée sur une soixantaine d'entretiens semi-directifs conduits auprès des acteurs territoriaux de la mise en œuvre de ces dispositifs. Les entretiens ont porté sur les contextes locaux, sur les parties prenantes et les publics, sur les diagnostics, les suivis et les évaluations, sur les processus, les niveaux et les instances de coordination, ainsi que sur les outils et les financements mobilisés. Ils ont permis de saisir les formes et les dynamiques de ces dispositifs transversaux, et d'interroger leur gouvernance.

L'article reviendra tout d'abord sur les caractéristiques, transversales et multiniveaux, des dispositifs étudiés, ainsi que sur les différents modèles de transversalité qu'ils déploient. Il mettra ensuite en évidence les difficultés de la mise en œuvre de la transversalité : celle-ci questionne les compétences territoriales, la géographie des interventions auprès des publics et les compétences professionnelles des acteurs. Enfin, l'article abordera les défis que pose la gouvernance de ces dispositifs.

Variétés de la transversalité

Les dispositifs d'accompagnement global observés apparaissent très divers, quant à leur public, leurs niveaux de définition ou de mise en œuvre et la forme que prend la transversalité.

Des dispositifs transversaux pour des publics en difficulté

Le point commun des dispositifs transversaux étudiés est de chercher à apporter une solution adaptée à des publics définis comme « vulnérables » ou « en difficulté » à un certain point de leur parcours. La transversalité, consistant à mobiliser des acteurs de plusieurs secteurs, est perçue comme le moyen de répondre à la complexité des besoins de ces publics.

Un premier type de dispositif concerne des initiatives locales d'accompagnement global des parents (essentiellement des mères) de famille monoparentale ayant des difficultés d'insertion, à qui il s'agit de proposer des solutions combinant l'accès à un mode d'accueil pour leur(s) enfant(s) et un soutien dans leurs démarches de recherche d'emploi. Deux initiatives locales ont été étudiées (Bucolo *et al.*, 2018). La première, partenariale, a été mise en œuvre dans un quartier d'une grande ville par les collectivités locales et la Caisse d'allocations familiales. Elle repose sur une coordination des services existants pour offrir à des mères de famille monoparentale au RSA un parcours combinant accueil des enfants et soutien à l'insertion. Elle se matérialise par un guichet unique d'information et d'inscription issu de la transformation du relais d'assistantes maternelles en un relais petite enfance qui permet de proposer à ce public un accès à un mode d'accueil adapté à ses besoins, éventuellement en urgence, ou encore selon un découpage temporel spécifique (à la journée ou la demi-journée). La seconde initiative consiste en la création, dans un arrondissement urbain où vivent de nombreuses familles monoparentales précaires (notamment immigrées), d'une crèche d'insertion réservant la moitié de ses berceaux à des enfants de mères de famille monoparentale à la recherche d'un emploi et prêtes à être accompagnées au sein même de la structure. Cette crèche d'insertion est développée par une association gérant une dizaine de crèches de ce type dans la même région ; elle offre aux mères (le cas échéant aux pères) en insertion un accueil de leur enfant avec une temporalité adaptée et un accompagnement personnalisé assuré par une conseillère en insertion salariée de l'association.

Le deuxième type de dispositif est l'« accompagnement global des demandeurs d'emploi en difficulté » initié par un premier protocole national signé en 2014 par Pôle emploi, l'Association des départements de France et la Délégation générale à l'emploi et à la formation professionnelle. Il vise à augmenter les chances de retour à l'emploi des demandeurs d'emploi considérés comme « les plus éloignés de l'emploi » en leur proposant un accompagnement conjoint d'un an par des conseillers de Pôle emploi et par des travailleurs sociaux des départements. L'objectif de l'intervention des travailleurs sociaux est de « lever les freins » sociaux qui feraient obstacle au retour à l'emploi de ces demandeurs d'emploi. Ce dispositif national est décliné dans chaque département qui l'inscrit dans ses propres politiques d'insertion en fonction des configurations d'acteurs (Eydoux *et al.*, dans ce numéro).

Le troisième dispositif, intitulé « Parcours de soins des personnes âgées en risque de perte d'autonomie » (PAERPA), est prévu par les lois de financement de la sécurité sociale de 2012 et 2013. Il entend promouvoir une approche « globale » ou « intégrée » de la prise en charge des « personnes âgées [de 75 ans et plus] en risque de perte d'autonomie » par l'expérimentation d'une coordination de professionnel.le.s des secteurs sanitaire et médico-social. L'objectif est d'organiser des parcours de soins de ces personnes âgées dépendantes pour permettre leur maintien à domicile et éviter les hospitalisations ou ré-hospitalisations, dans un souci de rationalisation des dépenses publiques. Selon le cahier des charges du dispositif, « les objectifs finaux de l'approche "parcours" peuvent être résumés dans la phrase suivante : faire en sorte qu'une population reçoive les bons soins par les bons professionnels dans les bonnes structures au bon moment. Le tout au meilleur coût » (Cahier des charges PAERPA, janvier 2016).

Le transversal n'est pas que local : des dispositifs transversaux multiniveaux

La politique de désectorisation des interventions est loin de reposer sur les seuls échelons locaux, par ailleurs divers, de l'action publique. Les dispositifs étudiés, tout en faisant de la « proximité » un ressort essentiel de leur action, ont en commun de s'inscrire dans un processus multiniveau de construction politique et de mise à l'agenda (Garraud, 2014) de questions sociales.

L'État, fort d'un réseau dense d'acteurs déconcentrés, apparaît tout d'abord avoir conservé une capacité d'impulsion de la transversalité. L'accompagnement global des demandeurs d'emploi repose sur une initiative du ministère du Travail pour Pôle emploi ; son déploiement dans les départements s'appuie sur les directions territoriales de l'opérateur public. De même, le dispositif PAERPA est né de la volonté du ministère des Affaires sociales et de la Santé et relève d'une logique descendante : il est expérimenté dans les territoires sous l'égide de l'Agence régionale de santé (ARS), service déconcentré de l'État organisé à un échelon régional. L'articulation avec les conseils départementaux, nécessaire pour rendre opérationnelle la transversalité de ces dispositifs nationaux, s'effectue selon un schéma de relations entre pouvoir local et État déconcentré, hérité de ce que Gilles Pinson a appelé le « système napoléonien » (Pinson, 2014) et que le gouvernement par contrat (Gaudin, 1999) n'a fait que prolonger. Par rapport aux relations centre-périphérie asymétriques qui caractérisaient ce système, les deux dispositifs d'impulsion centrale font apparaître des figures étatiques à même de concurrencer, sinon de supplanter, les administrations départementales dans leur rôle d'interlocuteur des collectivités locales et d'animateur des politiques locales (Lafore, 2013). Ce sont en effet un opérateur de service public d'un côté et une agence déconcentrée de l'État de l'autre qui sont signataires des conventions avec les départements pour la mise en œuvre locale des deux dispositifs.

Ces dispositifs nationaux se déclinent dans les territoires tout en entrant en résonance avec des objectifs européens qui permettent, le cas échéant, d'accéder à des ressources financières. Ainsi, l'accompagnement global des demandeurs d'emploi en difficulté, s'il fait suite au constat national d'une articulation insuffisante entre l'accompagnement des demandeurs d'emploi mené par Pôle emploi et celui des allocataires de minima sociaux piloté par les départements, coïncide également avec la promotion par les institutions de l'Union européenne de politiques transversales ou intégrées, dites « d'inclusion active ». Cela a permis à Pôle emploi d'obtenir un cofinancement du Fonds social européen (FSE) pour une prise en charge partielle des postes de conseillers à l'emploi dédiés au dispositif. Le dispositif national PAERPA d'accompagnement des personnes âgées dépendantes fait de son côté écho au Programme d'action communautaire dans le domaine de la santé (2008-2013) qui propose une rationalisation des activités par une approche horizontale centrée sur des objectifs transversaux (Guigner, 2011). Quant aux initiatives locales pour améliorer l'insertion des mères de famille monoparentale précaires, elles prennent place dans un contexte où, au niveau européen comme au niveau national, ces publics sont considérés comme prioritaires pour l'accès à un accompagnement vers l'emploi et à un mode d'accueil de la petite enfance (Bucolo *et al.*, 2018).

Si les politiques transversales ne semblent plus pouvoir s'appuyer sur le couple maire-État qui a permis par le passé le déploiement des politiques locales (Grémion, 1976), on ne voit guère émerger de logiques horizontales de coopération intercommunales comme cela a pu être souligné dans le cas du gouvernement urbain (Le Gales, 2003 ; Pinson, 2009). Les deux dispositifs de la petite enfance que nous avons étudiés dénotent au contraire l'autonomisation du pouvoir de certains quartiers urbains capables de construire des alliances au niveau territorial. Le cas du relais petite enfance met en scène une municipalité qui ne peut compter que sur ses ressources propres (les places en multi-accueil municipal) pour impulser une politique transversale au service des mères de famille monoparentale au RSA. La création de la crèche d'insertion dans un arrondissement urbain marque l'irruption d'acteurs associatifs qui gagnent une envergure régionale par l'essaimage d'une offre de services standardisée ayant fait ses preuves. Le modèle des crèches d'insertion a d'ailleurs inspiré un dispositif national, celui des crèches à vocation d'insertion professionnelle (crèches VIP ou AVIP), réservant au moins 20 % de leurs places à des parents en insertion, notamment des mères de famille monoparentale au RSA, accompagné.e.s par Pôle emploi[1].

Différents modèles de mise en œuvre de la transversalité

Différentes manières d'envisager la transversalité et de dépasser les cloisonnements sectoriels sont à l'œuvre dans les dispositifs étudiés. Il est possible de distinguer trois idéaux-types de transversalité dans l'accompagnement. On les désignera par le terme générique de *case management* qui renvoie à des méthodes d'accompagnement permettant de gérer des situations complexes relevant de plusieurs domaines des politiques sociales.

Le premier type de transversalité peut être qualifié, en reprenant les termes de C. Petitqueux, S. Acef et M. Mottaghi (2010) de *case management* de « courtage » (ou de mise en relation). Il concentre la transversalité au moment de l'accueil et du diagnostic des besoins de la personne. Lors de cet accueil généraliste, les professionnels sont capables de réaliser un bilan des difficultés (ou « problématiques ») de la personne et, grâce à leur connaissance de l'offre sur le territoire, de la mettre en relation avec les services adéquats. La mise en œuvre de ce type de transversalité ne nécessite pas de réelle coordination des services, qui peuvent coexister

1. Voir l'« Accord et Charte relative aux "crèches à vocation d'insertion professionnelle" » d'avril 2016, signée par Pôle emploi, la Caisse nationale des allocations familiales et les ministres des Affaires sociales et de la Santé, du Travail et de l'Emploi, de la Formation et du Dialogue social, et des Familles, de l'Enfance et des Droits des femmes.

sur le territoire. Elle suppose en revanche un portail matériel ou virtuel susceptible de faire le lien entre plusieurs problématiques que l'usager ne connecte pas spontanément entre elles et de mettre en relation ce dernier avec les interlocuteurs pertinents. Le *case management* de courtage suppose un accueil généraliste sur une interface ayant une représentation satisfaisante de la cartographie de l'offre qui doit être régulièrement actualisée et traitée de manière globale. Il est à l'œuvre dans le dispositif partenarial municipal qui s'appuie sur la logique de guichet unique du relais petite enfance pour faciliter l'accès des mères de famille monoparentale au RSA à un mode d'accueil pour leur.s enfant.s. Ce relais petite enfance assure l'accueil, l'information et une inscription à l'ensemble des modes d'accueil (individuel et collectif, municipal et associatif) du quartier. On observe le même type de transversalité dans la prise en charge de la dépendance, notamment dans l'un des territoires étudiés où la logique de guichet unique s'était affirmée, avant même les PAERPA, par le regroupement de différents services d'aide et de soins au sein de maisons départementales pour l'autonomie.

Le deuxième modèle de transversalité est celui du *case management* clinique, qui suppose une coordination de l'offre de services par un clinicien capable de diagnostiquer le besoin au moment voulu du parcours de la personne et à chaque besoin nouveau. Ce clinicien est un référent permanent et une autorité de prescription des interventions en même temps qu'il assure la responsabilité de la cohérence du parcours transversal de la personne. Au sein des expérimentations PAERPA, le dispositif de coordination clinique de proximité (CCP), placé sous la responsabilité du médecin traitant, peut être rangé dans ce modèle. La coordination clinique de proximité a notamment pour but de réaliser un plan personnalisé de santé (PPS) pour les personnes âgées dépendantes vivant à domicile, plan qui détaille les actions sanitaires et sociales à mener par différents intervenants médicaux, médico-sociaux ou sociaux. La mise en place du PPS fait suite au diagnostic par un professionnel d'un problème complexe. Il s'agit d'élaborer un plan d'action formalisé autour du médecin traitant, de l'infirmier libéral ou du coordinateur de services de soins infirmiers. Enclenché lors d'une évaluation médicale, gériatrique et sociale, le PPS établit un état des lieux de la situation de la personne permettant la planification d'actions. Il s'ensuit une priorisation des actions à mener et l'organisation d'un suivi dans la durée par les différents acteurs. Cela doit permettre d'obtenir une meilleure synergie entre les acteurs et d'éviter un dédoublement des actions. Ce modèle fait reposer la responsabilité (voire les coûts) de la coordination sur un seul acteur dont le *case management* n'est pas le cœur de métier. Cela peut s'avérer problématique, surtout lorsque l'offre médicale est saturée. Les ARS ont notamment pointé le manque de ressources économiques pour mobiliser les médecins libéraux dans le dispositif PAERPA. Généraliste, la médecine de ville méconnaît une part importante des dispositifs prévus pour l'accompagnement de ces publics de personnes âgées dépendantes.

Le modèle de la « transversalité intégrée » situe la transversalité au niveau d'une structure ou de la coopération entre professionnels de structures différentes dans un dispositif. Elle suppose la création d'une nouvelle offre spécifique liée à l'identification d'un besoin appelant des interventions de plusieurs secteurs. Cette nouvelle offre peut être incarnée par un nouveau profil de professionnel alliant des compétences issues de champs différents ou bien réunir au sein d'un même dispositif ou dans une même organisation des professionnels spécialisés. La crèche d'insertion ainsi que l'accompagnement global Pôle emploi présentent cette forme de transversalité intégrée. Dans le premier cas, l'offre supplémentaire de places en crèche est pensée en relation avec les problèmes d'un public spécifique de mères précaires (mères de famille monoparentale en insertion) et mobilise, au sein d'une même structure d'accueil des enfants, un.e chargé.e d'insertion aux côtés des professionnel.le.s de la petite enfance. Dans le second cas, la prestation combine un accompagnement social et professionnel faisant appel à des professionnels de différents métiers et secteurs (conseillers à l'emploi et travailleurs sociaux), travaillant dans des structures différentes (Pôle emploi et services sociaux ou d'insertion du département). Ce modèle, qui s'appuie sur la complémentarité des interventions, interroge du même coup le champ de compétences de chacun de ces professionnels et questionne plus largement la segmentation des interventions publiques selon les catégories de prestations (RSA, ASS, etc.) ou de prestataires plutôt que selon les besoins des usagers.

La transversalité n'est pas un long fleuve tranquille

Si le développement de dispositifs transversaux territorialisés traduit une volonté de décloisonner les interventions en faisant coopérer les acteurs de différents secteurs, l'analyse des dispositifs étudiés confirme la difficulté de se départir d'une approche sectorielle (Muller, 2014), une difficulté accrue dans le cas de dispositifs multiniveaux.

Le délicat réagencement des compétences territoriales

La transversalité interroge tout d'abord la définition et la répartition des compétences institutionnelles sur le territoire, qu'il s'agisse des compétences sectorielles ou liées à un échelon d'intervention.

Les dispositifs transversaux d'initiative locale étudiés se mettent en place dans un contexte de politiques sectorisées dont le moins qu'on puisse dire est qu'il n'est pas facilitateur. Ainsi, la mise en place d'une crèche d'insertion dans un arrondissement urbain s'est heurtée aux réticences des acteurs de la petite enfance, qui voyaient d'un mauvais œil le croisement avec l'insertion. Selon les termes d'un cadre du service social local :

> « Ça ne plaisait pas à la PMI [Protection maternelle et infantile] […] ; il a fallu aussi convaincre les services de la DFPE [Direction de la famille et de la petite enfance] de cette démarche… qui ne la comprenaient absolument pas, mais

alors vraiment pas du tout, en nous disant : “Mais qu’est-ce que c’est que ce truc-là ? C’est n’importe quoi, on ne mélange pas le travail et l’accueil des petits-enfants, ça marchera pas !” ».

Le dispositif partenarial municipal pour l’insertion des mères de famille monoparentale au RSA s’est, quant à lui, heurté au cloisonnement des compétences institutionnelles et à la segmentation des publics. Au moment de l’enquête, la municipalité cherchait à l’étendre à d’autres publics de mères précaires (par exemple des demandeuses d’emploi). Un cadre de la direction de la petite enfance de la mairie constatait en effet :

> « Vous avez des dispositifs de l’emploi qui fonctionnent [...] en silo ; et donc là, on est sur les familles monoparentales au RSA [...], mais vous avez des demandeurs d’emploi qui sont suivis par Pôle emploi [...] et dans tous ces gens-là, forcément que vous avez des jeunes femmes avec enfants en bas âge ».

Mais, sur le terrain, cette extension à de nouveaux publics n’allait pas de soi, parce que les portes d’entrée dans le dispositif étaient la Caisse d’allocations familiales ou les services départementaux alors que Pôle emploi, dont relèvent les demandeurs d’emploi, n’était pas véritablement partenaire.

Dans le cas des dispositifs nationaux étudiés, qui ont une dimension multiniveau, la question du cloisonnement des compétences sectorielles se double de celle des échelons territoriaux. Le dispositif PAERPA interroge ainsi les compétences respectives des départements et des agences déconcentrées de l’État. Le rôle prépondérant tenu par les ARS peut se lire comme remettant en cause le « département-providence ». Il traduit en effet un déplacement du pilotage par l’État des politiques publiques, de l’échelon départemental vers l’échelon régional (Lafore, 2013). Ce mouvement n’est pas univoque : l’expérimentation PAERPA n’est pas la seule en cours dans le champ de la dépendance et il existe à l’inverse des dynamiques qui confortent le rôle des départements. C’est le cas des expérimentations de nouveaux systèmes de tarification horaire des services d’aide à domicile, par exemple. Toutefois, on peut penser avec R. Lafore (2013) que l’introduction d’un dispositif transversal multiniveaux arrimant le secteur médico-social au plan régional de santé est susceptible de désorganiser l’action sociale relevant habituellement des départements : « l’impact de la création des ARS avec l’inclusion du médico-social dans leur champ de compétences désarticule l’action sociale : le schéma médico-social, établi au niveau régional et construit en référence au plan régional de santé, a peu de chances de s’ordonner par rapport aux logiques de plusieurs départements qui doivent juridiquement y être associés ».

Le dispositif d’accompagnement global des demandeurs d’emploi en difficulté interroge, quant à lui, l’articulation entre la politique publique de l’emploi, pilotée centralement par le ministère du Travail, et les politiques d’insertion pilotées par les départements. Le dispositif, défini par un protocole national, est dans les faits adapté dans chaque territoire afin que sa mise en œuvre s’intègre à l’organisation départementale des politiques d’insertion. Il est alors difficile de s’affranchir de la segmentation des publics et des acteurs de l’insertion : les demandeurs d’emploi éligibles au dispositif sont suivis par Pôle emploi, mais ils peuvent également être allocataires du RSA, donc suivis à ce titre par les services des départements et inscrits dans un parcours d'accompagnement social ou socioprofessionnel. Selon leur statut indemnitaire, ou selon les difficultés sociales auxquelles ils sont confrontés, leur porte d'entrée dans les dispositifs d'accompagnement est différente, et ils relèvent d'acteurs départementaux variés (services sociaux ou d'insertion du département, associations, projets de ville, Pôle emploi, etc.). Le déploiement du dispositif d'accompagnement global questionne donc à la fois le statut des publics (allocataires du RSA, demandeurs d'emploi), la nature de l'insertion (insertion sociale, socioprofessionnelle ou professionnelle) et la mobilisation des acteurs pertinents. Un cadre du service insertion d'un département étudié se demandait ainsi :

> « Si on estime que le département est compétent sur l'insertion, qu'est-ce qu'on met dans l'insertion ? [...] tout ce qu'on fait pour les bénéficiaires du RSA [...] est-ce que ça doit être dupliqué pour d'autres publics ? ».

Quant au choix des acteurs en charge du volet social de l'accompagnement global, les départements ont retenu diverses options : certains ont opté pour les structures mettant en œuvre l'accompagnement socioprofessionnel des allocataires du RSA tandis que d'autres ont privilégié celles assurant leur accompagnement social.

La géographie problématique des dispositifs transversaux

La mise en œuvre des dispositifs transversaux interroge aussi l'organisation géographique des interventions autour de la personne accompagnée. Le périmètre du dispositif peut, en effet, mettre en difficulté ses acteurs comme ses publics.

La coordination entre les acteurs d'un dispositif transversal peut, par exemple, s'avérer délicate quand leurs périmètres géographiques ne se recouvrent pas. Ainsi, dans le cas du dispositif d'accompagnement global des demandeurs d'emploi en difficulté, s'il existe bien des partenaires à l'échelon départemental (direction territoriale de Pôle emploi et direction insertion ou direction sociale des conseils départementaux) pour organiser sa mise en œuvre, les périmètres locaux ne se recouvrent pas souvent. Une agence locale de Pôle emploi peut avoir dans son périmètre plusieurs services sociaux ou insertion relevant du département (ou de la commune) ; à l'inverse, un service social ou insertion peut partager son périmètre avec plusieurs agences locales. Dans l'un des départements étudiés, un chargé de mission d'une maison des solidarités qui expérimentait l'accompagnement global des demandeurs d'emploi d'une seule agence locale de Pôle emploi, mais avait dans son périmètre trois agences locales, s'inquiétait de l'impact sur son travail de la généralisation du dispositif :

> « Aujourd'hui ce n'est pas lourd [...], je n'ai qu'une agence, quatre fiches, quatre personnes [...]. Demain avec deux autres agences, là [...] je ne peux pas [...] je navigue à vue comme on dit ».

Le périmètre géographique du déploiement d'un dispositif peut aussi s'avérer inadapté aux besoins des publics accompagnés. Ainsi, dans le cas du PAERPA, l'approche en termes de parcours de santé ne s'accommode pas toujours de la définition du territoire de mise en œuvre du dispositif, en particulier lorsqu'il s'agit d'une expérimentation : le territoire expérimental peut s'avérer trop étroit pour répondre aux besoins de la personne en accompagnement global, celle-ci recourant parfois à des institutions et infrastructures qui lui sont extérieures (parce qu'elles peuvent être plus adaptées à ses besoins et/ou plus proches ou plus accessibles géographiquement). Enfin, les périmètres de l'accès aux droits des usagers varient géographiquement en fonction des prestations et des secteurs. Par exemple, si le recours à l'aide sociale délivrée au niveau du département est conditionné au fait de résider dans ce dernier, les prestations du secteur sanitaire sont dispensées sur l'ensemble du territoire national. L'articulation apparaît alors délicate entre le territoire du dispositif transversal, la géographie des institutions parties prenantes et le territoire pertinent (souvent plus large) d'une approche privilégiant des parcours personnalisés.

La mise en question des compétences professionnelles et des métiers

La transversalité interroge les métiers et les compétences professionnelles des agents embarqués dans les dispositifs. Les dispositifs transsectoriels mobilisent des acteurs dont les cultures, règles ou déontologies professionnelles diffèrent. Les coopérations peuvent être rendues difficiles par l'existence d'informations (sur la santé des patients ou sur les difficultés sociales des publics en insertion) couvertes par le secret professionnel, ou encore par la présence d'une hiérarchisation des priorités faisant que les professionnels n'accordent pas la même importance au public à accompagner.

Ainsi, l'accompagnement global des demandeurs d'emploi en difficulté suppose de la part des travailleurs sociaux des départements et des conseillers emploi de Pôle emploi un travail conjoint autour des (et avec les) publics. Cette forme d'accompagnement interroge les métiers et les missions des uns et des autres. Si Pôle emploi dispose de conseillers dédiés à l'accompagnement global, souvent des volontaires qui acceptent de (ou souhaitent) donner une plus grande dimension sociale à leur métier, ce n'est pas toujours le cas du côté des départements. Le plus souvent polyvalents, les travailleurs sociaux des départements accueillent un public qui cumule les difficultés. Ils perçoivent rarement les demandeurs d'emploi, fussent-ils « éloignés de l'emploi », comme prioritaires, relativement à d'autres publics (enfants relevant de l'aide sociale à l'enfance ou femmes victimes de violences conjugales, par exemple). Ainsi, selon un cadre de service social départemental :

> « On a des priorités dans le service : la protection de l'enfance [...], les signalements, [...] l'accès au logement [...] ».

Les stratégies des départements pour mobiliser les travailleurs sociaux sur le dispositif sont diverses : dans un contexte de remise en question de la polyvalence, l'un des départements étudiés a choisi de confier la coordination de l'accompagnement global à des chargés de mission insertion spécialisés, tandis que l'autre, privilégiant la polyvalence pour faire face aux priorités, a appelé les travailleurs sociaux des circonscriptions à se réorganiser pour trouver le temps de contribuer au dispositif. Le travail conjoint autour de l'accompagnement global pose également la question des frontières du travail et des compétences des professionnels de secteurs différents, chacun pouvant être amené à faire le travail de l'autre, au risque de se trouver en difficulté. C'est ainsi qu'un conseiller Pôle emploi dédié à l'accompagnement global expliquait :

> « Les deux premiers entretiens que j'ai eus dans le cadre du global sont vraiment les pires [...] c'est très très loin de notre métier de conseiller à l'emploi ».

Tandis qu'un travailleur social, comme en écho, regrettait que « tout le monde s'imagine pouvoir faire du social ».

Cette question de la définition et des frontières des compétences professionnelles se pose différemment selon les dispositifs transversaux étudiés. Dans le cas de l'accompagnement global des demandeurs d'emploi en difficulté, elle concerne la définition du travail conjoint et des compétences respectives du conseiller à l'emploi et du travailleur social. Dans le dispositif PAERPA, la question n'est pas tant de définir les compétences de tel ou tel acteur que d'identifier le professionnel capable de centraliser ou de coordonner l'ensemble des compétences requises pour accompagner les personnes âgées dépendantes. Le « défi » est alors, pour reprendre les termes d'un responsable d'ARS, « d'être en capacité de regrouper les compétences techniques, qu'elles soient d'ordre médical, médico-social ou social, autour d'une même personne ». Il existe en particulier une dissymétrie dans l'accès à l'information relative aux patients, les acteurs du médico-social n'ayant pas accès aux informations médicales. C'est l'une des raisons pour lesquelles la coordination du dispositif incombe aux professionnels du secteur sanitaire.

Gouverner la transversalité

La mise en œuvre de la transversalité s'avérant délicate, la gouvernance des dispositifs étudiés apparaît souvent comme un défi pour ses acteurs. Elle donne ainsi lieu à la production de savoirs et d'outils territorialisés visant à permettre le travail conjoint en dépassant les cloisonnements sectoriels. Elle s'appuie sur des instances dédiées, qui assurent l'entrée des publics ou structurent la coopération entre les professionnels en charge du dispositif. Enfin, lorsqu'il s'agit de mobiliser des financements, elle affronte les logiques souvent sectorisées des financeurs.

La construction de savoirs et d'outils territorialisés

La gouvernance des dispositifs étudiés mobilise la construction de savoirs territorialisés. On peut caractériser ces savoirs en définissant l'action publique par ses « idées » (Jobert, Muller, 1987), en retenant avec P. Palier et Y. Surel (2005) les cinq dimensions que sont les diagnostics, les valeurs et les objectifs affichés, les normes d'action, les instruments et les modèles de référence.

Les initiatives locales d'accompagnement global des mères de famille monoparentale ont trouvé leur origine dans des diagnostics des besoins locaux. Effectués à l'échelle du quartier par les acteurs locaux de la petite enfance ou des services sociaux, ceux-ci ont permis d'identifier les besoins et de choisir un dispositif pour y répondre. C'est ainsi qu'une crèche d'insertion a été retenue pour soutenir l'accompagnement professionnel de mères précaires prêtes à l'emploi dans un quartier manquant de places d'accueil pour les jeunes enfants, tandis que dans un autre, où les places d'accueil étaient jugées suffisantes pour répondre aux besoins des mères de famille monoparentale au RSA, un partenariat entre structures de la petite enfance et de l'insertion a été privilégié. Ces dispositifs n'ont guère suscité de besoins d'outils pour leur mise en œuvre. Dans la crèche du premier territoire, la chargée d'insertion avait l'habitude de travailler en lien avec les professionnels de la petite enfance pour l'accompagnement global des mères de famille monoparentale, tandis que dans le dispositif partenarial du second, les professionnels appelés à coopérer partageaient un même diagnostic. Les savoirs produits autour de ces dispositifs consistent surtout en des évaluations, de nature d'ailleurs très différente. Dans les crèches d'insertion, l'évaluation, réalisée en interne par l'association gestionnaire, se limite au recensement des « sorties positives » (en emploi ou en formation) des parents accompagnés et permet à la crèche d'afficher de très bons résultats. L'évaluation du dispositif partenarial d'un quartier urbain est, quant à elle, partenariale et vise à construire un cadre cognitif partagé sur le dispositif et ses limites (l'insuffisance du suivi des familles accompagnées, l'impossibilité de mesurer l'effet propre du dispositif), de manière à pouvoir l'améliorer.

Dans le cas des dispositifs d'impulsion nationale, les diagnostics et les objectifs ne sont pas différenciés localement. Le diagnostic national, voire supranational, concerne un public réputé partout confronté à des difficultés appelant la mobilisation d'acteurs de différents secteurs pour son accompagnement global. La construction de savoirs territorialisés vise alors l'adaptation des dispositifs nationaux aux contextes locaux, mais aussi et peut-être surtout l'élaboration d'outils pour mettre en cohérence les normes d'action de professionnels de terrain relevant de secteurs ou d'institutions différents, dont il s'agit de faciliter le travail conjoint en les dotant de modèles de référence ou d'instruments communs.

Le travail d'élaboration de diagnostics ou d'outils locaux dans une perspective opérationnelle s'effectue diversement selon les territoires. Dans le cas de l'accompagnement global Pôle emploi, ce travail a été particulièrement intense en amont de la mise en œuvre du dispositif dans l'un des départements, dans un contexte conflictuel qui a nécessité des ajustements importants par rapport aux attendus du protocole national (Eydoux *et al.*, 2019, dans ce numéro). Les conseillers techniques du service social ont alors conçu une série d'outils pour proposer aux acteurs de terrain des référentiels communs (catalogue des freins à l'insertion, guide des ressources sociales), des normes pour l'action (guide des immersions, guide du plan d'action concerté) ou des outils du travail conjoint (fiches de liaison). Dans les territoires PAERPA étudiés, le déploiement d'outils transversaux a également été central pour la mise en œuvre de l'accompagnement global des personnes âgées dépendantes (Garabige, Trabut, 2017). Les acteurs se sont réappropriés de façon différenciée la boîte à outils proposée dans le cahier des charges du dispositif national. Dans l'un des territoires, par exemple, on a observé une forte dynamique pour améliorer le plan personnalisé de santé prévu au niveau national. À côté des outils d'information, de planification et de coordination (volet médical de synthèse, dossier de liaison d'urgence pour les EHPAD, compte rendu d'hospitalisation), des supports d'information sécurisés ont été conçus pour faciliter la coordination (annuaire des ressources sanitaires, médico-sociales et sociales, messagerie sécurisée commune à l'ensemble des trois secteurs) ou pour normaliser les informations partagées (dossier médical personnel, documents pharmaceutiques, systèmes d'information adaptés à la mobilité du domicile ou de l'EHPAD, logiciels métiers). Enfin, la formation a également été mise en avant.

Lors de nos enquêtes, ces outils territoriaux de la transversalité étaient diversement utilisés par les acteurs, sans qu'on puisse dire si cela tenait seulement à la nouveauté des dispositifs ou surtout à la difficulté d'outiller de manière opérationnelle le travail conjoint de professionnels de secteurs différents. Notons qu'au moment de l'enquête, les dispositifs nationaux ne faisaient pas l'objet d'une évaluation – mais pour le dispositif d'accompagnement global, les conseillers de Pôle emploi craignaient d'être évalués sur le taux de sortie positive des personnes accompagnées.

Les instances d'une gouvernance partenariale et multiniveaux

Nos analyses de terrain ont montré l'intérêt qu'il y a à replacer les dispositifs transversaux dans les dynamiques de recomposition des systèmes locaux d'intervention sociale (Andreotti, Mingione, 2013) ainsi que dans leur articulation avec les systèmes nationaux et les régulations supranationales. Nous avons plus particulièrement questionné la gouvernance partenariale, décentralisée et multiniveaux de ces dispositifs mobilisant des « processus de coordination d'acteurs, de groupes sociaux et d'institutions » (Le Galès, 2014) et installant « des situations de coopération qui ne peuvent plus être ordonnées par la hiérarchie » (Pasquier, Simoulin, Weisbein, 2007).

La gouvernance des dispositifs d'accompagnement global étudiés est à la fois partenariale et décentralisée. Le déploiement de ces dispositifs s'est accompagné de la mise en place d'instances de coordination transsectorielles et/ou multiniveaux qui sont pour ainsi dire la traduction institutionnelle de la transversalité. Les initiatives locales couplant l'accès à un mode d'accueil des enfants et un accompagnement vers l'emploi des mères de famille monoparentale ont mobilisé des instances de coordination à l'échelle du quartier (commission d'admission *ad hoc* pour la crèche d'insertion, relais petite enfance d'un des territoires), mais aussi une coordination avec des acteurs à d'autres échelles, notamment pour obtenir des financements. Par exemple, la directrice de l'association gestionnaire de crèches d'insertion dans plusieurs communes d'une même région a soumis les projets de crèche d'insertion non seulement à la Caisse d'allocations familiales et aux élus de la ville, mais aussi au conseil régional et à des conseils départementaux.

Dans le cas des dispositifs nationaux, des instances de coordination ont été créées à plusieurs échelles. Par exemple, la mise en œuvre de l'accompagnement global des demandeurs d'emploi en difficulté a donné lieu dans l'un des territoires étudiés à la création, au niveau du département, d'un comité de pilotage et d'un comité technique réunissant des acteurs de l'emploi et des politiques sociales ou d'insertion (Direction territoriale de Pôle emploi, Direction sociale ou insertion du conseil départemental) ; au niveau local, la coordination du dispositif a mobilisé des « instances locales de concertation sur l'accompagnement global local » réunissant à intervalles réguliers des conseillers à l'emploi dédiés et des responsables d'agence de Pôle emploi ainsi que des travailleurs sociaux et des responsables de circonscriptions de service social. Le dispositif PAERPA prévoyait, quant à lui, dans son cahier des charges la mobilisation de nouveaux espaces de gouvernance territoriaux ; au niveau local, il s'est appuyé sur des plateformes (comme les maisons de l'autonomie) pour soutenir les professionnels intervenant dans l'accompagnement des personnes âgées dépendantes.

Cette gouvernance partenariale fait l'objet d'un pilotage souvent problématique, traduisant peut-être le retour d'un impensé des rapports de pouvoir. Ainsi, la mise en œuvre de l'accompagnement global des demandeurs d'emploi en difficulté, dispositif voulu par le gouvernement et porté par Pôle emploi, repose sur des partenariats avec les départements. Pôle emploi doit, pour déployer le dispositif et s'assurer du versement du cofinancement du Fonds social européen (FSE) pour ses postes de conseillers dédiés, obtenir la coopération des conseils départementaux et de leurs services sociaux ou d'insertion. Mais celle-ci n'est pas acquise et l'opérateur public demeure pour ces partenaires un prescripteur sans autorité. Certains départements coopèrent volontiers, comme celui des Yvelines qui a obtenu un cofinancement du FSE pour le volet social de l'accompagnement global et doit répondre aux mêmes exigences que Pôle emploi en matière d'entrées dans le dispositif, de suivi des demandeurs d'emploi et de reddition des comptes. Mais les deux départements étudiés ne bénéficiaient pas d'un tel cofinancement du FSE. Disposant de peu de ressources à affecter au dispositif qu'ils ne considéraient par ailleurs pas prioritaire par rapport à leurs autres missions, ils pouvaient chercher à négocier leur contribution. L'un des départements étudiés a ainsi été en capacité d'imposer à Pôle emploi un filtrage des entrées dans le dispositif (en les limitant aux seuls demandeurs d'emploi non allocataires du RSA et déjà suivis par les services sociaux).

L' « enfer » des financements des dispositifs transversaux

Le financement des dispositifs transversaux dans un contexte d'action publique sectorisée apparaît souvent à la fois essentiel et problématique, en raison du cloisonnement des institutions et des financeurs de l'action publique locale.

Les dispositifs transversaux sont susceptibles de faire appel à des financements multiples, qu'il faut savoir capter et utiliser. Cela implique dans certains cas de rendre des comptes à différents financeurs, en se pliant à des contraintes de gestion pensées pour des interventions sectorisées. Les propos d'un responsable d'une ARS sont de ce point de vue parlants :

> « C'est qu'aujourd'hui […], même au niveau de la partie santé, on a différents types de financeurs […]. Ça veut dire pour les opérateurs quotidiens […] : je finance tel bout, donc je m'organise par rapport à ce financement-là… Je donne des comptes sur telle temporalité avec telles modalités de compte rendu […]. Je passe dans une autre prise en charge, c'est encore un autre financeur […], c'est pas le même ministère, c'est pas la même caisse, c'est pas le même machin […]. Enfin c'est tout ça derrière. Donc vous imaginez aussi les opérateurs ou les familles *in concreto* qui sont, enfin, confrontés à X financeurs […]. C'est un enfer ! C'est pas… c'est pas efficace ! ».

Notons aussi que la multiplicité des financements peut rendre difficile le contrôle du coût total d'un dispositif. Cela aboutit à une situation paradoxale : de nombreuses structures consacrent de l'énergie à rechercher des financements et à rendre des comptes en se pliant aux contraintes de gestion des financeurs, mais ces derniers n'ont pour autant pas de vision globale du coût total du dispositif qu'ils cofinancent.

Le financement particulier de l'accompagnement global des demandeurs d'emploi en difficulté par le FSE, qui contribue au seul volet emploi du dispositif, illustre à sa manière les problèmes que peut poser la diffusion des contraintes de gestion associées aux modalités de financement des dispositifs transversaux multiniveaux. L'existence d'un financement du FSE fait peser sur l'opérateur public une obligation de rendu de compte contraignant à renseigner des tableaux de bords et à conserver des justificatifs d'activité. Or, cela exige des partenaires (services sociaux ou insertion des départements) qu'ils contribuent à ce suivi. Mais lorsqu'ils ne bénéficient pas du financement du FSE pour le volet social, ces derniers peuvent se montrer indifférents à ces exigences, et réticents à se plier aux contraintes de gestion du fonds.

S'agissant des initiatives locales, on observe que les modalités de financements ont des effets sur les perspectives de diffusion des dispositifs. Certains acteurs, du fait de la nature de la solution qu'ils proposent, d'un savoir-faire qu'on pourrait qualifier d'entrepreneurial et d'effets de réputation, n'ont pas de difficulté à trouver des financements. C'est le cas des crèches d'insertion proposées aux élus comme des services clés en mains performants pour l'insertion professionnelle des mères précaires. Leur modèle économique comme leur modèle de communication favorisent leur essaimage dans plusieurs départements d'une même région, sans réel besoin d'adapter en amont la solution aux contextes locaux. Le « succès » de ces crèches qui affichent de très bons résultats en termes d'insertion, se mesure ainsi à leur diffusion à l'échelle régionale et à leur capacité d'impulser des initiatives à d'autres niveaux. À l'inverse, le dispositif partenarial d'insertion des mères de famille monoparentale au RSA a été mis en œuvre à moyens (quasi) constants autour d'un relais petite enfance de quartier, en privilégiant une logique de rationalisation de l'existant qui consiste à chercher à faire toujours mieux avec les ressources du territoire. La « réussite » du dispositif, qui a permis de proposer chaque année une soixantaine de places en crèche pour des enfants de mères de famille monoparentale accompagnées, a reposé sur les solutions trouvées par les professionnels de terrain pour se coordonner, ainsi que sur les ressources et le temps qu'ils ont été en mesure de consacrer au dispositif. Cela s'est fait sans problème majeur d'organisation, mais selon un schéma peut-être difficilement transférable à d'autres quartiers.

Conclusion

Les dispositifs transversaux étudiés visent à répondre à des besoins identifiés comme complexes en décloisonnant des secteurs relevant de champs d'action publique différents (emploi, social et santé). Les acteurs locaux qu'ils mobilisent sont perçus comme les plus à même de mettre en œuvre cette transversalité, ce qui conforte l'idée selon laquelle la proximité constitue un registre de légitimation de l'action publique (Berthet, 2010).

Les résultats de nos enquêtes montrent que les modèles de transversalité à l'œuvre dans ces dispositifs varient en fonction des besoins d'accompagnement identifiés : guichet unique pour permettre l'accès des mères de famille monoparentale au RSA vers un mode d'accueil de la petite enfance, coordination clinique pour organiser les parcours de soins des personnes âgées dépendantes dans le dispositif PAERPA, transversalité intégrée pour l'accompagnement des mères précaires dans la crèche d'insertion ou pour l'accompagnement conjoint des demandeurs d'emploi en difficulté par les conseillers de Pôle emploi et les travailleurs sociaux des départements. La mise en œuvre de ces dispositifs prend des formes variées selon les configurations territoriales (qu'il s'agisse des acteurs impliqués ou des caractéristiques des territoires dans lesquels ils sont déployés). Bien qu'ils soient informés par des diagnostics et évaluations, équipés par des outils destinés à faciliter leur application et que leur transversalité s'appuie sur des instances de coordination, les dispositifs étudiés ne trouvent pas toujours facilement leur place dans la gouvernance locale des politiques sociales. Les acteurs trouvent parfois leur compte dans la transversalité, considérant que le dispositif est un succès ou qu'il les amène à repenser leur manière de travailler. Mais ils sont souvent confrontés à des contraintes (organisationnelles, structurelles et financières) résultant de décisions du passé (y compris récent) qui limitent le déploiement des dispositifs transversaux. Ces contraintes empêchent par exemple la montée en charge rapide de l'accompagnement global Pôle emploi ou du dispositif PAERPA dans certains départements, ou encore l'extension d'une initiative locale à d'autres publics que ceux initialement ciblés (les mères de famille monoparentale au RSA dans le cas du dispositif partenarial d'insertion).

Si l'on considère que la portée transformatrice des dispositifs étudiés apparaît souvent limitée par la persistance d'une division sectorielle des politiques publiques (Muller, 2014), il est possible d'identifier certains des défis posés par la diffusion d'une approche transversale.

Un premier défi a trait au financement des dispositifs transversaux et des outils ou ressources qu'ils mobilisent pour leur coordination. Dans un contexte de rationalisation des dépenses publiques, les dispositifs étudiés sont pris en charge majoritairement par un secteur et ne bénéficient pas ou peu de financements conjoints permettant de décloisonner les champs de l'action publique. L'absence de financements pérennes est également un frein à l'investissement des acteurs. Autrement dit, tant les montants en jeu que les mécanismes de financement à l'œuvre (absence de fongibilité budgétaire, logique de financement sur appel à projet, etc.) apparaissent constituer des obstacles majeurs au déploiement de mesures d'accompagnement global pour des publics aux besoins complexes.

Un second défi tient à la territorialisation de ces dispositifs transversaux. En effet, si les départements sont les chefs de file de l'action sociale, l'approche globale suppose la coordination de multiples acteurs ayant leurs compétences propres et intervenant à des échelles territoriales différentes. La mise en place de la transversalité se heurte alors aux rapports de pouvoir entre l'État et les collectivités territoriales, ainsi qu'entre des acteurs sectoriels plus ou moins dominés, interrogeant la répartition territoriale des compétences. À cela s'ajoute que les dispositifs d'accompagnement global sont mis en œuvre dans des territoires aux ressources et aux moyens inégaux, questionnant la capacité de l'action publique à garantir une offre de services équitable et soulevant plus généralement le problème de la définition du territoire pertinent de l'action sociale.

Au final, la question posée par ces dispositifs d'accompagnement global destinés à des publics aux besoins complexes est celle de la capacité de l'action publique à construire une offre personnalisée dans les interstices des politiques sociales, de l'emploi et de la santé. On peut penser que les dispositifs étudiés soulèvent bien plus que des questions techniques ; ils interrogent la possibilité même de diffusion d'une approche transversale et transsectorielle dans le modèle social français.

Références bibliographiques

Andreotti A., Mingione E. (2013), « Le développement de systèmes locaux de l'intervention sociale, tendance commune dans les pays industrialisés », *Informations sociales*, vol. 179, n° 5, p. 28-36.

Astier I. (1997), *Revenu minimum et souci d'insertion*, Paris, Desclée de Brouwer, collection « Sociologie économique ».

Autès M. (1995), « Les sens du territoire », *Recherches et Prévisions*, n° 39, p. 57-70.

Berthet T. (2010), « Externalisation et gouvernance territoriale des politiques actives de l'emploi », *Revue française de socio-économie*, vol. 6, n° 2, p. 131-148.

Berthet T., Bourgeois C. (2015), « Approche intégrée des politiques de l'emploi : les défis de la territorialisation et de l'individualisation », *Céreq Bref*, n° 334.

Boussaguet L., Jacquot S., Ravinet P. (dir.) (2014), *Dictionnaire des politiques publiques*, Paris, Presses de Sciences Po, 4e édition.

Bucolo E., Eydoux A., Fraisse L. (2018), « Parcours coordonné et crèche d'insertion. Deux dispositifs transversaux d'insertion des mères de familles monoparentales précaires », *Revue des politiques sociales et familiales*, n° 127, p. 37-48.

CNAF (2013), « Politiques sociales locales : enjeux et gouvernance », numéro spécial de la revue *Informations sociales*, vol. 5, n° 179.

Eydoux A., Simha J., Vivès C. (2019), « L'accompagnement global des demandeurs d'emploi. Entre renouvellement du service public de l'emploi et normalisation des politiques locales d'insertion », *Revue française des affaires sociales*, Hors-série.

Galtier B. (coord.) (2011), « Politiques sociales locales », numéro spécial de la *Revue française des affaires sociales*, n° 4, octobre-décembre.

Garabige A., Trabut L. (2017), « L'approche globale dans le champ de la dépendance. De l'impulsion nationale à la réappropriation locale d'une réforme en France », *Revue européenne de sciences sociales*, vol. 55-1, n° 1, p. 149-168.

Garraud P. (2014), « Agenda/Émergence », *in* Boussaguet L., Jacquot S., Ravinet P. (dir.), *Dictionnaire des politiques publiques*, Paris, Presses de Sciences Po, 4e édition.

Grémion P. (1976), *Le Pouvoir périphérique*, Paris, Seuil.

Guigner S. (2011), « L'influence de l'Union européenne sur les pratiques et politiques de santé publique : européanisation verticale et horizontale », *Sciences sociales et santé*, vol. 29, n° 1, p. 81-106.

Heindereich M., Rice D. (eds.) (2016), *Integrating Social and Employment Policies in Europe : Active Inclusion and Challenges for Local Welfare Governance*, Cheltenham, Edward Elgar.

Halpern C., Jacquot S. (2015), « Aux frontières de l'action publique », *in* Boussaguet L., Jacquot S., Ravinet P. (dir.), *Une French touch dans l'analyse des politiques publiques ?*, Paris, Presses de Sciences Po.

Jobert B., Muller P. (1987), *L'État en action : Politiques publiques et corporatismes*, Paris, Presses universitaires de France.

Lafore R. (2013), « Où en est-on du "département-providence ?" », *Informations sociales*, vol. 5, n° 179.

Le Galès P. (2003), *Le Retour des villes européennes. Sociétés urbaines, mondialisation, gouvernement et gouvernance*, Paris, Presses de Sciences Po.

Le Galès P. (2014), « Gouvernance », *in* Boussaguet L., Jacquot S., Ravinet P. (dir.), *Dictionnaire des politiques publiques*, Paris, Presses de Sciences Po, 4e édition.

Muller P. (2014), « Secteur », *in* Boussaguet L., Jacquot S., Ravinet P. (dir.), *Dictionnaire des politiques publiques*, Paris, Presses de Sciences Po, 4e édition.

Palier B., Surel Y. (2005), « Les "trois I" et l'analyse de l'État en action », *Revue française de science politique*, vol. 55, n° 1, p. 7-32.

Pasquier R., Simoulin V., Weisbein J. (dir.) (2007), *La gouvernance territoriale. Pratiques, discours et théories*, Paris, LGDJ.

Petitqueux C., Acef S. et Mottaghi M. (2010), « Case management : quelles compétences professionnelles pour un accompagnement global et un suivi coordonné en santé mentale ? », *Vie sociale*, vol. 1, n° 1, p. 109-128.

Pinson G. (2009), *Gouverner la ville par projet. Urbanisme et gouvernance des villes européennes*, Paris, Presses de Sciences Po.

Pinson G. (2014), « Le maire et ses partenaires : du schéma centre-périphérie à la gouvernance multiniveaux », *Pouvoirs*, n° 148, janvier, p. 95-111.

L'émergence de « politiques de l'autonomie » à l'échelle locale : entre innovations et prégnance des filières d'action sociale

Philippe Martin, Marie-Laure Pouchadon

RÉSUMÉ

Un nouveau vocable est apparu pour désigner l'action sociale et médico-sociale en direction des personnes âgées et des personnes handicapées : on parle aujourd'hui de « politiques de l'autonomie ». Il s'agit non seulement d'embrasser de manière plus large les traditionnelles filières, mais aussi de situer l'action dans sa dimension locale, territoriale et, par-là, de la référer au paradigme de la société inclusive. Assiste-on pour autant à une véritable transformation cognitive du côté des acteurs de terrain ? Sur la base d'une étude empirique des politiques, des dispositifs et des pratiques d'accompagnement des personnes âgées et des personnes handicapées dans deux départements français, le présent article propose une réponse nuancée : les politiques locales envers ces publics semblent bien mues par des volontés d'innovation et de transformation des modes traditionnels de prise en charge. Les organisations et les services se décloisonnent, se rapprochent des usagers ; les territoires se mobilisent. Ces dynamiques se heurtent toutefois aux logiques de filières spécialisées, toujours prégnantes, et il s'avère difficile en pratique de construire une action en partant de l'individu, de ses besoins propres et de son projet de vie.

ABSTRACT

The Emergence of "Autonomy Policies" at Local Level: Innovation and the Dominance of Social Action Sectors

A new term has been coined to refer to social and medico-social work with seniors and people with disabilities: "autonomy policies". The idea is not simply to more broadly encompass traditional sectors but to situate action in its local and territorial dimension and thus connect it to the paradigm of the inclusive society. But are we witnessing a true cognitive transformation among players in the field? On the basis of an empirical study of policies, systems and support practices for seniors and people with disabilities in two French departments, this article provides a nuanced response to that question. Local policies towards these populations do indeed appear to be informed by the desire to innovate and transform conventional care approaches. Organisation structures and services are being decompartmentalised and growing closer to users, and territories are mobilising. These evolutions are nevertheless hindered by the approaches of specialised sectors – which continue to dominate – and it is proving difficult in practice to build action on the basis of individuals and their particular needs and life projects

Introduction

Sous l'impulsion de la Caisse nationale de solidarité pour l'autonomie (CNSA) et en raison même des missions de cette institution nationale, un nouveau vocable est apparu, potentiellement annonciateur d'un nouveau registre d'action publique : les « politiques de l'autonomie », censées englober les actions en direction des personnes âgées et des personnes handicapées. Cette volonté de traiter ensemble deux catégories, deux publics cibles de l'action sociale traditionnellement distincts est en soi novatrice. Les politiques de l'autonomie ou de soutien à l'autonomie sont aussi conçues en référence aux « territoires » et au local en tant qu'espace d'action pertinent, ainsi qu'à la notion de société inclusive[1]. Ce qui est mis en avant, c'est la prise en compte de la parole et des préoccupations des personnes âgées et des personnes handicapées comme enjeu de démocratie locale.

La référence au paradigme de la société inclusive est assez lourde de sens. La notion occupe une place importante dans la littérature en sciences humaines et sociales, et connaît de multiples déclinaisons (Gardou, 2012 ; Bouquet *et al.*, 2015) que nous ne détaillerons pas ici. Elle a fait son entrée dans le vocabulaire de l'accompagnement des personnes handicapées, notamment sous l'égide des institutions internationales (Convention internationale des droits des personnes handicapées de l'ONU, 2006) et européennes (UE, Conseil de l'Europe) qui préconisent la pleine participation des personnes handicapées dans la société, conformément à une approche fondée sur les droits de l'homme. Cette approche est d'ailleurs au cœur de la loi française du 11 février 2005. Sur le plan théorique, le paradigme inclusif rapporté à la question du handicap ou, plus largement, de la perte d'autonomie se caractérise par une série d'éléments qu'on retrouve communément dans la littérature : l'individu est pleinement acteur de sa propre vie – il est citoyen – et l'action sociale doit partir de ses potentialités (Leblanc, 2011) et de ses besoins propres ; c'est l'environnement qui doit être adapté et c'est pourquoi les politiques inclusives ont à voir avec le territoire et la territorialisation des politiques publiques (Bauer, 2015). Ce qui est en jeu, c'est bien une révolution dans la conception de l'action sociale et médico-sociale. Il s'agit en effet de se centrer sur les souhaits, les choix, les « capabilités » de la personne (Nussbaum, 2006 ; Sanchez, 2009), alors que l'approche classique consiste à partir des difficultés spécifiques de la personne pour la faire entrer dans une catégorie et l'orienter vers les réponses propres aux besoins de cette catégorie (Pillant, 2014).

On se demandera toutefois si ce vocabulaire et ces orientations constituent une réelle transformation cognitive dont le sens serait partagé par les différents acteurs des politiques locales et véritablement mis en œuvre dans les actions en direction des personnes âgées et des personnes handicapées. L'action sociale envers ces publics est en effet traditionnellement conçue en filières : vieillesse d'un côté, handicap de l'autre, ce dernier domaine étant lui-même subdivisé (jeunes/

1. Pour la CNSA, « les territoires sont une ressource pour une société plus inclusive » (CNSA, « Territoires et politiques de l'autonomie », Rapport 2015).

adultes handicapés ; handicap physique/handicap mental[2]). À ces catégories sont associés des modes spécifiques et assez spécialisés de prise en charge : allocations de compensation, aides à domicile, accueil et hébergement en établissements ou institutions. Les « politiques de l'autonomie » sont en outre au carrefour de différents secteurs balisés par les réglementations publiques : secteur sanitaire, secteur médico-social, secteur de l'aide sociale (notamment à l'hébergement), secteur de l'animation socioculturelle, etc.

Ces questionnements sont au départ d'une étude empirique réalisée dans le cadre du programme DREES-MiRE dédié aux politiques sociales locales. Dans cette étude, il s'est agi d'identifier et de comparer la manière dont les institutions départementales et différents acteurs de terrain s'approprient le cadre légal des politiques de soutien à l'autonomie et déclinent les orientations données notamment par la CNSA. On a ici cherché à repérer les marges de manœuvre, les initiatives locales, les singularités. Le regard a été porté sur la manière dont se conçoivent ces politiques, dont elles se traduisent sur le plan de l'organisation administrative et dont elles sont mises en œuvre par les professionnels.

MÉTHODOLOGIE[3] **[ENCADRÉ 1]**

Cet article repose sur l'exploitation de données issues d'une enquête sociologique qualitative menée en 2016 et 2017 dans deux départements de la région Nouvelle-Aquitaine – Les Landes et la Gironde – auprès des services des conseils départementaux en charge de l'action en direction des personnes âgées et en situation de handicap (services de l'APA, services dédiés à la tarification et MDPH). Au sein de chaque département, deux monographies (l'une dans un territoire rural et l'autre dans un territoire urbain) ont été réalisées, permettant le recueil de données locales sur quatre bassins de vie. L'enquête s'appuie sur l'exploitation de différents types de matériaux : le recueil de données de cadrage (données sociodémographiques), l'étude de documents techniques produits par les collectivités locales et autres entités (schémas régionaux et départementaux d'organisation médico-sociale, rapports d'activité, diagnostics de territoires), la conduite d'entretiens individuels et collectifs semi-directifs (100 entretiens au total dont 56 en Gironde et 44 dans les Landes incluant un *focus group*) et la réalisation d'observations de terrain (visites à domicile, réunions plénières et de régulation, commissions techniques).

Les entretiens semi-directifs ont été menés auprès de quatre catégories d'acteurs sociaux selon leur présence dans les territoires locaux :

- des élus (conseillers départementaux en charge du handicap) ;
- des acteurs politico-administratifs et responsables de structures (responsables de pôles, directeurs et cadres de services départementaux sur les volets personnes âgées et handicap, responsables de CIAS, de réseaux départementaux et d'associations d'aide à domicile) ;
- des professionnels de l'action sociale et médico-sociale (médecins, psychologues, infirmières, travailleurs sociaux évaluateurs des services de l'APA et de la PCH, coordonnateurs de

2. La tendance à la spécialisation dans le monde du handicap est particulièrement forte, puisqu'on y distingue aujourd'hui handicap mental et handicap psychique.

3. APA : allocation personnalisée d'autonomie ; MDPH : maisons départementales des personnes handicapées ; CIAS : centres intercommunaux d'action sociale ; PCH : prestation de compensation du handicap ; CLIC : centres locaux d'information et de coordination ; MAIA : maisons pour l'autonomie et l'intégration des malades d'Alzheimer ; CCAS : centres communaux d'action sociale ; CODERPA : comités départementaux des retraités et des personnes âgées.

CLIC, pilotes et gestionnaires de cas des MAIA, travailleurs sociaux des CCAS et CIAS, professionnels des services d'aide à domicile – auxiliaires de vie sociale, aides-soignantes) ;
- des usagers et/ou leurs représentants (membres des CODERPA, représentants d'associations de personnes âgées et de personnes handicapées).
Les entretiens se structurent autour d'interrogations communes telles que la perception de l'action et de la gouvernance départementales, l'appréciation de l'offre de services, les représentations à l'égard des besoins des personnes âgées et en situation de handicap, leurs modalités de prise en compte au niveau local, les logiques partenariales. Des questions plus spécifiques sur les effets de la loi d'adaptation de la société au vieillissement de 2015, l'innovation dans les territoires, les modalités de la coordination gérontologique ont pu également être posées. Concernant la catégorie des professionnels de l'action sociale et médico-sociale, un intérêt plus soutenu a été accordé à la description des missions et fonctions de chacun ainsi qu'à la mise en récit des pratiques professionnelles, des modes d'intervention auprès des populations demandeuses et de l'utilisation de certains outils techniques (grilles d'évaluation par exemple).

L'étude montre certaines différences dans l'approche des problèmes de la perte d'autonomie par les départements. Par-delà ces différences, se manifeste toutefois une volonté de faire évoluer l'action sociale. La territorialisation des politiques de l'autonomie s'accompagne d'innovations et on peut repérer des signes d'une transformation des modes traditionnels de prise en charge des publics que sont les personnes âgées et les personnes handicapées : l'action se conçoit dans la proximité, les organisations administratives se décloisonnent (plateformes, mutualisation), l'intervention sociale s'appuie sur de nouveaux outils tels que la coordination. Il semble cependant que, pour l'heure, les acteurs – politiques, administratifs, professionnels, représentants des usagers – éprouvent des difficultés à dépasser les logiques de filière spécialisée. De plus, la combinaison du médical et du social s'avère toujours délicate lorsqu'il s'agit de construire l'accompagnement adéquat de la personne dans une logique de parcours, d'individualisation et de projet de vie.

Des signes patents de transformation des politiques en direction des personnes âgées et des personnes handicapées

L'impulsion donnée par la CNSA – mais aussi par des organismes comme l'ODAS (Observatoire national de l'action sociale) – visant à promouvoir des politiques de l'autonomie ancrées dans les territoires, plus transversales, centrées sur les besoins de chaque personne, privilégiant les logiques de parcours, semble avoir un écho auprès des départements. Les schémas départementaux d'organisation médico-sociale (SDOMS) de « dernière génération » adoptent désormais assez largement ce vocable (« schéma autonomie ») et cette approche consistant à appréhender ensemble les deux populations cibles. L'intégration n'est cependant pas totale et il est clairement posé dans certains schémas départementaux – à l'instar du schéma girondin – qu'il ne s'agit pas de gommer ni de nier les différences et spécificités qui existent entre dépendance liée à l'âge et handicap. Il s'agit plutôt de rechercher des convergences et des complémentarités dans l'action. Dans les deux départements étudiés, on observe un décloisonnement des organisations départementales dédiées à la prise en charge des différents publics, la mise en œuvre d'outils de coordination dans les territoires, et certaines innovations sociales locales centrées sur la personne.

Des organisations départementales moins cloisonnées : mutualisation de services, plateformes, maillage territorial

La manière dont s'organisent les institutions est en soi révélatrice des conceptions de l'action sociale, des priorités et des objectifs poursuivis. Aussi bien en Gironde que dans les Landes, les services départementaux dédiés à la prise en charge des personnes âgées et des personnes handicapées tendent à s'organiser de manière plus intégrée. Il faut y voir notamment une recherche de plus grande efficacité dans le service rendu au public. On a pu observer la mutualisation de moyens, l'organisation « en plateforme » du travail de différents agents, la polyvalence accrue de certains services. Dans le cas girondin, la réorganisation de l'action départementale s'est aussi traduite par une forte décentralisation visant à un maillage territorial plus efficient en termes d'accès aux droits pour les usagers.

L'organisation landaise

La Direction de la solidarité départementale des Landes est, de manière classique, organisée en « pôles » : personnes âgées, handicap et animation, pôle médical, social, protection de l'enfance, PMI. Le conseil départemental des Landes a toutefois souhaité bâtir un système intégré d'intervention des services dans une logique de mutualisation, de coordination et de transversalité des actions et des personnels. La démarche repose sur l'existence d'une plateforme médico-sociale d'aide et d'accompagnement des personnes âgées et des personnes handicapées. Certes, l'intégration n'est pas totale : l'accompagnement des personnes âgées en perte d'autonomie est assuré par un ensemble de services du conseil départemental et l'accueil et la prise en charge des personnes handicapées relèvent de la MLPH (la Maison landaise des personnes handicapées). Les structures fonctionnent cependant de concert. D'une part, la MLPH se trouve institutionnellement très liée au conseil départemental qui assume un fort leardership. Par ailleurs, le « pôle médecins » du conseil départemental en charge des évaluations intervient aussi bien pour l'octroi de l'APA que pour la prestation de compensation du handicap (PCH)[4]. Comme on le verra, si cette organisation donne l'impression d'une

4. Le « pôle médecins » est donc conçu comme polyvalent (vieillesse et handicap), même si le temps consacré au volet personnes âgées est en pratique beaucoup plus important (70 %/30 %).

prévalence de l'expertise médicale dans l'évaluation et l'accompagnement, le fonctionnement est en réalité polyvalent car les travailleurs sociaux du pôle personnes âgées sont aussi largement mobilisés.

On relèvera aussi l'existence, depuis 1998, d'un service départemental de permanences téléphoniques : le numéro vert IM'Age. Ce service a précédé l'implantation des trois centres locaux d'information et de coordination (CLIC) qui ont été rattachés à l'équipe « accompagnement » du service APA du conseil départemental. Le numéro vert intervient aujourd'hui sur les seuls territoires de Dax, Mont-de-Marsan, et dans le nord des Landes (les CLIC sont pour leur part implantés en zones rurales). Il a vocation à orienter les personnes âgées, les aidants, mais aussi les personnes handicapées.

L'organisation landaise se caractérise au final par un pilotage assez centralisé de la part du conseil départemental qui assume une vision « politique » de l'accompagnement des personnes âgées et des personnes handicapées qui ne se limite pas à l'octroi des prestations légales[5].

L'organisation girondine

Au moment de l'enquête, le pôle Solidarité du conseil départemental de la Gironde était en phase d'achèvement d'une double réorganisation. Le département a souhaité œuvrer à la fois à une décentralisation de ses services dans une logique de proximité et de meilleur accès aux droits, et transformer les services centraux dans une perspective de mutualisation, de transversalité et de pilotage stratégique.

Le département a ainsi déployé et décentralisé l'action des services du pôle Solidarité dans les différents territoires d'intervention sociale par la création, en 2014, de neuf pôles territoriaux de solidarité (PTS). La démarche a consisté à rapprocher les politiques publiques des territoires en assurant une présence physique et matérielle de l'institution départementale, mais aussi à construire plus de transversalité entre services et domaines d'intervention sociale et à mieux prendre en compte les besoins des usagers en fonction des problématiques locales repérées. À ce titre, une des missions des PTS est de formaliser un « projet social de territoire » qui fixe les objectifs et les grandes orientations d'actions retenues pour l'intervention des services, en fonction des spécificités locales identifiées (dynamiques sociales, réseaux d'acteurs, innovations sociales présentes sur le territoire). Pour les services en charge de l'autonomie, cela entraîne la présence, dans chaque pôle territorial, d'une équipe APA composée d'un « médecin coordonnateur » et d'une équipe pluridisciplinaire de travailleurs sociaux dédiés à l'évaluation sociale et à l'établissement des plans d'aide. Depuis la fin de l'année 2016, chaque pôle doit assurer l'accueil physique et l'information des personnes handicapées.

5. L'action départementale ne se limite pas aux personnes âgées dépendantes mais concerne plus largement « les aînés », ce qui inclut des programmes et services de formations, d'animations sportives et culturelles dans une perspective de « bien vivre » ; des dispositifs comparables sont mis en œuvre pour les personnes handicapées.

Dans la foulée, le département s'est attelé à la configuration d'un nouveau « pôle solidarité autonomie ». Les services centraux ont été réorganisés dans une logique de mutualisation. Une nouvelle direction a été créée à cet effet : la DMAT (Direction de la mutualisation et des actions transversales). Le projet est de rapprocher la MDPH et l'ancienne Direction des actions pour l'autonomie (DAPAH), dans la perspective de labellisation d'une Maison de l'autonomie par la CNSA[6]. Plusieurs enjeux étaient au cœur de la création du pôle : le traitement conjoint des demandes, la mise en place d'une plateforme commune d'accueil téléphonique et numérique, la dématérialisation des dossiers, le rapprochement des équipes professionnelles au sein d'une même entité institutionnelle, le développement de projets territoriaux. Un premier niveau de mutualisation a bien été engagé sur les aspects techniques (traitement des appels téléphoniques, numérisation et informatisation des dossiers). Mais la démarche est encore timide sur les dimensions liées à la conception de l'intervention et à l'organisation des pratiques professionnelles (échanges autour d'une pratique partagée de l'évaluation, définition d'une politique conjointe de l'autonomie, projets de territoire transversaux aux deux publics, etc.).

Des agents et des outils de coordination

L'action en direction des personnes âgées constitue tout particulièrement un terreau favorable à la coordination, tant elle a fait l'objet d'une « structuration alambiquée » faisant intervenir une multiplicité d'institutions, de services, de dispositifs, le tout apparaissant emblématique du « social stratifié » (Amyot, 2010). L'objectif principal consiste à redonner une place prépondérante à l'individu, tout en rationalisant l'action sociale par hypothèse fortement sectorisée. L'étude montre différentes dynamiques de coordination à l'œuvre. D'une part, on peut observer comment la coordination devient un enjeu d'intervention publique pour certaines organisations administratives, à l'instar de la MDPH de la Gironde. Par la création, en interne, de services et d'agents de coordination, il s'agit au fond de parvenir à une plus grande fluidité des échanges avec les partenaires extérieurs de la MDPH. D'autre part, au cœur des territoires, différents acteurs agissent parfois de manière concurrente, parfois en coopération, en tant que coordinateurs de l'action gérontologique connue pour sa « complexité sectorielle croissante » (Amyot, 2010).

6. L'article 82 de la loi du 28 décembre 2015 d'adaptation de la société au vieillissement a instauré une procédure de labellisation des maisons départementales de l'autonomie par la CNSA. Il s'agit d'accompagner les conseils départementaux qui souhaitent organiser la mise en commun des missions d'accueil, d'information, de conseil, d'orientation et le cas échéant d'instruction des demandes, d'évaluation des besoins et d'élaboration des plans d'aide au profit des personnes âgées et des personnes handicapées. Le décret n° 2016-1873 du 28 décembre 2016 établit le cahier des charges de la labellisation.

La coordination : un enjeu d'intervention publique pour la MDPH 33

Suite à une réorganisation récente de ses services, la MDPH 33 a créé un « service de coordination médico-sociale » (SCMS). Ce dernier répond à une mission globale de coordination entre services internes de l'institution et partenaires extérieurs. Il intègre les postes de « référents thématiques[7] » qui ont tous une fonction de coordination eu égard aux rapprochements quotidiens qu'ils assurent entre médecins, évaluateurs et responsables de parcours unique (RPU). Certains de ces référents exercent toutefois des missions plus spécifiques qui renforcent leur intervention en matière de coordination. Le référent « établissements » assure les connexions entre la MDPH et les établissements sociaux et médico-sociaux. C'est également lui qui intervient dans le suivi des « situations critiques » pour lesquelles des prises de contacts avec des services partenaires extérieurs sont régulièrement relancées. Le référent « vie à domicile » est, de son côté, en lien avec les travailleurs sociaux évaluateurs et assure des missions de coordination spécifiques, orientées vers l'harmonisation des pratiques d'évaluation. Cette dimension est intégrée dans l'animation des rencontres des équipes pluridisciplinaires d'évaluation qu'il organise. Ce référent correspond au fond à la figure de l'« entrepreneur de réforme » (Bloch, Hénaut, 2014) qui construit au quotidien des outils, des modalités de travail dont le but est de faire émerger une nouvelle approche de l'évaluation des besoins dans le champ du handicap.

Des dynamiques de coordination diversifiées au cœur des territoires

Au sein des territoires, différentes instances, différents acteurs agissent comme coordinateurs, soit en vertu de missions explicites et formelles – c'est notamment le cas des CLIC et des MAIA –, soit du fait même de leur position et de leur action de terrain : ce peut être le cas des CCAS, des CIAS et des services d'aide à domicile qui y sont rattachés. Les réalités sont donc hétérogènes et assez mouvantes selon les configurations locales. De nombreux facteurs interviennent, tels que la diversité des structures en présence dans les territoires, l'ancrage plus ou moins ancien des pratiques de coopération, les modes de structuration historiques des réseaux d'acteurs, etc. Les dynamiques de coordination sont donc plurielles et ne répondent pas toujours à des fonctionnements formalisés. Dans certains bassins de vie, le CLIC jouera pleinement un rôle de pilote de la coordination alors qu'ailleurs ce sera la Maison de santé ou le CIAS. Le leardership d'une structure peut d'ailleurs se renégocier en fonction des limites de son propre périmètre d'intervention dans le territoire. Dans une partie du Sud Gironde, c'est le CLIC qui assure la coordination des acteurs intervenant auprès des personnes âgées, alors que dans une autre partie du territoire où il se révèle moins implanté, c'est le CIAS qui prend le relais. D'ailleurs, selon les lieux d'observation, l'investissement d'une

7. Il existe cinq postes : référent insertion professionnelle ; référent IP, scolarité et formation initiale ; référent vie à domicile ; référent établissements ; référent scolarité.

même « entité » dans des pratiques de coordination peut se traduire par des styles d'intervention très différents. Toujours dans le Sud Gironde, le CLIC joue un rôle fort d'animateur local impulsant des partenariats qui dépassent les attributions habituelles d'un CLIC de niveau 3. Il est investi dans des logiques de coopération avec les acteurs administratifs et économiques du territoire l'amenant à prendre part à des évènements relevant du domaine de la silver économie. Dans un autre terrain urbain de la métropole bordelaise, le CLIC de niveau 3 assure une coordination plus traditionnelle autour d'acteurs locaux historiquement repérés (CCAS, SAAD, SSIAD[8], équipes mobiles gériatriques et, de façon beaucoup plus aléatoire, médecins généralistes du secteur d'intervention).

Selon les départements et les territoires, les pilotes de la coordination diffèrent. Dans certaines zones des Landes, les CLIC semblent moins identifiés comme coordinateurs locaux que les CLIC de Gironde. Ils assurent leur mission première d'information et d'orientation mais interviennent aussi sur des sollicitations plus spécifiques de la part des équipes médico-sociales, en appui à la mise en place des plans d'aide APA ou PCH. Dans ce département, la coordination des acteurs locaux est plutôt assurée par les CIAS qui, pour certains, souhaitent être reconnus (et financièrement soutenus) dans ces missions de repérage, de pré-évaluation et d'orientation des situations qu'ils assurent au quotidien. Le CIAS du Grand Dax s'illustre, par ailleurs, par la création d'une fonction de « référent social » dédiée à l'évaluation des situations, à l'établissement des plans d'aide et à leur articulation avec le travail des responsables de secteurs en charge de l'organisation des plannings d'intervention des équipes d'aides à domicile. C'est ici un rôle de coordination de parcours individuels qui est soutenu par la structure.

Des innovations sociales locales

Dans les territoires, des actions innovantes se font jour qui tentent d'articuler accompagnement « inclusif » des personnes en perte d'autonomie, citoyenneté et développement local. Dans les deux cas ici relevés, les instances départementales jouent un rôle moteur même si elles n'assurent pas vraiment la même fonction selon les projets engagés. Dans le premier cas, le conseil départemental est initiateur du projet et, à ce titre, participe financièrement à sa réalisation matérielle ainsi qu'à son pilotage institutionnel. Dans l'autre cas, le conseil départemental s'est inscrit dans un projet national expérimental auquel il contribue en tant qu'animateur territorial.

Le Village landais Alzheimer

Confronté aux limites de la prise en charge en établissement des personnes souffrant de la maladie d'Alzheimer, le conseil départemental des Landes s'est

8. SAAD : service d'aide et d'accompagnement à domicile ; SSIAD : services de soins infirmiers à domicile.

inspiré d'une expérience néerlandaise (le village d'Hogewey à Weeps, au Pays-Bas). Il décide en 2014 d'apporter une réponse innovante : le Village landais Alzheimer. Implanté dans la ville de Dax, ce « village » doit ouvrir ses portes à la fin de l'année 2019. Il est promoteur d'une conception particulière de l'institution : ouverte vers l'extérieur, porteuse de nouveaux modes d'accompagnement marqués par la pluridisciplinarité et la polyvalence, favorisant un encadrement des malades respectueux de leurs souhaits comme de leurs modes de vie (rythmes, habitudes, contacts avec les proches). La philosophie du Village repose sur une approche du soin voulue novatrice, sans blouse blanche, visant la coopération de différents profils d'acteurs dans l'esprit des « Dementia Friendly Communities »[9] (Sipos, Donnio, 2018). Le « Village landais Alzheimer » accueillera 120 résidents de plus de 60 ans (10 places seront toutefois réservées à des personnes de moins de 60 ans) à tous les stades de la maladie et offrira des possibilités d'hébergement permanent ou temporaire ainsi que des accueils de jour[10]. Il sera construit comme un village traditionnel landais constitué de 16 maisons organisées en 4 quartiers pouvant, chacune, héberger 7 à 8 personnes.

Le fonctionnement du Village est basé sur la présence de plusieurs équipes qui coopéreront au quotidien (équipes médicales, paramédicale, d'animation, ainsi que services généraux et administratifs). Une des particularités du Village est l'intégration dans son fonctionnement journalier d'une communauté de bénévoles[11] issus de l'agglomération dacquoise qui participeront à l'accompagnement des résidents. À leur intervention doit s'ajouter la collaboration d'artistes et d'autres profils d'intervenants (acteurs associatifs) associés au fonctionnement du lieu et aux activités culturelles qui pourront y être développées. Le Village proposera en effet des services et espaces culturels (auditorium, médiathèque, salles de conférences) ouverts aux habitants du territoire. Cette démarche impliquant citoyens et habitants du territoire dans l'accompagnement des personnes atteintes de maladie d'Alzheimer et maladies apparentées (MAMA) se veut porteuse d'une action de lutte contre la stigmatisation des patients et de leurs proches. Pour le conseil départemental, ce projet relève indiscutablement de l'idée de société inclusive tant il s'agit de maintenir aussi longtemps que possible les personnes souffrant de la maladie d'Alzheimer dans une vie sociale ordinaire. Sans préjuger de son succès ou de ses limites, on relèvera qu'il constitue en soi un élément d'affirmation d'une politique locale se revendiquant innovante depuis les années 1980.

9. « Dementia Friendly Communities » (DFC) est un concept anglo-saxon qui promeut une société inclusive permettant de préserver l'autonomie et la capacité de décision des personnes vivant avec la maladie d'Alzheimer. Cf. fiche technique : « Favoriser l'inclusion des personnes vivant avec la maladie d'Alzheimer grâce au concept de "Dementia Friendly Communities" », *La santé publique en actions*, Presses de l'EHESP, 2018.

10. Le cahier des charges prévoit la création de 12 places en accueil de jour.

11. L'accompagnement des résidents sera assuré par un nombre égal de personnels soignants et paramédicaux (120) et de personnels bénévoles (120). Ces derniers seront formés à l'intervention auprès des personnes atteintes de MAMA (maladie d'Alzheimer et maladies apparentées) et seront encadrés par un service spécifiquement dédié à leur gestion.

La Gironde et le programme « territoire 100 % inclusif »

De son côté, le département de la Gironde a répondu fin 2018 à l'appel à manifestation d'intérêt « territoire 100 % inclusif » lancé par le Secrétariat d'État chargé des personnes handicapées auprès du Premier ministre. Il s'agit d'améliorer la participation et la coordination de tous les acteurs engagés dans le parcours de vie d'une personne handicapée (école, entreprise, loisirs) pour lutter contre les ruptures de parcours. La Gironde est le troisième territoire à avoir été « labellisé » après le département de la Manche et le territoire de Belfort. En collaboration avec les principaux partenaires du champ du handicap, les universités bordelaises et les acteurs de la société civile, le département s'est engagé dans une réflexion sur la déclinaison des politiques publiques à son échelle d'intervention. À partir d'initiatives locales issues du milieu associatif, d'acteurs économiques ou de collectifs d'usagers, le département propose une démarche méthodologique spécifique visant à repérer, au plus près des situations, les besoins les plus urgents et à promouvoir certaines actions prioritaires. Il souhaite notamment agir en faveur des parents handicapés (« handiparentalité »). D'autres orientations sont envisagées telles que l'amélioration de l'accès des enfants handicapés aux activités périscolaires ou encore l'amélioration de l'accompagnement individuel dans le cadre de la mise en place des plans de compensation du handicap[12]. Aux yeux des élus départementaux, la démarche doit permettre de placer les acteurs concernés par les problématiques du handicap au cœur de l'action publique tout en impliquant l'ensemble des citoyens et habitants du territoire. Les deux objectifs prioritaires sont de « fluidifier les parcours » par l'apport de solutions opérationnelles, ciblées, adaptées aux problématiques concrètes des personnes et de rendre opératoire l'ouverture de nouveaux droits individuels.

La prégnance des logiques de filière et de secteur

Malgré une volonté affichée par les conseils départementaux de construire des politiques de l'autonomie plus transversales, fondées sur une approche multidimensionnelle des besoins de la personne et tenant véritablement compte de sa situation concrète, des évolutions de celle-ci, des aspirations de l'individu, l'action médico-sociale est encore empreinte des logiques de filière et de secteur. À cela s'ajoutent les difficultés liées à l'augmentation du nombre de demandes et aux défis que représente la prise en charge des « situations complexes ». D'une part, la construction des catégories « personnes âgées » et « personnes handicapées » par le droit mais aussi par les acteurs (associations, organisations) continue de peser de son poids. D'autre part, si les équipes en charge de l'évaluation sont pluridisciplinaires par obligation légale, chaque département organise à sa manière

12. Notamment par la création d'assistants au parcours de vie, dispositif à l'initiative de l'association Trisomie 21 Nouvelle-Aquitaine.

l'articulation du médical et du social. Se jouent encore des enjeux de légitimité professionnelle pour déterminer le « droit à compensation » en cas de perte d'autonomie. Enfin, l'individualisation de l'accompagnement qui implique aussi la mise en place de solutions modulables et adaptées à chaque situation peine à se déployer.

Le poids des catégories sociales et juridiques structurant l'action médico-sociale

La présentation des schémas d'organisation sociale et médico-sociale les plus récents indique que les conseils départementaux entendent traiter ensemble, ou au moins de manière plus convergente, les publics que sont les personnes âgées et les personnes handicapées. Mais une réalité objective empêche qu'on aille très loin dans cette perspective : la loi elle-même continue de distinguer prestations et solutions d'accompagnement. En France, on le sait, la dépendance est une notion construite en lien étroit avec la question de la vieillesse, ce qui a conduit à concevoir une prestation légale – l'allocation personnalisée d'autonomie – octroyée sous condition d'âge (60 ans). Pour les personnes handicapées, la compensation de la perte d'autonomie repose sur une autre prestation – la PCH – qui, par hypothèse, est réservée aux personnes de moins de 60 ans. Cette dualité des prestations, avec les effets de frontière qu'elle produit, ne fait que prolonger la segmentation des publics de l'action sociale telle qu'elle a été historiquement construite par le droit. Il n'est qu'à ouvrir un Code de l'action sociale et des familles pour s'en convaincre. Malgré certaines annonces contenues dans la loi du 11 février 2005 et les impulsions données par la loi d'adaptation de la société au vieillissement du 28 décembre 2015, nous ne sommes pas parvenus en France à bâtir le « cinquième risque » consacré au handicap et à la dépendance (Elbaum, 2008).

L'étude empirique montre, au demeurant, que les acteurs institutionnels eux-mêmes tendent à justifier les filières, arguant notamment de la spécificité du champ du handicap. Une limite importante à l'assimilation des personnes âgées et des personnes handicapées dans des politiques et dispositifs « autonomie » tiendrait en effet à la technicité de la prise en charge des handicaps par rapport à la dépendance. Ce point revient régulièrement dans le discours des professionnels et est corrélé à une certaine « résistance institutionnelle » des MDPH à se fondre dans l'organisation administrative départementale. Les propos d'une responsable de service à la MDPH 33 illustrent bien cette position :

> « On ne peut pas comparer ! Pour moi, ce sont deux prestations [l'APA et la PCH] qui ne sont absolument pas comparables dans leur évaluation et dans leur mise en place, quoi ! La PCH est très complexe à évaluer, ça touche l'aide humaine, l'aménagement du véhicule, y'a tellement de volets différents... y'a des ergothérapeutes. Enfin, voilà, c'est très technique, aussi. Donc pour moi, c'est absolument pas comparable ! ».

Même son de cloche du côté landais où l'on souligne le rôle des associations de personnes handicapées qui militent pour leur spécificité et vont jusqu'à revendiquer les différences au sein du monde du handicap. Tout particulièrement, c'est la problématique du handicap psychique qui est mise en exergue, notamment par les services d'aide à domicile qui observent que leur personnel se trouve souvent en difficulté, faute de compétences dans le domaine psychiatrique. Le conseil départemental dit pousser les CCAS et CIAS[13] à aller vers le volet handicap mais rencontre des réticences. Pour ces différentes raisons, la Direction de la solidarité landaise dit ne pas souhaiter s'orienter vers la création d'une Maison de l'autonomie.

La position du conseil départemental girondin est moins catégorique sur ce point et témoigne d'une sorte de « tiraillement » entre volonté politique d'aller dans le sens voulu par la loi et la CNSA (faire émerger des Maisons de l'autonomie) et prise en compte des réalités institutionnelles et professionnelles. Un responsable du Pôle Solidarité Autonomie estime, pour sa part, que la prise en charge de la perte d'autonomie des personnes âgées ou des personnes handicapées relève de la même logique, même s'il existe encore une différence de culture entre les services MDPH et APA : une culture de services et d'individualisation pour la MDPH ; une culture de *process* et de gestion de masse du côté de la direction en charge de l'APA. Pour l'heure, l'acculturation mutuelle ne s'est pas encore vraiment produite. Le niveau d'échange entre personnels des différents services sur les logiques d'accompagnement est encore bien faible. Pour notre interlocuteur, il n'est pas logique que soient institutionnellement dissociés l'organisme prescripteur d'aides (la MDPH) et l'organisme payeur (le département). Mais il semble bien que la MDPH tienne à conserver son autonomie dans la gestion des prestations pour les personnes handicapées et à maintenir la situation actuelle, même si elle s'avère peu égalitaire : l'APA est clairement sous contrainte budgétaire alors que les politiques pour les personnes handicapées disposent d'un meilleur financement et d'un soutien des associations pour en disposer sans contraintes.

Le médical et le social dans le processus d'évaluation des besoins de la personne

L'évaluation de la perte d'autonomie et des besoins de la personne relève de la compétence d'équipes pluridisciplinaires. Les départements disposent d'une importante marge de manœuvre dans la composition et le mode d'action de ces équipes, ce qui soulève la question du poids du « regard » médical par rapport à celui des travailleurs sociaux dans ces processus.

13. Dans les Landes où s'est imposée une politique du « tout public » pour ce qui est de l'action en direction des personnes âgées, la grande majorité des CCAS et tous les CIAS sont dotés d'un ou plusieurs services d'aide à domicile.

L'organisation de la pluridisciplinarité des équipes

Pour les personnes âgées comme pour les personnes handicapées, la législation instaure un droit à la compensation de la perte d'autonomie. L'évaluation de la situation et des besoins de la personne, dans la perspective de l'établissement du plan d'aide individualisé, est un acte complexe qui joue un rôle crucial. Elle est en effet – ou doit être – multidimensionnelle et ne pas se limiter aux besoins vitaux de la personne ; elle doit déboucher sur une stratégie globale d'intervention et ne pas se borner à vérifier l'éligibilité à la prestation légale (APA ou PCH). La législation confie ce rôle à des équipes médico-sociales pluridisciplinaires. Pour ce qui est de l'évaluation de la perte d'autonomie des personnes âgées, les équipes APA du département interviennent au domicile de la personne[14]. La loi ne définit pas véritablement la composition des équipes qui, en pratique, comprennent des professionnels de formations différentes : médecins, infirmiers, travailleurs sociaux, agents administratifs. Chaque département dispose ici d'une marge d'autonomie pour composer ses équipes et décider de la manière dont se déroulent la visite à domicile et l'élaboration du plan d'aide. Pour ce qui est de l'évaluation dans le cadre de la prestation de compensation du handicap, une équipe pluridisciplinaire est instituée dans chaque MDPH. En réalité, il y a plusieurs équipes, de configuration différente selon le type de public (enfants/adultes) et de demandes. Comme pour l'APA, la législation laisse latitude aux MDPH pour constituer ces équipes qui comprennent en général des médecins, des psychologues, des psychiatres, des travailleurs sociaux, mais aussi des responsables d'établissements, des personnels de l'éducation nationale, des agents de Pôle emploi, etc.

De fait, on a pu observer différentes manières d'organiser la pluridisciplinarité d'un département à l'autre. Au conseil départemental des Landes, pour ce qui est de l'APA, elle est organisée à l'échelle de la plateforme médico-sociale mise en place. La pluridisciplinarité est envisagée par l'intervention de professionnels de profil CESF (conseiller en économie sociale et familiale), de psychologues, assistants de service social ou même administratifs, complémentaire de celle des équipes médicales (médecins, infirmières). À l'inverse, en Gironde, elle est instituée dans la composition même des équipes évaluatrices présentes dans chaque pôle territorial. Ces équipes comprennent différents profils de travailleurs sociaux (assistant de service social, éducateur, CESF, beaucoup plus rarement infirmier) et sont chapeautées par un « médecin coordonnateur ».

Le regard médical dans l'évaluation de la perte d'autonomie

Techniquement, l'évaluation est conduite par l'utilisation d'outils : la grille AGGIR pour les personnes âgées, la grille GEVA pour les personnes handicapées. La conception de ces outils a elle-même pu être sujette à caution dans la mesure où elle se montre révélatrice d'une certaine approche de la perte d'autonomie encore

14. Pour les personnes âgées admises en EHPAD, l'évaluation est réalisée par l'équipe de l'établissement.

marquée par l'idée d'incapacités qu'il convient de mesurer (Ennuyer, 2001). Le regard médical est donc prééminent dans la détermination de l'éligibilité ou non à la prestation légale. Tout l'enjeu de l'évaluation médico-sociale réside en réalité dans la manière dont va être conçu par l'équipe pluridisciplinaire le « droit à compensation » qui, par hypothèse, ne se résume pas au versement d'une prestation d'un certain montant, mais doit se réaliser dans un processus d'accompagnement individualisé. L'étude révèle ici deux approches départementales distinctes quant aux rôles respectifs des médecins et des travailleurs sociaux.

Dans les Landes, l'importance accordée au regard médical dans la phase d'évaluation de la perte d'autonomie est flagrante. Les visites à domicile auprès des personnes ayant demandé l'APA sont assurées par les médecins et infirmières de l'équipe médicale qui réalisent seuls et de façon prioritaire les évaluations. L'intervention des travailleurs sociaux se fait dans un deuxième temps. Elle est demandée par les équipes médicales lorsqu'elles ont repéré, lors du passage au domicile, des besoins spécifiques qui nécessitent un suivi du service « prestations et accompagnement » (besoins d'explicitations sur l'organisation du plan d'aide, de rendez-vous à orientation psychologique, de suivi administratif, etc.)[15]. Les travailleurs sociaux interviennent donc en deuxième intention[16], après le regard des médecins, dans une posture finalement assez spécialisée. Ils disent d'ailleurs recourir à des critères d'appréciation différents de ceux des équipes médicales. Deux professionnelles rencontrées (une infirmière qui participe aux évaluations APA et une CESF) confrontent ainsi leur intervention :

> « Ce fonctionnement avec deux profils différents… On n'a pas du tout les mêmes regards ! Il suffit que je dise qu'E. est infirmière pour qu'on ouvre la boîte à médicaments… Et c'est très important ! On a pas les mêmes formations, on ne voit pas les mêmes choses et c'est intéressant de comparer. Alors moi [E., infirmière], ça va être l'alimentation, le suivi médical, l'hygiène, les pieds, ouvrir un frigo, les médicaments… Moi [H., CESF]… le budget, les papiers, l'aspect financier » (entretien avec l'équipe d'un CLIC, conseil départemental des Landes).

À l'inverse, en Gironde, les visites à domicile sont uniques et assurées par les travailleurs sociaux des équipes pluridisciplinaires qui réalisent une évaluation sociale globale. Dans ce mode d'organisation, le médecin intervient pour valider le plan d'aide. Son déplacement à domicile est rare. Il se fait à la demande d'un travailleur social quand ce dernier juge sa présence nécessaire face à une situation complexe ou dans des cas bien spécifiques[17]. Les travailleurs sociaux ont donc une

15. Les interventions complémentaires à l'évaluation de l'équipe médicale peuvent, selon les orientations proposées, être assurées par les « conseillères prestations APA » pour des besoins de médiation et de surveillance de la bonne application du plan d'aide ou par des professionnels des CLIC et du service IM'Age pour des interventions nécessitant un suivi généraliste ou, au contraire, très spécifique comme un suivi psychologique. La régulation des interventions de l'un ou l'autre service est opérée par la plateforme médico-sociale qui est toujours attentive à limiter le nombre d'intervenants auprès des personnes âgées.

16. Sauf lorsqu'ils sont intervenus à domicile suite à une prise de contact préalable avec le service IM'Age ou avec le CLIC.

17. Les médecins assurent les visites à domicile en cas : de risque de perte de l'éligibilité à la prestation, de recours ou de contentieux, de signalement de maltraitance ou tout simplement pour prêter main-forte à un évaluateur débordé ou absent (périodes de congés notamment).

posture plutôt généraliste qui n'est pas sans leur donner un certain pouvoir au sein des équipes et de l'institution départementale ; les médecins sont institués dans un rôle de « superviseur ». Dans ce type de fonctionnement, si le travailleur social établit seul la mesure de la perte d'autonomie et le contenu du plan d'aide, les situations les plus difficiles à évaluer sont discutées en équipe lors de réunions hebdomadaires[18].

Dans les deux contextes départementaux, on relèvera l'importance conférée à la visite à domicile, légitimée comme le modèle d'intervention le plus adapté pour la réalisation de l'évaluation de la perte d'autonomie :

> « On fait quasiment que des visites à domicile. C'est l'outil privilégié ! Bon, par téléphone, tu repères des choses mais pas tout ! » (infirmière, Landes, intervenante CLIC et évaluations APA).

Les défis de l'accompagnement individualisé

La législation exige des établissements et services de l'action sociale et médico-sociale qu'ils offrent à chaque usager « une prise en charge et un accompagnement individualisé de qualité favorisant son développement, son autonomie et son insertion, adaptés à son âge et à ses besoins, respectant son consentement éclairé » (art. L. 311-3, 3° du Code de l'action sociale et des familles). Cela vaut pour les personnes âgées[19] et les personnes handicapées[20], même si on peut constater que l'appareillage juridique autour du droit à la compensation de la perte d'autonomie est plus développé en matière de handicap. La législation elle-même précise le plan de compensation offert aux personnes handicapées et se voit renforcée par une stratégie quinquennale (2017-2021) de l'offre médico-sociale envers ces publics[21].

Il ressort de ces textes que, d'une part, le plan d'aide doit être personnalisé et correspondre aux besoins mais aussi aux souhaits particuliers de chaque individu ; cela se joue dès la phase d'évaluation (d'où l'importance de la visite à domicile). Le plan d'aide doit en outre être concrétisé et effectif, ce qui pose le problème du suivi

18. La tenue de réunions d'équipe hebdomadaires est laissée à la libre appréciation des médecins coordonnateurs.

19. Cf. art. L. 113-1-1 du CASF : « La personne âgée en perte d'autonomie a droit à des aides adaptées à ses besoins et à ses ressources, dans le respect de son projet de vie, pour répondre aux conséquences de sa perte d'autonomie, quels que soient la nature de sa déficience et son mode de vie ».

20. Cf. art. L. 114-1-1 du CASF al.1 : « La personne handicapée a droit à la compensation des conséquences de son handicap quels que soient l'origine et la nature de sa déficience, son âge ou son mode de vie ». L'alinéa 3 du même article indique : « Les besoins de compensation sont inscrits dans un plan personnalisé de compensation du handicap élaboré en considération des besoins et des aspirations de la personne handicapée tels qu'ils sont exprimés dans son projet de vie, formulé par la personne elle-même ou, à défaut, avec ou pour elle par son représentant légal lorsqu'elle ne peut exprimer son avis ».

21. Cf. la circulaire n° DGCS/3B/2017/148 du 2 mai 2017 relative à la transformation de l'offre d'accompagnement des personnes handicapées dans le cadre de la démarche « une réponse accompagnée pour tous ». La logique inclusive, le recentrage sur les aspirations des personnes, la référence à la notion de « parcours global », la volonté de décloisonner l'action (le sanitaire et le social) et de sortir des logiques de filière y sont clairement exprimés.

du plan établi et de son éventuelle adaptation aux changements de situation. Ce dernier point ouvre sur la thématique du parcours : assurer la fluidité des modes d'intervention, d'accueil et de prise en charge. On observera que la personnalisation des plans d'aide est présente dans le discours institutionnel mais suppose une implication toute particulière des services chargés de la mise en œuvre qui rencontrent dans la réalité de forts obstacles matériels. Même constat pour la logique de parcours censée se substituer à la logique de filière ou de « placement ».

Individualisation et personnalisation : entre posture et contraintes

L'approche individualisée, la personnalisation de l'accompagnement au-delà de la seule ouverture d'un droit sont assez largement revendiquées par les acteurs institutionnels. Dans les services départementaux de l'APA, l'individualisation de la prestation se conçoit comme l'adaptation du plan à la particularité de chacun, ce qui implique de sortir d'une approche standardisée des besoins qu'induit le classement de l'individu dans la grille AGGIR. Dans les deux départements, les évaluateurs s'accordent pour dire que le plan d'aide ne saurait être conçu de façon trop systématique. Pour l'ensemble des professionnels rencontrés, la nécessité s'impose d'adapter le plan à la réalité de la vie quotidienne de la personne, à son contexte de vie et à son environnement social, à la présence éventuelle d'un aidant ainsi qu'à ses ressources matérielles et notamment financières. Les professionnels ont ainsi le souci d'éviter une standardisation des réponses. Cette exigence valorise les pratiques de négociation[22] lors des visites à domicile afin de prendre en compte les souhaits de la personne demandeuse et, dans la mesure du possible, de les respecter dans la formalisation du plan d'aide.

> « On fait avec la personne. De toute façon, c'est la personne qui nous dit les actions. Enfin, en fonction de nos missions, mais c'est elle qui nous dit les actions que l'on peut mener avec elle. Dans tous les cas, on écoute la personne même s'il y a des difficultés » (CESF, Landes, Numéro Vert).

Ajoutons que la négociation permet de sortir de situations dans lesquelles la personne âgée en demande d'APA exprime un refus du plan initialement proposé. Cette représentation est particulièrement marquée, aussi, chez les évaluateurs des MDPH pour qui l'évaluation est en soi une opération d'individualisation au regard de la grande diversité des handicaps et de leurs conséquences multiples sur la vie quotidienne des personnes.

On observe cependant que ce sont surtout les intervenants à domicile, professionnels des SAAD et des SSIAD qui sont à même de tenir compte des habitudes de vie, des souhaits et choix des personnes. Certains services valorisent

22. Les observations de terrain menées dans le cadre des visites à domicile auprès de trois évaluatrices d'un territoire girondin révèlent que la négociation avec les personnes âgées demandeuses porte sur des points variés : le choix de l'aide à domicile et du service prestataire, l'organisation des heures d'intervention (cumul ou fragmentation), l'affectation des heures et le rythme d'intervention des professionnels, le réajustement éventuel du plan en fonction du reste à charge pour la personne si ce dernier est trop élevé.

pratiquement l'individualisation comme une « position éthique ». Dans certains territoires (Landes, Sud-Gironde), le SAAD refait systématiquement une évaluation afin de s'assurer de l'adéquation du plan d'aide arrêté, notamment du point de vue des habitudes de vie de l'usager. La même posture est observée dans le champ du handicap où certains SAAD évoquent l'individualisation comme un point fort de leur identité de service, mentionnant l'histoire de la structure et le rôle des usagers dans la constitution de l'association. Ils font de la spécificité de leur intervention une « marque de fabrique », stipulant que leur action est organisée autour d'une prise en compte fine et au cas par cas des souhaits de la personne (morcellement de l'intervention à la demande des usagers, intervention sur des horaires tardifs, réalisation d'actes techniques et de soins, etc.). La structure dont il est ici question est d'ailleurs reconnue dans cette spécificité par le conseil départemental de la Gironde qui lui octroie une base de tarification particulièrement élevée.

Il n'est pas acquis, cependant, que tous les SAAD valorisent à ce point la personnalisation sur l'ensemble des territoires. Ces discours et postures se trouvent en outre fortement tempérés et limités par les contraintes matérielles, organisationnelles et temporelles importantes propres au secteur de l'aide à domicile et bien documentées par la littérature, notamment pour ce qui est des SAAD intervenant auprès des personnes âgées : faible stabilisation des équipes et situations de sous-effectif dans certaines périodes, absence et turn-over des personnels, difficile planification des interventions (Avril, 2014 ; Petrella, 2012).

Les écueils de la logique de parcours

La logique de parcours de vie semble vouloir s'imposer, notamment depuis le Rapport Piveteau de 2014 « Zéro sans solution », essentiellement tourné vers le handicap et privilégiant le dépassement de la logique de « place ». L'enjeu existe aussi du côté de l'accompagnement des personnes âgées bien que dans ce cas, l'orientation, le suivi des situations individuelles et la question des ruptures s'appréhendent de manière différente : le parcours de la personne âgée est, de fait, plus linéaire, et s'organise le plus souvent du domicile à l'EHPAD. Dans les deux domaines, l'étude empirique a permis d'observer les difficultés rencontrées.

En matière de handicap, les réponses apportées par les MDPH sont rarement pérennes et parfaitement adaptées aux situations complexes. Plusieurs responsables de la MDPH 33 reconnaissent qu'elles nécessitent un travail constant des équipes qui doivent réévaluer sans cesse les prises en charge en fonction des contraintes et des opportunités qui peuvent parfois se dégager. Ainsi, les suivis ne sont jamais complètement balisés. Le facteur temps est également très important, à l'image de ce que révèlent les propos tenus par une conseillère technique rencontrée insistant sur le caractère rarement définitif des réponses apportées :

> « C'est considérer que l'on a une file active de tous les publics que l'on a rencontrés et à charge. À nous de continuer à cheminer pour essayer de trouver une

réponse qui soit la plus adaptée possible, et souvent, dans un premier temps, elle est partielle ! ».

À ce sujet, les professionnels de la MDPH de la Gironde reconnaissent qu'un point critique apparaît : celui des ruptures de prise en charge avec, à la clé, des modes d'accueil inadaptés aux situations. Le nombre de jeunes bénéficiant de l'amendement Creton[23] est important en Gironde (on en dénombrait 130 en 2017). Si, aux dires de certains médecins, une « révolution » des pratiques professionnelles est bien en cours au sein de l'institution, elle se heurte encore à d'anciens référentiels d'action :

> « Nous, il faut aussi qu'on évolue pour passer de cette logique de réponse à une demande, à une proposition de parcours. On y est prêts mentalement mais selon comment les dossiers sont constitués, c'est pas forcément évident. On est pris entre : il faut quand même donner une réponse à ce qui est demandé et en même temps : on aimerait bien proposer quelque chose de plus calibré ou de plus adapté à la situation [...] » (médecin, MDPH 33).

Dans ce contexte, la difficulté pour l'institution est d'intervenir de façon la plus fine possible alors que les dossiers sont traités en masse et que les moyens humains disponibles pour réaliser des suivis qualitatifs sont limités. La MDPH de la Gironde a engagé plusieurs actions dans différentes directions afin d'entamer des évolutions de fond. On peut mentionner l'existence d'un groupe de travail d'usagers œuvrant à l'amélioration de la lisibilité des courriers administratifs de réponse, l'orientation du programme d'accompagnement global (PAG)[24] en direction des publics de l'aide sociale à l'enfance (ASE) plus souvent exposés à des situations complexes, la mise en place d'un dispositif facilité de passerelle entre ITEP (Instituts thérapeutiques éducatifs et pédagogiques) et SESSAD (Services d'éducation spéciale et de soins à domicile) afin de simplifier les parcours, le développement des pratiques de mutualisation de la PCH par le soutien de l'accès à l'habitat collectif, la mise en place d'une plateforme spécifique d'accompagnement des 18-25 ans afin de limiter les situations dites « Creton ».

Pour les personnes âgées, l'enjeu consiste essentiellement à orienter de manière adéquate tout en respectant le choix de vie : organisation du maintien à domicile, accueil en établissement ou autre forme (accueil familial notamment). La coordonnatrice d'un CLIC girondin soulève le fait que si, dans le cadre d'un maintien à domicile, le projet de vie correspond de façon pratique à la manière « dont

23. « Il s'agit d'un dispositif législatif permettant le maintien temporaire de jeunes adultes de plus de 20 ans en établissements d'éducation spéciale dans l'attente d'une place dans un établissement pour adultes. La CDAPH se prononce sur l'orientation de ces jeunes vers un type d'établissement pour adultes, tout en les maintenant, par manque de places disponibles, dans l'établissement d'éducation spéciale dans lequel ils étaient accueillis avant l'âge de 20 ans » (selon le lexique du site national des MDPH).

24. Le plan d'accompagnement global est issu de la loi n° 2016-41 du 26 janvier 2016, dite de modernisation de notre système de santé. Son but est de prévenir les risques de rupture de prise en charge pour les personnes handicapées dont l'orientation proposée par la MDPH ne peut être effective immédiatement (inadaptation de l'orientation à la situation, complexité de cette situation, etc.). Ce plan, élaboré avec l'accord de la personne par l'équipe pluridisciplinaire de la MDPH, vient compléter le plan de compensation. Il comporte diverses mesures telles que des interventions thérapeutiques, éducatives, d'insertion professionnelle ou sociale, d'aide aux aidants.

une personne aidée souhaite que tout se coordonne autour d'elle » et que le CLIC doit faciliter et rendre opératoire cette coordination, le rôle de ce dernier consiste souvent à amener la personne âgée à envisager à terme la décision d'entrer en EHPAD. Se pose alors la délicate question du consentement de la personne, souvent exprimé dans une forme de résignation (Martin, Éloi, 2017), ce qui témoigne en soi des difficultés à organiser des parcours dans le strict respect des choix de vie. Là encore, peuvent trouver à s'exprimer les anciens réflexes professionnels consistant à décider pour la personne ce qui est bon pour elle.

Conclusion

La démarche d'inclusion est un « processus total » qui implique un changement radical de la considération portée aux personnes en situation de handicap ou en perte d'autonomie (Gardou, 2012). Elle nécessite l'adaptation des systèmes, des administrations et des institutions qui doivent répondre au changement de perspective en proposant de nouvelles pratiques telles que le recueil des besoins des populations, l'apport de solutions concrètes aux situations individuelles, l'accompagnement personnalisé ou encore le soutien à la participation des habitants des territoires locaux et des usagers des politiques publiques.

Les organisations départementales que nous avons étudiées sont engagées dans des réformes administratives importantes qui tendent à mutualiser les fonctionnements et le traitement des demandes et donc à rapprocher les politiques en direction des personnes âgées et des personnes en situation de handicap. Elles soutiennent des projets territoriaux et développent des innovations sociales. Elles sont mues par un souci de proximité avec les populations, notamment avec les plus fragiles, ce qui les amène à délocaliser leur action et à réfléchir à la façon dont elles peuvent rendre opératoires un certain nombre d'orientations légales telles que l'individualisation des prestations ou encore l'approche en termes de parcours. Toutefois, l'enquête de terrain révèle qu'elles ne nomment et ne conceptualisent jamais vraiment leur action en se référant clairement à la notion d'inclusion qui est globalement peu définie, commentée, modélisée et qui, au final, est plus présente – bien que de façon sous-jacente – dans le champ du handicap que dans celui du vieillissement. En bref, les organisations départementales étudiées s'adaptent au nouveau paradigme mais sans opérer une véritable transformation cognitive. Les schémas départementaux ne s'y réfèrent pas explicitement (ils soulignent toutefois la nécessité d'organiser des parcours de vie, de tenir compte des souhaits des personnes), les professionnels et acteurs de terrain ne l'utilisent pas pour qualifier leur pratique et leur intervention auprès des personnes en perte d'autonomie, les services en charge du handicap ou du vieillissement ne sont pas engagés dans des réflexions croisées sur la démarche inclusive, même s'ils peuvent s'inscrire dans des programmes ou des projets qui la mobilisent (parfois explicitement comme dans le programme « territoire 100 % inclusif »).

Si le cadre légal, entendu au sens large, ouvre des perspectives de transformation de l'action médico-sociale sur le plan local, on peut estimer que les institutions départementales se situent encore à un premier niveau d'appropriation : elles se sont bien emparées des compétences attribuées par les lois de décentralisation et entendent jouer le rôle de « chef de file » qui leur est imparti ; les politiques en direction des personnes en perte d'autonomie se sont, dans un sens, territorialisées (Pouchadon, Martin, 2019) mais l'action demeure assez verticale et empreinte des logiques de filière. Une attention est portée à l'usager, à la pertinence et à l'efficience du service – le *design* des politiques publiques se manifeste ici – mais cela ne signifie pas nécessairement l'adhésion pleine et entière à la démarche inclusive et au projet de société qu'elle sous-tend.

Références bibliographiques

Amyot J.-J. (2010), « Les tribulations de la coordination gérontologique : des stratégies aux usagers », *Vie Sociale*, vol.1, n° 1, p. 25-42.

Avril C. (2014), *Les aides à domicile : un autre monde populaire,* La Dispute, Paris.

Bauer F. (2015), « Inclusion et planification : vers un territoire inclusif », *Vie Sociale*, vol. 3, n° 11, p. 71-80

Bloch M.-A., Hénaut L. (2014), *Coordination et parcours. La dynamique du monde sanitaire, social et médico-social*, Paris, Dunod.

Bouquet B., Jaeger M., Dubéchot P. (2015), « Introduction », *Vie Sociale*, vol. 3, n° 11, p. 7-11.

Bouquet B. (2015), « L'inclusion : approche socio-sémantique », *Vie Sociale*, vol. 3, n° 11, p. 15-25.

Bouquet B., Dubéchot P. (2017), « Parcours, bifurcations, ruptures, éléments de compréhension de la mobilisation actuelle de ces concepts », *Vie Sociale*, vol. 2, n° 18, p. 13-23.

Cobbaut J.-P., Doat D. (2016), « Care, capacité et handicap : quelle éthique pour une société inclusive ? », *Journal international de bioéthique et d'éthique des sciences*, n° 3, vol. 27, p. 69-80.

Ebersold S. (2015), « Inclusif, vous avez dit inclusif ? L'exemple du handicap », *Vie Sociale*, vol. 3., n° 11, p. 57-70.

Elbaum M. (2008), « Les réformes en matière de handicap et de dépendance : peut-on parler de "cinquième risque" ? », *Droit social,* n° 11, p. 1091-1102.

Ennuyer B. (2001), « Les outils d'évaluation de la dépendance dans le champ de l'aide à domicile ou comment le pouvoir des experts contribue à déposséder de leur vie les gens qui vieillissent mal ! », *Gérontologie et société*, vol.24/99, n° 4, p. 219-232.

Ennuyer B. (2003), « Histoire d'une catégorie "personnes âgées dépendantes" », *in* Martin C. (dir.), *La dépendance des personnes âgées. Quelles politiques en Europe*, Respublica, p. 95-114.

Gardou C. (2012), *La société inclusive, parlons-en ! Il n'y a pas de vie minuscule*, Toulouse, Erès.

Jaeger M. (2010), « L'actualité et les enjeux de la coordination des actions et des dispositifs », *Vie sociale*, vol. 1., n° 1, p. 13-23.

Jaeger M. (2015), « L'inclusion, un changement de finalité pour le travail social ? », *Vie sociale*, vol. 3, n° 11, p. 43-54.

Leblanc G. (2011), *Que faire de notre vulnérabilité ?,* Paris, Bayard.

Martin P., Éloi M. (2017), « La personne au centre de la prise en charge en EHPAD : entre règles, pratiques et représentations », *Revue française des affaires sociales*, n° 1, janvier-mars, p. 21-40.

Nussbaum M. (2006), *Frontiers of Justice*, Cambridge, The Belknap Press.

Petrella F. (2012), *Aide à domicile et services à la personne. Les associations dans la tourmente*, Rennes, Presses universitaires de Rennes.

Pillant Y. (2014), « Inclusion : jeu de mots ou nouveau paradigme pour l'action sociale ? », *Ergologia*, n° 12, p. 93-126.

Pouchadon M.-L., Martin P. (2019), « Politiques de la vieillesse, politiques de l'autonomie : quelles dynamiques territoriales et démocratiques ? », *Retraite et Société*, n° 79, p. 83-103.
Rosanvallon P. (2011), *La société des égaux*, Paris, Seuil.
Sanchez P. (2009), « Handicap et capabilités. Lecture de *Frontiers of Justice* de Martha Nussbaum », *Revue d'éthique et de théologie morale*, vol. 256, Hors-série, p. 29-48.
Sipos I., Donnio I. (2018), « Rennes sera-t-elle la première ville "démentia friendly" en France ? », *Neurologie-Psychiatrie-Gériatrie*, 18, p. 164.

Disparités départementales dans l'accompagnement des personnes âgées fragiles : un état des lieux

Quitterie Roquebert

RÉSUMÉ

Si l'accompagnement des personnes âgées fragiles par l'action publique est dessiné au niveau national, sa mise en œuvre repose sur les conseils départementaux. Cet accompagnement repose sur deux volets : le financement de la demande d'aide qui s'adresse aux aidants professionnels et la régulation de ces producteurs d'aide sur le marché. Cet article propose un état des lieux des connaissances documentant l'ampleur des variations des pratiques départementales sur ces deux volets et leurs effets sur les propriétés des dispositifs tournés vers les personnes âgées fragiles. Si le cadre national s'annonce *a priori* contraignant, les missions confiées explicitement aux conseils départementaux et les zones d'incertitude que laisse le cadre légal permettent la construction de politiques locales hétérogènes. On montre comment cette construction se décline dans les trois dimensions de la politique – l'ouverture des droits, le choix du producteur et le prix de l'aide – et affecte *in fine* les propriétés du dispositif qui s'adresse aux personnes âgées fragiles.

ABSTRACT

A Review of Disparities Between French Departments in Support for Frail Seniors

Support for frail seniors in France is engineered at national level, but it is implemented by departmental councils. The support is based on two components: the funding of the demand for professional caregivers and the regulation of these "care providers" on the market. This article reviews current knowledge on the scale of the disparities between the practices of French departments relative to these components and their effects on the properties of the systems devised for frail seniors. While the national framework appears in theory to be restrictive, the tasks entrusted explicitly to departmental councils and the areas of uncertainty engendered by the legal framework enable the construction of heterogeneous local policies. The article shows how this construction applies to three dimensions of the policy – the granting of rights, the choice of a care provider and the price of care – and how it ultimately affects the aspects of the policy targetting frail seniors.

Introduction

Entrée en vigueur en 2002 et substantiellement réformée en 2016 par la loi pour l'adaptation de la société au vieillissement (ASV), l'allocation personnalisée d'autonomie (APA) est le principal dispositif de financement public dédié aux personnes âgées dépendantes. Ouverte aux personnes âgées en institution et aux personnes résidant à domicile, l'allocation compte presque 1,3 million de bénéficiaires fin 2016, dont 60 % résident à domicile[1]. Pour ces dernières, outre un critère d'âge (avoir au moins 60 ans) et de lieu de résidence (résider en France depuis au moins 3 mois), l'éligibilité est conditionnée par le niveau de perte d'autonomie mesuré par la grille « Autonomie, Gérontologie Groupe Iso Ressources » (AGGIR). S'inscrivant dans une logique de compensation, le dispositif vise à attribuer une aide aux individus touchés par la perte d'autonomie pour couvrir les dépenses liées à la réalisation des activités que la personne aurait pu accomplir seule, si elle n'avait pas été atteinte d'une déficience (Piveteau, 2005). L'APA subventionne ainsi le recours à l'aide professionnelle à domicile : les bénéficiaires reçoivent une subvention pour chaque heure d'aide consommée éligible à subvention.

L'APA relevant d'une politique sociale, sa mise en œuvre est décentralisée au niveau des conseils départementaux. La modification des compétences attribuées aux différentes collectivités territoriales dans le cadre de la loi Notre[2] a maintenu les compétences des départements en matière d'action sociale, compétences qui leur sont confiées depuis la loi du 13 août 2004 les déclarant, selon la formule désormais classique, « chefs de file de l'action sociale ». Une telle décentralisation de l'action sociale traduit une volonté d'encourager la gestion de proximité de réalités sociales complexes, tout en évitant de descendre au niveau de la commune pour éviter d'éventuels travers pouvant survenir d'une trop grande proximité entre les élus et la population (Argoud, 2007).

La décentralisation, vers les départements, de l'accompagnement des personnes âgées fragiles porte donc d'abord sur la mise en œuvre de l'APA. Le cadre de la loi de 2002 fixe précisément certains paramètres du dispositif, comme les critères d'éligibilité, le plafonnement des droits ouverts ou le mode de participation financière des bénéficiaires. La mise en œuvre du dispositif sur leur territoire est ensuite confiée aux conseils départementaux, qui sont explicitement chargés des procédures d'information et d'attribution de l'allocation. Mais l'intervention départementale ne se limite pas à ce volet qui permet la solvabilisation de la demande, puisque lui revient également la régulation de l'offre dans le secteur de l'aide à domicile (loi n° 2002-73 du 17 janvier 2002 de modernisation sociale). Les conseils départementaux délivrent ainsi les autorisations pouvant être attribuées aux prestataires d'aide à domicile et sont chargés de la tarification de ces services. Ce faisant, ils influencent notablement la structure du marché de l'aide à domicile professionnelle sur le territoire, le niveau des prix et la répartition des heures APA

1. Source : nombre de bénéficiaires de l'allocation personnalisée d'autonomie (APA) au 31 décembre 2016, DREES, enquêtes Aide sociale.
2. Loi n° 2015-991 du 7 août 2015 portant Nouvelle organisation territoriale de la République.

entre producteurs prestataires autorisés et autres types de producteurs – l'emploi direct notamment – dont le niveau de régulation est plus faible, voire inexistant.

En analysant ces deux volets de l'accompagnement des personnes âgées fragiles par les conseils départementaux – solvabilisation de la demande et régulation de l'offre –, plusieurs travaux ethnographiques et études de terrain ont permis de montrer que le processus de décentralisation conduit à la construction de politiques locales spécifiques. On peut distinguer trois temps dans la construction de ces politiques. D'abord, le cadre légal décrivant les dispositifs nationaux tournés vers les personnes âgées en perte d'autonomie est *a priori* contraignant, comme attendu dans le périmètre d'une mesure nationale. Pour la solvabilisation de la demande, il définit un certain nombre de paramètres (critères d'éligibilité) et de procédures (modalités de l'ouverture des droits). En ce qui concerne la régulation de l'offre, il décrit la procédure d'ouverture du marché aux services autorisés et le mode de tarification. Dans un deuxième temps, il est explicitement prévu que les conseils départementaux mettent en œuvre ces directives nationales sur leur territoire. Du côté de la demande, ils sont en charge des procédures d'information, d'attribution et de paiement de l'allocation. Du côté de l'offre, ils assurent l'ouverture du marché aux services autorisés et la mise en œuvre effective de la tarification. Mais l'observation des pratiques montre que cette mise en œuvre dépasse la simple application d'une politique nationale au niveau local (Billaud *et al.*, 2012 ; Gramain, Hege et Roquebert, 2015). En effet, le cadre légal laisse de fait des « zones d'incertitude » sur certains paramètres essentiels à la mise en œuvre de l'APA. La mise en œuvre du dispositif implique ainsi, dans un troisième temps, que les conseils départementaux se saisissent des marges de manœuvre que leur laisse *de facto* la loi et qu'ils tranchent sur un certain nombre de paramètres pourtant déterminants dans le calcul de l'allocation. La saisie de ces zones d'incertitude participe donc à l'hétérogénéité des pratiques départementales. Loin d'être anecdotiques, ces différences de pratiques construisent localement des politiques finalement très différentes : les choix des conseils départementaux sur les paramètres qui leur sont confiés explicitement et sur les marges de manœuvre qui leur reviennent *de facto* affectent les propriétés du dispositif et modifient ainsi les caractéristiques de la politique dont bénéficient les personnes âgées fragiles.

La question des disparités territoriales qui découlerait de la décentralisation, en matière de politique sociale en général, et pour l'accompagnement de la perte d'autonomie en particulier, est une question récurrente et régulièrement mise en lumière dans les rapports politiques, les études publiques ou les expertises du champ. Plusieurs rapports centrés sur le secteur professionnel de l'aide à domicile ont insisté sur la diversité des pratiques des départements en termes de tarification (Aube-Martin, Bruant-Bisson et De Reboul, 2010 ; Poletti, 2012) et dans la fixation des paramètres utilisés pour le calcul de l'ouverture des droits (Observatoire national du domicile, 2018). G. Labazée (2017) a montré que l'on observe également une hétérogénéité départementale dans l'application de la loi pour l'adaptation de la société au vieillissement. En 2017 toujours, 15 ans après la mise en place de l'APA, le Conseil de l'âge au sein du Haut Conseil de la famille, de l'enfance et de l'âge pouvait faire le constat que « la gestion décentralisée conduit – fatalement –

à des écarts de pratiques […] importants et pour partie mal expliqués » et recenser les éléments de gestion sur lesquels portent ces écarts : éligibilité, gestion des modes d'intervention, tarification, niveaux des plans d'aide (Haut Conseil de la famille, de l'enfance et de l'âge, 2017).

Faire le constat de la variété des pratiques départementales dans le cas d'une politique décentralisée pose la question de l'appréhension et de la mesure de ces écarts. Quelles sont les variations départementales déjà identifiées ? Comment appréhender leur ampleur ? Cette question amène ensuite celle de la conséquence de ces écarts pour les bénéficiaires des politiques sociales. Que sait-on des conséquences des écarts de pratiques pour l'accompagnement des bénéficiaires des politiques sociales concernées ? En quoi les propriétés du dispositif pensé au niveau national varient-elles selon les décisions locales ?

Cet article offre un état des lieux des connaissances qui permettent de répondre à ces questions. Nous proposons de montrer comment la construction de politiques locales se décline sur les différents composants du dispositif d'accompagnement des personnes âgées fragiles : l'ouverture des droits, l'accès à un producteur régulé et le prix de l'aide. Dans chaque cas, il s'agit de montrer comment les conseils départementaux se saisissent des compétences qui leur sont explicitement confiées et des marges d'incertitude laissées par le cadre légal, pour mettre en évidence la manière dont ces décisions affectent les caractéristiques de l'aide reçue par les individus âgés fragiles.

En guise de préambule méthodologique, on peut souligner que l'étude de ces questions par une approche descriptive et empirique se heurte à la question de la disponibilité de l'information sur les pratiques départementales. Il est souvent délicat d'obtenir des données permettant d'étudier ces questions dans un contexte décentralisé, puisque la remontée d'informations des départements vers le niveau central pose un ensemble de questions, symboliques et techniques. Questions symboliques d'abord, puisque la remontée d'informations systématique pourrait sembler porter atteinte à l'autonomie des conseils départementaux par rapport au pouvoir central. Questions techniques également, puisque le processus de décentralisation implique que les acteurs locaux soient libres du choix de leurs outils – des logiciels de gestion de l'allocation notamment. Organiser la remontée et l'harmonisation, au niveau central, de données saisies de manière hétérogène se révèle alors particulièrement ardu. Dans le présent article, différents types de matériaux ont été mobilisés, qui semblent les plus appropriés pour l'étude empirique des disparités départementales. Tout d'abord, cette recherche s'appuie sur les travaux qualitatifs qui ont étudié spécifiquement les pratiques départementales en matière de régulation de l'autonomie. On mobilise en particulier les études ethnographiques menées auprès de conseils départementaux pour comprendre la mise en œuvre des politiques d'accompagnement de la perte d'autonomie, notamment l'enquête Territoire, menée entre 2008 et 2012 par un collectif de sociologues et d'économistes. Ces travaux ont identifié les paramètres des pratiques susceptibles de varier d'un département à l'autre (Billaud *et al.*, 2012), sur lesquels reviendra cet article. Notre étude s'appuie également sur des enquêtes par questionnaire menées auprès des conseils départementaux. Les travaux qualitatifs de l'enquête

Territoire ont en effet conduit, dans un deuxième temps, à la diffusion d'un questionnaire adressé aux conseils départementaux. Portant sur les pratiques départementales dans la mise en œuvre de l'APA et la régulation de l'offre, il a été diffusé en 2012 à l'ensemble des conseils départementaux métropolitains[3]. En 2015, en parallèle de l'enquête nationale Capacités, aides et ressources des seniors portant sur la population française âgée de plus de 60 ans, l'enquête SolvAPA, relative aux pratiques départementales en matière d'APA, a été menée par la DREES au moyen d'un autre questionnaire adressé également aux conseils départementaux. L'analyse des questionnaires retournés par les conseils départementaux (71 pour Territoire, 82 pour SolvAPA) permet de mettre en évidence la diversité ou la convergence des pratiques départementales et, éventuellement, pour les questions comparables entre Territoire et SolvAPA, leur évolution dans le temps. Enfin, notre travail s'appuie sur les indicateurs quantitatifs départementaux qui décrivent les caractéristiques sociodémographiques des territoires et permettent ainsi d'affiner l'analyse des disparités territoriales dans la construction des politiques locales.

L'ouverture des droits

La définition de la perte d'autonomie

Dans le processus d'ouverture des droits, on peut aisément repérer les trois dimensions mentionnées plus haut : ce qui relève du cadre national, ce qui provient de la stricte mise en œuvre de ce cadre national au niveau local et ce qui est lié à l'appropriation, par les conseils départementaux, des marges de manœuvre du cadre central.

Le cadre national prévoit que l'APA soit une allocation universelle, au sens où l'accès au dispositif ne dépend pas du revenu perçu par les individus. Toutefois, l'éligibilité est conditionnée à la perte d'autonomie : la prestation est ainsi ouverte à toute personne âgée de plus de 60 ans et en situation d'incapacités, comme le précise l'article L. 232-1 du Code de l'action sociale et des familles (CASF) : « Toute personne âgée résidant en France qui se trouve dans l'incapacité d'assumer les conséquences du manque ou de la perte d'autonomie liés à son état physique ou mental a droit à une allocation personnalisée d'autonomie permettant une prise en charge adaptée à ses besoins ». La définition de la perte d'autonomie est ici décisive pour l'attribution de l'allocation. Concrètement, elle se fait par l'intermédiaire d'une évaluation conduite au domicile de la personne demandant l'APA. C'est au conseil départemental d'envoyer une équipe médico-sociale dédiée à ces évaluations au domicile du demandeur pour évaluer son niveau de dépendance et le nombre d'heures d'aide dont il a besoin pour accomplir les activités de sa vie quotidienne. Cette évaluation se fait à l'aide de la grille AGGIR, établie au niveau national comme outil de référence pour une évaluation standardisée du niveau de

3. Le questionnaire est disponible en ligne : http://www.modapa.cnrs.fr/questionnaire.pdf

la perte d'autonomie. Son utilisation doit permettre une analyse individualisée des besoins de l'individu : celui-ci se voit attribuer un « groupe iso-ressource » (GIR), qui décrit le niveau de sa perte d'autonomie. Le GIR est décisif à deux niveaux : il conditionne d'abord le droit à l'APA, puisque, légalement, les personnes les moins dépendantes, relevant des GIR 5 et 6, ne sont pas éligibles à l'allocation. Il intervient également dans la modulation des heures d'aide ouvertes à subvention, que décrit la section suivante.

La procédure de détermination de l'éligibilité dépend donc explicitement des équipes des conseils départementaux. Or on observe que la part des bénéficiaires de l'APA parmi les personnes âgées d'au moins 60 ans varie largement d'un département à l'autre : en 2015, ce taux varie entre 2,5 % et 9,4 %, avec une moyenne de 4,7 %, pour les 96 départements métropolitains. Ces variations s'expliquent d'abord par des différences de caractéristiques d'un territoire à un autre. Les analyses des disparités en matière de perte d'autonomie réalisées à partir de l'enquête Vie quotidienne et santé montrent que les territoires départementaux sont inégalement marqués par la perte d'autonomie : ces disparités de perte d'autonomie à domicile renvoient de fait au contexte socio-économique des populations ainsi qu'à la disponibilité de l'offre, en établissement notamment (Brunel et Carrère, 2019). Ainsi, un département dont la population âgée rencontre plus fréquemment des limitations d'activités – par exemple, du fait de sa trajectoire professionnelle – comptera de manière attendue une plus grande part de bénéficiaires APA parmi les plus de 60 ans, comparé à un département où la population âgée connaît relativement moins de limitations. Toutefois, les différences de caractéristiques socio-économiques n'expliquent qu'une partie de la variation de l'importance de la politique d'un département à l'autre. F. Jeger (2005) montre ainsi que les facteurs démographiques (part des plus de 75 ans vivant seuls, espérance de vie des hommes, espérance de vie des femmes) et les facteurs sociaux (part des ouvriers, des agriculteurs dans la population active, part de la population rurale, part des personnes âgées au minimum vieillesse) expliquent 60 % de la variance interdépartementale du taux de bénéficiaires APA en 2003. Nous avons actualisé cette analyse à partir de données récentes datant de 2015. Dans la mesure où les indicateurs mobilisés dans le travail sur les données de 2003 n'étaient pas tous disponibles, nous avons utilisé des variables explicatives alternatives, en nous appuyant notamment sur les indicateurs sociaux départementaux identifiés comme pertinents par la DREES pour étudier les politiques sociales (DREES, 2014 ; Fizzala, 2015). Nous retenons les caractéristiques sociodémographiques de la population départementale (part des 75 ans et plus dans la population, niveau de vie médian, part des ménages imposés), les caractéristiques de la population âgée (part des personnes vivant seules, part des femmes, taux de pauvreté, part des individus en institution parmi la population âgée de 75 ans ou plus) et les caractéristiques des politiques sociales (taux d'équipement en places d'hébergement et en places médicalisées, couleur politique majoritaire du conseil départemental). Ces variables expliquent environ 40 % de la variance interdépartementale dans le taux de bénéficiaires de l'APA[4].

4. Ce chiffre ne peut pas directement être comparé au travail de Jeger (2005) dans la mesure où nous ne mobilisons pas les mêmes variables explicatives.

La responsabilité départementale en matière d'éligibilité conduit donc à des variations dans l'accès au dispositif de l'APA, variations expliquées seulement en partie par des différences dans les caractéristiques de la population locale. Derrière la question du recours au dispositif et de l'éligibilité à l'APA se joue l'accès à une aide financée publiquement, qui est susceptible de varier d'un département à l'autre.

Le montant des droits ouverts par le plan d'aide

Pour les individus éligibles (GIR 1 à 4), le processus d'évaluation par l'équipe médico-sociale conduit ensuite à l'élaboration d'un plan d'aide individualisé : il correspond au nombre d'heures d'aide nécessaires pour la réalisation des activités quotidiennes de la personne et qui pourront faire l'objet d'une subvention par l'APA. Le GIR intervient ici à nouveau, en modulant la marge intensive de l'aide par le plafonnement du nombre d'heures éligibles à subvention qui dépend directement du GIR. En effet, la valeur monétaire du plan d'aide ne doit pas excéder un plafond fixé nationalement pour chaque GIR et réévalué chaque année. En 2019, le plafond appliqué aux individus évalués en GIR 1 est de 1 737,14 euros, contre 672,26 euros pour les individus évalués en GIR 4. Pour pouvoir être comparées au plafond légal, exprimé en euros, les heures du plan d'aide sont converties en un montant monétaire, grâce à un tarif de valorisation fixé par le département.

Dans les conseils départementaux, on observe différents modes de détermination de ce tarif de valorisation (Bourreau-Dubois et Gramain, 2014). Dans un premier cas, le conseil départemental décide d'utiliser le tarif facturé par le prestataire choisi par le bénéficiaire pour valoriser les heures du plan d'aide. C'est le schéma le plus fréquent quand un bénéficiaire sélectionne un prestataire autorisé tarifé par le conseil départemental. Ce schéma a pour particularité de faire dépendre le nombre d'heures ouvertes à subvention du choix du producteur effectué par le bénéficiaire. Dans un deuxième cas, le conseil départemental valorise les heures du plan d'aide par un tarif fictif, identique pour tous les bénéficiaires. Le premier schéma rend les droits ouverts des bénéficiaires particulièrement sensibles aux variations de prix liées au choix du producteur, tandis que le second assure une préservation des heures ouvertes à subvention quel que soit le prix du producteur choisi, mais engendre un risque de dérapage des dépenses pour les conseils départementaux. C. Bourreau-Dubois et A. Gramain (2014) donnent l'exemple d'un bénéficiaire pour lequel l'équipe médico-sociale prévoit 30 heures d'aide et dont le plafond serait fixé à 560 euros. Dans le premier cas, si le bénéficiaire choisit un producteur tarifé à 20 euros, le nombre d'heures d'aide pouvant être subventionné sera au maximum de 28 heures – soit, ici, un nombre plus faible que celui qui avait été estimé par l'équipe médico-sociale : le plan d'aide sera donc censuré à 28 heures, et le bénéficiaire sera amené à financer intégralement 2 heures supplémentaires s'il souhaite recevoir 30 heures. S'il choisit plutôt un producteur tarifé à 16 euros, le nombre d'heures d'aide potentiellement ouvertes à subvention peut s'élever jusqu'à 35 : l'intégralité des heures prescrites pourra donc être subventionnée. Dans le second cas, la probabilité que le plan d'aide établi par l'équipe médico-sociale se heurte au plafond légal est donc plus faible.

Le choix du mode de comparaison du plan d'aide au plafond légal modifie ainsi les propriétés assurantielles du dispositif : chaque mode de comparaison assure plus ou moins le bénéficiaire contre les conséquences des différents niveaux de prix que l'on peut trouver dans le secteur de l'aide à domicile. Le choix du second schéma assure les bénéficiaires contre le risque d'une réduction des heures subventionnées liées aux potentielles variations de prix d'un producteur à l'autre, tandis que le premier choix rend le nombre d'heures ouvertes à subvention directement dépendant du prix particulier du producteur. Dans ce cas, le bénéficiaire peut être incité à choisir un mode d'intervention peu onéreux. C'est notamment le cas du mode d'intervention de gré à gré (emploi direct), dont le coût est plus faible que le mode d'intervention prestataire. Ce mode d'intervention n'est toutefois pas régulé : il n'y a notamment aucune condition requise concernant le niveau de qualification de l'intervention. Ainsi, les décisions quant au mode de comparaison du plan et du plafond sont susceptibles de peser sur le prix de l'aide, mais également sur la qualité de l'aide fournie aux individus âgés fragiles.

L'accès à un producteur régulé et tarifé

Le paysage de l'offre dessiné par le conseil départemental

Le bénéficiaire de l'APA est libre de choisir le producteur qui lui fournira les aides subventionnées : cette dimension de libre choix est garantie par le Code de l'action sociale et des familles (CASF). Ce choix se fait théoriquement parmi des producteurs hétérogènes. Il concerne leur mode d'intervention (de gré à gré, mandataire, prestataire) et, pour les services prestataires, leur mode de régulation (autorisés par le conseil départemental ou régulés) et leur statut juridique (associations, structures publiques, entreprises). Le conseil départemental est ici aussi mobilisé puisque les équipes médico-sociales en charge de l'évaluation jouent explicitement un rôle dans l'orientation des bénéficiaires pour le choix de leur producteur. La loi ASV a ainsi réaffirmé le principe de libre choix du producteur tout en insistant sur l'importance de l'information fournie par l'équipe médico-sociale aux bénéficiaires sur les possibles modalités d'accompagnement[5].

Plus largement, ce sont les décisions du conseil départemental en matière de régulation de l'offre qui dessinent l'ensemble des choix possibles en matière de producteur d'aide pour le bénéficiaire de l'APA. En effet, le conseil départemental module d'abord l'importance des producteurs autorisés par rapport aux autres

5. « [L'équipe médico-sociale] informe de l'ensemble des modalités d'intervention existantes et recommande celles qui lui paraissent les plus appropriées compte tenu du besoin d'aide et de la perte d'autonomie du bénéficiaire [...]. L'information fournie sur les différentes modalités d'intervention est garante du libre choix du bénéficiaire et présente de manière exhaustive l'ensemble des dispositifs d'aide et de maintien à domicile dans le territoire concerné », article L. 232-6 du CASF.

producteurs, puisqu'il ouvre le marché aux structures autorisées par un système d'appel d'offres (voir encadré 1 pour un rappel des différences entre structures prestataires autorisées et structures prestataires agréés). L'enquête Territoire permet de mesurer l'hétérogénéité des différences départementales dans l'importance des heures assurées par des producteurs autorisés. En 2012, dans 46 % des départements, les prestataires autorisés assurent plus de deux tiers des heures APA, tandis que cette proportion tombe à moins d'un tiers dans 4 % des départements et que 9 % des départements n'ont aucun service autorisé (Hege *et al.*, 2014).

JUSQU'EN 2016, DEUX RÉGIMES DES SERVICES PRESTATAIRES D'AIDE ET D'ACCOMPAGNEMENT À DOMICILE [ENCADRE 1]

On distingue deux types de services d'aide et d'accompagnement à domicile prestataires :
- les services autorisés, qui sont encadrés et tarifés par les conseils généraux et relèvent du Code de l'action sociale et des familles (régime de l'autorisation, loi du 2 janvier 2002). Depuis 2009, l'obtention du statut d'autorisé se fait à partir d'une procédure d'appel d'offres du conseil général ;
- les services agréés par l'État central, qui relèvent du Code du travail et sont libres de fixer leurs prix, à condition de respecter un taux d'évolution annuel maximal (régime de l'agrément, loi du 26 juillet 2005).

Le 31 décembre 2015, la loi ASV a organisé l'unification de l'ensemble des services prestataires sous le régime de l'autorisation.

Ces différences dans la structure de l'offre disponible pourraient éventuellement affecter le recours à l'aide professionnelle pour les personnes âgées fragiles. En effet, les caractéristiques des producteurs varient notablement selon leur caractère régulé ou non, notamment du point de vue du prix et du contrôle de la qualité. Pour entrer sur le marché, les services autorisés ont à répondre à un cahier des charges qui porte notamment sur la qualité de leurs services, et le niveau de leurs tarifs est fixé par le conseil départemental. Enfin, la zone géographique couverte par un service autorisé fait l'objet d'une négociation avec le conseil départemental : de cette manière, il est possible de garantir la couverture territoriale du département par les différents services d'aide autorisés, y compris dans les zones les moins attractives pour les services. Le contrôle de la qualité, du niveau de prix et de la zone d'intervention est moindre, voire inexistant, pour les autres types de producteurs (prestataires agréés jusqu'en 2016, ou emploi direct). Empiriquement, on observe qu'à caractéristiques socio-économiques et à niveau d'incapacités donnés, les personnes âgées résidant dans un département où le pouvoir de marché des services autorisés est faible ont une plus faible probabilité de recourir à de l'aide à domicile professionnelle (Roquebert, Kabore et Wittwer, 2018). Le sens de la relation est incertain : on pourrait imaginer un effet causal, où la moindre disponibilité d'une offre régulée diminue les incitations à recourir à l'aide professionnelle, *via* un effet prix et un effet qualité. Il est également possible, dans le sens inverse, qu'une moindre régulation des services par les conseils départementaux ne fasse que refléter le faible niveau de la demande d'aide professionnelle. Dans ce deuxième cas, les individus demandeurs d'aide professionnelle mais qui résident dans un département où la demande est faible globalement auront un plus faible accès à une offre régulée.

Le niveau des prix, conséquence de la tarification

Pour chaque structure autorisée, les conseils départementaux sont amenés à fixer le prix qui sera facturé aux usagers du service. Le cadre national prévoit ainsi que le conseil départemental arrête un tarif horaire qui devrait correspondre à un coût de revient théorique calculé à partir des budgets prévisionnels des services. En 2015, dans les 70 départements ayant répondu à l'enquête SolvAPA et disposant de services autorisés, le tarif du plus gros service autorisé varie entre 17,6 et 24,30 euros, avec une moyenne de 21 euros.

Ces variations reflètent d'abord des différences locales dans les coûts de production des services. Mais elles relèvent également de l'intervention de normes départementales plus ou moins explicites, qui pèsent dans le calcul du tarif (Gramain et Xing, 2012). Ces normes portent notamment sur la structure de la main-d'œuvre : dans le calcul du tarif, le conseil départemental peut choisir de prendre en compte une part de personnel qualifié qu'il détermine lui-même, pour moduler l'importance des intervenants qualifiés dans le département. Plus largement, l'observation des niveaux des prix fixés par le conseil départemental permet de faire apparaître la politique globale du conseil départemental en matière de variabilité des prix (Hege *et al.*, 2014) : certains départements assument un écart important entre le prix le plus haut et le prix le plus bas fixés sur le territoire, jusqu'à 10 euros par heure, tandis que d'autres imposent le même prix pour tous les producteurs autorisés du département. Dans ce dernier cas, les conseils départementaux choisissent de gommer les différences dans le coût de production, ce qui permet notamment d'éviter des différences de prix selon la zone de résidence.

Les différences dans le niveau de prix reflètent donc un mode de gestion des coûts et de la qualité de la part des conseils départementaux, qui se saisissent de la tarification comme d'un outil de régulation. Il n'est pas exclu que les pratiques tarificatrices des départements soient également marquées par le niveau de leur contrainte budgétaire (Labazée, 2017) : dans la mesure où la consommation du service est financée publiquement, souvent sur la base de prix du service (voir section suivante), augmenter le prix fixé par la tarification revient à augmenter la dépense publique qui pèse en partie sur les conseils départementaux.

Le prix de l'aide à domicile

Taux de participation légal et base de calcul départementale

Le dernier niveau du dispositif qui contribue à la construction d'une politique locale touche au mode de partage du coût entre le bénéficiaire et la solidarité publique. Bien que l'allocation soit universelle – donc accessible à tous les individus, indépendamment de leur revenu – la contribution effective des bénéficiaires au financement des heures d'aide est modulée selon leur revenu. Pour chaque heure subventionnée dans le cadre de l'APA, le bénéficiaire doit s'acquitter d'une participation qui dépend, depuis la mise en place du dispositif, de son revenu et, depuis la loi ASV, de son niveau d'incapacité. Le taux de participation augmente avec le revenu et diminue avec le niveau d'incapacité ; il est exprimé comme un pourcentage, qui représente la part à laquelle le bénéficiaire doit contribuer pour le financement d'une heure d'aide.

Mais la loi ne précise pas sur quelle base de calcul doit s'appliquer ce pourcentage : s'agit-il du prix du producteur d'aide à domicile ? Ou d'un forfait, indépendant du prix ? Les deux pratiques sont observées. Dans le deuxième cas, on observe un autre niveau de choix : la différence entre le prix et le forfait (le dépassement) peut être prise en charge par le département, ou laissée à la charge du bénéficiaire. À prix du producteur et à taux de participation donnés, l'usage d'une règle plutôt qu'une autre affecte notablement le reste-à-charge supporté par les bénéficiaires. Le graphique 1, emprunté à C. Bourreau-Dubois, Q. Roquebert et A. Gramain (2015), montre l'application de ces trois règles à un bénéficiaire dont le taux de participation est de 30 % qui s'adresse à un producteur de services dont le tarif horaire est de 20 euros. Si le département applique le taux de participation au prix, le reste-à-charge horaire est de 6 euros (ticket modérateur). Si le département utilise un tarif de référence, fixé pour l'exemple à 18 euros, le ticket modérateur est de 5,40 euros et le reste-à-charge horaire varie de 5,40 euros à 7,40 euros selon les modalités de financement du dépassement. Pour un bénéficiaire consommant 20 heures par mois, la différence mensuelle est de 40 euros. Au sein d'un même département, des règles différentes peuvent être mobilisées selon le statut du producteur d'aide auquel le bénéficiaire s'adresse. Le plus souvent, le calcul de la subvention à partir du prix se fait uniquement dans le cas où le producteur est tarifé, et s'effectue sinon selon une base forfaitaire[6] ; c'est le cas dans 49 départements sur 71 en 2012 (Bourreau-Dubois *et al.*, 2015) mais on observe plusieurs cas qui s'éloignent de ce schéma et où le type de règle adoptée est identique (au prix ou au forfait) quel que soit le producteur. En comparant l'usage des règles de calcul entre 2012 et 2015 (enquête Territoire et enquête SolvAPA), on observe en outre que les règles mobilisées ont évolué dans certains départements.

6. Une telle configuration peut être comparée au système de remboursement des soins : lorsque les patients s'adressent à un professionnel de santé dont le prix est régulé (secteur 1), ils sont remboursés sur la base du prix. S'ils s'adressent à un professionnel dont le prix n'est pas régulé, ils sont remboursés sur une base forfaitaire.

Dans ce cas, la tendance est au choix d'une nouvelle règle limitant le montant de la subvention APA, à prix du producteur donné (Roquebert, 2018).

En modifiant le reste-à-charge horaire payé par les bénéficiaires, l'usage d'une règle plutôt qu'une autre affecte les propriétés redistributives de l'APA et, *in fine*, le taux d'effort consenti pour l'aide à domicile, c'est-à-dire la part du revenu que représentent les dépenses consacrées à l'aide à domicile. Derrière le choix d'une règle de calcul, c'est donc le partage du coût entre dépense publique et prise en charge privée qui est affecté par la décision départementale.

GRAPHIQUE 1
Comparaison du reste-à-charge horaire selon la règle choisie

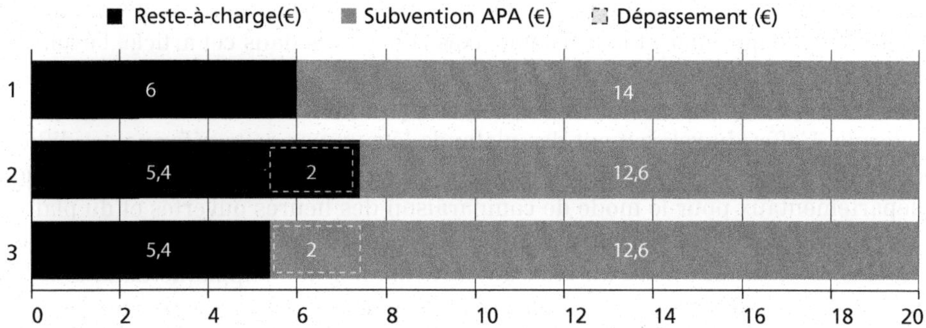

Note • L'exemple mobilisé est celui d'un bénéficiaire avec un taux de participation de 30 % qui consomme une heure d'aide facturée à 20 euros. Le cas 1 correspond au cas où le département applique le taux de participation au prix ; les cas 2 et 3 correspondent aux situations où le département applique le taux de participation à un forfait (fixé ici à 18 euros), en laissant le dépassement à la charge du bénéficiaire (cas 2) ou en le finançant (cas 3).
Source • Bourreau-Dubois, Roquebert et Gramain, 2015.

Conclusion

Les politiques sociales départementales se construisent en trois temps – définition du cadre légal, appropriation des compétences explicitement confiées aux conseils départementaux et saisie des marges d'incertitude laissées par le cadre central –, sur différents niveaux de la politique tournée vers les personnes âgées fragiles : l'ouverture des droits, le choix du producteur d'aide et le prix de l'aide à domicile. Sur ces trois niveaux, les décisions départementales affectent les caractéristiques de l'aide qui peut être fournie aux personnes, en particulier son prix et la qualité des interventions. Les pratiques départementales en matière d'ouverture des droits modulent les critères d'éligibilité, qui conditionnent l'obtention d'un financement public pour la consommation d'aide à domicile ; elles fixent également l'importance de ce financement public par la détermination du nombre d'heures d'aide ouvertes à subvention mensuellement, en jouant au niveau de la comparaison avec le seuil national qui plafonne la valeur de ces heures d'aide. Le choix du producteur d'aide à domicile, propriété centrale du dispositif de l'APA, se fait ensuite dans le paysage des producteurs que dessine la régulation du conseil départemental : la disponibilité d'une offre autorisée et ses caractéristiques en matière de qualité et de disponibilité sont largement conditionnées par les pratiques départementales. Enfin, le prix supporté par les bénéficiaires et, par conséquent, l'importance des dépenses consacrées à l'aide à domicile dans le revenu, sont tributaires des choix départementaux en matière de mode de calcul de l'allocation, qui affectent ainsi le caractère redistributif du dispositif.

Dans ce contexte, quels effets peut-on attendre de la loi pour l'adaptation de la société au vieillissement sur les disparités territoriales de l'accompagnement des personnes âgées fragiles ? À court terme, ces disparités sont déjà renforcées par des différences dans les modes et les vitesses d'appropriation de la réforme (Labazée, 2017). Qu'en est-il des modifications structurelles introduites par la loi ? Concernant le premier et le troisième axes considérés dans cet article, l'évolution des écarts départementaux devrait être limitée. En matière d'ouverture des droits, les critères et procédures d'éligibilité n'ont pas été notoirement affectés par la réforme. L'effet du relèvement des plafonds légaux par cette réforme est difficile à anticiper pour les bénéficiaires (Fontaine et Gramain, 2017) et relève des choix départementaux pour le mode de comparaison des heures ouvertes et du plafond décrit précédemment. Concernant le prix de l'aide, la réforme a substantiellement modifié le mode de calcul du taux de participation qui s'applique dans le calcul de l'APA. Il est difficile de dire, *a priori*, si cette modification du taux de participation va être à l'origine d'une plus grande hétérogénéité dans le mode de calcul de l'APA, relativement aux différences préexistantes sur la base de calcul mobilisée. L'effet de la réforme en matière de disparités territoriales dans le choix du producteur s'annonce plus notable. La loi ASV a en effet organisé l'unification de l'ensemble des services prestataires sous le régime de l'autorisation – abolissant ainsi théoriquement la frontière entre les services prestataires autorisés et les services prestataires agréés. On peut s'attendre à deux effets complémentaires d'une telle réforme. Tout d'abord, et c'est précisément le but d'une telle mesure, cette réforme devrait entraîner la réduction de l'hétérogénéité dans les producteurs prestataires qui assurent le service d'aide. L'unification du secteur prévue par la réforme reste toutefois limitée : elle laisse inchangée la différence entre les services prestataires et les autres modes d'intervention ; en outre, elle ne prévoit pas que la tarification administrée devienne automatique pour les services anciennement agréés. Cette mesure pourrait de plus entraîner un accroissement des disparités territoriales dans les caractéristiques de l'offre locale : l'augmentation de la régulation du secteur, décidée à un niveau local, va accroître l'importance des décisions départementales sur le secteur.

Le constat de ces disparités départementales et la mise en évidence de leurs effets sur le prix et la qualité de l'aide fournie aux personnes âgées en incapacité mettent ainsi en évidence la tension existante entre la nécessaire gestion de proximité d'un dispositif social et l'exigence d'équité d'accès à l'action sociale posée par le CASF pour ce dispositif. Face à cette tension, plusieurs évolutions ont déjà été envisagées. Entre une centralisation plus forte du dispositif et l'acceptation des disparités territoriales comme conséquence inévitable de la gestion de proximité, une voie intermédiaire propose le renforcement des études sur les pratiques départementales et l'élaboration de référentiels cadrant la diversité des pratiques (Haut Conseil de la famille, de l'enfance et de l'âge - Conseil de l'âge, 2017). Une telle évolution permettrait à la fois de garantir la liberté d'action des conseils départementaux tout en mettant en lumière les paramètres soumis aux choix des collectivités et les conséquences des différents types de choix, en soulignant leurs implications pour les populations âgées fragiles.

Références bibliographiques

Argoud D. (2007), « La décentralisation de la politique vieillesse : vers une accentuation des inégalités ? », *Gérontologie et société*, 123(4), p. 201-212.

Aube-Martin P., Bruant-Bisson A., De Reboul J.-B. (2010), « Mission relative aux questions de tarification et de solvabilisation des services d'aide à domicile en direction des publics fragiles », Rapport IGAS IGF, N°RM2010-138P/IGF N° 2010-M052-02, Inspection générale des affaires sociales, Inspection générale des finances.

Billaud S., Bourreau-Dubois C., Gramain A., Lim H., Weber F., Xing J. (2012), « La prise en charge de la dépendance des personnes âgées: les dimensions territoriales de l'action publique », Rapport final réalisé pour la MiRe/DREES.

Bourreau-Dubois C., Gramain A. (2014), « La solvabilisation des plans d'aide APA comme outil décentralisé d'assurance et de redistribution », Document de travail du Bureau d'économie théorique et appliquée, n° 2014-8.

Bourreau-Dubois C., Roquebert Q., Gramain A. (2015), « Les disparités départementales dans la mise en œuvre de l'APA à domicile, reflets des choix de politiques locales ? », *Notes Modapa*, n° 3.

Brunel M., Carrère A. (2019), « La perte d'autonomie des personnes âgées à domicile. Quelles disparités entre départements ? », *Les dossiers de la Drees*, n° 34.

DREES (2014), « Les bénéficiaires de l'APA et de l'ASH fin 2011. Résultats des données individuelles en France métropolitaine ».

Fizzala A. (2015), « Autonomix. Un modèle de microsimulation sur le champ de la dépendance des personnes âgées », Document de travail n° 54, DREES, collection « Sources et méthodes ».

Fontaine R., Gramain A. (2017), « Qu'attendre du relèvement des plafonds légaux de l'allocation personnalisée d'autonomie : les enseignements d'une base de facturation d'un SAAD », *Notes Modapa*, n° 5.

Gramain A., Hege R., Roquebert Q. (2015), « Écarts de mise en œuvre ou politiques publiques locales : l'exemple de l'aide aux personnes âgées dépendantes à domicile », *Pouvoirs locaux*, 105.

Gramain A., Xing J. (2012), « Tarification publique et normalisation des processus de production dans le secteur de l'aide à domicile pour les personnes âgées », *Revue française des affaires sociales*, n° 2, avril-juin, p. 218-243.

Haut Conseil de la famille, de l'enfance et de l'âge - Conseil de l'âge (2017), « La prise en charge des aides à l'autonomie et son incidence sur la qualité de vie des personnes âgées et de leurs proches aidants », Rapport.

Hege R., Roquebert Q., Tenand M., Gramain A. (2014), « La tarification des services d'aide à domicile : un outil au service des politiques départementales ? », *Notes Modapa*, n° 2.

Jeger F. (2005), « L'Allocation personnalisée d'autonomie: une analyse des disparités départementales en 2003 », *Études et Résultats*, DREES, n° 372.

Labazée G. (2017), « Mission relative à la tarification et aux perspectives d'évolution des services d'aide et d'accompagnement à domicile », Ministère des Affaires sociales et de la Santé.

Observatoire national du domicile (2018), « Tarif APA. Étude des réalités départementales ».

Piveteau D. (2005), « Le "cinquième risque" de protection sociale, continuité ou rupture ? », *Les Tribunes de la santé*, 7(2), p. 67.

Poletti B. (2012), « Mission relative aux difficultés financières de l'aide à domicile et aux modalités de tarification et d'allocation de ressources des services d'aide à domicile pour publics fragiles », Rapport du ministère des Solidarités et de la Cohésion sociale.

Roquebert Q., Kabore R., Wittwer J. (2018), « Decentralized Policies and Formal Care use by the Disabled Elderly », *PSE Working papers*, 48.

Roquebert Q. (2018), « Formal and Informal Care Arrangements for the Disabled Elderly in France », Doctorat en sciences économiques, sous la direction de Jérôme Wittwer, université Paris 1-Panthéon Sorbonne.

L'accompagnement global des demandeurs d'emploi : entre renouvellement du service public de l'emploi et normalisation des politiques locales d'insertion

Anne Eydoux, Jules Simha, Claire Vivès

RÉSUMÉ

L'accompagnement global qui fait l'objet de cet article est un dispositif qui mobilise, pour l'insertion des demandeurs d'emploi réputés « éloignés de l'emploi », le travail conjoint de conseillers de Pôle emploi et de travailleurs sociaux des départements. Instauré en 2014 par un protocole national, il constitue un point d'entrée privilégié pour questionner les évolutions de la gouvernance du service public de l'emploi et des politiques d'insertion. Ce dispositif à la fois transversal (il s'appuie sur des acteurs de l'emploi et de l'insertion) et multiniveau (défini au niveau national, il est déployé dans les départements et doté d'un financement européen) entend renouveler le service public de l'emploi. Mais il s'avère délicat à mettre en œuvre dans les territoires. En s'appuyant sur des enquêtes monographiques réalisées dans deux départements, l'article part des outils du dispositif pour interroger les processus de normalisation des politiques locales d'insertion dont ils sont porteurs. Il met en évidence les décalages entre la définition nationale de l'accompagnement global et ses déclinaisons locales, entre les normes d'intervention portées par les outils du travail conjoint et la réalité du travail d'accompagnement. Enfin, il se penche sur cet outil particulier qu'est le financement *via* le Fonds social européen (FSE), en montrant qu'il porte des normes de gestion problématiques, incompatibles avec la transversalité.

ABSTRACT

Global Support for Job Seekers: Renewing the Public Employment Service and Normalising Local Integration Policies

The global support focused on in this article is a measure that works towards the socio-professional integration of job seekers considered as "remote from employment" through the joint efforts of advisers from the Pôle Emploi employment agency and social workers in France's departments. Implemented in 2014 via a national protocol, this global support scheme constitutes a prime focal point for investigating changes in public employment service governance and integration policies. Both cross-functional (involving employment and social inclusion operators) and multi-level (established nationally, implemented in departments and endowed with European funding), the measure aims to renew the public employment service, but is proving difficult to roll out locally and regionally. Drawing on monographic studies carried out in two French departments, the article focuses on the tools of the scheme with a view to examining normalisation processes in the corresponding local integration policies. It sheds light on differences between the national definition of global support and local variants, as well as the differences between the intervention standards forged by joint work tools and the reality of support work. Lastly, it takes a close look at funding via the European Social Fund (ESF), the management standards of which are shown to be problematic and incompatible with a cross-functional approach.

Introduction

Sous l'effet du développement des politiques visant le retour à l'emploi, la mission du service public de l'emploi (SPE) s'est transformée en mission d'accompagnement vers l'emploi mobilisant un « traitement individualisé de masse » de l'ensemble des demandeurs d'emploi (Debauche, Jugnot, 2006). Cette politique d'activation par l'accompagnement s'est étendue en 2009 aux politiques d'insertion des départements pour les allocataires du RSA. En invitant les personnes privées d'emploi à multiplier les preuves de leurs démarches d'insertion, cette politique a eu tendance à leur faire davantage porter la responsabilité de leur situation. Elle s'est aussi traduite par des injonctions paradoxales pour les acteurs de l'emploi (conseillers à l'emploi de Pôle emploi en tête) et de l'insertion (notamment les travailleurs sociaux ou les conseillers en insertion des départements) : accompagner des publics confrontés souvent à de multiples difficultés (sociales, familiales, d'accès à l'emploi, de santé, etc.) pour les ramener à l'emploi, sans disposer d'offres d'emploi ni de dispositifs de formation en nombre suffisant.

Le développement de cette politique d'activation, demandeuse en ressources et décevante en termes de retour à l'emploi (Barbier, 2011 ; Eydoux, Gomel, 2014), s'est accompagné de multiples réformes paramétriques : renforcement des incitations à l'emploi et des contrôles, redéfinition des publics prioritaires et des gradations en intensité de l'accompagnement. En 2009, la fusion de l'ANPE et des Assédics dans le nouveau Pôle emploi devait permettre de renouveler les logiques d'intervention du SPE par un décloisonnement de l'accompagnement, en le calibrant en fonction des besoins des demandeurs d'emploi plutôt que de leur statut indemnitaire. Pourtant, la mise en œuvre du RSA intervenue la même année a réintroduit un cloisonnement entre les demandeurs d'emploi accompagnés par Pôle emploi et les allocataires du RSA relevant des parcours d'insertion (social ou socioprofessionnel) des départements (Eydoux, Tuchszirer, 2011), en dépit du recouvrement existant entre ces publics (demandeurs d'emploi allocataires du RSA). Le constat de ce cloisonnement a alimenté une demande de coopération entre l'opérateur public et les départements. Formulée par Pôle emploi (Gomel, 2014) et dans le rapport pour l'Assemblée nationale de Monique Iborra (juin 2013), elle a été reprise dans les objectifs nationaux du Plan pluriannuel de lutte contre la pauvreté et pour l'inclusion sociale de janvier 2013 et de la Grande conférence pour l'emploi de juin 2013.

Le dispositif d'accompagnement global qui fait l'objet de cet article s'inscrit dans ce cadre. Il a été présenté comme une nouvelle tentative de décloisonner le SPE et les politiques d'insertion relevant des départements par l'ajout, dans l'offre de services de Pôle emploi, d'une modalité d'accompagnement spécifique pour les demandeurs d'emploi « en difficulté ». Il entre en résonance avec la stratégie européenne « d'inclusion active » qui promeut depuis 2008 une approche transversale, passant notamment par des services plus intégrés d'insertion sociale et professionnelle (Crepaldi *et al.*, 2015)[1]. Il s'agit d'un dispositif partenarial, défini par un protocole national signé le 1er avril 2014 par Pôle emploi, l'Association des départements de France (ADF) et la Délégation générale à l'emploi et à la formation professionnelle (DGEFP). Son objectif est d'augmenter les chances de retour à l'emploi des demandeurs d'emploi considérés comme « les plus éloignés de l'emploi » en mobilisant un accompagnement « global » réalisé par des conseillers dédiés de Pôle emploi et par des travailleurs sociaux, afin de lever les difficultés sociales – appelées « freins périphériques » dans le jargon de Pôle emploi – faisant obstacle à leur insertion professionnelle. Tandis que Pôle emploi s'engageait à consacrer des ressources au volet professionnel de l'accompagnement, avec le concours du Fonds social européen (FSE), les départements étaient appelés à assurer le volet social en mobilisant leurs propres ressources – et/ou en sollicitant des financements additionnels.

Le dispositif entendait ainsi renouveler les logiques d'intervention du SPE en faisant appel au partenariat et à la transversalité. Si le fait de combiner accompagnement social et accompagnement professionnel n'est pas novateur, le dispositif présente l'originalité de prévoir une coopération entre des conseillers à l'emploi dédiés et des acteurs de l'insertion relevant d'autres champs professionnels (travailleurs sociaux ou conseillers en insertion) autour de l'accompagnement des demandeurs d'emploi en difficulté[2]. Sa double inscription, dans une logique de déconcentration pour les directions territoriales de Pôle emploi et dans une logique de décentralisation pour les départements, soulève la question du pilotage et de la gouvernance locale du dispositif.

L'observation du déploiement de ce dispositif offre un point de vue privilégié pour interroger la manière dont il travaille le SPE et les politiques départementales d'insertion. Compte tenu de la diversité de ces dernières, nous avons choisi de mener une enquête à caractère monographique dans deux départements aux caractéristiques différentes (encadré 1), le Maine-et-Loire et la Seine-Saint-Denis. Notre enquête, sans prétendre à la représentativité, permet d'analyser la manière dont des directions territoriales de Pôle emploi et des directions (de l'action sociale ou de l'insertion) des départements ont travaillé à l'élaboration des conventions départementales censées traduire le protocole national ainsi qu'à la définition des modalités de déploiement du dispositif. Elle révèle l'ampleur des difficultés rencontrées par les acteurs départementaux lors de sa mise en œuvre, et l'intensité des efforts déployés pour les surmonter. Ces efforts se sont notamment traduits par la conception de documents de cadrage, de référentiels communs à l'usage des professionnels et d'outils du travail conjoint.

1. Le dispositif est par exemple en phase avec une recommandation du Conseil européen sur les chômeurs de longue durée qui encourage en 2015 une personnalisation de leur accompagnement et une approche combinant l'aide à la recherche d'emploi à d'autres aides sociales.

2. Des coopérations entre l'opérateur public et les départements ont déjà existé, mais plutôt à l'initiative de ces derniers et pour un autre public. Lors de la décentralisation du RMI, certains conseils généraux ont ainsi passé des conventions avec l'ANPE pour l'insertion des allocataires, allant jusqu'à financer des postes de conseillers à l'emploi dédiés (Béraud *et al.*, 2008). Ces coopérations ont souvent pris fin au moment de la généralisation du RSA en 2009.

Nous nous pencherons sur ce travail de construction de savoirs territorialisés dans l'action publique territoriale en retenant cinq dimensions : les diagnostics, les valeurs et les objectifs affichés, les normes d'action, les instruments et les modèles de référence (Palier et Surel, 2005). Nous nous efforcerons ce faisant d'identifier les matrices cognitives et normatives (Surel, 2000) qui structurent les représentations des « problèmes » à traiter et des « solutions » à y apporter. C'est à partir de l'examen de ces savoirs territorialisés qu'on questionnera la déclinaison des objectifs nationaux dans la mise en œuvre locale de l'accompagnement global, en se demandant dans quelle mesure les outils de l'accompagnement global traduisent un renouvellement du SPE ou une normalisation des politiques d'insertion que le dispositif pouvait mettre en tension. On s'intéressera ainsi tant aux « solutions » apportées par les outils de l'accompagnement global qu'aux « problèmes » qu'ils posent.

UNE RECHERCHE SUR LA TRANSVERSALITÉ DANS LES POLITIQUES LOCALES [ENCADRÉ 1]

L'enquête s'inscrit dans une recherche sur les politiques locales transversales menée pour la Direction de la recherche, des études, de l'évaluation et des statistiques (DREES) du ministère des Affaires sociales par le Conservatoire national des arts et métiers (CNAM-Laboratoire interdisciplinaire pour la sociologie économique et Centre d'études de l'emploi et du travail) et l'Institut national d'études démographiques (INED). Cette recherche, coordonnée par Anne Eydoux, Léa Lima et Loïc Trabut, a porté sur des dispositifs d'accompagnement destinés à trois types de publics : mères de famille monoparentale précaires, personnes âgées dépendantes et demandeurs d'emploi en difficulté.
Concernant l'accompagnement global de ces derniers, l'enquête à caractère monographique s'est appuyée sur une vingtaine d'entretiens semi-directifs individuels et collectifs conduits dans deux départements auprès de leur direction sociale ou insertion, auprès des directions territoriales de Pôle emploi ainsi qu'auprès d'agences locales pour l'emploi et de structures départementales impliquées localement dans le dispositif (maisons des solidarités ou circonscriptions de service social). Il s'agissait d'analyser le déploiement du dispositif et les questions de gouvernance qu'il soulève. Les entretiens ont porté sur les contextes territoriaux, sur les parties prenantes et les publics, sur les diagnostics, les suivis et les évaluations, sur les processus, les niveaux et les instances de coordination, ainsi que sur les outils et les financements mobilisés. Ce matériau a été complété par des observations de réunions de suivi du projet rassemblant des représentants de Pôle emploi et des services du conseil départemental.

Nous montrerons tout d'abord que, dans les départements étudiés, la déclinaison du dispositif d'accompagnement global n'a pas été conforme aux objectifs du protocole national, réintroduisant une segmentation des publics que ce dernier devait gommer. Ensuite, nous nous pencherons sur les outils déployés localement pour soutenir la coopération entre Pôle emploi et les services des départements. Il est apparu que ces outils de normalisation de l'activité des acteurs locaux de l'insertion révèlent davantage qu'ils ne les résolvent les tensions liées au déploiement du dispositif. Enfin, nous questionnerons la gouvernance de ce dispositif en nous penchant sur le pilotage par la performance induit par les outils de gestion du FSE et en soulignant les problèmes particuliers posés par ce type de financement pour un dispositif transversal.

La mise en œuvre locale : petits arrangements avec le protocole national

L'observation de la mise en œuvre du dispositif d'accompagnement global révèle des tensions qui traduisent les difficultés du déploiement local d'un dispositif transversal conçu au niveau national et reposant sur un partenariat entre les services déconcentrés de Pôle emploi et les directions des départements. Elle montre que la déclinaison du dispositif dans les départements étudiés passe par des arrangements avec la lettre comme avec l'esprit du protocole national. Ces arrangements, qui trouvent leur traduction dans des outils de cadrage accompagnant la convention départementale prévue par le protocole national, montrent que le dispositif ne parvient pas à décloisonner les publics du SPE et des politiques d'insertion.

La déclinaison problématique du protocole national

Le protocole national de 2014 encadrant l'accompagnement global, précise l'organisation du dispositif : celui-ci combine accompagnement professionnel et social et repose sur la coopération de conseillers de Pôle emploi dédiés au dispositif et de travailleurs sociaux des départements. Ce protocole définit trois axes de travail pour la coopération entre Pôle emploi et les conseils départementaux. Le premier consiste à offrir aux conseillers de Pôle emploi un accès à « une base de ressources sociales » et à des « appuis ponctuels de professionnels du social » du département pour leur permettre de mieux orienter les publics en difficulté. Le deuxième axe porte sur le développement d'un accompagnement global « permettant la prise en charge conjointe et articulée des besoins sociaux et professionnels par un conseiller Pôle emploi dédié et un professionnel du travail social ». Le troisième axe concerne l'organisation d'un suivi social exclusif pour les demandeurs d'emploi qui rencontrent des difficultés sociales « bloquant de façon manifeste la recherche d'emploi ». Il s'agit de focaliser l'accompagnement sur sa dimension sociale, la dimension professionnelle étant remise à plus tard.

Par ce protocole, Pôle emploi s'engageait à renforcer l'accompagnement professionnel des demandeurs d'emploi rencontrant des difficultés d'ordre social en y consacrant mille conseillers au niveau national, sur des postes cofinancés par le FSE. Les départements devaient, quant à eux, mobiliser des actions sociales du programme départemental d'insertion (PDI) ou du pacte territorial d'insertion (PTI) pour l'accompagnement de ces demandeurs d'emploi et nommer des correspondants sociaux pour assurer la coordination avec Pôle emploi.

La déclinaison du dispositif national d'accompagnement global dans les départements étudiés n'a pas été exempte de tensions, révélatrices des problèmes posés par ce dispositif. Un premier problème tient à son caractère transversal et partenarial. L'accompagnement global repose sur la coopération entre l'opérateur public et les conseils départementaux ainsi que sur le travail conjoint de conseillers à l'emploi et de travailleurs sociaux n'ayant ni les mêmes compétences ni les mêmes cultures professionnelles. S'approprier le dispositif suppose, pour les institutions et les professionnels concernés, d'apprendre (ou de réapprendre[3]) à travailler ensemble. Cela s'avère délicat, ne serait-ce parce qu'ils ont une approche différente de l'accompagnement et n'ont pas les mêmes priorités (Buccolo *et al.* dans ce numéro). Ainsi, si pour les conseillers dédiés de Pôle emploi la priorité est la levée des « freins » qui retardent l'insertion professionnelle des demandeurs d'emploi en accompagnement global, ce public n'est pas prioritaire pour les travailleurs sociaux polyvalents amenés à privilégier d'autres urgences sociales (comme l'accueil des femmes battues ou l'enfance en danger).

Un deuxième problème tient au fait que le déploiement du dispositif s'inscrit dans un contexte de réforme territoriale (acte III de la décentralisation). La loi du 7 août 2015 sur la nouvelle organisation territoriale de la République (dite loi Notre), prévoyant un renouvellement des découpages territoriaux et de la répartition des compétences, était en cours d'appropriation par les acteurs au moment de l'enquête. Du fait des incertitudes quant aux compétences respectives des différentes institutions ou collectivités, le dispositif d'accompagnement global, réputé faire coopérer des professionnels de secteurs différents, a pu être appréhendé comme un espace permettant de tester de nouvelles manières de travailler, mais aussi comme un espace de conflit renouvelé autour de la répartition des compétences.

Un troisième problème tient au caractère asymétrique du financement de ce dispositif multiniveau. En effet, seul le volet Pôle emploi bénéficie d'un financement du FSE. Or le dispositif peut s'avérer coûteux à mettre en œuvre pour les départements. Ceux-ci ont à mettre à disposition des conseillers de Pôle emploi un guide des ressources sociales locales (axe 1) sans financement prévu. Ils ont à mobiliser sur l'accompagnement global, face aux conseillers dédiés de Pôle emploi, des travailleurs sociaux qu'ils rémunèrent. Enfin, ils doivent se préparer à prendre en charge l'accompagnement exclusif des demandeurs d'emploi les plus en difficulté (axe 3), ce qui se présente comme un transfert de ce public vers leurs services, sans transfert financier. Du côté des départements, les attentes à l'égard de l'accompagnement global sont donc ambivalentes, entre espoir d'améliorer les chances d'insertion des personnes dont ils assurent le suivi et crainte que Pôle emploi ne se décharge de ses publics les plus en difficulté sur des services par ailleurs souvent débordés. Leur appréciation du (et leur contribution au) dispositif peut dépendre de manière cruciale des ressources dont ils disposent. Seule une

3. À la suite de la loi de 2003 qui a décentralisé le revenu minimum d'insertion, les conseils généraux ont eu la charge du versement de la prestation mais également de son volet insertion. Ils ont alors, en plus de leurs agents chargés de cette mission, mobilisé des acteurs publics et privés pour assurer l'insertion. Des conventions avaient été signées entre conseils généraux et ANPE pour organiser l'accompagnement professionnel (Beraud *et al.*, 2008).

petite minorité de départements a demandé et obtenu une subvention du FSE. C'est le cas du conseil départemental des Yvelines où ce financement a permis de mobiliser des travailleurs sociaux pour coopérer avec les conseillers dédiés de Pôle emploi, facilitant le déploiement du dispositif. Toutefois, la plupart des départements, dont ceux que nous avons étudiés, n'ont pas eu cette possibilité. Du côté de Pôle emploi, le financement du FSE constitue à la fois une ressource et une contrainte : s'il permet à l'opérateur public de dédier des conseillers au dispositif, il impose des objectifs sur lesquels il lui faut rendre des comptes. Or, l'atteinte des objectifs repose en partie sur la capacité et/ou la bonne volonté des partenaires (les départements) à coopérer, même lorsqu'ils n'ont pas reçu de financement spécifique.

Un déploiement local différencié

Les deux départements étudiés ont lancé le dispositif au début de l'année 2016, près de deux ans après la signature du protocole national. Le déploiement de l'accompagnement global y a été lent : si les directions territoriales de Pôle emploi souhaitaient faire entrer rapidement les demandeurs d'emploi pour justifier les postes de conseillers dédiés cofinancés par le FSE, les services départementaux craignaient un afflux de demandeurs d'emploi. Ces services ont donc joué un rôle déterminant dans la définition des modalités de mise en œuvre du dispositif.

Dans le Maine-et-Loire, il a été décidé d'expérimenter le dispositif sur deux territoires pilotes choisis pour leurs caractéristiques socio-économiques (des territoires « en difficulté ») et pour leurs équipes considérées comme prêtes à s'investir (« particulièrement mobilisées et compétentes sur le champ de l'insertion »). Le suivi social des demandeurs d'emploi en accompagnement global a été confié aux maisons départementales des solidarités (MDS), déjà en charge de l'accompagnement des allocataires du RSA. Relevant de la Direction insertion du département, ces structures rassemblent des services d'action sociale et médico-sociale et comptent dans leurs effectifs à la fois des travailleurs sociaux et des « chargés de mission insertion » (CMI). Ce sont ces CMI qui se sont vus assigner le rôle d'intermédiaires entre les conseillers dédiés de Pôle emploi et les travailleurs sociaux dans la mise en œuvre de l'accompagnement global. L'entrée des demandeurs d'emploi dans le dispositif s'est effectuée principalement à l'initiative de Pôle emploi, après validation par les services sociaux départementaux – même si ces derniers avaient également la possibilité de soumettre à Pôle emploi une liste de candidats. Il a fallu neuf mois pour que les « portefeuilles » de demandeurs d'emploi des deux conseillers dédiés de Pôle emploi soient pleins. Jugé utile par les acteurs départementaux initialement impliqués dans l'expérimentation sur les territoires pilotes, l'accompagnement global était alors en voie de diffusion au reste du département.

En Seine-Saint-Denis, l'accompagnement global a été déployé d'emblée sur l'ensemble du territoire, dans un climat social tendu[4]. Dans ce département où les taux de chômage et de pauvreté sont élevés et où les difficultés budgétaires pèsent sur le financement des dépenses sociales et d'insertion, les travailleurs sociaux, débordés, estimaient ne pas pouvoir prendre en charge un nouveau public sans moyens supplémentaires. Le conseil départemental a donc décidé de ne pas faire entrer dans le dispositif des demandeurs d'emploi qui ne faisaient pas déjà l'objet d'un suivi par les services sociaux. Par ailleurs, l'accompagnement global a été confié aux travailleurs sociaux des circonscriptions de service social (CSS) relevant de la direction sociale du département, alors que l'accompagnement socioprofessionnel des allocataires du RSA était assuré par les projets de ville dépendant de la Direction de l'insertion. Ce choix apparaît lié aux contraintes formelles imposées par le FSE. Selon un cadre du conseil départemental, en effet, les règles du FSE interdisent qu'un même public « émarge deux fois aux FSE ». Or, confier l'accompagnement global aux projets de ville aurait conduit à un recoupement entre des publics faisant l'objet d'un financement FSE : allocataires du RSA en accompagnement socioprofessionnel et demandeurs d'emploi en accompagnement conjoint avec Pôle emploi, éventuellement eux-mêmes allocataires du RSA. Le département a décidé de séparer les dispositifs et d'exclure les allocataires du RSA de l'accompagnement global pour préserver le financement FSE des projets de ville, courant jusqu'en 2019.

Le dispositif d'accompagnement global s'est donc mis en place en Seine-Saint-Denis avec un double filtrage, excluant d'une part les allocataires du RSA et d'autre part les demandeurs d'emploi qui n'étaient pas déjà suivis par les CSS. Du point de vue de Pôle emploi, ce double filtrage posait problème car il constituait une puissante barrière à l'entrée des demandeurs d'emploi dans le dispositif. Par ailleurs, l'exclusion des allocataires du RSA maintenait une segmentation statutaire allant à l'encontre de l'esprit du dispositif. Au moment de l'enquête, des aménagements à ce filtrage étaient en cours : d'une part les demandeurs d'emploi en accompagnement global accédant au RSA pendant leur suivi allaient pouvoir rester dans le dispositif, et d'autre part les demandeurs d'emploi au RSA résidant dans l'une des villes du département sans projet de ville allaient se voir ouvrir l'accompagnement global. Toutefois, nos interlocuteurs craignaient que l'entrée des allocataires du RSA dans le dispositif ne se traduise par une forme de mise en compétition des projets de ville avec les CSS s'agissant tant de la répartition de leurs publics que de l'accès futur à des financements du FSE.

4. Voir par exemple le tract d'avril 2015 de la CGT-Ufict CG93 des ingénieurs, cadres et techniciens du conseil départemental de la Seine-Saint-Denis, intitulé « Accompagnement global : un protocole inacceptable ! ».

Derrière des conventions conformes, des dérogations au protocole national

Dans les deux départements étudiés, l'appropriation du dispositif d'accompagnement global s'est faite en deux temps. D'abord, une convention reprenant le protocole national a été signée entre la direction territoriale de Pôle emploi et le conseil départemental. Ensuite, un processus de renégociation a débouché sur la rédaction de documents conjoints contenant des aménagements au protocole initial pour adapter le dispositif aux exigences du territoire – quitte à creuser l'écart avec les objectifs nationaux.

Dans le Maine-et-Loire, la direction territoriale de Pôle emploi a obtenu que la convention soit conforme à la lettre du protocole national et s'applique à l'ensemble des demandeurs d'emploi, quel que soit leur statut. Le conseil départemental a alors demandé la négociation d'une seconde convention concernant spécifiquement l'accompagnement des allocataires du RSA[5], ce qui a provoqué une situation de blocage temporaire – pendant environ un an. Avec cette convention, il s'agissait pour la Direction insertion du département de s'assurer que les allocataires du RSA non éligibles à l'accompagnement global « qui représentent un cinquième voire un quart des demandeurs d'emploi et ne bénéficient d'aucun plan discriminant » aient bien accès aux prestations de Pôle emploi, dans un contexte décrit comme « peu favorable à la reprise d'activité des bénéficiaires du RSA inscrits à Pôle emploi qui subissent à la fois la concurrence avec d'autres demandeurs d'emploi moins éloignés du marché et la représentation et l'appréciation parfois "négative" de la part des employeurs » (article 3.1). Cette convention de coopération entre le département et Pôle emploi pour un accompagnement conjoint des allocataires du RSA réintroduisait une logique statutaire dans le dispositif. Sa négociation a été laborieuse car les demandes du conseil départemental se heurtaient à la volonté de Pôle emploi de s'en tenir au protocole national.

En Seine-Saint-Denis, la direction territoriale de Pôle emploi a également obtenu un alignement de la convention départementale sur le protocole national, après des discussions lancées en février 2014 avec les directions (sociale et insertion) du conseil départemental, dans un climat « très conflictuel » du fait de l'opposition des travailleurs sociaux au dispositif. Après la signature de la convention en septembre 2015, un processus de renégociation portant sur le déploiement du dispositif s'est amorcé, passant par des « rencontres avec les organisations du personnel, syndicales, avec [des] moments forts », selon un cadre de la direction sociale. Ce processus a abouti à la rédaction d'une note de cadrage destinée à informer les acteurs de terrain des modalités concrètes de mise en œuvre du dispositif. Les aménagements du protocole national étaient importants. Seule la mise à disposition d'une information sur les ressources sociales du département pour les conseillers de Pôle emploi (axe 1) était conforme. L'accompagnement global conjoint par un conseiller Pôle emploi et un travailleur social excluait les allocataires du RSA et les demandeurs d'emploi qui n'étaient pas déjà suivis par un

5. Convention de coopération entre le département et Pôle emploi relative à l'accompagnement des bénéficiaires du RSA demandeurs d'emploi.

travailleur social (axe 2). Quant à l'accompagnement social exclusif de ceux dont les difficultés étaient réputées empêcher le retour à l'emploi (axe 3), il était différé.

Dans les deux départements étudiés, les négociations autour de la mise en œuvre de l'accompagnement global ont ainsi débouché sur un dispositif territorial ambivalent, combinant une convention traduisant le protocole national et des documents opérationnels dérogatoires à la lettre, sinon à l'esprit, du dispositif. Alors que l'accompagnement global devait estomper la différenciation de l'accompagnement selon les statuts indemnitaires des demandeurs d'emploi, les documents opérationnels ont réintroduit une différence de traitement des allocataires du RSA. Pour les directions territoriales de Pôle emploi, cela pouvait être difficile à assumer, et le sujet est apparu sensible au moment de notre enquête. L'une de ces directions s'est ainsi montrée réticente à nous communiquer la convention territoriale (« Elle n'est pas publique non » ; « Il faut qu'on voie déjà en interne ») alors que le conseil départemental nous informait que cette convention était en libre accès et nous indiquait comment nous la procurer.

Ces éléments soulignent les tensions qui traversent la gouvernance du dispositif. Celle-ci se trouve prise entre la logique de déconcentration de l'opérateur public, qu'illustre le souci des directions territoriales de Pôle emploi de s'en tenir à la lettre du protocole national, et la logique de décentralisation des départements qui amendent le dispositif en fonction des configurations d'acteurs et de l'organisation territoriale des politiques d'insertion, en réaffirmant la segmentation des publics que le dispositif devait effacer. On observe alors un double processus de normalisation : une déclinaison formelle dans la convention départementale de la norme d'accompagnement global inscrite dans le protocole national, à la demande de Pôle emploi ; et une normalisation (au sens de mise en conformité avec les règles habituelles) du dispositif national dans l'organisation départementale préexistante des politiques d'insertion, sous l'égide des départements. Cette double normalisation n'efface d'ailleurs pas les tensions inhérentes au dispositif.

Le délicat outillage territorial de la transversalité

Les réformes qui ont affecté le champ de l'intervention sociale ont, de manière générale, mis les professionnels en tension entre un modèle d'intervention « habilitant » valorisant l'émancipation des personnes accompagnées, et un modèle « adéquationniste » qui privilégie le retour à l'emploi et la conformation aux offres d'emploi (Lavielle-Gutnik, 2019). Cette tension prend une forme particulière dans l'accompagnement global où le travail conjoint met en contact le modèle adéquationniste, dominant dans le travail des conseillers de Pôle emploi, et le modèle habilitant, central dans la socialisation professionnelle des travailleurs sociaux. Le dispositif demande à chacun d'ajuster (à la marge) sa manière de travailler, ce que traduisent les outils élaborés pour sa mise en œuvre. Ces outils visent à résoudre différents problèmes du dispositif. Le guide des ressources sociales, prévu par le protocole national, doit permettre aux conseillers à l'emploi d'orienter les demandeurs d'emploi vers des structures sociales comme peuvent le faire les travailleurs sociaux des départements. D'autres outils ont été conçus localement pour préparer et faciliter l'accompagnement conjoint en proposant des normes pour l'action. D'autres, enfin, tentent de rapprocher les cultures professionnelles, voire de désamorcer les conflits. Ces outils, censés faciliter la transversalité, sont toutefois demeurés inégalement (et plutôt peu) utilisés par leurs destinataires.

Le guide des ressources sociales prévu par l'axe 1

La base de données rassemblant les ressources sociales des départements, au cœur de l'axe 1 du protocole national, est un outil de la transversalité intégré au dispositif. En 2018, plusieurs mois après le lancement du protocole, cet outil est développé par Pôle emploi et serait en voie de déploiement dans les territoires (Aventur *et al.*, 2018). Il s'agit d'une « base de ressources sociales » renseignée par les départements pour les conseillers de Pôle emploi afin de faciliter l'orientation les demandeurs d'emploi vers des professionnels capables de répondre à leurs besoins sociaux. Elle doit également être accessible aux travailleurs sociaux des départements – qui disposent cependant déjà de leurs propres ressources.

Lors de notre enquête, cette base nationale n'existait pas. En revanche, un « guide des ressources sociales » était en cours d'élaboration au sein de la direction sociale du département de Seine-Saint-Denis, qui en attendait beaucoup. Ce guide devait permettre aux conseillers de Pôle emploi d'orienter les demandeurs d'emploi en difficulté vers les services pertinents, sans les adresser systématiquement aux CSS, débordées et réticentes. Il devait donc éviter ce qui se présentait comme un risque aux yeux des travailleurs sociaux et des cadres du département : que le déploiement du dispositif se traduise par un afflux de demandeurs d'emploi dans les CSS.

Un comité de pilotage s'est constitué, et l'élaboration du guide a été confiée à des conseillers techniques et à des chargés de communication du département. Comme le protocole national ne donnait guère de précisions sur son contenu, nos interlocuteurs ont eu l'impression d'avoir à se « débrouiller » :

> « On nous a fait une pression pas possible pour le créer [...] sachant qu'en plus au niveau national, ils n'avaient pas eu l'idée de nous faire une grille unique pour tous les départements [...]. Bref, on s'est débrouillés, on a monté notre truc, ça a été très long, un petit peu compliqué. Et on n'arrêtait pas de nous renvoyer qu'en fait en gros, une fois qu'ils auraient ça pour l'axe 1, ça irait tout seul... ».

L'outil, destiné aux agences de Pôle emploi et aux CSS, a été conçu comme un guide évolutif et partenarial, accessible sur internet (encadré 2).

Si les cadres de la direction sociale du conseil départemental avaient de l'outil une appréciation très positive (« C'est vraiment un outil super, avec tous les liens possibles, sur toutes les thématiques, sur tous les freins »), son usage n'allait pas (encore) de soi sur le terrain. Selon nos interlocuteurs, les conseillers de Pôle emploi ne l'utilisaient pas, à la fois par manque de temps, par refus de se muer en travailleurs sociaux et parce que l'outil, accessible sur internet, ne figurait pas dans leur environnement numérique de travail – les concepteurs du guide étaient donc en train de travailler à son accessibilité dans les agences. Les travailleurs sociaux des circonscriptions n'avaient d'ailleurs pas non plus accès à ce guide.

UN GUIDE DES RESSOURCES SOCIALES ÉVOLUTIF ET PARTENARIAL EN SEINE-SAINT-DENIS [ENCADRÉ 2]

Le guide des ressources sociales élaboré en Seine-Saint-Denis a pris la forme d'une application informatique accessible en ligne (http://grs.seine-saint-denis.fr/). Ses concepteurs en attendaient une utilisation étendue, plus large que celle prévue par le dispositif d'accompagnement :
« Cet outil va servir à [...] on s'est dit : "Les collègues de Pôle emploi bien sûr, les premiers, mais on a les équipes d'insertion des projets de ville". [...] Il y a les missions locales, il y a l'action sociale, les actions sociales municipales, et en même temps on a tous les acteurs qui gravitent autour de l'insertion... les organismes de formation, [...] et puis les associations qui œuvrent aussi dans un espace d'insertion, on s'est dit : "Allons-y, faisons un guide qui soit ouvert un peu à tout ce monde-là" ».
Pour construire le guide, l'équipe technique de la direction sociale du conseil départemental a travaillé « à partir des sept freins [...] définis dans le cadre de l'accompagnement global au niveau national ». Au moment de l'enquête, une « base macro » était déjà disponible, contenant « les informations macro, sur sept niveaux de thématiques [...] : qui était compétent, qui pouvait donner l'information, qui pouvait recevoir, accueillir les publics en orientation, [...] en gros les grandes associations [...], tous les droits, etc. ». Une « base locale » devait encore être complétée, avec « une entrée ville, parce qu'en fait c'est aussi au local que se passent les choses ». Le guide a été conçu comme évolutif et partenarial. Non seulement la base macro devait être modifiable (« On a sûrement oublié des choses, ça on verra au fur et à mesure, on va le faire vivre au quotidien, ce guide ») mais la base locale devait pouvoir être alimentée par les professionnels de terrain. Nos interlocuteurs insistaient d'ailleurs sur cet aspect local : « Ce qui est intéressant pour les publics, [...] ce qui va intéresser Pôle emploi aussi, c'est de pouvoir aller jusqu'à ce niveau-là [...] sur la formation locale, sur l'environnement local [...] ».
Nos enquêté.e.s estimaient que cet outil de la transversalité était appelé à se diffuser et à transformer les pratiques, tout en soulignant que le processus prendrait du temps : « c'est une petite révolution, quand même [...], qui n'a pas encore eu lieu, parce que personne vraiment n'est encore à l'utilisation [...] il va falloir l'accompagner [...] ça va demander du temps ». Si l'on considère que les obstacles à l'utilisation du guide des ressources n'étaient pas seulement techniques (élaboration et mise à disposition de professionnels) mais renvoyaient aussi à la défense par les conseillers de Pôle emploi de leurs identités et compétences professionnelles, la généralisation de son usage n'était pourtant pas acquise.

Les outils du travail d'accompagnement conjoint

D'autres outils ont été conçus pour aider les professionnels dans la mise en œuvre concrète du dispositif en formalisant les étapes du travail conjoint et les échanges d'informations. Leur élaboration a suivi des chemins différents dans les départements étudiés : si, dans le Maine-et-Loire ces outils ont été élaborés au fil de l'expérimentation, en Seine-Saint-Denis où le dispositif se déployait sur tout le territoire, ils ont été conçus en amont par la direction sociale du conseil départemental, soucieuse de guider les professionnels et de prévenir leurs réticences.

En Seine-Saint-Denis, un « guide du plan d'action concerté » a été élaboré comme une norme d'action pour aider les conseillers Pôle emploi dédiés et les travailleurs sociaux à définir le contenu de l'accompagnement global. Ce guide, précisant les objectifs, principes, modalités et « points de vigilance » du plan d'action défini conjointement par les professionnels et le demandeur d'emploi, figure en annexe de la note de cadrage. Il indique que le plan d'action concerté, « élaboré entre [...] le demandeur d'emploi, le conseiller emploi dédié, le travailleur social », vise à « favoriser l'autonomie et l'accès à l'emploi » et « fera l'objet d'un premier bilan commun à six mois ». Il contient une fiche énumérant les « actions prioritaires » et les « actions et/ou prestations proposées – les démarches à entreprendre, les modalités, les fréquences des contacts ». Il regroupe des fiches correspondant aux sept « freins » cités par le protocole national (le terme « frein », peu apprécié des travailleurs sociaux, est remplacé par celui de « problématique »), listant les outils ou ressources mobilisables pour chacun de ces « freins ». Un autre document, intitulé « Étapes de la prise en charge du demandeur d'emploi (DE) », schématise les phases du travail conjoint des conseillers Pôle emploi et des travailleurs sociaux en représentant l'accompagnement global comme une suite d'étapes vers l'emploi.

La « fiche de liaison » est l'outil du travail en binôme des conseillers dédiés de Pôle emploi et des travailleurs sociaux ou des chargés d'insertion des départements étudiés. Il s'agit d'une fiche navette qui recueille les diagnostics établis par les professionnels et formalise les échanges entre eux et le demandeur d'emploi, ainsi que les engagements réciproques. Elle ne contient pas toujours l'ensemble des informations que partagent les travailleurs sociaux et les conseillers à l'emploi : certaines, jugées confidentielles, peuvent faire l'objet d'une conversation informelle sans être inscrites dans la fiche de liaison.

Dans le Maine-et-Loire, cette fiche s'est construite pendant les expérimentations dans les territoires pilotes. En l'absence d'un « fichier unique », l'accompagnement conjoint soulevait le problème du suivi des demandeurs d'emploi. Pôle emploi voulait savoir ce que devenaient les demandeurs d'emploi adressés aux services départementaux, tandis que les chargés de mission insertion avaient besoin de les identifier parmi les usagers des MDS pour informer leurs collègues travailleurs sociaux. Comme les services du département ne souhaitaient pas la mise en place d'un fichier unique, jugé incompatible avec le secret professionnel des travailleurs sociaux, c'est la fiche de liaison (ou de « contractualisation ») qui s'est imposée pour le suivi conjoint. Selon un cadre intermédiaire : « L'idée c'est vraiment ça, c'est que ces gens-là, on ne les paume pas ». Cette fiche, transmise d'une institution à l'autre, rassemble les informations utiles à ce suivi :

> « On a construit un outil déjà pour recueillir les éléments, […] on a déjà les fiches de Pôle emploi qui nous ont été envoyées, avec les personnes. Donc en amont, il faut regarder si ce sont des personnes qui sont connues chez nous ou pas, […] pour qu'on ait des éléments quand eux vont nous apporter aussi les leurs. Et après, avec cet échange-là, on voit s'il y a un accompagnement ou pas ».

Ce travail expérimental devait déboucher sur un outil unique de coordination pour la généralisation de l'accompagnement global. Des réunions ont été organisées entre un représentant territorial de Pôle emploi, les CMI et quelques responsables de MDS pour un partage d'expériences, mais six mois après le début des expérimentations, les participants avaient encore des difficultés à s'accorder sur le contenu de la fiche de liaison.

En Seine-Saint-Denis, l'élaboration de la fiche de liaison en amont du lancement du dispositif a également été délicate. Le principal problème concernait le secret professionnel couvrant les diagnostics des travailleurs sociaux. Il a été décidé que les éléments de diagnostic inscrits dans la fiche devraient rester généraux. Cette fiche, conçue par l'équipe technique de la direction sociale du département, a été validée par la Commission nationale de l'informatique et des libertés (CNIL). Les difficultés de son élaboration sont résumées par l'un de nos interlocuteurs :

> « Cette fiche de liaison a été travaillée avec deux responsables de circonscription fin 2014 et deux directeurs d'agences. […] On avait été glaner ce qui avait été fait un peu partout, et en fait on a rebâti une fiche […] qu'on a fait travailler à nos cadres respectifs, pour que ce soit dans leur logique aussi, par rapport à leurs équipes, d'utilisation… et qu'on a fait valider par la CNIL […], parce qu'on est très attentifs à ça. On a des professionnels, et notamment les organisations syndicales, qui étaient très regardants par rapport à ça, les échanges de fichiers, etc. ».

En dépit de ces outils de la transversalité, élaborés souvent conjointement par les services départementaux et par des cadres de Pôle emploi, les professionnels de terrain (en particulier ceux de Pôle emploi) nous ont semblé démunis pour mettre en œuvre concrètement l'accompagnement global. Certains ont même dit manquer d'outils opérationnels pour orienter et suivre les demandeurs d'emploi, signe de leurs difficultés à y accéder et/ou à se les approprier.

Les outils de la connaissance mutuelle et du désamorçage des conflits

Les départements observés ont également développé des outils pour favoriser la connaissance mutuelle entre les professionnels de secteurs différents et pour prévenir les réticences des travailleurs sociaux à s'engager dans un dispositif susceptible de heurter leur conception de leur métier. En raison des conflits suscités par le dispositif, la Seine-Saint-Denis a été un terrain propice à l'observation de ce type d'outils.

Ce département a d'abord organisé des « immersions » pour susciter des échanges entre les professionnels de secteurs différents qui allaient être appelés à travailler en binôme. Il s'agissait de permettre aux travailleurs sociaux des CSS de se rendre dans une agence de Pôle emploi pour observer le travail des conseillers, et réciproquement de donner l'occasion aux conseillers à l'emploi de se rendre auprès des travailleurs sociaux (mais sans observer les entretiens avec le public, couverts par le secret professionnel). Un « guide des immersions » de onze pages a été élaboré par l'équipe technique pour en détailler le déroulement. Il précise les objectifs des immersions et propose un « déroulé » pour deux ateliers : « présentation de Pôle emploi au service social départemental ou municipal (CSS) » et « présentation des missions du service social départemental (CSS) à Pôle emploi ». Il comprend un organigramme des services du conseil départemental, une présentation des institutions en charge de l'action sociale ainsi que des « partenaires institutionnels » (missions locales, centres communaux d'action sociale, projets de ville RSA, etc.), et deux lexiques, l'un sur l'action sociale et l'autre sur Pôle emploi. Les acteurs rencontrés sur le terrain n'ont pas évoqué ce guide, mais ont estimé les immersions utiles pour mieux connaître le travail des partenaires et pour lever des préjugés négatifs, notamment ceux des travailleurs sociaux à l'encontre de Pôle emploi.

Un autre outil, le « guide des freins », a été élaboré par la direction sociale du département comme un référentiel commun pour permettre aux travailleurs sociaux de s'approprier la notion de « freins » à l'insertion. Celle-ci est en effet apparue comme risquant de heurter leur culture professionnelle. Selon nos interlocuteurs du service social du département, parler de freins à propos des publics accompagnés revient à les qualifier par leurs insuffisances plutôt que par leurs capacités et, ce faisant, à les disqualifier ; le terme suggère aussi que les difficultés d'accès à l'emploi seraient des attributs des demandeurs d'emploi alors que « le problème, c'est le manque d'emploi ». L'approche en termes de freins serait ainsi contraire à la culture des travailleurs sociaux :

> « L'histoire des freins, c'était quelque chose de quand même… très difficile pour le service social départemental [...]. Ce n'est pas du langage travailleur social [...], ça fait partie pour nous du langage mécano, garage… [rire] [...]. Identifier les gens à travers des freins, il faudrait lever les freins… ce n'est pas très positif, ce n'était pas porteur. Et puis c'était résumer les publics à des freins, et absolument pas aborder la question des compétences. D'entrée de jeu ce n'était pas quelque chose de… d'acceptable, on va dire ça comme ça ».

La direction sociale du département a alors décidé de mettre en place un groupe de travail pour constituer un catalogue des freins. Mais sa diffusion est restée tributaire des réticences des acteurs. Pôle emploi n'a pas jugé utile ce catalogue et n'a permis son intégration aux documents départementaux que sous forme résumée en annexe de la note de cadrage. Quant aux travailleurs sociaux des circonscriptions de Seine-Saint-Denis enquêtées, ils ne l'utilisaient pas non plus, le jugeant peu utile.

Les différents outils de la mise en œuvre de l'accompagnement global visent à normaliser les interventions des professionnels en atténuant les tensions suscitées par le dispositif : éviter un afflux de demandeurs d'emploi vers des services sociaux débordés, faciliter le travail conjoint des conseillers à l'emploi et des travailleurs sociaux en formalisant les étapes de leur collaboration et prévenir les conflits en rapprochant les cultures professionnelles. Si leur élaboration a souvent donné lieu à un travail considérable, ces outils peinent à s'imposer, si bien qu'ils dessinent une transversalité surtout formelle, qui peut paraître éloignée du travail réalisé par les professionnels embarqués dans le dispositif. Ce travail relève d'un bricolage avec (et souvent sans) les outils, ce qui invite à relativiser la contribution de ces derniers à la normalisation des politiques locales d'insertion.

Le financement par le FSE, instrument d'une gouvernance problématique

Parmi les instruments du dispositif d'accompagnement global, le financement du FSE occupe une place particulière parce qu'il participe d'une politique de la performance qui traduit la diffusion d'un idéal gestionnaire néolibéral. Les financements du FSE sont associés à une exigence de rendu de comptes induisant une forme de gouvernance « par les nombres » (Desrosières, 2008) qui se manifeste par le développement d'activités gestionnaires encadrées par des outils et indicateurs qui normalisent les activités. Dans le cas d'un dispositif partenarial comme l'accompagnement global, cette forme de gouvernance exerce des effets diffus, non seulement sur l'activité de Pôle emploi (bénéficiaire du financement) et de ses conseillers mais aussi sur celle des services départementaux (même lorsqu'ils ne sont pas eux-mêmes bénéficiaires) et des travailleurs sociaux. Or, lorsque ceux-ci sont réticents à se plier aux exigences du FSE, Pôle emploi ne dispose pas de l'autorité nécessaire pour obtenir leur coopération.

Une gouvernance « par les nombres » à tous les échelons de Pôle emploi

Le pilotage des financements par le FSE répond à un idéal normatif de performance et mobilise un dispositif incitatif conditionnant le versement des fonds à l'atteinte d'objectifs mesurables. Que Pôle emploi ait obtenu un cofinancement du FSE pour l'accompagnement global ne garantit pas le versement des sommes prévues : celui-ci n'intervient qu'après coup, en fonction du degré de réalisation des objectifs. Pour obtenir le cofinancement des postes de conseillers dédiés au dispositif, l'opérateur public doit rendre compte de son activité en renseignant en continu des tableaux de bord contenant des indicateurs de suivi des demandeurs d'emploi en accompagnement global (nombre de demandeurs d'emploi orientés vers l'accompagnement global, délais de traitement des demandes, nombre et caractéristiques des demandeurs d'emploi effectivement inscrits dans le dispositif, etc.).

Les exigences du financement du FSE se traduisent ainsi par une pression du chiffre et des délais, une pression dont on peut remarquer qu'elle n'est pas nouvelle au sein de l'opérateur public, où elle s'est développée et banalisée indépendamment du recours aux financements européens. L'introduction d'un nouveau management public remonte aux années 1980 et 1990, alors que l'ANPE se souciait, face aux critiques, de démontrer son efficacité. La généralisation de l'accompagnement dans les années 2000, couplée à la mise en place de progiciels intégrés et à la crise de 2008, a renforcé la pression sur les agents. Aujourd'hui, Pôle emploi mobilise couramment des tableaux de bord opérant « en cascade, depuis la direction générale jusqu'aux agents » et incitant ces derniers en bout de chaîne à « faire du chiffre » (Pillon, 2018).

Le recours aux financements du FSE ajoute donc au nouveau management public organisé au niveau national des dispositifs de pilotage par la performance qui s'organisent au niveau européen. Pôle emploi a ainsi des comptes à rendre non seulement à son ministère de tutelle mais aussi aux institutions de l'Union européenne. Sachant que la pression du chiffre liée aux financements européens concerne, outre l'accompagnement global, d'autres dispositifs mis en œuvre par l'opérateur public, on peut dire que l'obligation de rendre des comptes est diffuse en son sein. Elle se décline à toutes les échelles territoriales : européenne, nationale, régionale, départementale et locale, comme l'ont souligné certains de nos enquêté.e.s (encadré 3).

LES EXIGENCES DU « RENDU D'ACTIVITÉ » POUR LE FSE À PÔLE EMPLOI [ENCADRÉ 3]

Dans une direction territoriale de Pôle emploi on souligne le caractère diffus des exigences du pilotage par la performance associé aux financements du FSE :
« Nous, on est garants du rendu de comptes […], donc nous on nous demande de faire remonter des tableaux de bord avec l'activité relative aux dispositifs. Il y a l'accompagnement global mais il y a aussi l'accompagnement intensif des jeunes, il y a d'autres dispositifs où on mobilise du FSE. En général, Pôle emploi mobilise du FSE dans le cadre de nos politiques d'accompagnement ».
Le suivi des dispositifs bénéficiant d'un financement du FSE mobilise des gestionnaires spécialisés dans les partenariats et opère en cascade : il est chapeauté par la Direction générale au niveau national, coordonné à l'échelon régional par les directions régionales, à l'échelon départemental par les directions territoriales, et décliné au sein de chaque agence :
« Dans le service partenariats de la région, il y a donc des collègues qui sont chargés du suivi FSE, et au niveau direction générale c'est le cas aussi. On est un petit peu moins au fait, si ce n'est qu'on nous demande d'être très attentifs aux remontées hebdomadaires des tableaux FSE, pour pouvoir justifier, et qu'on peut faire l'objet de contrôles, sur sites. […] Dans chaque agence, il y a une armoire réservée aux documents pouvant être contrôlés par les agents du FSE […] sur l'ensemble des dispositifs qui mobilisent du FSE […]. On doit dans les agences avoir un affichage qui indique que ces politiques-là […] sont cofinancées par le FSE. Et on doit veiller à la rigueur du rendu d'activité. Et c'est géré au niveau [régional] […]. Et ensuite tout ça, c'est centralisé au niveau de la Direction générale […] qui va bénéficier du versement du FSE ».

Le difficile pilotage par la performance d'un dispositif transversal et partenarial

Le dispositif d'accompagnement global étant transversal et partenarial, la reddition des comptes par Pôle emploi n'est pas une question purement interne : elle ne peut se faire sans la coopération des partenaires départementaux. Or, ceux-ci, s'ils utilisent des indicateurs dans leur activité, ne connaissent pas la même pression du chiffre que celle qui a cours à Pôle emploi. Ils peuvent se montrer d'autant plus réticents à se plier aux exigences de rendu de comptes qu'elles sont liées à un financement européen dont ils ne bénéficient pas eux-mêmes.

La question de la diffusion des tableaux de bords de Pôle emploi aux services départementaux de Seine-Saint-Denis est à ce titre révélatrice. Si l'utilisation des outils de suivi semblait aller de soi pour les agents de Pôle emploi, ceux des services départementaux résistaient à la pression du chiffre et des délais. Non seulement ils soulignaient qu'ils contribuaient au dispositif à moyens constants, mais ils faisaient valoir d'autres priorités que les demandeurs d'emploi en difficulté. Ils défendaient par ailleurs souvent l'idée que le travail social, polyvalent et nécessairement inscrit dans la durée, ne se prête pas aux prescriptions quantitatives de l'évaluation par la performance. Nos interlocuteurs de la direction sociale du département ont d'ailleurs exprimé leur crainte d'avoir à remplir d'une façon ou d'une autre les objectifs assignés à Pôle emploi par les pouvoirs publics et par le FSE, et leur refus de faire de la « sous-traitance » pour l'opérateur public. Selon eux, les travailleurs sociaux étaient déjà exposés à des demandes similaires d'autres partenaires (CAF, CNAV, etc.), certains allant jusqu'à leur proposer des formations à leurs outils et à leurs règles afin de leur déléguer (ou sous-traiter) tout ou partie de la préparation des dossiers et des accompagnements.

En dépit de leurs réserves, les cadres du département se sont efforcés de faciliter le suivi du dispositif. S'ils jugeaient que les tableaux de bord de Pôle emploi n'étaient pas adaptés aux CSS, ils ont cherché à en élaborer d'autres. Au moment de l'enquête, un comité technique travaillait à un outil informatique destiné à proposer des tableaux de bord appropriables par les travailleurs sociaux pour assurer l'affectation et le suivi des publics. Un « outil de gestion local, et en même temps interactif » devait permettre de produire des tableaux contenant des informations nominatives sur les demandeurs d'emploi, renseignées par les circonscriptions à partir des fiches de liaison. La direction sociale du conseil départemental devait pouvoir accéder à une version anonymisée des données pour un suivi statistique du dispositif. Mais lors de notre entretien (avril 2016), l'outil en cours d'élaboration était sujet à contestation en raison des informations sensibles (couvertes par le secret professionnel) qu'il pouvait contenir. Tout comme les fiches de liaison, il devait obtenir la validation du service d'information du département et de la CNIL :

> « L'outil, on ne l'aura pas avant juin [...]. Là on est en train de vraiment l'imaginer [...] on le fait tester par [...] trois quatre cadres de la circonscription début mai. Il faut qu'on ait la validation du service d'information du département, de la CNIL, et on le mettra en œuvre au mois de juin, si tout va bien, si on ne rate

pas les étapes, parce que ce n'est pas… on a des… des organisations syndicales sur le… ».

Outre les difficultés techniques et juridiques, la mise en œuvre de cet outil de suivi rencontrait l'opposition des syndicats. Dans une CSS enquêtée en octobre 2016, on n'était toujours pas en mesure de préciser le nombre des demandeurs d'emploi en accompagnement global ou en attente de diagnostic, un chiffrage qui semblait d'ailleurs bien loin des préoccupations des travailleurs sociaux.

Ces difficultés à assurer le suivi des publics nécessaire au rendu de comptes sont révélatrices des problèmes posés par les exigences du FSE dans le cas d'un dispositif partenarial. Au moment de l'enquête en Seine-Saint-Denis, les tableaux de bord permettant de suivre les demandeurs d'emploi en accompagnement global n'étaient guère en usage chez les partenaires départementaux. Pôle emploi ne parvenait pas à s'assurer de cette contribution des partenaires, le dispositif n'étant pas véritablement à sa main.

Conclusion

L'expérience des départements étudiés révèle les tensions et les limites du dispositif d'accompagnement global défini par le protocole national de 2014. Alors que ce dispositif devait être porteur d'un renouvellement du service public de l'emploi consistant à accompagner les publics en fonction de leurs besoins plutôt que de leur statut indemnitaire, ce renouvellement n'a pas eu lieu dans les départements étudiés, où l'on a observé des processus divers de normalisation des politiques d'insertion. Après avoir accepté non sans peine la signature d'une convention conforme au protocole national, ces départements ont négocié des aménagements qui traduisent leur perception du caractère déséquilibré d'un dispositif prévoyant leur contribution sans financement ni contrepartie. Il s'agissait pour eux soit de contrôler les flux d'entrée dans le dispositif (en excluant les allocataires du RSA et les publics ne fréquentant pas déjà les services sociaux en Seine-Saint-Denis), soit de demander à Pôle emploi une contribution renforcée à l'accompagnement de leurs publics d'allocataires du RSA (Maine-et-Loire). Si les documents de (re)cadrage traduisant ces aménagements dessinent bien un dispositif transversal d'accompagnement global, le traitement qu'ils réservent aux allocataires du RSA révèle la persistance du caractère structurant de la segmentation statutaire des publics et des logiques sectorielles de l'action publique territoriale.

Le déploiement du dispositif territorial renégocié a été l'occasion d'un intense travail de production d'outils départementaux destinés à faciliter la mise en œuvre de la transversalité. Ce travail manifeste la volonté des directions départementales étudiées d'équiper les professionnels de terrain pour les préparer au travail conjoint. Il traduit aussi le souci de lever les réticences des travailleurs sociaux à mettre en œuvre un dispositif perçu comme susceptible de heurter leur culture professionnelle. Mais si l'accompagnement global est apparu singulièrement outillé, nos entretiens ont montré un décalage entre cet outillage qui organise une transversalité formelle et les pratiques concrètes du travail conjoint. Les professionnels de terrain n'avaient pas toujours connaissance des outils, ou peinaient à y accéder ou à se les approprier, voire refusaient de les utiliser. La difficulté à outiller le travail conjoint tient vraisemblablement pour une part à la jeunesse du dispositif (la conception d'outils juridiquement et techniquement adaptés prend du temps). Mais elle signale aussi un décalage entre les normes de travail portées par les outils et les normes des professionnels. Par exemple, l'injonction faite aux travailleurs sociaux à « lever les freins » et à échanger des informations avec le conseiller à l'emploi dédié peut contredire leur effort pour co-construire un projet avec la personne accompagnée ou pour garantir le secret professionnel. Au moment de l'enquête, en dépit de l'existence des outils de formalisation de l'activité des professionnels embarqués dans le dispositif, le travail conjoint relevait toujours du « bricolage » au quotidien.

L'outil de financement du FSE a joué dans la mise en œuvre du dispositif un rôle particulier et problématique. Il est apparu inadapté au dispositif intersectoriel et partenarial auquel il entendait contribuer. Les règles du FSE induisent en effet des phénomènes de « coopétition » (Bruno, 2010) entre structures, mêlant la concurrence aux coopérations. Ainsi, le recours au FSE pour l'accompagnement global a introduit en Seine-Saint-Denis une mise en concurrence implicite de structures (CSS et Projets de ville) qui ne pouvaient prétendre aux financements européens pour les mêmes publics (allocataires du RSA). Cela a conduit le département à négocier des écarts au protocole national et à resegmenter des publics que le dispositif devait rapprocher afin d'éviter d'avoir à réorganiser sa politique d'insertion des allocataires du RSA. Le recours au FSE est enfin apparu problématique en ce qu'il introduisait une pression du chiffre et des délais tendant à se diffuser non seulement à Pôle emploi mais aussi à ses partenaires. La nécessité de disposer d'outils de suivi partagés pour justifier d'une activité permettant le cofinancement du FSE conduit à valoriser et à étendre une logique gestionnaire (transversale), au détriment des compétences sectorielles (Lebrou, Sigalo-Santos, 2018). L'exemple de l'accompagnement global en Seine-Saint-Denis montre que les travailleurs sociaux peuvent résister à cette logique et fragiliser le rendu de compte de Pôle emploi.

Alors que l'annonce a été faite de la signature le 5 avril 2019[6] par le ministère du Travail, l'Association des départements de France (ADF) et Pôle emploi, d'un nouveau protocole d'accompagnement global, quelles leçons tirer de nos observations ? La première est celle de la multiplicité des difficultés de mise en œuvre de ce dispositif transversal – ce que traduit dans le nouveau protocole la réaffirmation de l'objectif de « faciliter le travail conjoint ». La deuxième concerne le financement de (ou la contrepartie à) la contribution des départements à l'accompagnement global. Le protocole de 2019 prévoit une mise en œuvre graduelle de la garantie d'activité pour les nouveaux allocataires du RSA, comprenant « l'accompagnement global de Pôle emploi et des départements et une offre nouvelle

6. Voir le communiqué de presse annonçant cette signature. Le protocole d'accompagnement global n'est pas encore publié fin avril, à l'heure de la rédaction de cet article.

déployée dans le cadre d'une garantie d'activité départementale ». Si celle-ci peut ressembler au pendant de l'accompagnement global des demandeurs d'emploi en difficulté pour les allocataires du RSA, elle ne garantit ni une désegmentation statutaire des publics ni une meilleure coordination des acteurs locaux. Le financement du dispositif pourrait être déterminant, selon qu'il mettra ou non en concurrence des structures départementales contribuant à cet accompagnement global renouvelé. Il pourrait l'être d'autant plus que le protocole entend en même temps augmenter le nombre de personnes accompagnées et améliorer leur retour à l'emploi. Atteindre cet objectif supposerait de consacrer davantage de ressources publiques non seulement à l'accompagnement global, mais aussi et surtout à des dispositifs locaux de formation et de création d'emploi.

Références bibliographiques

Aventur F., Renard E., Subileau N., Garrigues R. (2018), « L'accompagnement global des demandeurs d'emploi : une réponse adaptée aux besoins d'un public particulièrement fragilisé », *Statistiques, études et évaluations*, n° 47.

Balzani B., Beraud M., Boulayoune A., Divay S., Eydoux A., Gouzien A. (2008) « L'accompagnement vers l'emploi. Acteurs, pratiques, dynamiques », Rapport final pour la DARES, GREE-2L2S, université Nancy 2, CRESS-Lessor université Rennes 2, CES-Matise Université Paris 1 et Centre d'études de l'emploi.

Barbier J.-C. (2011), « Activer les pauvres et les chômeurs par l'emploi ? Leçons d'une stratégie de réforme », *Revue des politiques sociales et familiales*, n° 104, p. 47-58.

Bruno I. (2010), « La déroute du "benchmarking social". La coordination des luttes nationales contre l'exclusion et la pauvreté en Europe », *Revue française de socio-économie*, n° 5/1, p. 41-61.

Crepaldi C., Pesce F., Samek M. (2015), *Active Inclusion: Stocktaking of the Council Recommendation (2008)*, Study for the Employment Committee, European Parliament, DG for Internal policies, Policy department, Economic and scientific policy, Employment and social affairs.

Debauche E., Jugnot S. (2005), « Le projet personnalisé du demandeur d'emploi. Un accompagnement individualisé de masse », *Premières Synthèses*, DARES, n° 30.2.

Desrosières A. (2008), *Gouverner par les nombres*, Paris, Presses de l'école des Mines.

Eydoux A., Tuchszirer C. (2011), « Du RMI au RSA : la difficile mise en place d'une gouvernance décentralisée des politiques d'insertion », *Revue française des affaires sociales*, n° 4, octobre-décembre, p. 90-113.

Eydoux A., Gomel B. (coord.) (2014), *Apprendre (de l'échec) du RSA. La solidarité active en question*, Rueil-Malmaison, Éditions Liaisons.

Gomel B. (2014), « Le RSA vu de Pôle emploi », *in* Eydoux A., Gomel B. (coord.), *Apprendre (de l'échec) du RSA. La solidarité active en question*, Rueil-Malmaison, Éditions Liaisons, p. 197-205.

Iborra M. (2013), Rapport d'information « en conclusion des travaux de la mission sur Pôle emploi et le service public de l'emploi », Commission des affaires sociales, Assemblée nationale.

Lavielle-Gutnik N. (2019), « Les acteurs de l'intervention sociale face aux défis du renforcement de leurs identités et de leurs collectifs de travail », *Forum*, vol. 156, n° 1, p. 37-48.

Lebrou V., Sigalo Santos L. (2018), « Ce que le Fonds social européen fait à l'action publique locale : reconfiguration des rapports institutionnels, redéfinition des rôles professionnels », *Politique européenne*, n° 60/2, p. 8-33.

Palier B., Surel Y. (2005), « Les "trois I" et l'analyse de l'État en action », *Revue française de science politique*, vol. 55, n° 1, p. 7-32.

Pillon J.-M. (2018), « L'ombre sur la mesure. L'efficacité de Pôle emploi face aux pressions politiques, managériales et productives », *La nouvelle revue du travail*, 12 | 2018 [en ligne] https://journals.openedition.org/nrt/3581, consulté le 12 juin 2019.

Surel Y. (2000), « The Role of Cognitive and Normative Frames in Policy-Making », *Journal of European Public Policy*, n° 7/4.

Territoires d'intervention, parcours de prise en charge, mobilités

Christophe Trombert

RÉSUMÉ

L'idéal d'une prise en charge globale, transversale, de proximité, reposant sur des interventions partenariales et ajustées aux difficultés des territoires et de leurs habitants caractérise les politiques sociales territorialisées issues de la décentralisation et de la politique de la ville. Pour autant, les publics de ces territoires sont aussi inscrits dans des « parcours » (d'insertion, de soins, de peine, etc.) qui supposent que des structures d'aide orientent des usagers sur d'autres structures pour la poursuite d'une prise en charge. D'autres publics sont dépourvus de rattachement administratif à un territoire leur permettant d'engager un parcours d'insertion. D'autres encore hésitent à s'engager dans une mobilité territoriale faute de savoir s'ils conserveront sans rupture leurs droits sociaux et les prises en charge de proximité dont ils bénéficient. Entrer dans un parcours de prise en charge ou poursuivre un parcours de prise en charge peut être source de tension entre services sociaux et d'insertion locaux et théoriquement partenaires, lorsque les moyens d'aide et d'intervention sont rares et lorsque les services sociaux ou d'insertion sont évalués séparément sur leur performance propre (ce qui est contradictoire avec l'idée d'une prise en charge globale, qui suppose une efficacité globale et indissociable des acteurs professionnels et des services). Nous montrerons dans cet article qu'il existe entre certains services d'aide des situations de « concurrence inversée », des pratiques de délestage d'usagers, de rétention d'information et, plus généralement, des tentatives de contrôle des entrées en suivi et des réorientations sur d'autres services, afin de préserver à la fois des ressources d'aide, une charge de travail tolérable, une crédibilité professionnelle envers certains partenaires et la réalisation des objectifs d'activité et de « sorties positives » de prise en charge attendus par les financeurs des politiques sociales territorialisées. En somme, accorder de l'attention aux parcours de prise en charge et aux trajectoires de mobilité est une façon d'interroger les politiques sociales territorialisées, et plus précisément les limites du partenariat entre services sociaux ou d'insertion locaux en vue d'une prise en charge globale et de proximité des usagers.

ABSTRACT

Intervention Territories, Support Journeys, Mobilities

The territorialised social policies resulting from the decentralisation of urban policy are characterised by the ideal of global, cross-cutting and local care based on partner intervention and adjusted to the difficulties of the territories and their inhabitants. Yet the populations concerned are also enrolled as part of "journeys" (in terms of insertion, care, sentences, and so on) requiring aid structures to orient users to other structures for the continuation of support. Other populations lack an administrative connection to a territory enabling the initiation of a pathway to integration. Still others continue to hesitate over a transfer to another part of the country because they are not sure that their current social rights and local support will be maintained without disruption. Entering a care and support journey or pursuing an existing one may cause tensions between the social services and local insertion services – theoretically partners – where aid and intervention resources are scarce and the social or insertion services are assessed separately on their performance (running counter to the idea of global support, which is predicated on global and indissociable efficiency from professionals and services). In this article, we show that situations of "inversed competition" exist between some aid services, together with user offloading, information retention and, more generally, attempts to control inflows and reorientations to other services. The aim of these practices is to safeguard aid resources, maintain a tolerable work load, preserve professional credibility with regards to partners, and meet the objectives on activity and "positive support outflows" expected by the entities funding territorialised social policies. In short, focusing closely on support journeys and occupational mobility trajectories is a way of examining territorialised social policies, and, more specifically, the limits of the partnership between the social services or local insertion services aimed at global support for users at local level.

Introduction

Tant la décentralisation des politiques sociales depuis 1983, que les politiques publiques de soutien et d'incitation à des initiatives déclinant localement des programmes nationaux (politiques de la ville), ont fait du territoire et des acteurs institutionnels locaux une entrée clé de l'analyse des politiques sociales. D'une part, le territoire, dans ses spécificités, devient un référentiel d'appréhension des problèmes sociaux et de définition des solutions à appliquer. D'autre part, les interventions deviennent décloisonnées car les problématiques des territoires et des individus sont indissociablement économiques, professionnelles, sanitaires, etc. Enfin, les niveaux d'action et de décisions se rapprochent des territoires, des populations et des individus et sont *a priori* plus concertées. L'« État animateur » (Donzelot, Estèbe, 1994) a alors pour rôle de stimuler ces initiatives locales et partenariales ajustées à des potentialités et des besoins sociaux locaux que les acteurs de terrain connaissent le mieux.

Dans ce contexte, la sociologie des politiques sociales, au prisme du « territoire », tend à orienter l'approche sur un niveau méso-social d'analyse de gouvernance et s'intéresse, le plus souvent, aux acteurs institutionnels et à leurs prérogatives sur des domaines d'intervention, à des dilemmes d'échelles et de tuilage d'interventions complémentaires à rendre « partenariales » car de « proximité ». Elle repère des difficultés, comme celles du décloisonnement des interventions sectorielles, du pilotage de dispositifs et de la coordination entre partenaires. Si l'architecture d'ensemble des interventions territorialisées suscite la perplexité (Avenel, 2017), cela n'interdit pas la réaffirmation des bienfaits de la territorialisation et de la transversalité de l'action sociale et du développement social (Avenel, 2013, 2017). Concernant les prises en charge individuelles d'usagers (ou les interventions auprès de petits groupes), des chercheurs soulignent l'émergence de dispositifs « sur mesure », d'interventions partenariales visant à une « prise en charge globale », de projets négociés au plus près d'usagers considérés dans leur singularité biographique et leurs aspirations, en vue d'une autonomie du sujet (Rosanvallon, 1995 ; Ion et Ravon, 2005 ; Astier, 2007) ; soit un idéal de « proximité », d'action au plus proche des problématiques et du lien social « défait ».

Pour autant, ces approches des problèmes sous l'angle des singularités des territoires et des individus qui y seraient rattachés, ainsi que les réponses sous l'angle de la « proximité », ne vont pas de soi. Les politiques sociales agissent en effet sur des individus ou des groupes dont la fixité territoriale est à établir, dont les territoires vécus ne se superposent pas mécaniquement à des territoires institutionnels et pour lesquels l'idée même de frontière (tout territoire d'intervention suppose une délimitation officielle) ne peut être présumée adéquate. Mobiles et inscrits dans des réseaux de relation changeants et sans frontières certaines et cohérentes, ces individus et groupes sont aussi inscrits dans des trajectoires sociales individuelles et collectives. Des travaux classiques (Paugam, 1991) suggèrent que dans leurs relations aux services sociaux, la trajectoire et la « carrière morale d'assisté » fait plus sens pour les usagers que la question, plus institutionnelle, de la territorialisation des interventions. Peut-être en est-il de même chez les professionnels de l'intervention sociale, pour qui le pendant institutionnel de la carrière morale est le « parcours » d'insertion d'usagers à accompagner. En effet, les usagers sont certes inscrits dans des politiques sociales locales et rattachés à un territoire *via* des affiliations administratives (caisses de sécurité sociale, Pôle emploi, revenu de solidarité active, etc.) mais ils sont aussi inscrits à titre individuel dans des « parcours » (d'insertion, de peine, de soins, de recherche d'emploi, de relogement, etc.).

Un pan des politiques sociales territorialisées n'a donc de sens que pour organiser des parcours d'insertion et gagne à s'analyser en fonction de cette question. S'intéresser aux parcours de prise en charge par les institutions locales des politiques sociales complète donc utilement une entrée par les territoires d'intervention. Cela permet de « se déplace[r] de la description des procédures officielles [...] d'élaborations de partenariats entre institutions vers l'observation des relations concrètes et quotidiennes entre acteurs » (Gramain, Neuberg, 2009). Cela permet d'aborder l'action sociale territorialisée depuis les problèmes des usagers et les problèmes que posent les parcours d'usagers aux professionnels de terrain, depuis les relations entre professionnels et les partenariats locaux, sous l'angle de la durée (progression dans un parcours d'insertion). Cela pose des questions sur l'ajustement des situations d'usagers aux tensions liées à l'offre d'aides (quantité et qualité), l'imputation de coûts de prise en charge et l'efficacité de l'intervention pour les acteurs locaux. À ce titre, les usagers deviennent un enjeu de « rapports de parcours » entre structures d'un champ de prise en charge. Les « rapports de parcours » désignent une dépendance à l'amont (qui envoie des usagers, combien et avec quelles difficultés et atouts connus) et à l'aval (vers qui est-il possible d'orienter ces usagers ?). On laisse ici la question de l'espace et de la synchronie pour aborder celle de la durée.

À des analyses peut-être trop centrées sur les architectures et les fonctions manifestes d'une action sociale territorialisée et partenariale, modèle d'intervention publique qui perd en nouveauté au fur et à mesure que ces mêmes analyses constatent les obstacles à sa pleine réalisation, nous ajoutons donc, *via* la question des rapports de parcours, une analyse de la « matrice de conditions » (Corbin, Strauss, 2003) qui détermine les négociations et interactions entre une partie des segments professionnels du champ en contact avec les publics. Cet angle insiste sur des paramètres économiques et organisationnels du travail des *street level bureaucrat* dont les travaux de M. Lipsky (1983) ou de E.Z. Brodkin (2012) ont souligné l'importance.

Il s'agira tout d'abord de montrer des enjeux d'adéquation entre volumes de demandes d'aide et moyens de prises en charge, sous contrainte d'imputation de la charge financière et d'objectifs d'activité, produisant des effets de concurrence inversée, de délestage et de rétention d'information. La décentralisation étant aussi celle de la charge financière, de la mesure des résultats et des financements, elle impacte négativement la réalisation des buts de la territorialisation en faisant obstacle à la fois à la réalisation de parcours d'insertion et à l'inscription territoriale des usagers dans une prise en charge.

Il faudra ensuite aborder ces questions d'adéquation sous l'angle des enjeux de qualités des usagers et de leurs demandes d'aide. Ici, des préoccupations et des risques liés aux rapports de parcours en amont et en aval produisent des effets (écrémage, conformisme pour rester crédible, fonctionnements à rebours) qui impactent négativement la réalisation des avantages attendus de la territorialisation.

Nous conclurons sur les désajustements possibles entre (non)rattachement administratif à un territoire d'intervention ciblé et mobilité des publics précaires. En résumé, le propos revient à dire qu'il est difficile de réaliser un objectif commun de transversalité territoriale pour une prise en charge globale des usagers lorsque les acteurs de terrain sont soumis à des intérêts trop contradictoires que l'étude des rapports de parcours souligne. Ces écarts aux buts recherchés renvoient à des contradictions internes qui s'incarnent dans les pratiques d'acteurs ayant à soutenir des parcours d'insertion d'usagers : contradictions entre les fins qualitatives annoncées et des indicateurs choisis[1] ; entre une logique d'efficacité globale sur un territoire et sur l'ensemble d'une trajectoire individuelle, et des acteurs professionnels et des services évalués séparément sur leur (supposée) efficacité propre. Cela contribue à soutenir une contradiction entre le partenariat visé et la concurrence de fait pour l'accès aux ressources d'aide et aux « bons » publics, ceux jugés réinsérables et favorables à la réalisation des résultats. Ou, à l'inverse, une concurrence pour l'évitement de publics indésirables sur un territoire parce qu'ils seraient consommateurs de ressources et non-contributeurs directs ou indirects pour des recettes financières ou des résultats positifs d'insertion[2].

À chaque étape, nous chercherons à rendre compte de jugements évaluatifs de professionnels d'intervention et d'usagers qui vivent les fonctionnements pratiques de ces politiques sociales territorialisées. Nous mobiliserons des résultats d'enquêtes sur le revenu minimum d'insertion (RMI), le revenu de solidarité active (RSA), les plans locaux pour l'insertion et l'emploi (PLIE), la domiciliation administrative des personnes sans domicile stable et les fonds d'aide aux jeunes[3].

1. Si ce qui est visé est l'adéquation entre des aspirations et besoins singuliers, des capacités, des moyens capacitants et des possibilités réalistes d'insertion, alors c'est autant la satisfaction des usagers suivis et leur absentéisme en rendez-vous de suivi, que des taux de contractualisation, de sortie positive par l'emploi, la formation, etc., qu'il faut mesurer.

2. On notera ici la proximité de l'analyse avec le paradoxe de Mancur Olson concernant l'action collective : l'implication des acteurs dans la poursuite d'un bien collectif (prise en charge globale en vue d'une insertion) est entravée par l'existence de coûts non collectifs (charge de travail des services sociaux et d'insertion, entre autre), entrave majorée par l'existence d'incitations sélectives non efficientes (financement de ces services sur leurs activités et performances supposées propres).

3. Enquête sur un PLIE (Trombert, 2008b), thèse de doctorat (Trombert, 2009), recherche ANR « Expertise sur autrui » (Dir. Léa Lima, 2012), recherche dans le cadre du programme DREES-MiRe-CNAF « Politiques sociales locales » (Autant-Dorier, Fournel, Herman, Lebbal, Trombert, 2017). Ces enquêtes reposent sur des immersions dans des services sociaux ou d'insertion. Ont été observées des commissions d'attribution d'aides, des commissions de validation de contrats, des réunions de service (entrées de nouveaux suivis, échanges sur des situations problématiques, bilans d'étape sur l'activité du service), des réunions avec des partenaires ou des financeurs (ajustement des interventions, information sur de nouvelles orientations, des objectifs et des moyens de mise en œuvre). Ce matériau a été complété d'entretiens avec des professionnels et des usagers. Des documents internes ont été collectés et traités comme des traces des pratiques (contrats d'engagement réciproques, fiches de suivi, fiches de liaison, feuilles de présence, plannings de rendez-vous, dossiers de demande d'aide financière, dossiers de suivi des usagers, bilans d'activité).

Concurrence des acteurs locaux pour les ressources rares et la réalisation des objectifs d'activité : des obstacles à la réalisation des vertus de l'action sociale territorialisée

Concurrence inversée et délestage dans la domiciliation administrative

La domiciliation administrative[4] illustre combien des contraintes de rareté des ressources d'aide en situation de délégation locale des interventions et de responsabilisation financière entraînent non des partenariats, mais une concurrence inversée et des délestages entre services (Trombert, 2017). L'État a identifié ce risque dès la création de ce droit. La circulaire d'application relative à la domiciliation[5] invitait en effet les préfets à se soucier d'une « concurrence négative » entre structures de domiciliation, c'est-à-dire des services « se renvoyant les usagers au risque de les décourager ». Empiriquement, l'enquête confirme qu'une fraction de la demande usagère est vue comme un risque de surcharge de travail et de surcharge financière par des centres communaux d'action sociale urbains et, dans une moindre mesure, des associations agréées de domiciliation. Malgré un coût intrinsèque de la prestation faible, la crainte d'autres coûts induits (UNCASS, 2015) incite à des refus de domiciliation et des réorientations, sans motif et non négociées, sur d'autres services ; ce que nous appelons délestage[6]. Si nous avons constaté quelques cas de coopération plus ou moins forcée entre CCAS et associations[7], le délestage semble ailleurs être l'envers concret de l'orientation des politiques publiques vers le partenariat local et l'intervention de proximité.

Le phénomène de « concurrence inversée[8] », qui aboutit à ces délestages, suppose des conditions : un jugement d'insuffisance des moyens matériels et humains face à la demande réelle ou anticipée[9] ; un coût à la charge du service local[10] ; une marge d'interprétation de certains critères (ici l'absence d'hébergement stable et le lien avec la commune) et l'absence de preuves conventionnelles des faits matériels liés à ces critères d'attribution, facilitant la contestation de l'éligibilité de certains demandeurs ; la possibilité de mettre en avant des délais d'instruction assez longs pour décourager la demande ; une facilité à réorienter sur d'autres acteurs

4. « Élection de domicile », art. L. 264-1 et suivants du Code de l'action sociale et des familles : La domiciliation permet de faire valoir divers droits impliquant de posséder une adresse.

5. Circulaire DGAS/MAS/2008/70 du 25 février 2008.

6. Par pratique de « délestage » (Trombert, 2009) nous désignons la réorientation d'usagers éligibles mais jugés indésirables par un service (ou l'interlocuteur du service), sans concertation avec le service sur lequel ils sont renvoyés, et sans évaluation de leur situation en vue de proposer la prise en charge la plus adaptée.

7. Cas de sans-domiciles et de ressortissants communautaires qui doivent obligatoirement passer par une durée de suivi (en fait un pointage hebdomadaire) de quelques mois par une association agréée avant de pouvoir demander une domiciliation au CCAS de la même commune, le pointage servant de preuve du lien avec la commune. Ce fonctionnement constitue une restriction au regard de la façon dont est défini le critère de lien avec la commune.

8. Le but étant de perdre des parts de marché. On ne reprend pas l'expression « concurrence négative » employée dans la circulaire citée car elle présuppose l'existence d'une concurrence positive.

9. On retrouve, dans le discours des professionnels, une thématique de la « vague » de demandes et du « débordement » des capacités du service.

10. La domiciliation administrative est la seule prestation d'aide sociale légale à la charge exclusive des communes.

locaux supposés délivrer la même prestation[11] ; l'hypothèse que les autres CCAS ou les autres associations agréées, subissant la même structure d'incitation et les mêmes craintes, pourraient pratiquer eux aussi le délestage. Enfin, ce phénomène s'appuie également sur l'hypothèse que le bouche-à-oreille entre usagers conduit à des demandes supplémentaires lorsqu'on domicilie sans restriction certains profils de demandeurs :

> « On a arrêté, tu en domicilies un [ressortissant de l'union Européenne], la semaine suivante tu en as 5 autres qui arrivent » (secrétaire d'accueil, service associatif de domiciliation).

Les CCAS (et dans une moindre mesure les associations) craignent de faire « appel d'air » si leurs pratiques de domiciliation sont trop libérales par rapport à des services voisins :

> « Les plus arrangeants c'était le [nom du CCAS], sauf qu'à un moment ils ont failli imploser, justement parce qu'aucun des autres [services] ne jouait le jeu » (travailleuse sociale, service associatif de domiciliation).

En outre, ces acteurs craignent les effets de demandes supplémentaires pouvant découler de l'implantation de structures de prise en charge temporaire ou durable de mal-logés[12] ou de demandeurs d'asile[13].

En pratique, « cela contribue fortement au regroupement des personnes ayant besoin d'être domiciliées dans les communes les plus accueillantes » (Secours Catholique, mars 2014).

À l'échelle locale, la crainte de coûts indirects au sens large (demandes de scolarisation, de gratuité de la cantine scolaire, ouvertures de squat, apparition de bidonville) joue sur des positionnements de municipalités. En outre, des *a priori* politiques envers des publics « étrangers » au pays, « n'ayant pas vocation à se maintenir sur le territoire[14] », et (donc ?) « étrangers » à la commune, semblent peser sur la mise en œuvre du droit[15]. Il est possible que des préoccupations électorales renforcent des tendances à une lecture restrictive du critère de « lien avec la commune » ouvrant droit à la domiciliation. Ces résultats sont congruents avec d'autres travaux : en l'absence de mécanisme fort de solidarité financière entre communes, l'échelle communale d'intervention sociale est un univers concurrentiel dans lequel des communes cherchent majoritairement « à se préserver de toutes concentrations de la misère sur leur territoire » (Frinault, Le Saout, 2011) ;

11. Lors de l'enquête, la plupart des refus sont oraux et interviennent au guichet, sans dépôt de demande. Les réorientations vers d'autres services sont orales. Les professionnels de deux associations soulignaient que les CCAS contactés pour avoir des explications sur leurs réorientations avaient tendance, soit à nier avoir refusé et réorienté et suggéraient plutôt que le demandeur aurait mal compris, soit à affirmer qu'ils auraient simplement proposé au demandeur de s'adresser à une structure offrant des délais d'instruction plus brefs, soit à affirmer que le CCAS n'aurait pas compris la nature de la demande parce que le demandeur ne parlait pas français, etc.

12. Places à l'hôtel ou dans des centres provisoires durant les « plans grand froid ».

13. Demandes de déboutés du droit d'asile venant de perdre leur hébergement, donc leur domiciliation.

14. Certains refus de CCAS, sans base légale, paraphrasent l'expression consacrée dans des décisions d'« obligation de quitter le territoire français ».

15. *Le Figaro* (21 novembre 2016), « Ces fausses domiciliations qui donnent accès aux prestations sociales » [en ligne] http://www.lefigaro.fr/actualite-france/2016/11/20/01016-20161120ARTFIG00152-ces-fausses-domiciliations-qui-donnent-acces-aux-prestations-sociales.php

elles s'engagent rarement dans des démarches de mutualisations intercommunales[16] et privilégient leurs habitants de longue date.

D'autres exemples d'acteurs sociaux locaux cherchant à éviter certains profils de demandeurs existent[17]. C'est en réponse à ce problème qu'ont été créés le numéro unique de demande de logement social et un fichier national, les « accords collectifs » (partenariat de gestion de l'attribution de contingents de places en logement social pour des demandeurs en difficulté et prioritaires), les services intégrés d'accueil et d'orientation (SIAO - gestion centralisée des places d'hébergement pour mal-logés) ou les guichets uniques de demandes de places en crèche. Si le fait d'apporter la réponse la plus adaptée aux situations diverses des usagers reste une visée centrale, il s'agit aussi, de façon moins assumée, d'aménager la « concurrence inversée » en répartissant plus équitablement les profils de publics éligibles sur les acteurs institutionnels locaux.

Lorsqu'un acteur fort ne centralise pas la gestion des demandes et des places pour le compte des autres acteurs, cela suppose, à défaut, une harmonisation des pratiques et des critères de décision, *via* des schémas locaux d'intervention des comités de pilotage, des échanges de bonnes pratiques. C'est justement ce que visent à mettre en place les schémas départementaux de la domiciliation depuis la réforme de la domiciliation de 2014. On peut s'interroger sur l'efficacité de solutions de type *soft-law*, avec un pouvoir de contrainte faible, qui ne prennent pas en compte le risque structurel de concurrence inversée[18], lui-même lié à une structure d'incitation économique en lien avec la décentralisation-territorialisation de l'action sociale (et de ses coûts).

Concurrence pour l'adéquation offre/demande/objectifs de résultats

Dans des travaux antérieurs, on a été attentif à la façon dont des services d'insertion cherchaient à avoir les bons indicateurs correspondant à des objectifs mesurables d'activité pouvant impacter des renouvellements de financement, en nous demandant dans quelle mesure ces paramètres entraient en contradiction avec les intérêts des usagers. On a pu noter, là aussi, des rapports de concurrence pour maîtriser les niveaux de demandes, de consommation d'actions, de sorties

16. Seulement 350 regroupements en centres intercommunaux d'action sociale environ, pour 12 500 CCAS existants.

17. Concernant l'évitement de certains profils de demande de logement social, vus comme des « mauvais risques » pour les bailleurs sociaux (impayés, nuisances) ou pour des communes (modification des équilibres « ethniques » et sociaux sur un immeuble, un quartier ou la commune, coûts indirects d'aide sociale facultative, coût électoral de l'implantation de nouveaux habitants « étrangers » à la commune), voir Tissot (2005), Weill (2015), Wan De Walle *et al.* (2016).

18. Dans les schémas départementaux collectés (26 schémas), on note la faible participation des CCAS (contrairement aux associations sur qui certains se délestent assez souvent) et le caractère lacunaire des données d'activité des services, ne permettant pas de mettre à plat et de rendre cohérents les critères appliqués par les services. En outre, ces schémas comportent des « fiches actions » de type « soft-law » (« encourager », « sensibiliser », « impliquer », « donner un espace d'échange aux acteurs et leur permettre de se fixer des objectifs communs », « valoriser et diffuser les bonnes initiatives observées sur le territoire », « informer », « mettre en place des outils communs »), non contraignantes et n'énonçant pas le risque structurel de concurrence et de défection lié aux coûts de prise en charge.

« positives » de suivi, de file active, de durées de prise en charge (« fluidité » du dispositif), ou encore de contractualisation. Il s'agit, d'une part d'avoir ces indicateurs aux niveaux attendus par les financeurs[19] et, d'autre part, de maintenir l'activité à des niveaux jugés praticables au regard des ressources financières, humaines et matérielles des structures. On a constaté des déclarations de sorties « positives[20] » d'accompagnement RMI précipitées ou, à l'inverse, retardées, soit pour faire baisser un niveau de file active trop élevé au regard des moyens de la structure et de la convention en vigueur avec le département, soit pour le maintenir (Trombert, 2009). On a constaté, dans l'application de deux « plans locaux pour l'insertion et l'emploi », le remplissage d'actions d'insertion pour satisfaire un financeur ayant préfinancé les places d'une action, sans que celle-ci ne corresponde toujours aux besoins exprimés par les usagers positionnés (Trombert, 2009), et on a pu faire un constat proche dans une autre enquête sur les pratiques d'aide en mission locale[21] (Lima, Trombert, 2013). On a observé qu'un PLIE entrait en suivi de personnes repérées dans les fichiers de structures « partenaires » (mission locale, service RMI, centres de formation), personnes qui n'étaient pas demandeuses d'un suivi PLIE et qui, pour certaines, n'ont jamais su ou compris qu'elles avaient changé de structures d'accompagnement et intégré le PLIE[22]. De même, les structures « partenaires » ignoraient que le PLIE valorisait dans ses files actives et ses bilans d'activité des suivis et des actions formatives provenant de leurs propres files actives.

La concurrence par les résultats produit, en outre, des concurrences pour l'accès aux actions d'accompagnement. Par exemple, sur un département, l'agence locale de l'ANPE, conventionnée par le conseil général pour une action d'insertion RMI, entrait en action les allocataires inscrits dans ses fichiers en excluant en bloc les allocataires orientés par les services RMI « partenaires » (Trombert, 2009). Ces services RMI se plaignaient par ailleurs du délestage de l'ANPE, qui réorientait vers eux des allocataires dont la demande initiale était de s'inscrire comme demandeur d'emploi.

Outre le délestage et la concurrence inversée, les contraintes de résultats et de ressources rares débouchent aussi sur des situations de rétention d'informations entre « partenaires ». Par exemple, des responsables d'un CCAS refusent de donner aux responsables d'un service d'insertion la liste des allocataires du RMI ayant reçu une aide financière du CCAS et, en retour, ce service d'insertion refuse de

19. À noter que la mise en concurrence des services face à des financeurs les rétribuant formellement à l'activité ou à la performance reste limitée. Le marché étant oligopolistique et non atomistique, sauf échec complet d'un prestataire, les financeurs n'ont pas intérêt à l'éliminer du marché en le privant de financement, car cela réduirait un peu plus la concurrence entre prestataires restants (voir Gramain et Neuberg, 2009).

20. Reprise d'emploi de plus de 6 mois, entrée en formation longue.

21. « Conseillère en mission locale – En fait, comme le CIVIS [Contrat d'insertion dans la vie sociale] vient à un moment où il faut faire rentrer quoi qu'il arrive, on pourrait le mettre dans le dossier d'accueil, ça serait aussi simple… Donc en fait on évalue pas forcément la situation du jeune quand on les fait rentrer… On fait du chiffre.
Enquêteur – Mais ça vous allez le payer plus tard, parce que vous avez un objectif de 50 % de sortie par l'emploi ou la formation longue normalement.
Conseillère en mission locale – Non mais… Non c'est vrai qu'on peut le payer, cette année on va peut-être le payer un peu plus cher, mais parce qu'on a vraiment fait rentrer tout le monde… » (Conseillère en mission locale) ».

22. À l'extrême, on a constaté le cas de personnes enregistrées en suivi PLIE, à leur insu, après qu'elles aient déjà repris un emploi, puis enregistrées quelques jours plus tard comme étant en sortie positive par l'emploi du dispositif PLIE…

donner la liste des allocataires suivis ayant un contrat en cours de validité[23]. Dans d'autres cas, des chargés d'insertion, ayant eux aussi à justifier de leurs résultats propres, ne partagent pas avec leurs collègues les offres d'emploi qu'ils reçoivent *via* leur réseau d'employeurs[24]. Certains conseillers en mission locale ont le sentiment qu'un opérateur privé de placement (OPP – dans le cadre du Contrat d'autonomie, 2008-2012) va piller leur file active et récupérer dans son portefeuille de suivis les jeunes en insertion les plus prometteurs, alors qu'ils ont fait le travail de préparation à une démarche de projet professionnel, qui se concrétisera dans les taux de sortie positive de l'OPP, sans plus apparaître dans les résultats positifs de la mission locale.

Ces pratiques soulignent les difficultés du partenariat en vue d'une prise en charge de proximité, partenariale et globale. Elles renvoient à la question de l'adéquation des ressources et d'une gouvernance par les indicateurs. Elles révèlent la question centrale que représentent l'amont (comment avoir un bon nombre d'usagers) et l'aval (quelles ressources d'aide sont mobilisables dans la poursuite d'un parcours, comment ajuster la demande d'aide à l'offre d'aide, vers quoi faire sortir les usagers) pour des structures dotées de moyens limités et souvent soumises à des objectifs de résultats qui conditionnent pour partie le maintien de conventionnements d'intervention et de financements.

Les publics comme « bons » ou « mauvais » risques : un obstacle au partenariat et aux parcours de prise en charge globale d'usagers

L'usager comme risque dans le cadre des parcours

Ces questions de suivis et de moyens d'aide rares, ces rapports frictionnels et parfois concurrentiels entre structures en amont et structures en aval, ne sont pas que des questions de quantités sous contrainte de ressources, de coûts et d'objectifs d'activités, ce sont indissociablement des questions de qualités à prendre en compte pour choisir : avoir suffisamment de temps et de critères d'appréciation

23. Le premier pourrait optimiser ses orientations sur le CCAS et limiter la consommation des tickets service (pour des aides alimentaires) dont il dispose en propre ; le second pourrait conditionner l'attribution d'aides financières à l'existence d'un contrat en cours, ce qui ne manquerait pas de faire venir nombre d'allocataires supplémentaires au service d'insertion, dans le but d'établir un contrat de pure convenance.

24. « Enquêteur – Par rapport aux offres que vous avez, est-ce que ça vous arrive de passer le relais ? Ou alors le référent ANPE PLIE vous passe une offre ?
Chargé d'insertion – Ouais si, si, ça arrive hein, mais enfin bon le référent PLIE ANPE il se garde les offres pour lui [rires]. C'est la guerre quand même, oui parce que dernièrement on était à une réunion et il parlait d'offres et moi je lui ai dit "Mais je les ai pas eues celles-là", il me dit "Ah oui ben non j'ai oublié de les envoyer", eh oh, tss tss [l'air de ne pas y croire, puis rires].
Enquêteur – Et vous en êtes sûr de ça [qu'il l'a fait exprès] ?
Chargé d'insertion – Ben oui ben bien sûr ! Moi aussi je garde mes offres, forcément... Ben oui tout le monde dit qu'on travaille en équipe, mais tous les conseillers font ça, j'y crois pas aux conseillers qui disent qu'ils donnent toutes les infos, c'est pas vrai, on a tous notre petite botte secrète hein » (référente PLIE en mission locale).

pour évaluer et pour appareiller des usagers plus ou moins « risqués » à des ressources d'aide plus ou moins rares ; mais aussi mettre en œuvre ces critères de choix de façon à garantir le renouvellement de l'accès aux ressources d'aide (fonds d'aide financière, places de formation, emplois aidés, emplois classiques), et de façon à répondre à des objectifs de résultats qui conditionnent en partie les renouvellements de financement de certains acteurs de l'insertion.

Plutôt que d'envisager le travail d'acteurs locaux théoriquement partenaires, en synchronie, dans l'intervention auprès d'une population locale ou dans la « prise en charge globale » d'un usager (et de s'arrêter au constat d'interventions restant cloisonnées), peut-être serait-il plus pertinent, pour comprendre ce que fait et fait faire l'intervention sociale territorialisée, d'envisager les structures et les professionnels sous l'angle des parcours (variable temps). C'est-à-dire comme ayant des « rapports de parcours » avec des structures en amont et des structures en aval, donc comme des instances de gestion de risques de prise en charge, aux frontières amont et aval, liés aux qualités des usagers. Les qualités présentes et le potentiel de qualités futures sont en conséquence à évaluer par rapport à l'amont (Quelle est la qualité des usagers qu'on m'oriente ?) et par rapport à l'aval (La qualité des usagers que j'oriente est-elle suffisante pour garantir la pérennité des partenariats indispensables, comme les centres de formation qualifiant, les structures de l'insertion par l'activité économique (IAE) et les employeurs, et sinon sur quels services puis-je me délester sans risque de mes suivis de faible qualité ?).

Partenariat et crédibilité dans l'échange d'usagers au cours des parcours

L'entrée d'un allocataire RSA ou d'un jeune peu employable dans un suivi d'insertion représente un risque futur de charge pour le service assurant le suivi (un risque de non-sortie positive par l'emploi, une charge comme gestion de demandes jugées indues ou comme occupation de plages de rendez-vous de suivis[25]). L'admission d'un demandeur d'hébergement dont on n'est pas sûr qu'il « tiendra » sur un hébergement collectif (ou cas inverse sur un hébergement en appartements « diffus ») est un risque de travail inutile, de perte de temps et de mobilisation d'une ressource qui aurait pu être plus profitable à d'autres. Un résident qui ne peut pas être relogé représente un risque pour l'indicateur de fluidité (l'ancienneté moyenne des hébergés) d'une structure d'hébergement

25. « Toute surcharge [de travail] signifie que chaque minute consacrée à un usager est une minute en moins pour les autres » (Lipsky, 2002, p. 210).

d'insertion. Le relogement de certains profils de demandeurs prioritaires au titre du DALO ou des accords collectifs est vécu comme un risque par des bailleurs sociaux[26].

Il s'agit jusqu'ici de risques pour des ressources internes, mais un usager pris en charge représente aussi un risque de perte de crédibilité externe pour un service d'insertion ou pour un professionnel, lorsque celui-ci tente de lui obtenir une aide financière alors que sa situation est jugée « chronique » ou que son projet d'insertion (supposant un financement de formation ou d'équipement professionnel) apparaît bancal ou atypique. Il en est de même lorsqu'un professionnel tente de positionner un usager sur une action d'insertion réalisée par un partenaire, ou sur une offre d'emploi issue de son réseau d'employeurs, sans pouvoir être certain de son bon comportement chez l'acteur institutionnel en aval dans le parcours. Donnons un exemple :

> « Enquêteur – Est-ce qu'un jeune peut vous griller par rapport à un partenaire ou à un employeur ?
> Référente PLIE en mission locale – Oh oooui ! [rires], [...]. Je me suis dit je vais le présenter, je vais prendre le risque, il y a une part de prise de risque en fait, [...]. Je lui ai dit [au jeune] hein, “Si tu me grilles avec le partenaire tu viens plus me voir pour avoir quelque chose”, et je le fais, je suis intransigeante [...]. Deux semaines après le centre de formation m'appelle : “Oui, qu'est-ce que c'est que ce jeune il est complètement pété, il a fumé du shit, il est dans le délire”, pfff... Je leur dis : “Je vous assure”, je leur avais dit en même temps qu'il avait des problèmes psy et qu'il était sous traitement, parce qu'il faut être clair avec eux, “Oui mais vous m'aviez bien dit qu'il prenait un traitement”, “Oui je vous l'avais dit mais je m'aperçois que finalement il a arrêté et il me l'a dit il y a que très peu de temps”, “Oui ben écoutez euh, on a pas de temps à perdre, la prochaine fois” la prochaine fois bon ben en gros vous vous les gardez. Ben je lui dis : “Oui ben je suis vraiment confuse, je m'attendais pas à ça du tout, je suis pas folle non plus, je ne vous aurais pas envoyé un jeune en sachant qu'on allait au casse-pipe euh..., donc euh... est-ce que je peux quand même vous recontacter si j'ai un jeune euh... ” [rires], “Ben oui s'il est bien comme celui-là vous pouvez nous recontacter !” [ironique, rires]. Bon en général vaut mieux laisser tomber pour l'instant et puis faut les rappeler quand eux ils seront passés à autre chose aussi, et puis vous envoyez un jeune dont vous êtes sûr, sûr, et puis le partenariat reprend. Mais le jeune moi je lui ai dit hein : “Terminé, moi je t'envoie plus nulle part, tu m'as grillée, tu grilles les jeunes qui passent derrière parce que tu fous

26. La prégnance de cette question chez les acteurs des commissions de médiation et des commissions d'attribution de logement ressort par exemple dans un rapport d'enquête sur le DALO (Van de Walle *et al.*, 2016) : Le DALO crée un risque pour les bailleurs (trois occurrences), ces ménages déjà en « impayés » ou « squatteurs » ou plus généralement « en difficulté » représentent un « risque » ou une « population à risque » pour le bailleurs (neuf occurrences), d'une part des « risques de refus du logement » proposé au demandeur (une occurrence), mais aussi, dans le cas des ménages relogés, des risques « d'impayés ultérieurs » et de « frais de gestion locative » ou des « risques de dégradation » du nouveau logement (sept occurrences). Le dispositif est donc une « prise de risque » (une occurrence) qui impose une « maîtrise du risque » (trois occurrences) *via* la mise en place d'accompagnement social au logement. Les auteurs du rapport constatent ensuite que ce rapport au risque de certains acteurs institutionnels produit en retour pour les ménages demandeurs un risque « d'inégalité de traitement » qu'ils vérifient statistiquement.

en l'air le partenariat qu'on avait, donc tu te débrouilles, à partir de maintenant tu vas chercher tout seul" ».

On voit ici que la prise de risque est mesurée, que si le risque pris se réalise, il est à compenser par une moindre prise de risque lors d'orientations ultérieures d'usagers. « L'un des contrôles les plus efficaces qui s'exerce sur l'action des agents au contact des usagers est la pression, sociale ou autre, qui tient au fait qu'un usager est traité par d'autres agents du même service ou par des personnes extérieures » (Lipsky, 2002). Ce contrôle social par les pairs et les partenaires en aval renvoie à un risque de préjudice pour un capital social à préserver pour conserver ensuite l'accès à des ressources d'aide. Au-delà des objectifs partagés et des missions spécifiques des uns et des autres, des enjeux économiques (accès aux ressources en aval, contraintes d'activité et de résultats) renforcés d'enjeux symboliques (réputation) conditionnent aussi les partenariats et la mise en place de prise en charge globale. Chaque structure a intérêt à se garantir de la qualité élevée des orientations en amont (un haut potentiel d'insertion des usagers orientés appartenant à la catégorie de public pris en charge), tout en ayant intérêt à négocier à la baisse les attentes de qualité en aval ; avec pour limite que les usagers sortant, temporairement ou définitivement, sur le partenaire suivant de parcours doivent satisfaire des attentes minimales d'acteurs aval en mesure de faire défection (ne plus renouveler le partenariat, ne plus fournir de ressources) :

« Référent PLIE en service emploi municipal – Il y a des gens, je me dis ouais tiens c'est vrai le mec il veut bosser, tac tac je téléphone [à une agence d'intérim], le mec va bosser, tout va bien trois jours, quatre jours… Pof, après il abandonne quoi… Bon et là ça fait mal parce que vous vous êtes battu pour trouver le boulot pour la personne, les autres collègues vous ont dit "Non il peut pas il est malade", vous vous avez fait confiance […] là vous avez le chômeur qui vient qui dit "Ouais je suis motivé, je suis prêt à tout faire" et vous êtes touché par ça, donc vous faites le nécessaire ce jour-là, vous trouvez le poste parce que vous arrivez à convaincre l'employeur, parce que vous avez l'habitude de travailler avec lui, ben au bout de trois jours, le mec il tient pas, ben il laisse tomber ! "Non non je préfère rester au RMI, le boulot il est trop dur, c'est du travail d'esclave, moi je vais pas faire ça".
Enquêteur – Mais l'employeur il sait que c'est vous qui l'avez envoyé ?
Référent PLIE – Ben oui puisque c'est moi qui le convaincs de prendre le monsieur, donc après… je suis grillé en fait [auprès de l'employeur]… mais j'arrive toujours euh… à dire "Vous savez franchement le mec je suis déçu parce que je croyais pas quoi" donc j'arrive toujours quand même euh, [rire].
Enquêteur – Les employeurs vous font quand même confiance.
Référent PLIE – Ouais ouais, ils me font quand même confiance parce qu'ils savent que j'ai déjà envoyé d'autres personnes qui étaient vraiment à la hauteur et qui ont bien bossé, que cette fois-ci ça s'est pas bien passé, bon c'est tout quoi. Donc il faut suivre des deux côtés, et l'usager, je vais jamais le casser ou l'incriminer, non, c'est pas bon, je lui dis "Je comprends, mais la seule chose

qu'il fallait faire c'était de m'appeler ! Fallait m'appeler ! Fallait pas le laisser comme ça parce qu'après je suis grillé quoi" ».

Il faut néanmoins distinguer une hiérarchie des partenaires suivant les valeurs « employabilité » et « accompagnabilité » de leur public et/ou leurs pouvoirs relatifs dans un dispositif assimilable à un « champ » (pouvoir légal, pouvoir de fait par contrôle ou quasi-monopole de ressources locales rares et désirées, pouvoir de fait par diversité des opportunités amont et aval) : les acteurs autonomes, les acteurs semi-autonomes (deux types) et les acteurs contraints. Les acteurs autonomes contrôlent les entrées amont (pouvoir de sélection, grand nombre d'acteurs amont souhaitant orienter des usagers) et les sorties avals (ils sont prescripteurs, c'est-à-dire peuvent imposer la poursuite de la prise en charge à un autre acteur, ou ils ont un grand nombre de services demandeurs en aval, ou ils peuvent exclure sans difficulté l'usager de leur structure). Les acteurs semi-autonomes contrôlent soit uniquement leurs entrées, soit uniquement leurs sorties. Les acteurs contraints ne maîtrisent ni leurs entrées ni leurs sorties (par exemple des suivis RSA basculés sur le service social départemental sans que celui-ci puisse s'y opposer, ce service social ayant très peu de débouchés aval accessibles coté formation et emploi).

Lorsque le dispositif ne donne pas à l'acteur professionnel le pouvoir d'imposer la prise du suivi à un service aval, ou lorsqu'en aval un acteur est en situation monopolistique (un fonds de financement de projet de formation, par exemple), cela pousse à être prudent dans les orientations et conformiste dans les instructions de dossiers d'aide et les préconisations de projet professionnel. Dans ces configurations, les usagers sont testés et la réponse à leurs demandes est différée le temps qu'ils fassent leurs preuves et la preuve qu'ils ne vont pas nuire à la crédibilité du professionnel vis-à-vis d'un partenaire (Trombert, 2009), ni gâcher inutilement une ressource rare qui aurait pu profiter à d'autres (Lima, Trombert, 2013) :

> « Si un jeune même s'il a une demande farfelue, alors en général c'est sûr j'essaie de le convaincre, je lui dis "Écoute, ta demande pourquoi pas, mais pas pour toute suite, euh y a peut-être des choses à mettre en place en avant. Parce que si on fait une demande maintenant alors que t'es pas prêt, ça va être une perte de temps pour toi, parce qu'il va falloir que tu euh, ramène des documents, que tu réfléchisses un peu sur ce que t'aimerais dire, euh durant cette commission", même si c'est pas lui qui le dira. Et moi de mon côté, pareil, va falloir que je prépare aussi un argumentaire, que, c'est, c'est quand même du temps. Alors ça marche en général, les jeunes comprennent, ils me disent "C'est vrai t'as peut-être raison euh. Euh, j'préfère à la limite présenter un dossier avec de bons éléments, plutôt que d'y aller avec des éléments un peu bancals quoi". Donc ça marche. Bon après y en a qui insistent » (conseillère en mission locale, à propos des dossiers FAJ–Fonds d'aide aux jeunes pour des financements de formation).

Dans nos enquêtes, nous avons constaté que cela aboutissait parfois à des suivis officieux d'usagers, le temps qu'ils fassent la preuve de leur motivation et de leur qualité de recrutabilité et d'employabilité (en centre de formation, en IAE, en emploi normal), afin d'être sûr qu'ils constitueront un potentiel de sortie positive du dispositif :

> « Pourquoi je me sens plus tranquille c'est que maintenant on peut faire des entrées rétroactives [...] C'est-à-dire qu'avant on rentrait le jeune, par exemple il y a une commission d'agrément le 10, si la commission dit “OK il rentre dans le PLIE” c'est à la date de la commission. Alors que maintenant il y a des commissions tous les quinze jours et si par exemple vous l'avez reçu le 10 janvier, donc c'est à la date du premier entretien, et du coup, là les jeunes qu'on a vu trois fois et qui entre-temps retravaillent on peut le valoriser. Ben oui, il y a des gens vous les avez reçus trois fois et ils vont partir bosser mais vous, vous avez pas eu le temps de les rentrer sur le PLIE donc c'est dommage. Mais maintenant du coup c'est plus facile, alors qu'avant il y avait peut-être justement un peu de pression sur les chiffres, donc moi je me sens moins la pression pour les entrer, là les jeunes que j'ai reçus je suis pas obligée de les entrer à la prochaine commission, je verrai dans quinze jours, parce que de toute façon je peux les mettre à la date où je les ai reçus pour la première fois » (référente PLIE en mission locale).

Cette situation peut également pousser les acteurs à faire des « entrées sur action » : un usager qui n'est pas officiellement suivi par un PLIE est pourtant orienté sur un prestataire pour une action d'insertion (à laquelle il est éligible au titre d'un autre statut, demandeur d'emploi, allocataire du RMI, etc.) servant d'étape de test ; si celle-ci est positive alors le suivi sera officialisé par une entrée dans le dispositif (Trombert, 2008b). Certains « ensembliers d'insertion » profitent d'une forme d'intégration verticale pour repérer des usagers prometteurs (dans le cadre d'un stage de remobilisation ou d'une mesure d'appui social, par exemple) qu'ils pourront faire sortir « positivement » de la première mesure en les faisant passer dans une autre action d'insertion qu'ils assurent (un emploi d'IAE par exemple). Ce dernier cas de figure a pour avantage de préserver une cohérence de parcours et d'accompagnement.

Cohérence de parcours et vécus d'usagers

Ces tensions en amont et en aval aboutissent à des fonctionnements « à rebours » liés aux contraintes de ressources et de résultats à atteindre : parfois l'action d'insertion ou la reprise d'emploi qui fera sortir du RSA précède la contractualisation et devient l'objet du contrat d'engagement réciproque (Trombert, 2009, Fournel, 2017) ; l'étape de parcours, réduite à une fonction de test sans que l'usager ne le comprenne, précède le suivi et la définition d'un projet ; les plus vulnérables et les plus inemployables sont moins accompagnés et ont accès à moins d'actions d'insertion (Pla, 2008) ; les ressources conditionnent le projet et ce n'est pas le projet d'insertion qui conduit à créer la ressource qui permet sa réalisation (Chopart, 1991). Cela pose la question de la logique de parcours, c'est-à-dire de sa cohérence temporelle, de sa progression et de sa coordination entre structures

« partenaires » que relie pourtant l'idéal d'une prise en charge transversale et globale.

En ce qui concerne le RSA, les prises en charge des problématiques professionnelles, sociales et sanitaires restent cloisonnées (Klein, Pitollat, 2018) et il est encore trop tôt pour faire le bilan du dispositif « Accompagnement global[27] ». On notera que ce dispositif synchronique a été doublé d'un dispositif diachronique de prise en charge intitulé « Accompagnement social exclusif[28] », qui rejoue les logiques de progressivité des parcours classiques[29]. Ces parcours classiques permettent-ils une progression et sont-ils lisibles et cohérents ? Des enquêtes sur le RMI puis le RSA indiquent qu'une part notable des usagers n'identifient pas leur référent ou ne les différencient pas des opérateurs de parcours[30]. Les faibles taux de contractualisation, ou le fait que le contrat est le plus souvent ignoré ou compris comme une formalité de contrôle et non comme un outil de réflexion, de mobilisation et de projection[31], contredisent à la fois l'idée d'une proximité capacitante, d'une adhésion des usagers au dispositif et l'hypothèse qu'une part importante des allocataires comprend les logiques de parcours. On a pu noter également que les informations de parcours étaient parfois saisies de façon lacunaire dans les dossiers de suivi (Trombert, 2008a) et que les contrats d'engagement réciproques pouvaient être brefs et stéréotypés (Fragonard, 1993 ; IGAS, 2006 ; Trombert, 2009 ; Fournel, 2017), comme si le temps et les moyens manquaient pour réaliser un objectif d'ajustement des prises en charge aux singularités biographiques. Dans une dernière enquête (Fournel, 2017), l'étude des contenus de contrats d'engagements réciproques d'allocataires laissait peu souvent percevoir une progression de parcours entre contrats successifs.

D'autres tensions partenariales sous contrainte de ressources et de résultats contribuent également à des incohérences de parcours. Ainsi, il a été relevé que des actions d'insertion préfinancées ont été remplies sans vérification de l'adéquation aux besoins de l'usager et de son adhésion (Paugam, 1993 ; IGAS, 2006 ; Trombert, 2009). Dans la dernière enquête (Fournel, 2017) on relevait des logiques d'intervention qui tiennent plus du « coup par coup » (les opportunités qui se présentent sur l'intranet professionnel) que du « cas par cas » (la mise en place et la poursuite d'un projet professionnel et formatif sur la durée et ajusté à des capacités individuelles clairement identifiées). Des temps morts ponctuent le parcours, que ce soit au début ou par la suite (Trombert, 2009 ; Autant-Dorier, 2017 ; Fournel, 2017) :

27. Mettant en place un accompagnement simultané par Pôle Emploi et les services sociaux départementaux. La montée en charge est lente.

28. Dans « accompagnement social exclusif » Pôle emploi place pour un temps l'usager sur une action d'accompagnement social assurée par le service social départemental. Il s'agit de lever les freins sociaux (problèmes d'endettement, de logement) avant d'aborder l'insertion professionnelle.

29. Qui iraient, pour ceux qui sont jugés les moins employables, de la levée des freins sociaux, des stages de remobilisation (reprendre confiance en soi, définir un projet), vers de la formation préqualifiante, des immersions en entreprise, puis de la formation qualifiante, puis de l'accompagnement intensif à la recherche d'un emploi durable correspondant.

30. Il y a des divergences importantes entre ce que les allocataires pensent être leur structure référente et ce qu'indiquent les fichiers départementaux (Arnold, Rochut, 2013).

31. Parmi les 40 % seulement d'allocataires qui se souvenaient avoir signé un contrat (chiffre inchangé avec le passage au RSA), 28 % n'y ont vu qu'une formalité administrative et 10 % n'y ont vu qu'une contrainte pesant sur eux (Pla, 2008). Des résultats plus récents (Arnold et Rochut, 2013) ne diffèrent guère.

attente de la désignation d'une structure référente, attente de la réponse à une demande (d'aide financière, de place en centre d'hébergement et de réinsertion sociale, en foyer, en formation, etc.) ou de la mise en place d'une mesure sociale demandée ou imposée (protection de l'enfance). L'accompagnement apparaît vide puis une réponse institutionnelle semble survenir à contretemps.

La structure de contrainte (résultats, ressources rares) aboutit aussi à de l'écrémage (Hara, 1989), dont l'envers est la « trappe à ininsertion » pour les usagers (Trombert, 2009 ; Fournel, 2017) : certains, jugés inemployables, sont réorientés sur un suivi uniquement social que le service social départemental n'est pas en mesure d'assurer. Une part importante des allocataires RMI puis RSA, sans doute les plus en difficultés, restent dépourvus de référent et de contrat d'engagements réciproques (Pla, 2008).

Pour les moins bien dotés socialement et qui bénéficient néanmoins d'un accompagnement[32], ces temps morts démobilisent et font se sentir impuissant. S'insérer n'est pas perçu comme une progression dans un parcours, mais subjectivement comme une question de « chance[33] ». La non-maîtrise, la non-connaissance et la non-prévisibilité des délais et des ressources d'aide à l'insertion contribuent à une forme de remise de soi des usagers à leurs accompagnants sociaux. L'emploi fréquent des tournures passives est révélateur de cette façon de voir : ces allocataires sont « prescrites », ou « postulées » sur des actions d'insertion, dans une logique vécue de « coup par coup » :

> « Enquêteur – : C'est votre référent qui vous l'avait proposé ?
> Allocataire – Oui c'est elle qui me l'avait prescrite [...] elle m'a prescrite après c'est bon, j'ai fait 5 mois de formation ».

Les discours reflètent majoritairement une forme d'adhésion patiente et passive à la tutelle bienveillante de l'accompagnateur censé maîtriser l'accès aux aides. La dépendance aux institutions redouble l'impuissance ressentie face à un marché de l'emploi trop sélectif pour des personnes peu qualifiées :

> « Madame C. c'est un peu comme quelqu'un qui est juste là comme ça... et qui vous permet de pas. [...]... Tomber dans le vide. [...] Et c'est pour ça que c'est important quoi, je vous dis même si... euh, financièrement, même si elle a pas des moyens, la présence de toutes ces personnes ça, ça permet aux, aux gens comme moi en fait de pas... de pas s'effondrer ».

La perception est identique chez des professionnels :

> « Ils ont beaucoup de mal, en fait 9 fois sur 10 je leur souffle ce qu'ils doivent dire parce que c'est très compliqué pour eux de se dire c'est mon contrat, c'est mon projet, c'est moi qui mène la barque, ils se laissent beaucoup faire en fait » (référente de parcours).

32. Dans l'enquête sur le RSA (Fournel, 2017), les choix de passation d'entretiens en journée et au domicile ont conduit à une surreprésentation de femmes, chef de famille monoparentale, à faible qualification professionnelle et ayant des expériences professionnelles en pointillé.
33. « Chance est employé 17 fois dans le corpus d'entretiens : avoir eu de la chance d'obtenir un emploi aidé, une formation, un relogement, ou d'être tombé sur une référente compréhensive et "gentille" ».

En somme, plus les personnes sont jugées employables et plus leur accompagnement prend l'apparence d'un parcours mobilisant sans trop de difficulté des partenaires et des actions d'insertion rares, coûteuses et demandées. Moins les personnes sont jugées employables et moins il est possible d'articuler de façon cohérente des actions d'insertion, des stages de remobilisation ou des emplois aidés très épisodiques servant surtout à soutenir les personnes, tout comme un accompagnement par le référent qui se recentre sur un soutien moral durable et sans perspective d'évolution.

Conclusion

En arrière-plan de ces fonctionnements, il y a la contradiction entre un objectif de prise en charge globale et des ressources rares et sélectives ainsi que des financements, des charges financières et des mesures d'efficacité non pas globales (l'efficience du parcours d'ensemble et une solidarité dans son financement et son coût d'ensemble) mais qui s'imputent étape par étape, service par service ou territoire par territoire. Ce genre de schéma d'incitation accroît le risque que l'idéal de la proximité et du partenariat au bénéfice des publics se solde par un jeu non coopératif rendant les parcours d'insertion peu cohérents (et produisant du non-recours par non-proposition et non-réception), tendances que la concurrence entre les différentes structures d'accompagnement pour conserver une charge de travail « gérable » engage déjà. Ces contraintes de *back-office* sont non publicisables auprès des usagers, ce qui dissuade de les faire participer au pilotage des dispositifs.

Ces éléments font aussi obstacle à la prise en compte des spécificités territoriales dans un sens de discrimination positive, au profit d'une discrimination négative : les territoires les plus fragilisés économiquement par la présence de populations vulnérables étant ceux qui ont le plus intérêt à mener une action sociale restrictive (Ould-Ferhat, 2013). De même, une action sociale à deux vitesses, opposant métropoles riches et départements cantonnés aux zones rurales plus pauvres constitue un risque important (Avenel, 2017).

En raison de ces contraintes économiques et organisationnelles, nous concluons donc à rebours d'approches qui exaltent le potentiel d'implication de la société civile dans les décisions liées à l'action sociale territorialisée et qui considèrent que ses valeurs cardinales (partenariat, prise en charge globale, ajustement des interventions à des évaluations singulières des territoires et des individus en difficulté) transforment la réalité[34].

On voudrait enfin souligner les tensions entre territorialisation et mobilité. D'une part, le caractère territorialisé des prises en charge fait obstacle à la

34. « Dire nouvellement les choses c'est déjà les appréhender différemment et transformer notre pratique à leur égard. Dire, ce n'est peut-être pas forcément faire, c'est du moins ne plus pouvoir faire exactement comme avant » (Ion, 2005, p. 138).

mobilité de ceux qui habitent de façon durable et officielle un territoire. Des délais longs (transferts de dossiers de droits sociaux d'une caisse à une autre, attribution d'une nouvelle structure référente RSA) sont des freins à la mobilité territoriale. D'autre part, les dispositifs d'actions sociales facultatives et leurs critères d'attribution ne sont pas les mêmes d'un territoire à un autre et sont difficiles à connaître d'avance. Cela dissuade d'envisager une mobilité spatiale pour ceux qui sont déjà installés quelque part. Inversement, les publics précaires et mobiles, ayant accumulé de multiples adresses officielles ou officieuses, sont souvent mis dans l'incapacité de prouver une inscription territoriale qui faciliterait leur accès à des prises en charge. Le cas paradigmatique étant la domiciliation administrative et son critère de « lien avec la commune » : on a constaté l'existence d'usagers qui, par prudence, conservent une domiciliation dans une commune où ils ne vivent plus, par crainte de ne pas en trouver une nouvelle et de subir des ruptures de droits sociaux faute d'adresse.

Plus largement, les individus ne sont pas fixés à un lieu et isolés sur cette position. Aborder les politiques sociales sous l'angle du territoire, caractérisé par des spécificités suffisantes pour lui donner, ainsi qu'à sa population, des frontières, est une approche qui a des limites fortes. Dans le référentiel normatif d'action sociale territorialisé « c'est le cadre géographique qui définit la population concernée. La notion de territoire implique précisément que l'espace retenu présente des caractéristiques sociologiques qui sont constitutives de son unité » (Ion, 2005). Or, les individus font face à des réseaux de relations dépourvus de frontières territoriales et les individus dans ces réseaux sont mobiles en même temps que ces réseaux se recomposent, les recomposent et qu'ils les recomposent. À l'échelle du temps des dispositifs, des individus entrent et sortent d'un territoire en changeant de perspective de vie et de relations externes et internes à ce territoire. Les caractéristiques sociales spécifiques des habitants d'un territoire sont certes liées aux diverses institutions locales présentes, mais sont tout autant l'effet de ce qui circule entre individus, à l'intérieur et au-delà de supposés territoires. Ces caractéristiques découlent aussi des effets de défection que produit la stigmatisation du territoire du fait de son ciblage, ou des effets d'assignation pour ceux qui n'ont pas les moyens d'en partir.

Tout cela invite à mener une politique sociale des échanges et des circulations (spatiaux, monétaires, culturels, éducatifs, économiques, politiques) capable de tenir ensemble à une échelle large les prélèvements fiscaux, le développement de l'offre de travail, l'offre éducative et formative, la protection contre les risques sociaux, au lieu de se centrer sur le seul versant des inégalités, discriminations et ségrégations spatiales finales et localisées qui découlent des conditions d'échange. Si on fait l'hypothèse que l'hypermobilité des facteurs de production est une donnée politiquement acceptable et si l'on note que la majeure partie du soutien public à l'activité économique (exonération de charge, crédit d'impôt, etc.) ne tient pas compte de spécificités territoriales infranationales, alors la déterritorialisation des interventions sur les individus pour suivre leurs mobilités désirées ou contraintes apparaît comme une mise en cohérence. Si des ajustements des zonages de compétence sont à rechercher entre des domaines complémentaires, il faudrait aussi envisager des droits sociaux suivant sans délais la mobilité des individus, les guichets locaux n'étant que les interfaces pour l'instruction et l'actualisation de droits gérés par d'uniques services nationaux. Si une territorialisation est à rechercher ce n'est pas celle de la mise en place de dispositifs spécifiques et locaux, mais celle de la répartition de moyens d'intervention de droit commun dans le cadre d'une solidarité entre territoires définie nationalement pour tenir compte des disparités sociales et économiques. C'est-à-dire une responsabilisation des acteurs locaux qui se limite à la justification du bon usage des moyens alloués dans le cadre de cette solidarité, plutôt que passant par une imputation de la charge financière de l'action sociale et de la définition de l'action qui convient, à des territoires ou services que cette responsabilisation met en concurrence.

Références bibliographiques

Arnold C., Rochut J. (2013), « L'accompagnement des bénéficiaires du revenu de solidarité active », *Dares Analyse*, n° 008.

Astier I. (2007), *Les nouvelles règles du social*, Paris, PUF.

Autant-Dorier C. (2017), « Mesures éducatives de l'aide sociale à l'enfance dans un territoire urbain de la région Auvergne-Rhône-Alpes, la coproduction d'une demande, entre écoute bienveillante et (in)capacité d'agir », *in* Autant-Dorier C., Fournel L., Herman E. Lebbal M., Trombert C., « Des besoins aux décisions : réceptions et traductions de demandes d'usagers aux échelons locaux de l'aide sociale et de l'action sociale », Rapport de recherche pour la DREES-MiRe et la CNAF.

Avenel C. (2013), « La réforme de la politique de la ville à l'épreuve du développement social territorial », *Informations sociales*, n° 179, p. 98-106.

Avenel C. (2017), « Les enjeux et les impacts de la réforme territoriale sur la mise en œuvre des politiques sociales », *Revue française des affaires sociales*, n° 2, avril-juin, p. 359-392.

Brodkin E.-Z. (2012), « Les agents de terrain, entre politique et action publique », *Sociologies pratiques*, n° 24, p. 10-18.

Chopart J. N. (1991), « Le classement des pauvres : traitement social et postures scientifiques », *Revue française des affaires sociales*, n° 2, avril-juin, p. 3-25.

Donzelot J., Estèbe P. (1994), *L'état animateur. Essai sur les politiques de la ville*, Paris, Éditions Esprit.

Direction de la recherche, des études, de l'évaluation et des statistiques-DREES (2018), *L'aide et l'action sociale en France. Édition 2018*, DREES, collection « Panoramas de la DREES ».

Fournel L. (2017), « Le RSA dans un territoire urbain de la région Auvergne-Rhône-Alpes, des parcours d'insertion en quête de sens », *in* Autant-Dorier C., Fournel L., Herman E. Lebbal M., Trombert C., « Des besoins aux décisions : réceptions et traductions de demandes d'usagers aux échelons locaux de l'aide sociale et de l'action sociale », Rapport de recherche pour la DREES-MiRe et la CNAF.

Fragonard B. (dir.) (1993), *Cohésion sociale et prévention de l'exclusion. Préparation du XI*e *plan*, Commissariat général du Plan, Paris, La Documentation française.

Frinault T., Le Saout R. (2011), « Communes, intercommunalités et actions sociales. Les contraintes d'un changement d'échelle territoriale », *Revue française des affaires sociales*, n° 4, octobre-décembre, p. 114-131.

Gramain A., Neuberg S. (2009), « Réagencements territoriaux récents et conduites des politiques sociales à l'échelle locale », *Travail et emploi*, n° 119, p. 77-87.

Inspection générale des affaires sociales-IGAS (2006), *L'intervention sociale, un travail de proximité*, Paris, La Documentation française.

Ion J. (2005), *Le travail social à l'épreuve du territoire*, Paris, Dunod.

Ion J., Ravon B. (2005), « Institutions et dispositifs », *in* Ion J. (dir.), *Le travail social en débat(s)*, Paris, La Découverte.

Klein M., Pitollat C. (2018), « L'accompagnement des bénéficiaires du RSA », Rapport au Premier ministre.

Lima L., Trombert C. (2013), « L'assistance-chômage des jeunes sous condition d'accompagnement. De quelques mécanismes du non-recours par éviction », *Lien social et politique*, n° 70.

Lipsky M. (2002), « Les agents de bases », *in* Joseph I. et Jeannot G. (dir.), *Métiers du public. Les compétences de l'agent et l'espace de l'usager*, Paris, CNRS Éditions.

Ould-Ferhat L. (2013), « Les collectivités territoriales sur le fil. Compte rendu de : "Disparités et déterminants des dépenses sociales des départements". Guy Gilbert, Alain Guengant, Yvon Rocaboy, Benoit Le Maux, Danielle Moret-Bailly, Luc Alain Vervisch. Rapport pour la DREES-MiRe, juin 2010 », *Socio-logos*, n° 8 [en ligne] http://socio-logos.revue.org/2745

Paugam S. (1991), *La disqualification sociale*, Paris, Presses universitaires de France.

Paugam S. (1993), *La société française et ses pauvres*, Paris, Presses universitaires de France.

Pla A. (2008), « L'accompagnement des allocataires du RMI dans leur parcours d'insertion », *in* Lelièvre M., Nauze-Fichet E., *RMI, l'état des lieux 1988-2008*, Paris, La Découverte.

Rosanvallon P. (1995), *La nouvelle question sociale*, Paris, Seuil.

Secours Catholique (2014), *Villes solidaires avec les plus pauvres : l'inégalité entre les communes n'a jamais été aussi marquée*, mars.

Strauss A., Corbin J. (2003), « L'analyse de données selon la grounded theory. Procédure de codage et critères d'évaluation », *in* Céfaï D., *L'enquête de terrain*, Paris, La découverte/ MAUSS.

Tissot S. (2005), « Une discrimination informelle ? Usages du concept de mixité sociale dans la gestion des attributions de logement HLM », *Actes de la recherche en sciences sociales*, n° 159, p. 54-69.

Trombert C. (2008a), « L'accompagnement d'insertion des RMIstes : parcours, catégorisation institutionnelle et conditionnalité des dispositifs », *in* Vrancken D., Thomsin L.(éd.), *Le social à l'épreuve des parcours de vie*, Louvain-La-Neuve, Academia Bruylant.

Trombert C. (2008b), « Territorialiser l'intervention d'insertion : les dilemmes financiers d'un PLIE d'Île-de-France », *in* Baron C., Bouquet B., Nivole P. (dir.), *Les territoires de l'emploi et de l'insertion*, Paris, L'Harmattan.

Trombert C. (2009), « Le Revenu Minimum d'Insertion à l'épreuve de l'activation : centralité du travail et construction de la responsabilité dans les situations de pauvreté valide », Doctorat de sociologie, Paris, CNAM.

Trombert C. (2017), « La domiciliation administrative dans deux territoires urbains de la région Auvergne-Rhône-Alpes, des pratiques locales contrastées et des accès au droit contrariés », *in* Autant-Dorier C., Fournel L., Herman E., Lebbal M., Trombert C., « Des besoins aux décisions : réceptions et traductions de demandes d'usagers aux échelons locaux de l'aide sociale et de l'action sociale », Rapport de recherche pour la DREES-MiRe et la CNAF.

UNCCAS (2015), « L'élection de domicile pratiquée par les CCAS ».

Van de Walle I., Sauvayre A., Baronnet J., Carrera A., Guisse N., Jauneau P. (2016), « La mise en œuvre du droit au logement opposable à l'épreuve des représentations et des préjugés », *Recherche sociale*, n° 218, p. 6-91.

Weill P. E. (2015), « L'exercice collectif du pouvoir discrétionnaire. Les commissions Droit au logement opposable », *Politix*, n° 112, p. 223-244.

Que faire des enfants des « autres » ? Reconfigurations institutionnelles de la protection de l'enfance à Mayotte

Élise Lemercier

RÉSUMÉ

À Mayotte, devenue département français en 2011, les politiques sociales ont été institutionnalisées en même temps que décentralisées, notamment la protection de l'enfance. En effet, longtemps décidée par ordonnance, cette politique publique a été implantée à Mayotte à la fin des années 1990, sans s'inscrire dans une histoire locale de mobilisation d'acteurs publics et privés, comme ce fut le cas en Métropole. Depuis la décentralisation de l'Aide sociale à l'enfance au sein du conseil départemental au cours des années 2000, la protection de l'enfance est au cœur des tensions entre l'État et le département, notamment quant à la pertinence de l'ouverture d'une maison d'enfants à caractère social (MECS), communément appelée « foyer ». En 2019, deux « foyers » ouvriront finalement leurs portes avec le soutien financier du département. Après avoir éclairé les enjeux du blocage d'un tel projet au nom d'une résistance à la normalisation des politiques sociales, cet article retracera les étapes du retournement partiel et progressif du conseil départemental vers l'ouverture d'un tel hébergement collectif.

ABSTRACT

What to do with the Children of "Others"? Institutional Reconfigurations of Child Protection in Mayotte

Social policies in Mayotte, a French department since 2011, have been both institutionalised and decentralised, and child protection in particular. Long ruled on by order, this public policy was implemented in Mayotte at the end of the 1990s but with no connection to the long-standing work of public and private players, as was the case in Metropolitan France. Since social child aid was decentralised in the 2000s, child protection has been a heated source of tensions between the state and departments, notably as concerns the relevance of opening *maisons d'enfants à caractère social* (MECS, children's homes of a social nature), commonly referred to as "homes". Two such "homes" will finally be opened in 2019 with the financial support of the Mayotte department. This article begins with an overview of the issues involved in blocking such a project for reasons of resistance to the normalisation of social policies. It then goes on to document the phases in the departmental council's partial and gradual turnaround towards the opening of this form of collective accommodation.

Introduction

Les mobilisations ultramarines pour l'égalité réelle, notamment celles de 2016, ont mis en lumière la place centrale de l'alignement des prestations sociales dans les revendications des Ultramarins pour être reconnus comme des « Français à part entière ». Les droits sociaux y sont appliqués avec retard et sont moins avantageux qu'en Métropole (François-Lubin, 1997 ; Math, 2012). Héritiers du régime d'exception juridique des colonies, les statuts politiques et administratifs des outre-mer sont régulièrement dérogatoires, participant de la fabrique des inégalités au sein du territoire national (Constant et Daniel, 1997 ; Dimier, 2005 ; Dumont, 2010 ; Giraud, 2005 ; Gisti, 2007 ; Lemercier, Muni Toke et Palomares, 2014). Pour autant, nombre d'experts restent prudents quant à la pertinence d'une transposition stricte des politiques sociales métropolitaines, que ce soit du fait de leurs caractéristiques géographiques, économiques, culturelles ou sociales (Gonzalez et Saint Pol, 2014).

Que produit alors la politique nationale de « retour au territoire » dans les configurations ultramarines marquées par la faiblesse historique de normes nationales et par un gouvernement par ordonnance (Math, 2012) ? Comment se mettent en œuvre la décentralisation et la contractualisation des politiques sociales en outre-mer ? Comment se (re)positionnent les acteurs ultramarins dans ces reconfigurations institutionnelles ?

À ce titre, le cas de Mayotte est particulièrement éclairant. Après 25 années d'incertitude sur son rattachement à la France, Mayotte est devenue le 101e département français en 2011 et région ultrapériphérique[1] en 2014. En un sens, les politiques sociales s'y sont institutionnalisées en même temps que décentralisées, notamment la protection de l'enfance. En effet, cette politique publique a été implantée à Mayotte à la fin des années 1990, sans s'inscrire dans une histoire locale de mobilisation d'acteurs publics et privés (médecins, pédopsychiatres, associations de familles, réformateurs sociaux, etc.), comme ce fut le cas en Métropole. Depuis la décentralisation de l'Aide sociale à l'enfance (ASE) au sein du conseil départemental au cours des années 2000, la protection de l'enfance est au cœur des tensions entre l'État (central et local) et le département, notamment quant à la pertinence de l'ouverture d'une maison d'enfants à caractère social (MECS), c'est-à-dire un hébergement collectif au titre de la protection de l'enfance, communément appelé « foyer ». En 2019, deux « foyers » ouvriront finalement leurs portes avec le soutien financier du département. Après avoir éclairé les enjeux du blocage du projet de MECS au nom d'une résistance à la normalisation des politiques

1. Les régions ultrapériphériques (RUP) sont des territoires de l'Union européenne situés en dehors du continent européen dont la situation économique et sociale est reconnue comme aggravée notamment du fait de leur éloignement, leur insularité, leur faible superficie ou leur dépendance économique vis-à-vis d'un certain nombre de produits. L'accès au statut de RUP est un enjeu financier important car il permet de bénéficier des fonds européens structurels et d'investissement (FESI), en financement des projets à hauteur de 85 % (50 à 60 % pour la Métropole). La cour des comptes indique que les RUP françaises ont recueilli un cinquième des FESI de la France entre 2007 et 2013 alors qu'elles ne représentent que 3,2 % de la population française (Cour des comptes, 2019).

sociales, cet article retracera les étapes du retournement partiel et progressif du conseil départemental vers l'ouverture d'un tel hébergement collectif.

MÉTHODOLOGIE **[ENCADRÉ 1]**

Cet article est issu d'une enquête collective menée à Mayotte dans le cadre du programme ANR (2012-2015) « La départementalisation de Mayotte, construction et traitement des inégalités sociales et linguistiques (INEMA) » et du projet Différenciation et ciblage des populations en danger/dangereuses à Mayotte (DICIBL) financé par la DREES-MiRe (2015-2017), codirigé avec par Élise Palomares. Cinq séjours sur le terrain, entre 2012 et 2017, réalisés le plus souvent conjointement Élise Palomares et/ou Myriam Hachimi Alaoui[2] ont permis de rencontrer des élus départementaux, des professionnels du corps préfectoral, de la Direction de la jeunesse, des sports et de la cohésion sociale (DJSCS), de l'Aide sociale à l'enfance (ASE), de la Protection judiciaire de la jeunesse (PJJ), du tribunal de grande instance et du secteur associatif. En complément de cette quarantaine d'entretiens, une analyse de documents administratifs, des archives, de textes publics ou d'articles de presse locale a été réalisée. Par ailleurs, des observations des pratiques professionnelles des travailleurs sociaux et des entretiens biographiques avec une dizaine de jeunes ont été réalisés mais ils ne sont pas exploités dans cet article qui se centre sur la reconfiguration institutionnelle de l'ASE.

L'Aide sociale à l'enfance à Mayotte peut-elle être dérogatoire ?

Au fil de la négociation de la départementalisation, les politiques sociales – dont l'ASE – ont été concomitamment décentralisées et institutionnalisées. Jusqu'à la fin des années 1990, la collectivité de Mayotte ne disposait pas de compétences en matière de médico-social. C'est l'État – *via* la DDASS (Direction départementale de l'action sanitaire et sociale) – qui les pilotait tout en fonctionnant, en partie, grâce à des fonctionnaires de la collectivité mis à disposition des services de l'État. En 2005, la collectivité départementale de Mayotte créait une Direction de la solidarité et du développement social (DSDS), dont une des composantes est l'Aide sociale à l'enfance (ASE) : une partie des fonctionnaires auparavant affectés à la DDASS exerce désormais au sein de la collectivité départementale. Ce n'est toutefois qu'en 2009 que la compétence de l'ASE est officiellement transférée au conseil général.

MAYOTTE, UN DESTIN SINGULIER **[ENCADRÉ 2]**

Mayotte est située dans le canal du Mozambique, au sein de l'archipel des Comores. Achetée par la France en 1841 au sultan Andriansouli, Mayotte fut la première des quatre « îles de la lune » formant l'archipel des Comores à être colonisée. Tandis que Mayotte est une colonie, les trois autres îles, Anjouan, Grande Comores et Moheli, deviennent en 1886 des protectorats et demeurent sous l'autorité de leurs sultans. Ce n'est qu'en 1912 que l'archipel

2. Je les remercie chaleureusement pour cette précieuse expérience collective de terrain, avec une pensée particulière pour Élise Palomares avec qui j'ai partagé les petits et les gros tracas de la gestion d'un tel projet de recherche et qui m'a fortement encouragée dans ce projet d'écriture solitaire. Je tiens également à remercier Aurélie Fillod-Chabaud pour la rigueur de sa relecture et la pertinence de ses commentaires sur les effets de lecture de cet article.

dans son entier devient une colonie française, très vite annexée à Madagascar dont elle constituera ensuite une des provinces négligée et sans budget propre.
Alors que les années 1960-1970 sont marquées par les indépendances, en 1974 et en 1976, la population de Mayotte a choisi, par référendum, de rester française, rompant ainsi avec le reste de l'archipel des Comores. En dépit du principe du droit international d'intangibilité des frontières issues de la colonisation et des quatorze résolutions des Nations unies rappelant la souveraineté de la République islamique fédérale des Comores sur Mayotte, le gouvernement français retient un vote île par île et reconnaît Mayotte comme française tout en la maintenant dans un statut transitoire durant 25 ans.
Durant cette période, les mobilisations locales se multiplient autour du mot d'ordre de départementalisation (Idriss, 2014) pour « rester française à tout prix » (Blanchy, 2002). Malgré l'accession au statut de département en 2011, cette incertitude statutaire continue de produire des effets durables, notamment sur le rapport inquiet des Mahorais·e·s à la nationalité (Hachimi Alaoui, 2017) et son corollaire, le renforcement d'une logique de singularisation vis-à-vis du reste de l'archipel des Comores malgré l'ancienneté des liens familiaux, culturels, économiques et politiques entre les îles.

Malgré ce transfert de compétences, les acteurs locaux de l'État restent très présents dans la gouvernance des politiques de protection de l'enfance. « Chef de file » du social, le département est censé coordonner les différents acteurs de la protection de l'enfance. Toutefois, ses marges de manœuvre sont faibles car il n'habilite pas, ne finance pas les associations et la majorité de ses partenaires est sous l'autorité directe ou indirecte du préfet (qui détient la plus grande partie des cordons de la bourse) : protection judiciaire de la jeunesse, direction de la jeunesse, des sports et de la cohésion sociale, vice-rectorat, associations subventionnées, etc.

Depuis cette décentralisation, État et département se renvoient la responsabilité de l'insuffisance des actions mises en place. Un rapport de la Cour des comptes de janvier 2016 sur la départementalisation de Mayotte stipulait ainsi : « Le département ne s'est pas encore réellement saisi de sa compétence, pourtant obligatoire, en matière d'aide sociale à l'enfance. Il doit donc faire en sorte de l'exercer de manière complète et adaptée » (Cour des comptes, 2016).

Au cœur de la polémique se trouve la construction d'un hébergement collectif au titre de la protection de l'enfance. Depuis les prémisses du placement des enfants (sans parents, dans un premier temps) coexistent deux formes d'hébergement : l'hébergement collectif, né au sein d'une institution à l'époque religieuse, sous François 1er au XVIe, et le placement rural chez des nourrices pour les plus jeunes, né sous l'égide de Saint Vincent de Paul, au XVIIe siècle (Cadoret, 1987). Et au cours de l'histoire de l'enfance inadaptée (Chauviere, 1987) et de la protection de l'enfance (Becquemin, 2005), différents types d'internat se sont structurés (maison d'enfants à caractère social, institut thérapeutique éducatif et pédagogique, institut médico-éducatif, etc.) mais ces deux formes d'hébergement ont perduré au point d'être aujourd'hui perçues comme complémentaires. À Mayotte, la construction d'un foyer fait l'objet de fortes oppositions que nous allons à présent tenter d'éclairer.

Des résistances à la normalisation au sein du conseil départemental

Lors d'un entretien réalisé en 2012, habitué à devoir se justifier de l'absence d'un foyer départemental de l'enfance, le chef de la DSDS (auquel appartient l'ASE) du conseil départemental de Mayotte devance la question du « foyer » en affirmant :

> « On va éviter de copier ce qui a été fait en Métropole ou ailleurs. C'est-à-dire les fameux centres d'accueil, d'hébergement, d'insertion des jeunes. Ça, on avait dit non ! Pourquoi ? Parce que nous avons, ici, un phénomène... qui ne sont pas maîtrisés et que souvent, nos textes de la République, nos codes, nous mettent en porte-à-faux par rapport à ce phénomène. C'est le phénomène de l'immigration, surtout quand il s'agit de jeunes, d'enfants » (chef de la DSDS).

Ce n'est donc pas la singularité culturelle ou historique de Mayotte qui est mise en avant ici pour argumenter l'absence de normalisation des pratiques d'hébergement en protection de l'enfance. Rappelons en effet qu'à Mayotte, les leaders politiques locaux se sont particulièrement approprié la rhétorique républicaine et qu'elle participe à façonner les débats publics locaux, en particulier ceux liés aux politiques sociales, ce qui contraint d'ailleurs leurs revendications d'égalisation des droits sociaux (Lemercier, 2015).

Comme le suggère l'emploi de l'expression « nos codes nous mettent en porte-à-faux par rapport à ce phénomène », la singularité du contexte mahorais est, selon lui, liée à sa position névralgique de frontière avancée de l'Europe dans l'océan Indien. Depuis l'instauration du visa Balladur en 1995, le durcissement de la frontière nationale a profondément modifié les frontières ethniques internes, transformant les liens historiques existant au sein de l'archipel (Hachimi Alaoui, Lemercier et Palomares, 2013). Les conditions toujours plus difficiles d'obtention d'un visa conduisent des femmes et des hommes des îles voisines, souvent venus rejoindre leur famille, à tenter des traversées improbables sur des embarcations de fortune, faisant du lagon de Mayotte une frontière mortelle.

À mesure que l'horizon du département s'approchait, la focalisation sur l'immigration clandestine est allée en grandissant et s'est accrue depuis la départementalisation. S'appuyant sur un quasi-amalgame des problèmes sociaux de l'île avec ces « autres ethniques » (Juteau-Lee, 1983), l'hostilité d'une partie de la population mahoraise à l'égard de celles et ceux en provenance des îles voisines n'a fait que s'accroître ces dernières années (Hachimi Alaoui, Lemercier et Palomares, 2019).

UNE DÉMOGRAPHIE AU CŒUR DES DÉBATS PUBLICS [ENCADRÉ 3]

Mayotte est constituée de deux îles habitées par plus de 212 000 personnes sur 376 km^2. Ce département est le plus jeune de France : la moitié de sa population a moins de 17 ans. Principalement sous l'effet d'une forte fécondité (autour de 4,1 enfants par femme, contre 2 sur l'ensemble du territoire français, en 2012), la population mahoraise a triplé depuis 1985, alors même que son solde migratoire est négatif, du fait des nombreux départs des natifs de ce département (Balicchi *et al.*, 2014).

À Mayotte encore davantage qu'en Métropole, les statistiques sur les migrations font l'objet de nombreux débats, instrumentalisations et accusations de sous-estimation de ce qui est présenté comme un péril démographique. Du fait de l'ancienneté des liens entre les îles des Comores, 40 % de la population mahoraise est de nationalité étrangère (dont 85 % de nationalité comorienne) et 75 % des mineurs de nationalité comorienne de Mayotte sont nés en France (Balicchi *et al.*, 2014). Ces derniers peuvent, sous certaines conditions, devenir français par le droit du sol et seront alors des électeurs français. Or, les débats publics les accusent régulièrement d'être, par essence, de futurs électeurs du retour de Mayotte dans le giron des Comores.
Cette représentation d'un péril démographique sert alors de justification à la remise en cause du droit du sol, ayant abouti récemment à sa limitation, à Mayotte, dans le cadre de la loi « pour une immigration maîtrisée, un droit d'asile effectif et une intégration réussie », promulguée le 10 septembre 2018. Désormais, une nouvelle condition s'ajoute : l'accès à la nationalité par le droit du sol à Mayotte nécessite qu'au moment de sa naissance en France, l'un au moins des deux parents de l'enfant soit en situation régulière et réside sur le territoire depuis au moins trois mois ininterrompus.

Les résistances départementales à l'ouverture d'un « foyer » de protection de l'enfance trouvent ainsi leur source dans ces enjeux de durcissement de la frontière où les mineurs tiennent une place singulière, notamment du fait des droits de l'enfant et du droit du sol. Les mineurs n'ayant pas d'obligation à disposer d'un titre de séjour, ils/elles sont réputé·e·s « inexpulsables », même si en réalité, ils/elles sont expulsé·e·s lorsqu'ils/elles sont en présence de leurs parents sans titre de séjour[3]. Cette singularité du statut des mineur·e·s dans le droit encadrant les reconduites à la frontière fait l'objet de nombreuses remises en cause, en particulier à Mayotte :

> « Nous avons des conventions internationales qui nous mettent en difficultés par rapport à l'application même du Code de l'action sociale et des familles. Quand on dit qu'un enfant est inexpulsable, et le Code vous dit aussi que la première chose à faire est de le rapprocher de ses parents... Est-ce qu'on peut amener un enfant à ses parents à Anjouan ? Ça s'appelle expulsable... expulsion ! Donc il y a tout un tas de choses qui nous coincent. Et les garder ici, c'est les séparer de leurs parents qui n'ont pas renié leur autorité parentale sur l'enfant » (un des responsables de l'Aide sociale à l'enfance, entretien réalisé en 2017).

Dans cet extrait, le Code de l'action sociale et des familles est réduit à sa dimension familialiste, c'est-à-dire la priorité donnée au retour auprès de sa famille, alors même que la loi prévoit que l'intérêt supérieur de l'enfant puisse conduire à l'inverse. Un glissement s'opère : l'intérêt de l'enfant serait nécessairement de vivre auprès de ses parents (c'est-à-dire être expulsé·e), tant que ces derniers ne l'ont pas « renié ». Inspirée par une vision familialiste de la protection de l'enfance (Becquemin, 2012), reconfigurée dans un contexte de la politisation de l'immigration comme « le » problème de Mayotte, la conception de la protection de l'enfance

3. Plusieurs associations indiquent d'ailleurs la pratique régulière à Mayotte d'expulsion de mineurs après les avoir rattachés à un adulte qui n'est pas son tuteur légal. Voir notamment Sakoyan et Grassineau (2014).

défendue par cet acteur est donc principalement façonnée par l'enjeu de la légitimité politique de ces mineurs à vivre sur le sol mahorais.

En un sens, le danger ou le risque de danger vécu par l'ensemble des mineurs du territoire (quelle que soit leur nationalité) est occulté par la figure de cet « enfant inexpulsable » illégitime, selon lui, à résider sur le territoire mahorais. Et de ce point de vue, le foyer d'hébergement collectif détient un rôle symbolique : l'accueil y est collectif, sans critère de nationalité et financé par les autorités publiques.

> « Si on va créer des centres, ils seront saturés et personne ne sera responsable. La collectivité ne pourra pas assurer et on va nous dire vous l'avez créé, ce n'est pas moi qui l'ai créé, vous l'assumez puisque c'est votre compétence. Il n'y aura pas un transfert. Donc je me suis dit, je vais créer le réseau de famille d'accueil, le plus possible, en retardant au maximum les établissements » (un des responsables de l'Aide sociale à l'enfance, réalisé en 2012).

Sans être explicitement ici cité, c'est bien l'État qui serait en position de dire aux acteurs de la collectivité « d'assumer » financièrement leur décision. Nous le montrerons ultérieurement, le foyer détient un rôle symbolique dans les négociations financières entre l'État et la collectivité. Pour autant, ce foyer n'est pas présenté ici comme non négociable, comme le souligne la formule « en retardant au maximum les établissements », prenant acte de la faiblesse des ressources du département dans ce rapport de force.

Mettre ses normes professionnelles à l'épreuve d'un nouveau contexte

À l'image des professions médicales et paramédicales, la quasi-totalité des travailleurs sociaux est *mzungu*[4] ou formé en Métropole. Jusque très récemment, aucune formation au travail social n'existait à Mayotte[5]. Les travailleurs sociaux exerçant à Mayotte sont le plus souvent en début de carrière et majoritairement recrutés par le secteur associatif, du fait de la faiblesse d'institutionnalisation de politiques sociales dans les collectivités locales. Peu de temps après la fin de leur formation, ils s'installent à Mayotte pour une courte durée, produisant ainsi un fort turn-over. Depuis 2001, les nouveaux arrivants se disent sécurisés par l'exercice dans un département, du fait d'une normalisation progressive de la réglementation en vigueur. Une professionnelle, rencontrée quelques mois après son

4. Le terme *mzungu* (et ses variantes) désigne à Mayotte les personnes catégorisées comme des Français « blancs » originaires de Métropole.

5. Notons à ce titre que depuis septembre 2016, des formations de travailleurs sociaux sont implantées à Mayotte (dans un premier temps, moniteurs éducateurs, éducateurs spécialisés et assistants de service sociaux) pour augmenter le nombre de travailleurs sociaux disposant de bonnes connaissances du contexte social, culturel et linguistique mahorais. Cette formation est mise en place sous l'égide de l'Institut régional du travail social de La Réunion, qui disposait déjà d'un quota de formation réservé à Mayotte, et elle comporte des périodes de formation et de stage dans cet autre département permettant de découvrir des formes de prise en charge n'existant pas à Mayotte (notamment l'internat).

installation à Mayotte en 2015 nous explique : « Moi je m'étais dit c'est un département français qui est en train de se construire avec plein de choses, *etc*. Donc ça, je peux m'y préparer ».

S'ils s'étaient préparés à exercer dans un contexte non francophone et avec des personnes ayant des pratiques culturelles en partie différentes, ils découvrent un exercice faiblement institutionnalisé, avec peu d'outils professionnels et de ressources à offrir à leurs publics :

> « Même si on est professionnel, la question de la distance tralali tralala [...] C'est pas tous les jours facile quoi. Mais c'est surtout qu'on a plein de gamins et il y a plein de fois, on est obligé de leur dire “Bah on peut rien faire. On peut rien faire”. Et ça c'est difficile ! » (éducatrice spécialisée, peu d'expérience, rencontrée en 2013 et qui n'exerce plus à Mayotte).

Certain·e·s parviennent à trouver les ressources pour s'installer un peu plus longuement, par attrait pour la découverte des pratiques sociales, culturelles et/ou religieuses à Mayotte, en même temps que par le sentiment d'une forte utilité sociale, centrale dans l'identité professionnelle des travailleurs sociaux (Dubet, 2002 ; Gaspar, 2012 ; Ion et Ravon, 2012). C'est le cas notamment d'une professionnelle récemment arrivée et qui décrit tout autant son émotion que son intérêt pour la découverte de la vie dans les bidonvilles :

> « Cette partie-là de Mayotte, elle est très peu visible, elle est très peu parlée, très peu dite. Et j'en parlais avec des collègues [...] qui sont Mahorais et qui, même eux, avant d'aller dans ces coins-là, ne savaient pas qu'il y avait des quartiers comme ça. Donc ça oui, ça c'est choquant. Et, peut-être que c'est ma pauvre petite candeur, naïveté de Métropole mais j'espère que ça continuera à me choquer. Parce que c'est inacceptable. Et c'est bien pour ça qu'on fait ce travail-là » (cheffe de service socio-éducatif, moins d'un an d'expérience).

Comme le suggère l'expression « ma pauvre petite candeur, naïveté de Métropole », se risquer à une parole publique sur le contexte social et politique mahorais implique de composer avec les figures imposées liées à l'histoire coloniale. En un sens, dans l'extrait ci-dessus, elle devance les critiques que certain·e·s Mahorais·e·s adressent régulièrement aux travailleurs sociaux *mzungu*. Ces dernier·e·s sont taxé·e·s de naïveté à l'égard des Anjouanais·e·s qui instrumentaliseraient leur méconnaissance du contexte pour se faire passer pour des victimes. À l'inverse, selon elle, sa légitimité repose sur sa connaissance de la vie dans le bidonville, présentée ici comme méconnue des Mahorais·e·s (« même eux avant d'aller dans ces coins-là, ne savaient pas qu'il y avait des quartiers comme ça »). Pour elle, le sens de sa présence dans ce territoire ultramarin est précisément d'intervenir sur un tel contexte, même si elle (se) répète durant l'entretien : « Ce n'est pas à nous de solutionner ça », pour conserver en tête les limites de la puissance d'agir de l'association dans laquelle elle exerce.

Durant les entretiens et les observations réalisées, les professionnel·le·s métropolitain·e·s se réfèrent régulièrement à des catégorisations liées à l'histoire coloniale. En un sens, ils et elles s'interrogent sur comment être un·e professionnel·le·s *mzungu* qui ne participe pas de la perpétuation de l'ordre social colonial au nom de la normalisation des pratiques professionnelles. À ce titre, deux figures repoussoirs dominent dans les discours, comme le résume cet éducateur de la PJJ disposant d'une longue expérience ultramarine :

> « Alors je suis assez intransigeant là-dessus [...] le fonctionnaire doit être là pour réaliser cet objectif de, de mission du service public. Et pas heu... se dire je suis au soleil, je suis dans un endroit paradisiaque je suis pas là pour travailler heu... ou alors pour faire un espèce de... de crise d'autorité qui n'est pas dans son statut » (éducateur de la PJJ, métropolitain avec plusieurs expériences ultramarines).

L'éternel touriste, plus préoccupé par son confort personnel que par sa mission, ou l'héritier de l'administrateur colonial zélé qui applique scrupuleusement des règlements dénués de sens dans le contexte, voici deux figures repoussoirs maintes fois entendues à Mayotte. Toujours est-il qu'il est difficile, pour les métropolitain·e·s, de s'installer durablement professionnellement à Mayotte, et les plus ancien·ne·s d'entre eux/elles semblent trouver les ressources de leur persévérance dans les marges de créativité offertes par ce contexte politique d'institutionnalisation des politiques publiques :

> « Moi je suis agacée par les professionnels qui ont ce, le discours : il manque il manque il manque. De toute façon, Mayotte, c'est pour ça que ça marche pas [...] il nous manque ceci il nous manque cela. Moi ça, ça m'agace ! Il y a des choses qui existent à Mayotte et il y a des choses qu'il faudrait mieux développer plutôt que de plaquer des dispositifs de Métropole qui vont pas marcher. Il y a des initiatives qui fonctionnent, qui marchent. Il faut aller les chercher, il faut aller » (éducatrice spécialisée, à Mayotte depuis 6 ans).

Tout l'enjeu est alors de savoir si le projet d'ouverture d'une maison d'enfants relève d'une opportunité d'innovation, ou au contraire d'une importation inopérante d'un dispositif métropolitain. Sur ce point, les avis des travailleurs sociaux rencontrés sont unanimes tant les pratiques en internats sont centrales dans l'exercice professionnel en Métropole ou dans les autres départements d'outre-mer. Le placement en hébergement collectif est perçu comme tout à la fois inévitable et limité – en se référant à la critique de la clôture des foyers vis-à-vis de leur environnement, critique ayant abouti au développement des pratiques de prévention (Ion et Ravon, 2012). Leurs argumentations reposent toutefois moins sur des logiques idéologiques que sur des constats pragmatiques :

> « Moi c'est surtout pour les enfants que ça me désole. Les mineurs isolés qui sont ici tout seuls, il n'y a pas de foyer d'enfance à Mayotte. Il n'y a pas de MECS, les familles d'accueil sont insuffisantes » (cheffe de service socio-éducatif, rencontrée en 2017).

Ouvrir une maison d'enfants envers et contre tous ?

Entre acteurs du département et travailleurs sociaux, les relations sont donc conflictuelles, au point qu'un certain nombre d'entre eux, y compris des dirigeants associatifs, rendent publics ces désaccords. Progressivement, leur mobilisation se structure autour de la défense des « mineurs isolés » de Mayotte. Les intervenant·e·s sociaux des associations du champ sanitaire et social ou humanitaire, qu'elles soient nationales (Croix-Rouge, Tama du groupe SOS devenu *Mlezi Maore*, Médecin du Monde, Apprentis d'Auteuil…) ou locales (Solidarité Mayotte), sont très actifs dans le domaine[6]. Leur engagement pour la publicisation de ce problème social trouve son origine dans un sentiment mêlé d'impuissance et d'injustice :

> « On est dans la protection de l'enfance et tout le monde s'en fout quoi, personne n'agit, et puis alors la seule phrase que tout le monde, sur laquelle tout le monde se met d'accord c'est, bah ouais mais c'est Mayotte, c'est comme ça. Voilà. Donc c'est vrai que… ouais, il y a un sentiment à un moment donné de… d'impuissance et d'agacem', enfin l'agacement c'est un euphémisme hein, c'est vraiment… […] Tout est un combat. Tout, tout. Pour le même droit, tout est un combat ! » (éducatrice spécialisée, secteur associatif, 2013).

En plus des remontées d'information auprès de leur fédération nationale, ils s'adressent à l'État central et aux parlementaires en encourageant et en accueillant des « missionnaires » rédigeant des rapports ayant trait aux questions d'enfance, de politiques sociales et d'accès aux droits. Compte tenu de l'accélération de ces missions en 2016 et 2017, on sent progressivement poindre une certaine lassitude chez nos interlocuteurs locaux.

Dès le milieu des années 2010, il ne fait plus de doute que la situation est bien connue par l'État central et qu'il s'agit désormais d'une question de mise à l'agenda politique. Les différents rapports se succèdent et sont rendus publics : la Défenseure des enfants (en 2008), la Commission nationale de déontologie de la sécurité (en 2009), le Groupe d'information et de soutien des immigrés (Duflot et Ghaem, 2014), le Contrôleur général des lieux de privation de liberté (2016), la Haute Autorité de la lutte contre les discriminations puis le Défenseur des droits (Mathieu, 2013 et 2015), et plus récemment, la Cour des comptes (2016), l'Inspection générale des affaires sociales (Aballéa et Rabineau, 2016), et la Commission nationale consultative des droits de l'Homme (2018). Tous concordent pour documenter la faiblesse de la prise en charge des jeunes en difficulté à Mayotte, notamment ceux de nationalité étrangère sans tuteur légal sur le territoire.

À Mayotte, ces différents rapports sont accueillis par des polémiques, relayées par la presse locale. La plupart des leaders politiques locaux s'expriment contre la création d'un foyer, toujours au nom du risque « d'appel d'air » de migrants mineurs venus de l'Union des Comores.

6. Nous avons d'ailleurs pu le constater à la qualité de l'accueil que nous avons reçu au sein de ces différentes associations, en particulier la Croix-Rouge, Tama et Solidarité Mayotte.

Du côté de l'État, les acteurs de l'échelle locale hésitent à se positionner publiquement mais interviennent pour inciter le département à mettre à l'agenda politique l'institutionnalisation de l'ASE. Dans son rapport rendu en 2013 au Défenseur des droits, la préfète Yvette Mathieu (2013) note que « les associations apparaissent comme le bras armé des politiques publiques et pallient les carences des institutionnels ». Cette expression souligne à la fois le rôle central de la coopération entre l'État et les associations, et le positionnement de retrait relatif de l'État. En ce sens, on retrouve ici l'ambivalence de l'État, déjà identifiée par le passé, concernant le secteur autrefois nommé « l'inadaptation sociale ». L'État hésite à s'engager directement et préfère déléguer aux initiatives privées pour ne pas « être en première ligne dans un secteur protéiforme, en perpétuelle redéfinition, très sensible à l'opinion publique » (Gardet et Vilbrod, 2004).

L'État, par la voix du préfet et de la DJSCS, joue néanmoins le rôle notable d'animation et de coordination de la réflexion sur la prise en charge des mineurs isolés en créant un « observatoire des mineurs isolés » en 2010, composé notamment du vice-rectorat, de magistrats, de l'Agence régionale de santé, de la police et de la gendarmerie, de la mission locale et les associations humanitaires et du médico-social :

> « Le préfet a souhaité qu'on puisse mettre en place un observatoire des mineurs isolés qui serait… enfin, qui est présidé par le conseil général et lui-même, et qui regrouperait au sein un certain nombre d'acteurs locaux » (une professionnelle de la DJSCS).

L'État se substitue donc, en partie, au département tout en l'invitant à coprésider l'observatoire. La protection de l'enfance ne relevant pas de sa responsabilité, cette création est alors justifiée au nom des « programmes thématiques particulier au territoire », uniquement recentrés sur les « mineurs isolés ». Paradoxalement, c'est donc l'État qui mettra en avant une « singularité locale », là où le département freine le plus souvent à l'utilisation d'une telle rhétorique. Du point de vue de la DJSCS, cette singularité était justifiée par :

> « Un, pour une observation quantitative et qualitative du phénomène des mineurs isolés. Et deux, le développement d'une réflexion multipartenariale pour euh… pour essayer de réfléchir sur quelles actions développées pour prévenir l'isolement des mineurs, pour éduquer les mineurs isolés qui sont déjà sur le territoire et pour, pour héberger, pour héberger tout simplement, et mettre en place une politique éducative, de ces mineurs-là » (une professionnelle de la DJSCS).

Avec l'apport méthodologique du sociologue David Guyot, les partenaires de l'observatoire ont cherché, dans un rapport publié en 2012, à estimer le nombre de mineurs isolés, à en construire une typologie et à recenser les actions les prenant en charge (Guyot, 2012). L'observatoire vise également à réfléchir collectivement aux formes de leur prise en charge, mais les négociations sont difficiles avec le département qui refuse de contribuer à la prise en charge des mineurs isolés, tout particulièrement sous la forme d'un hébergement collectif :

« Le pourquoi, chacun a sa théorie hein, on va pas rentrer dans le débat mais moi ce que je veux dire quand même c'est que, il y a vraiment un, une... une déresponsabilisation totale du conseil général ; heu, qui a osé nous sortir en réunion quand même, que les mineurs isolés heu, ne sont pas concernés par la protection de l'enfance, donc quand on entend des choses comme ça, bah c'est plutôt choquant » (éducatrice spécialisée, secteur associatif).

Mise à l'agenda au sein du conseil départemental

Cet état des rapports de force entre l'État, les associations et le département va être profondément modifié par la conjonction de deux changements politiques : une incitation financière au niveau national, et la fin de la stratégie de blocage, au niveau départemental. Le rapport de mission sur la situation des droits des enfants à Mayotte, rédigé en septembre 2015 par le Défenseur des droits, synthétise les évolutions de la politique nationale à l'égard de la protection de l'enfance à Mayotte :

« Face aux difficultés financières récurrentes rencontrées par le conseil départemental pour lesquelles la chambre régionale des comptes de Mayotte avait confié le règlement du budget au préfet de Mayotte, le conseil départemental s'était montré réticent à développer une politique de protection de l'enfance, en application de la loi du 5 mars 2007, notamment à l'égard des mineurs isolés étrangers. Le Défenseur des droits avait alors suggéré que l'État se ressaisisse, même provisoirement, de la compétence d'Aide sociale à l'enfance. Une réflexion menée au sein d'un groupe technique interministériel avait privilégié un mécanisme d'accompagnement conventionnel du conseil départemental adossé à une compensation financière de l'obligation faite au département de Mayotte, depuis 2008, de mettre en œuvre les dispositifs de protection de l'enfance. Dans le cadre de la loi de finances 2015, il serait question d'apporter une réponse à cette proposition » (Mathieu, 2015).

L'État central développe une nouvelle stratégie vis-à-vis du département : l'obliger à se repositionner en matière de protection de l'enfance par des incitations financières. Les négociations autour du document stratégique Mayotte 2025 (signé le 13 juin 2015) ont ainsi été déterminantes. Les représentants locaux de l'État et des associations du champ sanitaire et social œuvrent pour que la protection de l'enfance (et la création d'hébergement collectif) apparaisse parmi les six objectifs et les 324 actions pour le développement de l'île. Le document stratégique évoque ainsi l'intérêt d'une mission de l'IGAS et comporte la mention de l'objectif « Mieux protéger la jeunesse en danger » décliné ainsi :

« Examiner la possibilité d'une affiliation à l'assurance maladie pour les mineurs isolés pris en charge par l'Aide sociale à l'enfance ; Accélérer le processus de mise en place des structures dédiées à la prise en charge de mineurs en danger et développer le réseau des familles d'accueil ; Créer des structures d'accueil temporaire d'urgence, pour les mineurs en situation extrême, et des institutions de placement au long cours pour les mineurs abandonnés depuis plusieurs mois ; Renforcer la politique de recherche et d'accompagnement vers la famille d'origine grâce à l'implantation permanente et concertée de travailleurs sociaux aux Comores. Ce processus sera accompagné dans le cadre de la coopération régionale entre Mayotte et les autres États de la zone ; Renforcer les repérages au niveau du centre de rétention administrative lors de l'interpellation d'étrangers en situation irrégulière ou au cours des investigations sociales afin de limiter les situations d'abandon et d'isolement[7] ».

Cette stratégie aboutit en septembre 2016 à une convention sur le versement d'un rattrapage financier au titre de la protection de l'enfance, signée par Erika Bareigts, alors ministre des Outre-mer, Frédéric Veau, préfet de Mayotte, et Soibahadine Ibrahim Ramadani, président du conseil départemental de Mayotte. À la suite du chiffrage établi par le rapport de l'IGAS évoqué précédemment, un budget de 9,6 millions d'euros sera versé chaque année par l'État pour le financement de l'Aide sociale à l'enfance et une dotation exceptionnelle de 42 millions d'euros, en rattrapage des sommes non versées par l'État depuis 2009. Afin d'en garantir l'usage pour le service gérant la Protection maternelle et infantile (PMI) et l'ASE, ces crédits font l'objet de budget annexe depuis 2017 et ont permis l'achat de véhicules et, très récemment, l'ouverture de places d'hébergement collectif.

La fin de la stratégie de blocage du département

La perspective de ce rattrapage financier et l'arrivée des fonds européens à Mayotte ont modifié la configuration de la protection de l'enfance dans le département. Des changements sont d'abord amorcés par l'ancienne majorité départementale dans la perspective de ces négociations financières avec l'État. Le vice-président alors en charge de l'action sociale, Jacques Martial Henry, décide de reprendre la main de l'animation des réflexions en créant, en juillet 2014, un nouvel observatoire, celui de la protection de l'enfance (OpeMa) rassemblant 26 partenaires[8].

Élus en mars 2015, le nouveau président du conseil départemental, Soibahadine Ibrahim Ramadani, et son vice-président en charge de l'action sociale, Issa Issa Abdou, souhaitent apporter les preuves de la « bonne volonté » de la nouvelle majorité sur ce dossier. Ils demandent l'inspection de l'IGAS attendue puis invitent à Mayotte le Défenseur des droits, Jacques Toubon, dont l'image est pourtant mauvaise

7. http://www.mayotte.pref.gouv.fr/content/download/5164/43644/file/Mayotte%202025%20Une%20ambition%20pour%20la%20République%20-%20document%20stratégique.pdf

8. La loi du 5 mars 2007 oblige chaque département à créer un observatoire, ce qui institutionnalise les dispositifs de recueil d'informations déjà prévus dans la loi du 10 juillet 1989. À Mayotte, les partenaires de l'observatoire sont : la préfecture, le procureur de la République, la Direction territoriale de la protection judiciaire de la jeunesse, le vice-rectorat, le centre hospitalier de Mayotte, l'Agence régionale de santé, la caisse de sécurité sociale de Mayotte et 16 associations dont Auteuil Océan Indien, la Croix-Rouge française, TAMA, Solidarité Mayotte, l'association pour la condition féminine et aide aux victimes, Ceméa, ou Médecins du monde.

auprès de l'opinion publique locale. Dans le même sens, ils acceptent ensuite les recommandations de ces deux organes et ouvrent le chantier de rédaction d'un nouveau schéma départemental de l'enfance et de la famille au sein de l'observatoire. Ce dernier est signé en février 2017 et fait notamment mention de la création d'une ou deux MECS (maison d'enfants à caractère social) à taille réduite.

Certain·e·s élu·e·s et les technicien·ne·s du département savent que le *statu quo* ne peut pas perdurer. Déjà en 2012, le responsable de la DSDS savait qu'il retardait seulement la création d'un hébergement collectif. C'est cette stratégie de l'inaction qui va être progressivement remise en cause par des élu·e·s et des technicien·ne·s du département. Issa Issa Abdou nous explique ainsi lors d'un entretien, en mai 2016, combien il n'est plus possible « de ne rien faire ». À ce titre, le déplacement de cet élu en Guyane, en décembre 2016, semble avoir contribué à modifier son positionnement, comme il en témoigne dans un article de presse :

> « J'ai été frappé de voir que dans un département touché par l'immigration clandestine, et à la population comparable à la nôtre, il n'y avait aucun enfant dans les rues fouillant les poubelles », rapporte-t-il, en soulignant l'arsenal renforcé dont s'est doté le département ultramarin d'Amérique, « beaucoup plus de familles d'accueil, le dispositif "tiers dignes de confiance", des foyers de l'enfance, peu transposables ici, et des centres éducatifs renforcés du même type que Tama » (*Journal de Mayotte*, 9 décembre 2016).

Comment ces acteurs justifient-ils ce retournement progressif vis-à-vis de l'ouverture d'un hébergement collectif et de la prise en charge des mineurs isolés ? Nous l'avons vu précédemment, l'argumentation auprès de l'opinion publique mahoraise est complexe, comme nous le rappelle ce cadre de l'Aide sociale à l'enfance :

> « Les élus l'ont compris, mais ce sont des politiciens. [...] Porter une décision impopulaire, c'est compliqué. [...] C'est pas quelque chose que les personnes peuvent accepter. En plus ça fait ressortir... Mayotte c'est vraiment particulier, nous nous sommes battus pour rester français, pour ne plus être avec les Comores. On ne peut pas accepter que, ceux qui hier nous empêchaient de nous émanciper viennent et soient prioritaires sur les aides plutôt que nous. Ce qui est compréhensible en soi. Donc quand vous parlez de construire un foyer de l'enfance, dans la tête des gens, même s'il y aura des Mahorais dedans, des Français dedans, mais dans leur tête c'est pour les étrangers. [...] Donc dans leur tête, on va encore construire des maisons pour accueillir des... donc pour encourager l'immigration clandestine » (un cadre de l'ASE).

C'est ainsi que ces cadres du conseil départemental ont défendu une modification du ciblage de l'aide sociale à l'enfance, afin de construire un nouvel arrangement entre normalisation des prises en charge par l'ASE et attentes sociales du corps électoral en matière de préférence locale.

L'ASE, une aide sociale pour les Mahorais·e·s ?

Si Issa Issa Abdou affirme publiquement qu'il n'est plus possible de ne « rien faire », il ne présente pas pour autant l'ouverture du foyer comme « sa solution ». Pour lui, il s'agit bien plus de suivre les consignes de l'État, tout en rassurant les électeurs sur leur positionnement en faveur du renforcement de la frontière avec l'Union des Comores. C'est ce dont témoignent ses déclarations à la presse locale lors de la rencontre des élu·e·s avec Jacques Toubon, souvent perçu à Mayotte comme le défenseur des Anjouanais·e·s :

> « C'est ce dernier point [hébergement collectif] qui a toujours fait polémique au sein du conseil départemental. D'une part parce qu'il est la résultante d'une immigration clandestine considérée comme prérogative de l'État, ensuite parce qu'il demande des investissements conséquents, les fonds européens y seront consacrés, sans savoir comment sera assuré le fonctionnement. Enfin, pour le risque d'appel d'air qu'il risque de susciter : "Nous pourrons accueillir 30 enfants par foyer, et espérons en prendre 65 en charge d'ici la fin de notre mandature. Mais nous raisonnons à chiffre constant, alors que les arrivées continueront (…)" rapporte Issa Issa Abdou » (*Journal de Mayotte*, 26 juin 2015).

Cette dernière phrase exprime en creux qu'il attend que l'État ferme la frontière en échange de la prise en charge des mineurs isolés déjà installés sur le territoire, voire que l'État autorise le départ vers les Comores d'une partie de ces jeunes. Par cette stratégie de mise à l'agenda de la protection de l'enfance, la majorité départementale tente probablement de montrer des gages à l'État lui permettant de négocier plus aisément sur d'autres dossiers. Cette hypothèse semble confirmée par les déclarations à la presse locale d'Issa Issa Abdou lors de la mise en place d'un budget annexe pour l'ASE, répondant aux demandes de nombreux élus d'utilisation de ces crédits pour la protection maternelle et infantile. Interrogé par le *Journal de Mayotte*, Issa Abdou tient bon :

> « Je rappelle qu'au départ l'État demandait que l'argent soit versé à un groupement d'intérêt public dans lequel il aurait eu son mot à dire. Nous avons obtenu la mise en place d'un budget annexe où nous sommes les seuls décisionnaires, mais attention à ne pas l'utiliser ailleurs, Paris nous observe sur d'autres compensations que nous pourrions demander » (*Journal de Mayotte*, 31 mai 2017).

Il fait ici probablement référence à un rattrapage concernant la scolarisation des enfants à Mayotte car, dès juillet 2015, il avait interpellé le vice-rectorat sur cette question lors d'une réunion de l'Observatoire de la protection de l'enfance à Mayotte. De même, l'un des cadres du département nous explique :

> « Y'a pas pire que ne pas agir. Et puis bon, nous en faisant ça, on aura d'autant plus de force pour dire aux autres, pour dire à l'État : faites-en autant. Il faut scolariser les jeunes, il faut qu'ils aillent à l'école, etc. Mais il faut que déjà à notre niveau, on n'ait rien à nous reprocher ».

Au-delà de ces enjeux financiers, les représentations sur la pertinence d'un foyer à Mayotte semblent s'être également modifiées au gré de la prise de conscience des limites du placement en famille d'accueil. Ces dernières prennent parfois en charge jusqu'à 6 enfants, dont certains sont très en difficulté. C'est pourquoi les professionnels de la protection de l'enfance, sans remettre en cause la pertinence des familles d'accueil, proposent de compléter les formes de placement pour « avoir une soupape », par exemple en cas de conflits dans la famille d'accueil, pour reprendre la formule d'une juge des enfants rencontrée. Pour le moment, les jeunes en conflit avec leur famille d'accueil sont déplacés d'une famille à une autre, au risque de renforcer leurs expériences de ruptures de liens :

> « Vous avez des enfants qui peuvent se retrouver dans une famille hébergeante. Cette famille est trop défaillante et les enfants sont trop en danger. Du coup, on les enlève et on les met dans une famille d'accueil. Et... les gamins, ils ne sont plus avec leurs parents, ils ont une première famille, on leur en donne une deuxième... C'est des trajectoires, pour les gamins, très compliquées » (responsable d'une association).

Cette demande des travailleurs sociaux est d'ailleurs soutenue par de nombreuses familles d'accueil qui semblent avoir contribué au changement de regard des élus sur l'hébergement collectif :

> « Ce sont des élus qui connaissent bien la situation des familles d'accueil parce que c'est dans les villages, ils les voient. On connaît untel ou untel qui... et les familles d'accueil aussi ont notre parole » (un cadre de l'aide sociale à l'enfance).

De même, les discours publics des techniciens comme des élus du département ayant en charge la protection de l'enfance tendent à élargir la population ciblée par cette prise en charge. Alors qu'auparavant la construction du problème public de la protection de l'enfance était réduite à la prise en charge des mineurs isolés (en résistant toutefois à les prendre en charge), ils insistent à présent sur le fait que la protection de l'enfance est pour toute la population de Mayotte, pas uniquement pour les mineurs isolés (ou plus largement les Anjounais ou Comoriens), et que de nombreux parents Mahorais gagneraient à être soutenus dans leur parentalité. On peut alors émettre l'hypothèse que ce recadrage du problème public pourrait permettre de réduire la stigmatisation des enfants pris en charge et l'occultation des formes de maltraitance au sein des familles mahoraises ou *mzungu*.

Conclusion

Acteur majeur du territoire, dans un contexte de reconfigurations institutionnelles des politiques sociales, le conseil départemental de Mayotte a dû évoluer rapidement au cours de ces dernières années. L'arrivée d'un nouvel acteur, l'Union européenne, a permis l'introduction de nouvelles procédures de concertation entre les acteurs locaux ainsi que l'accès à de nouvelles ressources financières. Sous l'impulsion d'acteurs associatifs nationaux et du Défenseur des droits, l'État central semble alors avoir recherché une nouvelle stratégie vis-à-vis du département pour l'obliger à se repositionner par des incitations financières lors des négociations de contractualisation.

Le département a, quant à lui, mis fin à sa stratégie de blocage de l'Aide sociale à l'enfance au nom de son rôle symbolique d'accueil des mineurs, quelle que soit la nationalité de leurs parents. Progressivement, la construction de ce problème public s'est recomposée en élargissant le public ciblé à « toutes » les familles de l'île. Cependant, le rôle de chef de file de l'ASE du département reste fragile car il semble principalement porté politiquement par un nombre réduit d'élus locaux et les mises en œuvre sont pour le moment peu visibles des électeurs et des électrices. De même, l'État continue de détenir les principaux financements dans le secteur sanitaire et social, notamment en matière de financement de la protection judiciaire de la jeunesse et des associations nationales. Or, dans ce territoire ultramarin comme en Métropole, l'État hésite à s'engager publiquement sur ces questions polémiques.

En outre, l'étude de la reconfiguration institutionnelle de l'ASE à Mayotte indique que si le département est bien l'un des échelons de la fabrique d'une « solidarité du proche » (Borgetto, 2005 ; Lafore, 2013), il n'en reste pas moins central dans la fabrique des frontières nationales de la citoyenneté sociale. Cet enjeu est d'autant plus crucial en matière d'aide sociale à l'enfance qu'elle est une des rares prestations et aides sociales à être sans condition de nationalité, de légalité de statut ou d'ancienneté de l'installation (Isidro, 2016). Tout comme le logement social (Girard, 2014), l'Aide sociale à l'enfance est au cœur des tensions sur les modalités d'allocation des ressources publiques. De ce point de vue, l'année 2019, qui verra l'ouverture de deux maisons d'enfants à caractère social à Mayotte, sera déterminante. En effet, le conflit autour de l'ouverture d'un tel hébergement dépassera les limites du débat au sein de l'hémicycle du département. À Mayotte – mais aussi dans une moindre mesure en Métropole – la protection de l'enfance est régulièrement perçue comme une politique d'aide envers les enfants des « autres », du fait de l'accueil de mineurs non accompagnés. Pourtant, les professionnels du secteur dénoncent l'insuffisance des ressources pour accueillir dignement ces enfants et l'accès à l'ASE est conditionné par un certain nombre d'épreuves (Perrot, 2016). À Mayotte, les thématiques du péril démographique régulièrement avancées dans les débats publics alimentent la politisation de l'immigration comme « le » problème de l'île où les « mineurs isolés » sont désignés comme les « bombes à retardement » d'une situation explosive dont ils restent les premières victimes.

Références bibliographiques

Aballéa P., Rabineau Y. (2016), « Mission d'appui au département de Mayotte sur le pilotage de la protection de l'enfance - tome 1 Rapport », Rapport n° 2015-087R de l'Inspection générale des affaires sociales, février.

Becquemin M. (2005), *Protection de l'enfance et placement familial : La Fondation Grancher : De l'hygiénisme à la suppléance parentale*, Paris, Editions Pétra.

Becquemin M. (2012), « Entre individualisation et "familialisation" de la protection de l'enfance : quelles créations/innovations institutionnelles ? Analyse comparative de trois associations en quête de légitimité (1920-1960) », *Socio-logos. Revue de l'association française de sociologie,* n° 7.

Blanchy S. (2002), « Mayotte : "française à tout prix" », *Ethnologie française*, n° 32-4, p. 677-687.

Borgetto M. (2005), « Les enjeux de la décentralisation en matière sociale », *Informations sociales*, n° 121, 1, p. 6-16.

Balicchi J., Bini J.-P., Daudin V., Actif N., Rivière J. (2014), « Mayotte, département le plus jeune de France », *Insee Première*, n° 1488.

Cadoret A. (1987), « De "l'enfant trouvé" à "l'enfant assisté" », *Études rurales*, *107*, 1, p. 195-213.

Chauviere M. (1987), *Enfance inadaptée. L'héritage de Vichy : suivi de L'efficace des années quarante*, Paris, L'Harmattan.

Commission nationale consultative des droits de l'homme (2018), *L'effectivité des droits de l'homme dans les outre-mer,* Paris, La Documentation française.

Contrôleur général des lieux de privation de liberté (2016), Rapport de visite du centre de rétention administrative de Pamandzi, juin.

Constant F., Daniel J. (eds) (1997), *1946-1996 : Cinquante ans de départementalisation*, Paris, L'Harmattan.

Cour des comptes (2016), « La départementalisation de Mayotte », Rapport public thématique, 13 janvier.

Cour des comptes (2019), « La gestion des fonds européens structurels et d'investissement (FESI) en outre-mer : des résultats inégaux, une démarche de performance à consolider », Rapport public thématique, février.

Dimier V. (2005), « De la France coloniale à l'outre-mer », *Pouvoirs*, n° 113 (2), p. 37-57.

Duflot M., Ghaem M. (2014), « Mayotte, une zone de non-droit », *Plein droit*, n° 100, p. 31-33.

Dumont J. (2010), « La quête de l'égalité aux Antilles : la départementalisation et les manifestations des années 1950 », *Le Mouvement Social*, n° 230 (1), p. 79-98.

Dubet F. (2002), *Le Déclin de l'institution*, Paris, Seuil.

François-Lubin B. (1997), « Les méandres de la politique sociale outre-mer », *in* Constant D. (dir.), *1946-1996 : Cinquante ans de départementalisation outre-mer,* Paris, L'Harmattan.

Gardet M., Vilbrod A. (2004), « Une décentralisation avant la lettre? Les coordinations pour l'enfance et l'adolescence inadaptées », *Revue française des affaires sociales*, n° 4, octobre-décembre, p. 173-195.

Gaspar J.-F. (2012), *Tenir ! Les raisons d'être des travailleurs sociaux*, Paris, La Découverte.

Girard V. (2014), « Le logement social à Mayotte : l'action publique en tension dans le cinquième département d'outre-mer », *Revue française des affaires sociales*, n° 4, octobre-décembre, p. 50-71.

Giraud M. (2005), « Revendication identitaire et cadre national », *Pouvoirs*, 113 (2), p. 89-89.

GISTI (2007), « Outre-mer, terres d'exception », *Plein droit*, n° 74.

Guyot D. (2012), « Les mineurs isolés à Mayotte », Rapport de l'observatoire des mineurs isolés à Mayotte, janvier.

Sakoyan J., Grassineau D. (2014), « Des sans-papiers expulsés à leurs enfants « isolés » : les politiques migratoires de la départementalisation à Mayotte », *in* Vitale P., *Mobilités ultramarines*, éditions des Archives contemporaines, p. 95-117.

Gonzalez L., de Saint Pol T. (2014), « Présentation du dossier », *Revue française des affaires sociales*, n° 4, octobre-décembre, p. 5-11.

Hachimi Alaoui M. (2017), « Françaises et Français de Mayotte. Un rapport inquiet à la nationalité », *Politix*, n° 116, p. 115-138.

Hachimi Alaoui M., Lemercier É., Palomares É. (2019), « Les décasages, une vindicte populaire tolérée », *Plein droit*, n° 120.

Hachimi Alaoui M., Lemercier É., Palomares É. (2013), « Reconfigurations ethniques à Mayotte », *Hommes & Migrations*, n° 1304, p. 59-65.

Idriss M. (2014), « "Mayotte département", la fin d'un combat ? », *Afrique contemporaine*, n° 247, 3, p. 119-135.

Ion J., Ravon B. (2012), *Les travailleurs sociaux*, Paris, La Découverte.

Isidro L. (2016), « La protection sociale des personnes étrangères. Pour un nouveau critère d'accès aux prestations sociales », *Informations sociales*, n° 194, p. 106-116.

Juteau-Lee D. (1983), « La production de l'ethnicité ou la part réelle de l'idéel », *Sociologie et Sociétés*, n° 15, p. 39-54.

Lafore R. (2013), « Où en est-on du "département-providence ?" », *Informations sociales*, 179, p. 12-27.

Lemercier E. (2015), « "Être français à part entière" : discours publics sur les inégalités d'accès au RSA à Mayotte », *in* Bresson M., Colomb F., Gaspar J.-F. (dirs.), *Les territoires vécus de l'intervention sociale*, Villeneuve d'Ascq, Presses universitaires de Septentrion.

Lemercier É., Muni Toke V.M., Palomares É. (2014), « Les Outre-mer français », *Terrains & travaux*, n° 24, p. 5-38.

Math A. (2012), « Mayotte. La situation économique et sociale », *Chronique internationale de l'Ires*, n° 134, p. 41-54.

Mathieu Y. (2013), « Protection des droits de l'enfant à Mayotte », Compte rendu de la mission du défenseur des droits, mars.

Mathieu Y. (2015), « Mayotte. Situation sur les droits et la protection des enfants », Compte rendu de la mission du défenseur des droits, janvier.

Perrot A. (2016), « Devenir un enfant en danger, épreuves d'âge et de statut », *Agora débats/jeunesses*, n° 74, p. 119-130.

[POINT DE VUE]

Le GPS (Groupe de prévention du suicide de la communauté de communes Sèvre et Loire)

Daniel Coutant

Fin 2004, un jeune, faisant partie d'une association jeunesse, se suicide par pendaison. C'est le désarroi pour les responsables, porteurs de projets de prévention santé en direction de cette population d'adolescents et de jeunes adultes. Deux élus, impliqués dans l'association, dans le cadre de leur mandat municipal, se questionnent et constatent que jamais la problématique du suicide n'a été évoquée comme thème possible d'action de prévention. Peu de temps après, l'un d'eux, Gérard Bachelier, infirmier psychiatrique retraité, apprend que deux collègues, eux aussi conseillers municipaux, ont perdu chacun un enfant par suicide.

Dans la communauté de communes[1], au sud de Nantes, les maires et leurs adjoints sont déjà sensibilisés à la problématique du suicide avec la survenue de vingt-neuf suicides en six ans pour une population d'un peu moins de 20 000 habitants.

Les prémisses d'un projet territorial de prévention du suicide

Avec l'accord de son maire, Gérard Bachelier organise une table ronde, dans sa commune, en février 2005. Cent soixante personnes viennent à cette soirée intitulée « Le suicide, parlons-en ». Elle réunit sur le plateau le président de la commission des affaires sociales de la communauté de communes, le médecin psychiatre responsable de l'unité de prévention du suicide (UPS) du centre hospitalier spécialisé, le médecin généraliste de la commune, un gendarme, un pompier et deux représentants d'association, « SOS amitié » et « Jonathan pierres vivantes » (association de parents endeuillés). Sur le questionnaire d'évaluation remis en fin de réunion, vingt-deux personnes laissent leurs coordonnées pour obtenir plus d'informations et s'investir dans un éventuel projet de prévention.

Un groupe de travail, d'une vingtaine de personnes, se constitue rapidement. Il réunit trois types d'acteurs : des élus municipaux dont le président de la

1. La communauté de communes de Vallet (CCV), située dans une région de vignoble au sud de Nantes, est composée de six communes. Elle sera dissoute le 31 décembre 2016 pour fusionner avec la communauté de communes voisine « Loire Divatte ». La nouvelle entité devenant la communauté de communes Sèvre et Loire (CCSL) regroupant 11 communes et environ 47 000 habitants.

commission des affaires sociales qui est aussi conseiller général, des habitants et deux ou trois professionnels de l'UPS dont le docteur Yebbal, psychiatre[2].

La présence des professionnels de santé répond au principe de l'équipe de l'UPS que la prévention du suicide est l'affaire de la communauté avant d'être celle des spécialistes, aucun intervenant, aussi expert soit-il, ne pouvant faire tout seul, de la prévention du suicide.

Au sein du groupe de travail, les élus sont dans une posture d'écoute, tous les participants peuvent s'exprimer et chacun est attentif à l'autre. De leur côté, le Dr Yebbal et ses collègues de psychiatrie ne se positionnent pas en experts. Ils ne proposent pas de modèle à décliner mais suggèrent des pistes de travail possibles : développer des compétences, former des personnes au repérage du mal-être, briser l'isolement, repérer les personnes en difficulté, aider les familles endeuillées après un suicide…

Il est admis que la démarche s'inscrive dans le cadre de la stratégie nationale d'action face au suicide annoncée le 20 septembre 2000[3] et il y a consensus pour conseiller aux futurs acteurs de prévention de commencer par suivre la formation à la prévention de la crise suicidaire. Cette formation, financée par la Direction régionale des affaires sanitaires et sociales (DRASS, puis par l'Agence régionale de santé-ARS), est assurée par le Dr Yebbal et une infirmière de son équipe sur deux journées consécutives. Les premiers inscrits sont des élus.

La mise en place d'un cadre avec l'écriture d'une charte

La réunion de rentrée, en septembre 2005, fait date dans l'histoire du GPS. La survenue de trois suicides d'hommes (24, 26 et 38 ans) pendant l'été renforce les élus et les habitants dans leur détermination. Les premiers qui ont fait la formation témoignent de l'intérêt qu'ils y ont trouvé. De nouvelles personnes (investies dans l'éducation et dans l'aide à domicile) rejoignent le groupe.

Dans ce cadre, l'équipe de l'UPS amène, de façon non directive, des éléments de méthode, comme la nécessité de se fixer un objectif. Tous les participants s'accordent alors sur le fait qu'il s'agit de faire baisser la mortalité par suicide en constituant un réseau d'aidants sur le territoire de la communauté de communes de Vallet (CCV).

Une stratégie se dessine grâce à l'investissement des élus. La rédaction des comptes rendus des réunions sera assurée par le secrétariat de la CCV et le groupe de travail se réunira à chaque fois dans une commune différente, à raison de deux réunions par trimestre. L'objectif est d'impliquer réellement les six communes.

2. Le docteur Kahina Yebbal est chef du pôle intersectoriel de psychiatrie du Centre hospitalier spécialisé Montbert au sein duquel se trouve l'Unité de prévention du suicide (UPS) qu'elle a créée en 2002. Début 2013, le CHS Montbert, transféré à Bouguenais dans la banlieue sud de Nantes, devient le CHS Georges Daumezon.
3. Lors de la conférence des DRASS à Nantes dans le cadre de la présidence française de l'Union européenne. Une évaluation de cette stratégie nationale a été réalisée en 2006.

Le souhait est émis qu'au moins un élu municipal, et même le maire de la commune accueillante, participe à la réunion du groupe de travail.

Parallèlement, l'élaboration d'une plaquette réunissant toutes les coordonnées utiles aux familles endeuillées à mettre à disposition des mairies, des services d'état civil, etc., constitue une piste de travail.

Le déroulement des réunions va ensuite se modéliser avec, à chaque fois, un premier temps de validation du compte rendu de la séance précédente et de mise à niveau d'information pour les nouveaux participants, suivi d'un long moment d'échanges à partir d'un point particulier, d'une question, d'une remarque à propos de personnes en mal-être et de suicide. En fin de séance se décide collectivement l'organisation de la réunion suivante (date, lieu, ordre du jour…).

Au cours des réunions, se manifeste un réel souci d'écoute de l'autre. Les échanges en présence des membres de l'équipe de l'UPS illustrent l'approche « formatrice » qui va se mettre en place lors de ces temps de rencontre de bénévoles réunis autour du projet. Psychiatre, psychologue ou infirmière de l'UPS, à l'écoute des témoignages, apportent des précisions, des compléments… et induisent une réflexion sur les modes de représentation du suicide. De cette façon, les temps de réunion du groupe se trouvent être aussi des moments de formation.

Très tôt, dès qu'est abordée, en novembre 2005, l'obligation de confidentialité, l'écriture d'une charte est décidée. Le texte se réfère à la Charte de l'Union nationale de prévention du suicide (UNPS). En signant la charte[4], « les membres s'engagent à soutenir et à briser l'isolement de tous ceux qui sont tentés par le suicide ou ont tenté de se suicider, ainsi que des personnes endeuillées ».

Dans le texte, deux phrases méritent une attention particulière, parce qu'elles reflètent en quelque sorte la spécificité de ce projet. L'une fait allusion aux professionnels de santé, l'autre aux élus. Les membres du groupe sont accompagnés par des professionnels (« Ce groupe de citoyens volontaires, accompagné par des professionnels… »*)*. L'accompagnement est le terme juste pour décrire la présence et l'appui du Dr Yebbal et de ses collègues dans le processus d'élaboration du projet.

Les actions sont menées avec les élus (« Prévenir le suicide… en s'appuyant sur l'engagement des responsables des collectivités de la CCSL »*)*. Au cours du débat, la question du devenir des élus impliqués a été posée. Aucun d'entre eux n'envisageait de quitter le groupe mais leur participation pouvait être remise en cause avec la fin de leur mandat électif. L'assurance a été donnée par les intéressés que, quel que soit leur avenir politique, rien ne les empêchait de poursuivre leur engagement à titre personnel. Pour eux, la relève sera assurée, la communauté de communes ayant une compétence sociale. Néanmoins, il a paru utile d'inscrire les responsables de la communauté de communes dans la charte (avec le message sous-jacent, qu'en aucun cas, les bénévoles ne resteront seuls sans l'appui de la communauté de communes).

Dans la foulée de l'adoption de la charte, le groupe s'est donné un nom « Le GPS - Groupe de prévention du suicide », allusion peut-être au système de navigation.

4. Validée le 9 janvier 2006 et réactualisée au moment de la création de la communauté de communes Sèvre et Loire en 2016.

Il s'est doté aussi d'un logo formé d'une bouée en mouvement sur l'ondulation d'une vague… La bouée, l'ultime secours en cas de naufrage…

Quatre ans plus tard, en février 2009, le GPS se constituera en association.

La création de la cellule d'écoute téléphonique

Début 2008, le projet de départ se concrétise avec la création d'une cellule d'écoute téléphonique. Douze personnes, des habitants et des élus, qui ont pris part aux réunions (19 réunions entre mai 2005 et décembre 2007) et qui ont suivi le stage de formation deviennent des « écoutants ».

La cellule d'écoute, c'est un numéro d'appel, un binôme, un local. Toute personne qui compose le numéro entend un message l'informant qu'en laissant ses coordonnées elle sera rappelée dans les 24 heures, mais qu'en cas d'urgence, il lui est conseillé d'appeler son médecin traitant ou le numéro (indiqué) des urgences médico-psychologiques de Nantes, accessible 24 heures/24.

Le binôme d'écoutants est en principe formé d'un homme et d'une femme. L'un des deux consulte au moins une fois par jour le répondeur téléphonique. Si l'appelant laisse ses coordonnées, il est rappelé rapidement. L'échange peut donner lieu à une simple écoute, à des conseils pour une aide (par exemple en fournissant des adresses où trouver de l'aide, en précisant le contact toujours possible avec le GPS…). Il peut aussi lui être proposé rapidement un rendez-vous avec les deux écoutants dans le local mis à disposition par la communauté de communes.

Si la personne ne laisse aucun message, l'écoutant du binôme qui vérifie le répondeur rappelle au numéro d'appel, avec le risque de tomber sur quelqu'un de l'entourage qui peut être pour le moins surpris.

Aujourd'hui, chaque binôme est d'astreinte deux ou trois semaines par an. Les transmissions se font maintenant *via* le site internet avec accès sécurisé.

La réunion du groupe des écoutants, qui a lieu six fois par an, permet à ceux qui le souhaitent d'évoquer, en présence d'une psychologue, des situations rencontrées. Le fait de pouvoir poser des questions sur sa conduite, être conseillé, gérer ses émotions, continuer à apprendre… est jugé par tous indispensable.

Une règle a été établie lors de la mise en place de la cellule d'écoute : écoutants et non-écoutants continueront à se réunir pour que « celui qui n'est pas écoutant ne se sente pas exclu du groupe ». Le fonctionnement qui a été adopté est simple : après chaque réunion d'écoutants avec la psychologue (une heure de 19 h 30 à 20 h 30), se tient (de 20 h 30 à 22 h 30), la réunion de tout le groupe du GPS (membres du GPS mais aussi invités : élus, responsables d'associations, gendarmes, habitants…). Ce système est en place depuis presque quinze ans et les réunions, qui se tiennent à chaque fois dans une commune différente, comptent toujours entre quinze et vingt participants.

Si le substantif « écoutant » définit les membres de la cellule d'écoute, celui de « sentinelle » s'adresse à tous les autres sensibilisés à la prévention du suicide participant aux réunions du GPS et en général membres actifs de l'association. Les « écoutants » sont de fait aussi des « sentinelles » et les « sentinelles » peuvent avoir suivi, elles aussi, le stage de formation (mais sans participer à la cellule d'écoute).

Être sentinelle, c'est être capable de questionner quelqu'un qui paraît souffrir de mal-être, de lui faire connaître les aides existantes dont le GPS, d'être à son écoute… Cela constitue pour un pompier ou un gendarme, un savoir être et un savoir-faire particulier quand il intervient en urgence pour un suicide ou une tentative de suicide. Pour un maire, un responsable de Centre communal d'action social (CCAS), d'association… il s'agit d'une aptitude à être vigilant en présence de populations fragiles…

Si l'on peut dire que la cellule d'écoute constitue son ADN, l'action du GPS ne se limite pas à celle-ci. Il répond à de nombreuses sollicitations (pas moins d'une dizaine par an) pour témoigner et échanger. Cela peut aller, par exemple, de la tenue d'un stand sur un petit marché à la participation à une journée sur le suicide à l'invitation de la faculté de psychologie de Nantes.

Dans un souci de contribuer à la réflexion publique, le GPS organise tous les deux ans une conférence-débat sur des thèmes touchant au mal-être et au suicide (souffrance au travail, cyber-harcèlement, alcool et suicide, homosexualité et suicide…), avec à chaque fois entre cinquante et cent participants.

Enfin, ces toutes dernières années, voulant appréhender la problématique « suicide » locale, deux territoires de Vendée ont fait appel au GPS, pour son expertise.

Un ensemble de facteurs a contribué à la réalisation du projet

Avec le recul, on peut dire que la mise en place d'un tel projet de prévention après la survenue de suicides, a été facilitée par l'existence d'une instance intercommunale fédératrice et par des acteurs faisant preuve d'intelligence collective.

Sur le territoire en question, celui de Vallet, la compétence sociale relève de la communauté de communes, la prise de décision vaut alors pour toutes les communes. *A contrario*, sur le territoire voisin de Clisson, où chaque commune décide de sa politique sociale, l'obtention d'un local pour la cellule d'accueil est plus compliquée, les maires ayant tendance à se « renvoyer la balle » entre eux.

Le président de la commission des affaires sociales de la communauté de communes et les autres élus sensibilisés, ont, dès le début, fait du suicide sur leur territoire un problème de santé publique, qui s'intègre dans le programme national de prévention du suicide. Ils ont su écouter la demande de la vingtaine de personnes qui, à la suite de la table ronde de février 2005 se disaient intéressées par un éventuel projet de prévention. La mise à disposition d'un secrétariat pour l'établissement des comptes rendus a été le garant d'un suivi.

Le groupe de travail est composé de trois entités : des élus, des habitants (sans mandat électif) et des professionnels de santé de l'Unité de prévention du suicide

(UPS) du CHS. L'objectif de ce service hospitalier (qui ne possède pas de lits) est de travailler avec les acteurs de terrain pour ne pas avoir à intervenir seulement en fin de parcours d'une personne en souffrance. Pour le docteur Yebbal, l'équipe s'appuie sur un postulat de départ et définit une méthode :

> « La prévention du suicide est l'affaire de la communauté avant d'être celle des spécialistes. Aucun intervenant, aussi expert soit-il, ne peut faire tout seul de la prévention du suicide ; l'expertise ne se limite pas à la transmission d'un savoir. Faire de la prévention du suicide, c'est favoriser le renforcement de la solidarité entre les membres d'une communauté afin que chaque acteur puisse être potentiellement ressource à l'égard d'un de ses membres en souffrance ».

Élus, habitants et professionnels ont su faire preuve d'intelligence collective : personne n'est venu proposer de modèle, les élus ont su saisir la chance d'avoir la présence de l'équipe de l'UPS, sans imaginer recourir à un conseil extérieur, chaque habitant était écouté et pris en considération. Il n'y a jamais eu d'enjeu de pouvoir entre les acteurs, notamment entre les élus. Ainsi s'est mise en place une démarche de co-construction qui a abouti à la création de la cellule d'écoute.

Une personne, un personnage, a joué un rôle fondamental dans toute cette histoire : Gérard Bachelier. Il est à l'origine de la réunion-starter de février 2005, s'est dépensé sans compter pour développer les stages de formation, trouver des candidats, sensibiliser pompiers et gendarmes, interpeller les médecins généralistes peu enclins à le suivre, démarcher l'ARS… Il a su aussi concevoir une stratégie de développement en pensant le maillage du territoire… Son charisme a fait qu'il est considéré par tous, comme le père du GPS.

Ces éléments réunis, un processus s'est mis en place avec une première exigence : commencer par se former en participant au stage de formation à la prévention de la crise suicidaire. Plusieurs élus, y compris des maires, ont alors suivi ce stage. Certains d'entre eux sont devenus des écoutants. L'appui des élus ne s'est donc pas limité au prêt de salles de réunion, puis, plus tard, à l'attribution d'une subvention.

Sans plan préconçu, le souci d'une démarche participative, on l'a vu, a caractérisé les nombreuses réunions présidées, dans un premier temps, par le président de la commission des affaires sociales puis par Gérard Bachelier, président de l'association à sa création. Tout cela allait de soi et les enseignements qui découlaient des échanges avec les professionnels de l'UPS ont contribué à l'acquisition de la maturité nécessaire pour devenir écoutant ou assumer un rôle de sentinelle.

Un projet de santé communautaire sans la participation des médecins généralistes ?

Dans les faits, ce processus de co-construction, par une communauté d'habitants, d'un projet pour répondre à un problème de santé publique correspondait aussi une démarche en santé communautaire. Le projet s'est dessiné avec la participation de professionnels de santé exerçant sur le territoire qu'ils soient salariés (psychiatre, infirmière de prévention, psychologue du CHS, aides-soignantes, infirmières d'autres structures...), ou en exercice libéral dans l'une des communes (pharmacien, infirmier...) mais il manquait les médecins généralistes, pourtant invités aux réunions et régulièrement informés.

La question est revenue au cours des discussions, notamment en présence d'un des médecins généralistes qui avait accepté de venir, et le Dr Yebbal a lancé une alerte :

> « Attention, il ne faut pas qu'il y ait de décalage entre les membres du groupe et les médecins généralistes [...] C'est très bien de former des bénévoles, mais si le système de soins n'est pas formé, il risque d'y avoir un décalage, c'est le risque si on ne forme pas les médecins généralistes. Nous mettons en place une chaîne de solidarité, il faut la présence de tous : les bénévoles, les médecins, les infirmiers, les pharmaciens, pour apporter l'aide nécessaire dont chacun aura besoin. Dans leur trajectoire, il faut que les personnes en souffrance puissent, à chaque moment, rencontrer la personne dont elle aura besoin pour éviter le geste suicidaire. C'est pourquoi, il faut travailler sous forme de chaîne. J'ai quelques inquiétudes par rapport aux médecins et aux collègues psychiatres : comment s'articuler et travailler dans le respect des pratiques de chacun ? Sur ce point, j'ai des craintes et des questions. Il faut que les différents maillons de la chaîne soient formés pour que tout le monde soit sur la même longueur d'onde ».

Mais, pour les bénévoles, comment expliquer que son propre médecin de famille, en qui l'on a confiance, soit si distant par rapport à un projet de santé dans lequel on s'est soi-même investi ? S'agit-il de manque de temps pour certains ? De la crainte de voir leur pouvoir médical remis en cause pour d'autres ?

La question a été travaillée autour de la difficulté à « faire ensemble » dans le système de santé français. De par sa formation, le médecin exerce souvent de façon isolée ; rien ne l'oblige ni ne l'incite (manque de temps, absence de rémunération pour le hors-soins...) à échanger avec les autres professionnels au sujet d'un patient commun. Pour les mêmes raisons, son implication en santé publique est réduite à la portion congrue (pratique des vaccinations ?). Quant à la participation des usagers, depuis quelques tentatives post-soixante-huitardes, elle reste l'exception.

L'état des lieux étant fait, l'association s'est employée à travailler le lien avec les généralistes en publiant à destination des médecins une lettre électronique plus facile à lire, comprenant des témoignages dont celui d'un généraliste.

Sans dogmatisme, petit à petit, dans le contexte aidant du développement de l'exercice pluriprofessionnel avec l'émergence des maisons de santé (MSP), des médecins ont décidé de suivre le stage de formation. Ils ont ensuite mis en place dans leur cabinet des « consultations avancées ». Psychologue et infirmière reçoivent, sur indication du généraliste, au sein du cabinet médical ou de la MSP, des personnes en souffrance, dans le cadre d'un contrat signé entre les médecins et le CHS.

Les moyens déployés

Les ressources du GPS proviennent de subventions. Celle de la communauté de communes est passée de 600 à 1 100 euros avec la fusion des deux communautés de communes et l'extension du territoire d'intervention du GPS. Les autres subventions sont le fait de la mutuelle Harmonie Mutuelle (qui soutient le GPS depuis l'origine) et de la Mutualité sociale agricole (MSA). Elles s'élèvent à 1 000 euros environ, selon les années. L'association a aussi recueilli un don d'une famille qu'elle avait aidée. Il n'y a pas de cotisation, on devient adhérent en signant la charte du GPS.

Les stages de formation étant pris en charge par l'ARS (à présent également par la MSA) et les locaux et ligne téléphonique étant mis à disposition par la communauté de communes, les dépenses sont limitées. Elles concernent principalement la rémunération de la psychologue qui anime la cellule d'écoute, les formations complémentaires des écoutants, le remboursement des frais de déplacements et la rémunération éventuelle de conférenciers.

La modestie du budget s'explique aussi par l'importance de l'investissement bénévole pour le fonctionnement de l'association (élaboration des plannings de la cellule téléphonique, étude des candidatures, sélection des postulants à l'écoute, logistique des stages de formation, organisation des réunions du GPS, établissement de conventions, mise en place de conférences, création et animation du site internet, réponses aux nombreuses sollicitations...). L'association n'a pas de salarié mais le temps consacré au GPS par le président (récemment retraité), pourtant bien épaulé par les membres du bureau, ne ferait pas du recours à une activité salariée à temps partiel une question déplacée, même si elle n'a jamais été évoquée. Le GPS étant désormais sollicité pour son expertise, cela suppose préparation, méthode et temps d'intervention.

Quel bilan pour le GPS ?

La question qui vient à l'esprit est de savoir si le nombre de suicides et de tentatives de suicide a diminué sur le territoire de la communauté de communes. Le GPS est capable d'évaluer le nombre d'appels au numéro de la cellule d'écoute (une soixantaine par an) mais pas le nombre de suicides, ni son évolution. Gendarmerie et centre de secours relèvent les motifs d'intervention mais, sur l'ensemble du territoire, il existe plusieurs centres et plusieurs gendarmeries. Les propos tenus par une écoutante sapeur-pompier volontaire apportent une forme de réponse à la question du nombre de suicides :

> « Je fais de moi-même des relevés sur le centre de secours de Vallet. Avec le chiffre d'une petite quinzaine d'appels par an pour suicide ou tentative au niveau de ce centre, un chiffre qui se maintient depuis plusieurs années, on ne peut pas dire si la prévention faite par le GPS a fait diminuer le nombre de sui-

cides, même si j'en suis persuadée. On ne sait pas précisément ce qu'il en était il y a dix ou quinze ans, on ne sait pas non plus si, à défaut d'une diminution, on n'a pas enrayé une augmentation. En revanche, ce qu'on sait, c'est que sur la communauté de communes, le mot "suicide" n'est plus un mot tabou et que pour des personnes en mal-être et des endeuillés, des gens remarquables et compétents sont à leur écoute au niveau du GPS ».

Cette analyse n'est pas à mettre au seul actif du GPS, mais si le GPS s'inscrit dans les initiatives qui expliquent le déclin des suicides étudiés par Christian Baudelot et Roger Establet, son action est à prendre en compte.

Un chiffre est à retenir toutefois : à ce jour plus de 250 personnes ont suivi le stage de formation à la prévention du suicide. Parmi elles, certaines s'investissent dans le GPS et deviennent même des écoutants. Les autres (animateurs jeunesse, aides-soignantes, auxiliaires de vie, personnels de l'éducation nationale, gendarmes, pompiers…) sont des sentinelles sur leur lieu d'exercice.

D'autres éléments sont à ajouter au bilan de cette association de bénévoles, composée de retraités et d'actifs, aussi bien des hommes que des femmes. Un tel projet se construit dans la durée (il a démarré en 2005) et le dynamisme qui le caractérise ne faiblit pas. Les six réunions annuelles rassemblent toujours une vingtaine de participants, avec l'arrivée de nouvelles personnes. On y parle fonctionnement de l'association et toujours prévention.

Quel avenir pour le GPS ?

L'expérience et la notoriété acquises par le GPS, le nombre de militants, le maillage réalisé sur le territoire, son coût modeste sont des éléments qui enlèvent tout motif d'inquiétude à court terme. Néanmoins, deux questions se posent : ce projet trouvera-t-il un écho militant auprès des nouvelles générations et les prochains élus municipaux, en 2020, feront-ils à leur tour de la prévention du suicide sur la communauté de communes une priorité ? Le sillon tracé par leurs prédécesseurs et la connaissance de l'histoire du GPS devraient les sensibiliser.

[ENTRETIEN]

Une politique sociale locale consolidée par « la mobilisation territoriale ». Le cas du projet « Territoire zéro chômeur de longue durée »

Marc Godefroy

Entretien réalisé le 2 avril 2019 par Florence Jany-Catrice et Laura Nirello.

« Territoire zéro chômeur de longue durée » (TZC) est un projet dont l'initiative revient à un acteur de l'insertion par l'activité économique, Patrick Valentin, qui, s'attachant avec ATD Quart Monde le soutien de diverses organisations (parmi lesquelles Emmaüs, le Secours Catholique, la Fédération des acteurs de la solidarité, le Pacte civique) et de parlementaires, fait voter une loi le 29 février 2016. Cette loi n° 2016-31 du 29 février 2016 d'expérimentation sociale territoriale vise à résorber le chômage de longue durée. Dix territoires de petite taille sont sélectionnés fin 2016 au terme d'un appel à candidatures. Cette expérimentation *a priori* modeste puisqu'elle concerne environ 70 000 habitants et vise à créer 2 000 emplois ambitionne de « démontrer », par l'expérimentation, qu'il est possible de résorber le chômage de longue durée par la production d'emplois supplémentaires, à proportion des besoins des demandeurs d'emploi et de ceux du territoire, sans coût supplémentaire pour la collectivité publique.

L'expérimentation s'appuie sur deux types d'instances spécialement créées. Au niveau national, un fonds d'expérimentation territoriale (FET) contre le chômage de longue durée est mis en place en juillet 2016. Présidé par Louis Gallois, ce fonds a pour mission de financer partiellement l'expérimentation par la dotation qu'il reçoit de l'État et qu'il reverse aux entreprises créées à cette occasion. Le FET assure également l'accompagnement, la coordination et l'évaluation de la mise en œuvre de cette première phase d'expérimentation.

Sur chaque territoire d'expérimentation, un « comité local », dont les fonctions et la composition sont prévues par la loi, assure, de son côté, le rôle de maître d'ouvrage associant une grande diversité d'acteurs concernés par le projet : collectivités territoriales, acteurs économiques, chômeurs de longue durée, syndicats de salariés, organisations patronales, travailleurs sociaux, structures de l'emploi et de l'insertion, etc. Le comité local est chargé de définir les objectifs locaux du projet et d'en assurer la mise en œuvre. Il constitue une instance de coordination et de régulation, avec notamment pour missions d'exercer une vigilance continue, à la fois sur l'atteinte de « l'exhaustivité[1] », mais aussi sur d'autres dimensions prévues par la loi, en particulier le caractère non concurrentiel des activités développées. Au-delà de ces fonctions de coordination et de régulation, il exerce, en partenariat avec les opérateurs qui mettent concrètement en œuvre le projet sur le territoire (et qui exercent quotidiennement un rôle d'animation, d'accompagnement

1. La loi prévoit que tous les chômeurs de longue durée qui se sont portés volontaires dans le projet doivent pouvoir être recrutés dans l'entreprise.

des chômeurs, de formation[2]), une fonction de production d'innovations sociales permanentes, où règnent tâtonnement et émergence d'initiatives. Dans le cas spécifique de l'expérimentation de la métropole de Lille (MEL) qui s'est portée candidate sur deux territoires (quartier des Oliveaux de Loos et quartier du triangle de Menin de Tourcoing), un comité métropolitain assure en outre la cohérence du projet entre les deux territoires. Ce comité métropolitain est présidé par Marc Godefroy, conseiller métropolitain à l'économie sociale et solidaire et ancien maire de Lezennes. Influencé par le rapport Schwartz, Marc Godefroy est aussi fondateur de missions locales dont il préside encore l'association régionale. Florence Jany-Catrice et Laura Nirello, du Clersé (Centre lillois d'études et de recherches sociologiques et économiques), l'ont interrogé pour la RFAS à propos de la dynamique territoriale, condition nécessaire de la pérennité du projet.

RFAS : Comment votre parcours vous a-t-il convaincu de l'importance de la synergie des acteurs locaux pour faire avancer un projet commun sur territoire ? D'où vient cette conviction ?

Je suis « tombé dedans quand j'étais petit ». J'étais responsable d'un organisme d'éducation permanente, l'ILEP[3], et j'ai toujours souhaité non pas que la puissance publique me passe des commandes, dans le sens de me confier des marchés, mais me mette en posture de coopérer avec des entreprises, avec des associations, avec des élus, avec des fonctionnaires sur le thème « Comment on va s'y prendre pour par exemple sortir de l'illettrisme, pour par exemple, former à un métier nouveau ? ». Je pense à un projet comme le CIRFTEN[4], c'était dans les années 1980. On se disait qu'on pouvait, même avec des gens avec de faibles niveaux de qualification, approcher un monde technologique qui pouvait paraître être celui des élites. Dans les faits, ce monde technologique comporte beaucoup de missions qui ne sont pas des missions d'élites, mais des missions de niveau d'ouvrier qualifié, qu'il faut sensibiliser à un nouveau champ. On peut très bien être un ouvrier qualifié du déploiement des réseaux, du déploiement de l'informatique, ou de la réparation informatique. Mais surtout, il faut d'abord le faire avec des acteurs économiques dont on accepte la réflexion, avec des professionnels de la pédagogie qui s'engagent autour de cette idée, avec des jeunes qui sont intéressés, et puis avec une région qui contribue financièrement à déployer cette idée. Donc mettre en posture de coopérer comprend une dimension financière, mais il faut aussi accepter d'être dans une relation de déploiement d'un projet et non pas dans celle du donneur d'ordre qui achète une prestation. Il s'agit alors d'une co-action, d'une relation, qui n'est pas une relation de marché (de prestation), mais une relation de coopération d'acteurs, entre des acteurs institutionnels, des acteurs associatifs, des acteurs économiques, et des personnes physiques. Pour moi, cette coopération, c'est toujours ce qui marche. Cela marche plus ou moins bien, mais

2. L'AREFEP sur le territoire de Loos, et le Centre Social de Belencontre & Phalempins sur le territoire de Tourcoing.
3. Institut lillois de l'éducation permanente.
4. Centre d'initiation, de recherche et de formation aux technologies nouvelles, créé en 1982 par l'ILEP.

cela marche. Et c'est ce que ne permet pas d'atteindre la logique strictement marchande : acquisition, définition d'un cahier des charges prédéterminé, etc. dans laquelle la relation est une relation client-fournisseur, et non pas une relation de co-concepteur, de résolution d'un problème et de recherche d'une solution à un problème. Je l'ai ressenti en tant qu'acteur associatif professionnel dans la formation : on n'a jamais prétendu résoudre tous les problèmes, mais on a prétendu être expert de notre vision du problème pour pouvoir coopérer à des collectifs de résolution de problèmes, dans lesquels on aurait notre mission de formateur mais toujours en co-réflexion avec l'entreprise, en co-réflexion avec la région, en co-réflexion avec les jeunes eux-mêmes. Il y a beaucoup d'endroits où cela a marché car on était dans ce rapport-là. Malheureusement, plus ça va, moins ce rapport existe dans la commande publique : on est de plus en plus dans le marché, et de moins en moins dans la co-conception de solutions publiques à des problèmes collectifs. Je m'emballe un peu...

En revanche, on voit bien que tout ce qui permet de mettre les citoyens en mouvement pour résoudre tel type de problème de telle façon, c'est vraiment important. Je l'ai vécu aussi en tant que maire, ou du côté de la mission locale, ou de la maison de l'emploi que je préside. J'essaie d'animer, depuis ma fonction d'élu, un écosystème qui coopère pour définir des façons de travailler ensemble avec les jeunes, avec les organismes de formation, avec les acteurs du territoire, avec les entreprises, et j'y arrive modérément pour ne pas dire pas du tout. Enfin, j'exagère. Parfois ça marche.

RFAS : Ce choix de vouloir faire participer les acteurs est guidé par quels motifs ?

Je pense que c'est la seule solution. Le marché ne parviendra pas à faire cela. Tout ce que les services publics ont fait (Pôle emploi, la région, etc.) pour acheter des solutions, eh bien ils n'ont pas acheté des solutions. Ils ont fait vivre (provisoirement) des prestataires, mais ils n'ont pas développé des solutions nouvelles. J'aimerais que les acteurs institutionnels comprennent qu'on ne peut pas simplement nous acheter, que ce que l'on sait faire, on ne sait pas le faire tout seul, et que s'ils ne sont pas avec nous pour déclencher le résultat, cela ne peut pas marcher.

RFAS : Vous êtes donc arrivé dans le projet « Territoires zéro chômeur » avec cette logique de co-action. Était-ce inscrit dans le projet, ou est-ce une volonté de la métropole de Lille d'inscrire le projet sur le mode de la co-action ?

La mécanique générale d'adhésion au projet TZC m'échappe. Que le président de la MEL soit d'accord avec le directeur général des services de la MEL, soit d'accord avec le préfet, que tout le monde soit d'accord avec des gens du quartier et que cela dure... c'est étonnant. Ce n'est certes pas totalement fluide, mais on sent quand même qu'il y a une volonté de chacun de mettre ses certitudes un peu à plat, et de les reconsidérer. Chacun se dit que cela vaut vraiment le coup, que c'est original. Je ne sais pas comment cette alchimie a marché. Le risque existe cela dit que ce soit temporaire, et qu'à un moment donné, chacun reprenne son quant-à-soi et se dise : « Combien cela me coûte ? Combien cela me rapporte (d'argent, de voix) ? »

RFAS : Mais revenons à notre question, vous avez fait le pari de la co-action, est-ce inhérent au projet TZC ou est-ce de la co-action que vous avez insufflée sur le territoire ?

L'ESS (économie sociale et solidaire) est quand même un terreau particulier. L'appui sur les acteurs y est une composante de la politique. On ne fait pas une politique ESS sans les acteurs de l'ESS. On la fait avec eux. Il y avait donc dans ce cas, mon histoire et ma trajectoire personnelle, plus un domaine thématique qui m'inclinait à animer cela comme conviction politique. Et là, où il y a quelque chose de réservé à « Territoire zéro chômeur », c'est que tout le monde accepte la discipline de la co-construction. En effet, on s'attaque à un problème tellement non résolu depuis des années et des années, que tous les acteurs se disent : « Ça a l'air différent, on n'a pas tout essayé, peut-être que cela serait bien d'essayer cela ». Il y a d'autres expériences sensibles où on met cela en œuvre… Depuis l'ILEP, outre le CIRFTEN déjà cité, je l'ai déjà vécu, par exemple, pour l'Atelier pédagogique personnalisé (APP), un dispositif où on invente avec les autres comment on va faire de la pédagogie autrement. Je l'ai vécu aussi sur le dispositif IOD[5] (Interventions sur l'offre et la demande d'emploi). Ce dispositif dit : la vérité ne vient pas seulement de l'entreprise. L'entreprise doit être interpellée comme l'est le salarié, comme l'est la personne qui va rentrer. Ces modules-là m'ont vraiment passionné par le fait qu'ils mettaient en action des partenaires qui, en apparence avec des intérêts contradictoires, acceptaient de changer de posture. « Territoire zéro chômeur » (TZC), c'est pour moi le quatrième sujet de cet ordre, mais un cran au-dessus des autres ; c'est même un grand cran, qui me paraît résider dans la philosophie de la coaction érigée en système de pensée, d'action et de réaction.

RFAS : Comment cette coaction a-t-elle été mise en œuvre au départ du projet très concrètement ?

À vrai dire, moi-même j'ai été mis en co-action. Je n'ai pas été l'acteur initial. Le directeur de l'association « Compétences et emploi » (Éric Vanhuysse) et la cheffe de service (Malika Bohem), en charge de l'ESS de la MEL, ont réuni autour de la table des acteurs potentiellement intéressés, et m'ont suggéré de présider la réunion. Patrick Valentin intervenait ce jour-là. Et, alors que j'y suis donc arrivé un peu par hasard, je me suis tout de suite mobilisé, emballé, intéressé…

5. Méthode créée dans les années 1980 par Jean-Marc Lafitte et Francis Valls suite à des expérimentations conduites en Gironde.

RFAS : Quels moyens avez-vous mis en place pour que cette coaction se poursuive et pour que le projet TZC vive ?

Le projet prévoit la mise en place de comités locaux. Dans le cas du projet de la MEL, qui comporte deux territoires, nous avons imaginé un comité métropolitain connecté aux collectifs locaux. En effet, la philosophie des expérimentations zéro chômeur était d'abord envisagée pour des territoires ruraux. Dans de tels territoires, par exemple une ville moyenne et son bassin rural, les acteurs économiques, associatifs et institutionnels sont vite identifiés. La métropole, au contraire, a les atouts de ses désavantages, car elle est extrêmement riche mais... ingouvernable. Donc, il fallait inventer un dispositif, et je pense qu'on l'a fait avec les acteurs eux-mêmes, les plus impliqués, avec Malika et Éric, coordinateurs, et avec l'aval puis l'engagement du président de la MEL. On était quand même obligés d'imaginer des niveaux, ou plutôt des domaines de concertation plus ou moins proches des habitants eux-mêmes. Le projet TZC ne prend de sens que si les gens eux-mêmes sont associés. J'ai donc participé aux collectifs à Tourcoing et à Loos avec ma casquette de conseiller de la MEL, c'est-à-dire quelqu'un qui n'a pas grand-chose à dire mais qui a besoin de s'imprégner de la façon dont les gens réfléchissent. J'ai quand même été scotché par la première réunion collective de Loos où il y avait la maire, un représentant du préfet, l'AREFEP[6], un représentant du projet de Paris et une centaine d'habitants dans la salle. Se dégageait un sentiment d'une énergie hors du commun. Il y avait ceux qui se disaient que c'était passionnant, d'autres qui se disaient : « Qu'est-ce que c'est que ce truc ? » et ceux qui se disaient : « Cela ne marchera jamais ». Autant, l'approche traditionnelle, c'est : vous êtes chômeur, vous êtes un individu responsable, vous allez vous prendre en main et sortir de cette misère parce que c'est votre projet personnel, individuel, votre responsabilité. C'est l'internalisation de la situation de chômeur. Au contraire ici, on mettait en collectif, on mettait en synergie des gens qui ne pensent pas tous la même chose, qui ne ressentent pas tous la même chose. Ils ont un problème commun mais ils n'ont pas le même vécu de ce problème en commun.

On leur propose de réfléchir ensemble à la manière de le résoudre mais en apportant des ingrédients exceptionnels : on peut créer une entreprise, on peut proposer des CDI, et on peut créer les activités que l'on veut pour aider les gens du quartier. Cela n'arrive jamais des trucs comme cela ! Donc les gens, ceux qui n'y croient pas, n'y croient pas mais ils voient bien ceux qui y croient parler. Ceux qui y croient mais qui ne voient pas comment faire, commencent à réfléchir à quels sont les besoins que l'on pourrait satisfaire. Il y avait dans la même salle toute une série d'expériences différentes, d'expressions différentes, d'intérêts différents mais mobilisés par l'idée qu'on pourrait chercher une solution ensemble. Cela n'arrive jamais !

La MEL, avec sa puissance de tir en tant qu'institution, en tant que réseau, en tant que force économique constituante, avec son crédit d'être une institution qui accompagne l'action économique, pouvait porter cela. Mais j'étais à la fois

6. Actions ressources pour l'emploi, la formation et l'éducation permanente.

passionné et inquiet de me dire : « On peut y apporter de la force, du crédit, des moyens mais cela reste une aventure dont on n'aura pas la maîtrise ». Ce lâcher-prise de l'élu qui accepte le risque de se trouver dans un collectif qu'il n'a pas choisi, qu'il ne maîtrise pas au sens politique du terme, et au sens humain du terme finalement et de dire : « Je ne suis pas là pour dire comment on va faire, mais de chercher avec les gens comment on va faire ». C'est une posture qui n'est pas fréquente pour les élus, nos institutions fonctionnent rarement comme ça.

RFAS : Vous dites que vous cherchez avec les gens, diriez-vous que vous êtes un facilitateur ?

Oui. D'abord, on apporte du crédit, cela donne une légitimité. Les habitants des quartiers n'ont pas l'habitude de côtoyer des élus. Dans leur esprit, la MEL est là, et apporte du crédit. Je pense que c'est essentiellement cela que l'on apporte. Même si les solutions identifiées pouvaient apparaître étonnantes voire bizarres, les gens voyaient qu'ils auraient quand même l'appui de l'autorité traditionnelle, constitutive.

RFAS : Le comité local est également un espace décisif, prévu par la loi. Comment faites-vous pour le faire vivre ?

La composition était prévue par la loi. Mais à un moment, ce qui le fait vivre, c'est quand même la manifestation d'intérêt des acteurs locaux à y participer. Des comités, il y en a des tonnes. Je pense que ce qui fait l'intérêt des acteurs locaux à y participer, c'est d'abord le crédit apporté par la loi. Il y a, c'est exceptionnel, une loi votée à l'unanimité qui vous autorise à entreprendre des choses exceptionnelles, à expérimenter. Vous n'êtes pas obligé d'avoir raison tout de suite, vous pouvez creuser la question, on vous laisse le temps d'inventer la manière dont cela va se passer, avec quelques cadres d'objectifs et de conditions. Tout est à inventer. La loi mandate les autorités locales : donc il y avait là la MEL, mais aussi le maire, le département qui était là à travers les travailleurs sociaux mais aussi une élue du territoire, la région (moins présente au départ, mais ensuite très active à travers un de ses élus). Puis, des associations locales qui font de l'insertion par l'économique et quelques entreprises. Et si certaines entreprises ont pu, un temps, rester à distance du projet, quand elles voient aujourd'hui qu'il y a, au bout de 18 mois, 120 personnes recrutées, elles comprennent qu'il y a un vrai sujet. Ce ne sont pas que des rêveurs dans leur coin. Donc, au-delà du crédit institutionnel, il y a du crédit opérationnel qui est en train de se déployer. Cela dit, mon apport personnel se situe davantage au niveau du comité métropolitain.

RFAS : Le comité métropolitain n'était pas prévu dans la loi. C'est une des originalités du projet de la MEL ?

Absolument. C'est pour cela que je disais, dans une ville moyenne et son bassin rural, le territoire et le quartier, ce sont les mêmes personnes. Elles sont vraiment très proches, le sous-préfet est là, il n'y a pas 36 maires. Sur la métropole, il y a 90 maires, des centaines d'associations. On doit se positionner au niveau du quartier pour le collectif local et se positionner au niveau de la MEL pour le collectif institutionnel, économique et politique. Donc on a inventé ce système à deux étages. J'hésite d'ailleurs à dire deux étages. On peut parler de niveaux, mais quand on parle de niveaux, on pense à ce qui est au-dessus, et ce qui est en dessous, alors que là, c'est bien... Horizontalement, il y a des choses très locales, et il y a des choses plus institutionnelles, mais il y a du commun entre les deux. On peut faire interagir les deux avec efficacité. On n'est pas dans un comité métropolitain qui aurait raison, et des comités locaux qui seraient exécutants. Ce qu'on voit plutôt aujourd'hui, c'est que le comité local est particulièrement pertinent pour gérer, au sens « d'animer » la liste de mobilisation (la liste des personnes privées d'emploi qui souhaitent entrer dans le projet). Le comité local est un peu plus limité dans la phase d'élaboration des activités à développer. En effet, pour identifier les besoins à satisfaire, quand ceux-ci sont immédiatement visibles, solvables, cela se fait. Mais quand ils nécessitent un peu plus d'ingénierie, d'organisation, d'implication, de force un peu « supra » qui permettent de mobiliser des moyens, des mécénats. On voit bien que l'échelle métropolitaine devient plus pertinente.

RFAS : Qu'est-ce qui joue ? Le niveau d'échelle, de réseau, de vision ?

Je pense que c'est une question de réseaux. Il faut mettre le réseau métropolitain au service de l'action locale. Depuis le comité local, on ne mobilise pas forcément facilement le réseau métropolitain. Le comité métropolitain peut à la fois servir la légitimité du plan local, mais il permet aussi en son sein une pression plus efficace sur les acteurs institutionnels qui ne seraient pas déstabilisés par un collectif local. Il permet d'exiger des acteurs de sortir de leur zone habituelle d'action ou de « confort ».

RFAS : Dans notre analyse[7], on observe des risques d'essoufflement de la dynamique territoriale en cours. Comment concevez-vous la dynamique sans cesse renouvelée de coaction, de co-animation ou de co-construction de cette politique sociale sur le territoire ?

La question se pose aussi en dehors du projet « Territoire zéro chômeur ». L'animation est permanente, la recherche de solutions est permanente. La mobilisation, elle, est aléatoire. Ce qui fait que la mobilisation se maintient dans TZC, c'est que les objectifs sont pluriannuels, ambitieux et non prédéfinis. Cela signifie qu'on peut développer tout ce que l'on veut pour atteindre l'objectif. On n'est pas dans un cahier des charges qui définit tout à l'avance. Par exemple, le cahier des charges précise : « Vous ne pouvez pas prendre des personnes qui ont moins d'un

7. Recherche financée par la DARES et coordonnée par Florence Jany-Catrice (Clersé, université de Lille) et Anne Fretel (Clersé, université de Lille). Font partie de l'équipe de recherche : Sylvain Vatan (Triangle, université Lyon 2), Philippe Séménowicz (Erudit, université Marne-la-Vallée), Laura Nirello (Clersé, Institut Mines-Telecom) ; Laure Bazolli (Triangle, université Lyon 2) et Damien Sauze (Triangle, université Lyon 2).

an de chômage », mais pour le reste c'est : « Faites tout ce que vous voulez ». C'est exceptionnel.

RFAS : Cette liberté est-elle mobilisatrice ?

Elle est mobilisatrice oui ; mais elle peut aussi s'essouffler. Comme l'autonomie pour les salariés, elle est mobilisatrice mais à un moment donné, elle peut être étouffante. C'est ce qu'on analyse sur le management : l'autonomie est libératrice, mais elle a des exigences qui peuvent être angoissantes pour les personnes. Je pense que pour les acteurs cela peut être pareil, la liberté d'entreprendre ça pulse considérablement l'imagination, l'intérêt, la mise en mouvement, mais c'est épuisant parce qu'on n'a jamais fini. Pour des acteurs institutionnels qui sont dans un monde fini dans lequel ils ont fait le tour de la question, forcément, au bout d'un moment, cela se désengage. Je pense notamment aux acteurs au contact des personnes, celles du département (les travailleurs sociaux) ou les conseillers de Pôle emploi. Ils disaient au début : c'est quand même extraordinaire de faire le travail aussi différemment que ce qu'on fait d'habitude. D'habitude, on cherche des solutions qui n'existent pas pour des gens qui sont dans la mouise. Et là, on dit : on a une solution mais il faut la mettre en œuvre. On change le rapport aux personnes : on n'est plus dans un rapport d'assistance ou d'apport de réponses prédéterminées. On est dans un rapport de mobilisation des personnes collectivement, en se disant : on peut inventer la solution que vous allez chercher.

Pôle Emploi, qui d'habitude est mobilisé pour alimenter des dispositifs (ou des offres d'emploi) prédéterminés, là, il utilise son expertise emploi, il réalise des analyses de compétences. Mais il est en posture de dire aux gens : « Ok, vous savez faire ça, on va essayer de le faire ». C'est quand même très différent. Je pense que ce retournement de toutes les postures politiques, institutionnelles, qu'elles soient professionnelles ou citoyennes, est extrêmement mobilisant. Tant qu'on n'a pas atteint l'objectif et qu'on a un peu de courage, je pense que cela reste mobilisant. On a cependant cette crainte de se dire : est-ce que cela ne va pas s'arrêter ? Est-ce qu'ils ne vont pas se démobiliser en se disant que ça rajoute du boulot, de la contrainte ?

RFAS : On voit bien que le comité métropolitain est un lieu important pour le déploiement de cette politique sociale. Comment faites-vous pour renouveler l'animation de comité métropolitain ? Pouvez-vous donner des exemples ?

Je pense que c'est en renouvelant les enjeux et les objectifs du moment par rapport à l'expérience, au fur et à mesure que l'horizon recule. Dans TZC, le premier enjeu, c'était de commencer : on prend ou pas le risque d'embaucher des gens dont on ne sait pas encore bien ce qu'ils feront une fois recrutés. Les acteurs se sont mobilisés autour de cette idée, mais il a fallu avoir le courage de démarrer, d'embaucher, de créer l'entreprise, qu'une mobilisation générale autour du projet s'instaure. Les premiers recrutements ont été l'occasion de signatures en grande pompe, dans une ambiance très bon enfant, mais avec les gens qui viennent signer leur contrat devant la maire et le président de la chambre de commerce. Un premier pas qui est franchi. Un deuxième est franchi à la montée en charge : trouver des locaux, trouver des activités, les développer, les réussir. Actuellement, c'est un troisième temps car, d'une part, de nouveaux territoires frappent à la porte pour entrer dans les expérimentations. Il faut être éclairant pour ces territoires. Il faut en outre que l'objectif « d'exhaustivité », c'est-à-dire que toutes les personnes privées d'emploi du territoire qui souhaitent entrer dans le projet soient recrutées, que ce qui est un objectif théorique, devienne un objectif pratique.

À chaque étape, il y a de nouveaux horizons mobilisateurs. Si je compare à d'autres dispositifs, on a un agrément pour embaucher des gens pour six mois. Au bout de 6 mois ou deux ans dans les meilleurs cas, ils s'en vont et c'est fini. Si on a une autre convention, tant mieux, sinon, tant pis. Il n'y a pas cette espèce d'horizon lointain mais mobilisateur dont on se rapproche progressivement. Cela crée un intérêt. C'est comme un voyage. Je suis dans le bateau, j'ai passé un premier port mais mon objectif, c'est le bout du voyage.

RFAS : C'est pour cela que vous avez mis en place un comité d'essaimage, un comité des financeurs ? Finalement, à chaque question qui se pose pour le déploiement, vous mettez en place un nouveau comité ?

Bien sûr. On réunit le comité métropolitain à chaque fois qu'il y a une étape à franchir. À la fois pour dire comment on a – ou pas bien – franchi l'étape précédente, et quels sont les enjeux du moment.

Dans les comités locaux, des membres des services de la MEL y vont systématiquement. J'y vais, pour ma part, plutôt quand il y a une forme d'essoufflement. J'y vais pour remettre un petit coup de sens, de souffle : Pourquoi on le fait ? Qu'est-ce qui ne va pas ? C'est vraiment un travail d'animation.

Et puis, il y a des champs de problèmes à résoudre très différents, entre la liste de mobilisation où il y a encore 150 personnes en attente : qu'est-ce qu'on fait avec elles ? Faire vivre les 120 salariés qui commencent à se poser des questions de « chefs ou pas chefs ». Trouver les marchés où vont se déployer les activités existantes ou en susciter des nouvelles. Mobiliser des entreprises pour qu'elles viennent participer à la réflexion sur ce qu'on pourrait faire. Il y a des tas de chantiers qui appellent des compétences différentes, plus ou moins sociales, plus ou moins économiques, plus ou moins politiques, plus ou moins administratives. Et, à chaque fois, il y a un peu de social, un peu d'économique, un peu de politique, un peu d'administratif, et il faut que cela se dose avec des personnes qui se parlent pour se dire : « Ok, on va faire comme ça ! ». Au total, c'est un projet qui nous oblige tous à changer de posture, à coopérer, à expérimenter, à innover, et à considérer les chômeurs, pris tous ensemble, comme un allié, une solution, et non comme un problème, c'est passionnant !

LES DOSSIERS DE LA DREES

DIRECTION DE LA RECHERCHE, DES ÉTUDES, DE L'ÉVALUATION ET DES STATISTIQUES

Février 2019 /// N° 33

Politiques sociales locales

Programme de recherche de la DREES et de la CNAF

Coordination :
Jean-Luc Outin (DREES)
Sandrine Dauphin (CNAF)

Conseil scientifique :
Robert Lafore
Jeanne-Marie Amat-Roze
Olivier Giraud
Agnès Gramain
Philippe Warin

Remerciements :
Intervenants aux séminaires préparatoires et aux séminaires de suivi du programme
Experts des projets reçus
Bureau des collectivités locales et Mission Recherche de la DREES

À l'issue d'un séminaire de discussion entre chercheurs, représentants des administrations centrales, des organismes de Sécurité sociale, des collectivités locales et des associations qui s'est déroulé sur huit séances, la Mission Recherche de la DREES s'est associée avec la CNAF pour lancer, en mars 2015, un appel à projets de recherches pluridisciplinaires portant sur les politiques sociales locales.

Quatre axes étaient proposés pour aborder les politiques sociales locales :

1. Les principes qui les fondent
2. Les dispositifs qui les concrétisent
3. Les acteurs qui les portent
4. Les modes de régulation qu'elles mettent en œuvre

Le conseil scientifique du programme, présidé par Robert Lafore, Professeur des Universités, a retenu six projets parmi les quatorze reçus. Un séminaire d'animation du programme s'est déroulé sur trois séances, entre 2016 et 2018.

Ce dossier rappelle d'abord le texte de l'appel d'offres qui a fondé ce programme. Puis, il réunit les notes de synthèse des recherches financées. Il propose enfin une lecture transversale faisant apparaitre des thématiques communes aux six recherches.

Drees

Liberté • Égalité • Fraternité
RÉPUBLIQUE FRANÇAISE

MINISTÈRE DES SOLIDARITÉS ET DE LA SANTÉ

MINISTÈRE DU TRAVAIL

MINISTÈRE DE L'ACTION ET DES COMPTES PUBLICS

Politiques sociales locales
Programme de recherche de la DREES et de la CNAF

Les politiques sociales locales : fondements, dispositifs, acteurs et régulations

Texte de l'appel à projets de recherche

Jean-Luc Outin (DREES)
Sandrine Dauphin (CNAF)

L'existence de mesures sociales définies à un niveau local est, en France, un fait ancien. Visant initialement l'assistance aux pauvres, ces aides ont précédé la mise en place d'un système national de protection sociale. L'avènement de la IIIe République est marqué par « la confirmation du référent territorial en matière d'assistance et d'hygiène publiques » (Pollet, 2013). D'ailleurs, la charte municipale de 1884 donne aux communes une grande liberté, en leur attribuant une clause générale de compétence.

La nouvelle base solidariste à caractère professionnel sur laquelle se sont construites les assurances sociales puis, après 1945, la Sécurité sociale a contribué à une mise à l'écart de l'assistance et à un effacement corrélatif du local. Cependant, l'un et l'autre n'ont jamais totalement disparu, comme l'atteste, par exemple, la création, en 1952, des Bureaux d'Aide Sociale (BAS) afin de remplacer les bureaux de bienfaisance issus de la Révolution.

Le début des années 1980 a marqué une inflexion notable vers un retour du local. En redéfinissant les compétences des différents échelons territoriaux, l'État central cherche à impliquer de nouveaux acteurs, non seulement dans la gestion de l'action publique, mais aussi dans sa définition, voire sa conception. La réforme constitutionnelle de 2003 qui s'est traduite par un vaste transfert de compétences a conforté cette évolution tandis que la nouvelle organisation territoriale qui se met en place aujourd'hui avec les grandes régions, les métropoles et les intercommunalités élargies renforce cette tendance. Cette nouvelle donne territoriale s'est, par ailleurs, accompagnée, depuis 1992, d'un mouvement de déconcentration dans l'organisation administrative de l'État.

Les politiques sociales sont au cœur de ces mouvements marqués par un retour du territoire. Cela s'observe aux différents échelons de l'organisation politico-administrative. Ainsi, le département s'est vu attribuer le rôle le plus important puisqu'il est chef de file dans plusieurs domaines tels que la prise en charge des personnes âgées avec l'allocation personnalisée d'autonomie (APA), des personnes handicapées sous la forme de la prestation de compensation du handicap (PCH), de la protection de l'enfance avec l'organisation de la protection maternelle infantile (PMI) et de l'aide sociale à l'enfance (ASE) et enfin de la lutte contre l'exclusion avec le revenu de solidarité active (RSA). Il y exerce de larges responsabilités en matière de définition, de mise en œuvre et de financement de prestations, d'équipements et de services correspondants. Quant aux communes et intercommunalités, bien qu'aucune prestation d'aide sociale légale ne relève plus de leur compétence, leur champ d'intervention est considérable, notamment dans le cadre des centres communaux et intercommunaux d'action sociale (CCAS et CIAS) qui ont succédé aux BAS à partir de 1986 puis de 2004 : lutte contre l'exclusion, services d'aide à domicile, gestion d'établissements d'hébergement, prévention et animation pour les personnes âgées, soutien au logement et à l'hébergement, petite enfance, enfance/jeunesse, soutien aux personnes en situation de handicap, etc. Enfin, la région joue un rôle majeur, notamment, dans les politiques de formation professionnelle et des travailleurs sociaux.

Sans méconnaître la place de l'État central ni celle des partenaires sociaux dans le système de protection sociale, la mutation des prérogatives et de l'organisation des collectivités territoriales en matière d'action sociale induit des systèmes complexes qu'il convient d'analyser (Galtier, 2011). Leurs effets sont multiples. Ils doivent être appréhendés tant au niveau individuel, en termes de réponses aux besoins que sur un plan plus général, en termes de contributions à la cohésion sociale et au développement économique local. Dans quelle mesure la proximité recherchée vise-t-elle et permet-elle de répondre à la diversité des besoins exprimés par des populations aux caractéristiques, trajectoires et aspirations diverses ? À partir de quels outils de définition des besoins sociaux et de préparation des choix budgétaires ? Comment, dans ces différents territoires sont identifiés les besoins et sont hiérarchisées les priorités d'action ? Quelles ressources – principes d'intervention, normes d'action, financements, acteurs – sont mobilisées pour y répondre ? Comment les différents acteurs en présence coopèrent-ils pour articuler leurs interventions particulières ? L'analyse des modalités prises par ces politiques sociales locales apparaît essentielle pour comprendre les enjeux attachés aux transformations en cours, en termes d'efficacité économique comme en termes de justice sociale.

L'appel à projets de recherche, lancé en mars 2015, proposait ainsi d'aborder les politiques sociales locales/la territorialisation des politiques sociales à partir de quatre axes :

Les principes qui les fondent,
Les dispositifs qui les concrétisent,
Les acteurs qui les portent,
Les modes de régulation qu'elles mettent en œuvre.

Axe 1 : Fondements et enjeux

Quelques éléments de contexte

Le retour du local ne peut pas se résumer aux difficultés financières de l'État qui, du fait d'une croissance économique durablement ralentie, chercherait à partager le poids des dépenses sociales avec d'autres acteurs. Dès les années 1980, la crise dite de l'État-providence a été appréhendée à travers différentes dimensions qui interrogent également ses principes et ses formes d'intervention (Rosanvallon, 1981). Pour autant, le contexte financier ne peut échapper à l'analyse, dans la prise en compte nécessaire des ressources de l'action publique, de l'organisation des partenariats et des systèmes de gouvernance, de l'équilibre des pouvoirs dans les processus de décision.

Du point de vue du système global de protection sociale, l'extension de la société salariale a conforté, jusqu'au début des années 1980, la prépondérance prise par les mécanismes d'assurances sociales à base professionnelle ou interprofessionnelle assortis d'une couverture nationale. Cependant, la composante de l'assistance n'a pas pour autant disparu et l'aide sociale a continué à se développer dans un cadre d'abord territorialisé puis décentralisé. Après 1982, la notion de bloc de compétences sert alors à délimiter ce qui relève de l'État comme les prestations de solidarité nationale (prestations de sécurité sociale, minima sociaux tels qu'AAH, ASS) et ce qui est du ressort des collectivités locales. La maîtrise politique des prestations d'aide sociale et des décisions concernant les établissements et services sociaux est devenue la norme avec le transfert aux conseils généraux des compétences correspondantes.

Le renouvellement des approches et des fondements

Cependant, la complexification des situations sociales et des réponses à leur apporter remettent en cause cette notion de bloc de compétences. Dès 1984, les plans pauvreté-précarité impliquent l'État et les communes pour leur financement et les associations pour leur mise en œuvre. De même, la politique de la ville qui prend son essor à partir des années 1988-1989 se veut délibérément transversale et pluri-institutionnelle. Enfin, la création de nouvelles prestations de solidarité (le RMI puis le RSA, l'APA) prend une forme intermédiaire entre prestation de sécurité sociale et aide sociale. Plus fondamentalement, l'intervention sociale locale devient plus composite. Son « *modèle tutélaire* » originel qui s'était combiné avec un « *modèle réparateur* » dans la période d'après-guerre, se combine, dans les années 80, avec un « *modèle intégrateur* ». Dans ce cadre, le territoire devient une catégorie centrale des actions destinées à accompagner des populations « interstitielles » mal prises en compte dans les formes d'intervention antérieures (Lafore,

2007). On passerait ainsi d'un modèle caractéristique d'un « *social d'intervention* » à un modèle de « *social contractualiste* » ou de responsabilité. Le premier est marqué par l'attribution d'aide à des populations ciblées à travers des conditions générales ; le second est fondé sur des projets impliquant largement les acteurs locaux (Ion, 2000). La représentation du social est en jeu, entre préoccupation sectorielle et orientation transversale (Havette, Molière, Moriceau, 2014).

Des fondements aux enjeux à étudier

L'analyse des politiques sociales locales doit être l'occasion de préciser et de problématiser la manière dont le territoire, en tant que nouvelle catégorie d'action, participe aux recompositions que l'on observe au sein des politiques sociales. S'agit-il d'aménagements à la marge dont la portée générale reste limitée ou participent-ils d'une transformation substantielle du système global de solidarité collective ? Comment cela s'articule-t-il avec la recherche d'une nouvelle combinaison entre les principes de sécurité sociale, d'assistance et de prévoyance que l'on observe dans la protection sociale ? Quels liens avec les évolutions en matière de financement de celle-ci ?

Au-delà de ces considérations générales, d'autres interrogations plus circonscrites peuvent être abordées. L'extension des intercommunalités et la mise en place des métropoles fournissent des opportunités nouvelles pour aborder ces questions du fait de la recomposition des territoires d'intervention qui leur sont liés.

En premier lieu, l'approche de l'action publique par le territoire conduit à s'interroger sur l'échelon pertinent qu'il convient de retenir pour concevoir les politiques sociales. Or, la répartition appropriée des compétences dévolues à chacun peut se heurter au développement d'interventions combinant des champs variés (l'emploi, la formation, l'hébergement, l'action sociale, la santé, etc.) relevant d'échelons différents. Les questions relatives à leur coordination dans la durée, en termes de priorités à définir, de ressources à mutualiser, de formes d'intervention pluri-institutionnelle à concevoir se trouvent posées. La notion de chef de file, utilisée pour désigner le rôle particulier confié aux départements dans le cadre du RSA, permet-elle de définir une véritable coordination à la fois sur le plan stratégique et d'un point de vue opérationnel ? Le territoire permet-il de dépasser en partie sinon de s'affranchir, des fonctionnements traditionnels en silos, qui, du fait de complexités multiples accumulées dans le temps, entravent l'objectif de transversalité ?

En deuxième lieu, au-delà des enjeux d'efficacité de l'action publique, l'enchevêtrement des compétences qui est pointé ici est difficile à interpréter. Pour certains, il est assimilé à des problèmes de transparence démocratique de l'action publique. Pour d'autres, il est au contraire un gage de pluralité et de mise en concurrence dans l'action publique. La question de l'architecture générale du système, des objectifs recherchés par le législateur et de sa cohérence d'ensemble, pourrait faire l'objet d'une évaluation à l'aune des nombreuses études déjà disponibles. De même, l'analyse des effets induits par des modes différenciés d'organisations des territoires que l'on rencontre dans d'autres pays européens pourrait apporter, toutes choses égales par ailleurs, des éléments de réflexion intéressants.

En troisième lieu, la pertinence du périmètre de l'intervention sociale est de plus en plus examinée à travers le prisme de l'efficience gestionnaire et de la rationalisation des moyens. La question doit être également abordée du point de vue de ce qui fonde sa légitimité. Dans ces conditions, comment la question de points de vue de ce qui fondent sa légitimité peut-elle abordée ? Si les transferts de compétences et d'attributions construisent un cadre juridique indispensable à celle-ci, il faut s'interroger sur les processus longs qui forgent l'identité des territoires et sur les modes de délibération des instances qui assurent leur expression politique. L'implication variable des intercommunalités dans le champ de l'action sociale peut être une façon d'aborder cette question.

En quatrième lieu, cette promotion du territoire interroge les inégalités de traitement des populations qui peuvent en découler. Cette approche implique, en effet, de trouver un équilibre entre les principes d'égalité et de solidarité nationale et les libertés locales. En d'autres termes, comment est gérée la tension entre l'autonomie des collectivités territoriales et l'encadrement normatif de l'État relatif à la mise en œuvre des politiques sociales ? Cette dimension inhérente au processus de décentralisation s'avère particulièrement cruciale en matière sociale. À travers les droits sociaux correspondants, elle met en jeu des droits constitutionnels fondamentaux.

D'un point de vue plus concret, ces inégalités territoriales s'inscrivent dans des trajectoires socio-économiques longues. Plus largement, elles reflètent des histoires locales marquées par des évènements, des acteurs et des compromis. Comment les différences de ressources qui en découlent influent-elles sur la conception des dispositifs locaux et sur les partenariats mobilisés ? La recomposition actuelle du paysage politico-institutionnel local confère une acuité particulière à cette question. L'organisation politico-administrative du territoire fondée traditionnellement sur un modèle uniforme illustré par le triptyque « commune, département, région » va faire place à une diversité plus grande. Dans ces nouveaux cadres, comment émerge une logique de projet et une stratégie de développement social en lieu et place d'une logique de guichet ?

Axe 2 : Les prestations, les équipements et les services : quelles caractéristiques et quelles innovations dans les territoires ?

Ce deuxième volet de l'appel à projets propose de s'intéresser aux prestations, aux équipements et aux services offerts dans le cadre de politiques sociales concernant des territoires bien circonscrits, communes, intercommunalités ou départements. Au-delà des cadres légaux et réglementaires généraux dans lesquels s'inscrivent les interventions sociales correspondantes, l'examen devra porter sur leurs caractéristiques particulières.

Quelques éléments de contexte

Les prestations, les services et les équipements qu'il s'agit d'étudier ici prennent place, du point de vue juridique et institutionnel, dans le cadre de l'aide sociale et de l'action sociale. La première, à caractère obligatoire, est fondée sur des lois et règlements de portée générale qui configurent les prestations. Les droits correspondants ont trois caractéristiques principales : ils sont « alimentaires » (*i.e.* fondés sur l'expression de besoins particuliers), « subjectifs » (*i.e.* le besoin exprimé est soumis à l'appréciation d'une instance), « subsidiaires » (*i.e.* ils interviennent en dernier recours et peuvent mettre en jeu des solidarités privées). Dans ces conditions, le cadre normatif général peut donner lieu à interprétations locales, ce qui contribue à une certaine variété des prestations réelles. L'action sociale, quant à elle, est intrinsèquement plus diverse puisqu'elle met en place des interventions facultatives relatives à des aides directes ou indirectes, des équipements et services collectifs (comme les équipements d'accueil du jeune enfant), ou bien des mesures d'accompagnement et de suivi social. Par ailleurs, la crise économique qui s'est ouverte en 2008, par son ampleur et sa durée, a des conséquences sociales importantes comme l'attestent l'augmentation du chômage de longue durée et l'intensité croissante de la pauvreté (Onpes, 2014).

Quelques interrogations principales

Une partie des travaux engagés pourront, par exemple, dresser des cartographies comparées de l'offre sur plusieurs territoires, notamment ruraux. Ces espaces méritent une attention particulière. À un niveau général, il s'agira d'analyser les conditions de mise en place de ces prestations, équipements et services ainsi que d'examiner les transformations qui ont pu intervenir au cours des années récentes. La grande hétérogénéité des situations familiales et professionnelles et leur instabilité contribuent à une diversité croissante des besoins. Comment ces mouvements se sont-ils traduits dans l'offre de prestations, de services et d'équipements ? Quels besoins et quelles populations cherche-t-on à satisfaire en priorité ? Comment la limitation des ressources publiques intervient-elle : recherche de partenariats via les intercommunalités, modulation des barèmes, recentrage sur certains champs et certains publics, etc. ? Et au-delà, quel modèle du social cherche-t-on à promouvoir entre une logique individuelle de l'action sociale et une logique collective (populationnelle ou bien territoriale) de celle-ci ?

Un autre volet des travaux engagés pourrait être ciblé sur un domaine particulier d'intervention : la petite enfance, le handicap, la dépendance, la pauvreté, l'insertion, l'accès aux droits, etc. Il s'agirait alors d'examiner les prestations, les équipements et les services correspondants sous l'angle des conditions d'attribution ou d'accès, des barèmes utilisés pour calculer le coût éventuel à la charge de l'usager, des durées d'intervention de professionnels accordées, des règles en matière d'obligation alimentaire ou de récupération successorale, de suivi et d'accompagnement, de régime des sanctions, etc. La grande hétérogénéité des prestations locales pourrait expliquer la difficulté de passer d'un échelon communal à un échelon intercommunal impliquant un processus d'harmonisation des conditions d'attribution. Or, celles-ci reflètent des choix ou des compromis politiques au-delà de leurs caractéristiques juridiques et institutionnelles. En même temps, la mise en place de dispositifs mutualisés (guichet, quotient, dossier unique...) ne permet-elle pas le changement d'échelle ?

L'observation et l'analyse pourront être développées dans plusieurs directions.

En premier lieu, il serait intéressant de préciser, sur chacun des territoires étudiés, la manière dont les innovations éventuelles que l'on peut observer s'articulent avec des phénomènes de dépendance au sentier, c'est-à-dire de dépendance à l'égard de politiques passées. Comment se fait la combinaison entre l'une et l'autre tendance ? Quel rôle ont joué les modifications intervenues dans les interventions de l'État central ou d'une collectivité d'échelon supérieur (région, département) ou des institutions sociales (caisses d'allocations familiales, caisses de retraite, etc.) pour favoriser ces changements ? Comment des initiatives et/ou des revendications portées par des groupes de citoyens et par le milieu associatif ont-elles abouti à faire reconnaître des besoins nouveaux ? D'autres phénomènes d'ordre démographique (arrivée de nouvelles populations), économique (manifestations locales de la crise) ou sociologique (nouveaux comportements des individus et des groupes sociaux présents), interfèrent-ils dans cette combinaison de l'ancien et du nouveau ?

En deuxième lieu, l'analyse devrait permettre d'éclairer le débat portant sur le partage ou la tension entre politiques universelles et politiques catégorielles. Cette tension se manifeste-t-elle dans la configuration d'ensemble observée sur un territoire ? N'est-elle apparente que pour certains segments de l'offre ? Quels sont les champs et les interventions les plus concernées par le ciblage ? Quelles sont les contreparties éventuellement mises en place ?

En troisième lieu, la question des critères de « justice locale » tels que le besoin, le mérite, l'efficacité, etc. au sens de J. Elster (1995) pourrait être posée. Une autre façon d'aborder la question serait de reprendre la distinction entre le « social de compensation », remède à l'exclusion, et le « social de compétition » qui cherche à remettre les individus dans le circuit de l'emploi pour qu'ils retrouvent une autonomie suffisante (Donzelot, 1994). Comment les dispositifs en vigueur en portent-ils la trace du fait de la concurrence entre des besoins alternatifs et du décalage entre les besoins exprimés et les ressources disponibles ? L'examen des processus de reconnaissance des premiers et de mobilisation des secondes peuvent être des façons d'aborder la question. Quelles conséquences ces critères ont-ils sur les caractéristiques des prestations, leurs conditions d'attribution et leurs modalités de mise en œuvre ? Comment se trouve posée la question des droits et devoirs des individus et de la collectivité selon les diverses interventions ? L'examen de conflits/contentieux particuliers en matière « d'accès à » pourrait s'avérer très éclairant.

En quatrième lieu, la question de l'accompagnement des personnes semble essentielle à divers titres. De par les différents champs du social dans lesquels l'accompagnement est mis en place, les collectivités locales se trouvent particulièrement impliquées. Cette notion renvoie au fait qu'un professionnel et un bénéficiaire définissent en commun les objectifs et les modalités des actions à entreprendre. En faisant du bénéficiaire un acteur à part entière dont les projets et les compétences sont reconnus, le registre de l'intervention se modifie pour passer « *d'un idéal éducatif à un horizon capacitaire* » (Guiliani, 2013). De plus, l'accompagnement s'inscrit dans le cadre d'un parcours et donne lieu à l'établissement d'un document fréquemment dénommé contrat. Quel est le sens exact de la notion d'approche globale qui lui est généralement associée ? Quelles sont les formes d'accompagnement effectivement mises en place ? En quoi se démarquent-elles des relations d'aide telles que tutelle, prise en charge, suivi ou soutien ? Que peut-on dire du droit à l'accompagnement : fait-il l'objet d'attentes particulières pour améliorer l'accès aux prestations, aux équipements et aux services ? Observe-t-on un contentieux croissant en la matière ? Les moyens affectés permettent-ils de dépasser la dimension procédurale de l'accompagnement pour lui donner un contenu réel, notamment du point de vue du parcours à réaliser. De même, comment le mouvement général de mise en place de « guichets uniques » (maisons départementales des personnes handicapées, services intégrés d'accueil et d'orientation, etc.) fait-il évoluer l'accompagnement social dans ses formes et dans son contenu ?

Axe 3 : Les systèmes d'acteurs territoriaux : entre hiérarchie et coopérations, encadrements et autonomie

Ce troisième volet de l'appel à projets propose de s'intéresser plus particulièrement aux acteurs qui interviennent dans le champ des politiques sociales locales. L'une des caractéristiques de celles-ci est sans doute la multiplicité des acteurs en présence, qu'ils appartiennent à la sphère publique (État, collectivités locales et établissements publics) ou bien à la sphère privée, de l'ordre marchand ou non marchand. Sans doute, l'implication de chacun de ces acteurs est-elle variable selon que l'on se place au niveau de la définition des interventions, de leur financement ou de leur mise en œuvre opérationnelle. Elle varie aussi selon les champs d'intervention.

Éléments de contexte

La décentralisation a modifié la place et le rôle de ces différents acteurs impliqués dans les politiques sociales. Cependant, ils restent tous présents et doivent coopérer plus ou moins activement ou inscrire leur action particulière dans le cadre normatif et budgétaire défini par d'autres. Par ailleurs, si les travailleurs sociaux sont l'expression majeure des professions spécifiques attachées aux politiques sociales, la mise en œuvre de celles-ci s'accompagne de l'intervention d'opérateurs (en matière de conseil, par exemple) et de fonctionnaires territoriaux en charge des dimensions budgétaires, de contrôle et d'évaluation. Enfin, au-delà de celle des professionnels, il faut considérer la place des bénévoles et celle des bénéficiaires ou des usagers.

Quelques questions

Au-delà de sa dimension géographique *stricto sensu*, le territoire est un espace social et politique doté de ressources variées. Celles-ci sont mobilisées et mises en œuvre par une pluralité d'acteurs. Dans le champ des politiques sociales, on observe des configurations différentes selon les mesures considérées : petite enfance, pauvreté et urgence sociale, dépendance, etc. Deux séries d'interrogations peuvent être abordées. La première porte sur les relations de pouvoir existant entre les différents acteurs. La seconde s'intéresse aux différentes ressources que les acteurs des politiques sociales locales mobilisent ou utilisent.

Autonomie, hiérarchie et coopération

Il s'agira de caractériser les systèmes d'acteurs constitués dans le cadre des politiques locales et d'analyser leurs modes de gouvernance. En particulier, on s'intéressera aux diverses formes de combinaisons « acteurs publics/acteurs privés – acteurs marchands/acteurs non marchands » que l'on peut repérer selon les domaines et les modes d'intervention. L'émergence du territoire et de l'approche globale des personnes et de leurs besoins pose la question de la coordination entre ces différents acteurs. Comment parviennent-ils à organiser des réseaux d'intérêt général, voire même à participer à la définition d'un « *intérêt général territorialisé* » ? Dans quelles conditions, économiques, sociales et politiques mobilisent-ils des ressources variées pour répondre à des besoins nouveaux ?

Au-delà du recueil de données et de l'analyse des besoins sociaux, il manque aujourd'hui une capacité à « manager la complexité » impliquant une gouvernance partagée et à géométrie variable. Le passage éventuel de modes hiérarchiques à des formes de coopération négociée au sein du système d'acteurs ne fait-il pas émerger un ensemble dont la régulation est problématique car très éclatée ? La pluralité des acteurs conduit-elle à se demander qui sont les acteurs pilotes ?

Comment sont définies les priorités et les formes d'intervention ? Quels types de pouvoir sont réellement exercés en fonction des ressources de toute nature qui sont disponibles ? Comment les logiques de projets conduisent-elles à reconfigurer les systèmes d'acteurs, selon quels compromis ? La mise en place des CIAS peut fournir un champ d'observation intéressant. Quelles sont la signification et la portée des expérimentations auxquelles ils se livrent ?

Les articulations entre les différents niveaux de collectivités sont une question d'autant plus importante que la réforme territoriale de 2014-2015 interroge des principes généraux tels que la clause de compétence générale ou la pertinence de dispositions comme les blocs de compétences. Quelle place et quel rôle pour les communes, les métropoles et les intercommunalités à côté du département et de ses compétences particulières ou de son rôle de chef de file ? La montée en puissance des métropoles peut réduire d'autant l'importance du « *département providence* ». De plus, il faut tenir compte des autres acteurs tels que les organismes sociaux, les associations et les entreprises. Quelles places occupent-ils dans la conception de dispositifs sociaux locaux au-delà de leur rôle d'opérateurs ? Par ailleurs, face au paysage éclaté des institutions, à la multiplicité des financements et aux cloisonnements qui en découlent, les opérateurs, notamment associatifs, n'en viennent-ils pas à tenir un rôle de régulateur particulier ?

Normes d'action et identités professionnelles

Du point de vue des ressources que les acteurs locaux peuvent utiliser, il faut tenir compte de leur grande diversité et ne pas se limiter à la dimension financière, même si celle-ci a toute son importance. La pluralité des acteurs (État, collectivités locales, organismes sociaux, CCAS, Pôle emploi, associations, entreprises, etc.) pose plusieurs questions.

Entre l'encadrement normatif produit par les uns et la mise en œuvre par les autres, des glissements et des tensions peuvent se produire. L'exemple de l'orientation des allocataires du RSA ou la définition des degrés d'autonomie chez des personnes dépendantes illustrent, parmi beaucoup d'autres, la réinterprétation que les « opérateurs » font des règles générales qui leur sont fournies. Si le contexte économique influence les ressources (financières, en emploi, etc.) disponibles, on peut aussi s'interroger sur les systèmes de valeurs et les critères de légitimation utilisés pour décider. L'analyse des commissions interdisciplinaires mises en place dans le cadre du RSA pour statuer sur les situations complexes ou conflictuelles pourrait être intéressante de ce point de vue.

En quoi les positionnements institutionnels et les identités professionnelles permettent-ils d'éclairer l'ensemble des pratiques des acteurs et les difficultés de coopération entre eux ? Comment les changements d'échelle impliquent-ils des changements d'approche ? Avec quelles conséquences sur l'implication des acteurs traditionnels ? Ceux-ci sont en relation avec les populations les plus fragilisées par la crise sociale et doivent réaliser des interventions relevant plus du domaine du secours et de l'urgence.

Comment les intercommunalités et les agglomérations contribuent-elles à faire émerger de nouvelles approches du social ? Dans ce contexte, les politiques sociales ne vont-elles pas être davantage adossées à l'aménagement urbain, en particulier au logement et à l'insertion par le développement économique ou à la gestion des grands services urbains ?

Axe 4 : Les mécanismes de régulation : quels outils et quels effets ?

Les politiques sociales locales sont devenues plus complexes, non seulement en termes d'interventions mais aussi d'un point de vue technique, gestionnaire et budgétaire. À un niveau général, la décentralisation des compétences pose la question de l'organisation des financements correspondants et des transferts de ressources nécessaires. Sur un plan plus opérationnel, la mise en place de projets d'établissement, la définition de nouvelles normes architecturales ou de sécurité, le renforcement de l'évaluation des services offerts et l'apparition de modes de financement différents concourent à cette complexification. Simultanément, la référence plus ou moins explicite au *New Public Management* et à ses instruments (contrôle de gestion, reporting, etc.) met l'accent sur la recherche de l'efficience et esquisse un nouveau contexte pour améliorer la qualité de l'offre et mobiliser des sources de financement supplémentaires. Ce ne sont pas seulement de nouveaux intervenants qui sont impliqués, ce sont aussi de nouveaux cadres institutionnels qui sont mis en place. Au-delà d'une opposition polaire entre service public et marché, il convient d'identifier les modes de régulation qui ont émergé pour mieux les caractériser et interroger leur impact sur la qualité et le coût des prestations, des équipements et des services offerts.

Plusieurs questions peuvent être envisagées.

La connaissance des besoins et la recherche de la qualité

Les enjeux de l'observation sociale territoriale sont multiples : identifier et repérer les besoins et les attentes sociales, exprimés ou invisibles ; mesurer et anticiper les évolutions et construire des scenarii prospectifs ; connaître les territoires pour dresser des typologies afin de mieux répartir les moyens ; disposer d'outils d'aide à la décision. Dans le cadre des CCAS ou des CIAS, l'analyse des besoins sociaux qui est prévue par le législateur correspond à cette préoccupation de fonder l'intervention sociale sur l'expertise. De plus, cette construction de l'information peut être un moyen pour élaborer des analyses partagées, indispensables à la coopération entre des acteurs appartenant à des institutions et à des champs différents, à un niveau géographique adapté. Au-delà de la description résultant du rassemblement des données statistiques concernant les caractéristiques socio-économiques d'une population et d'un territoire, comment cette expertise débouche-t-elle sur la redéfinition des interventions existantes et sur la conception de prestations, d'équipements et de services nouveaux ? Cette expertise a-t-elle le même rôle dans la prise de décision selon qu'il s'agit de prestations monétaires destinées à répondre à l'urgence ou d'équipements en matière d'accueil de jeunes enfants ? La question des rapports entre la connaissance par le politique (*i.e.* celle des élus) et la connaissance par l'expertise (*i.e.* celle des professionnels) pourrait éclairer la manière dont l'offre locale évolue. Les plateformes régionales d'observation sociale et leurs relais locaux éventuels sont-elles à même de promouvoir des diagnostics partagés, base de véritables plans d'action ?

Par ailleurs, le rôle des co-financeurs (caisses nationales, etc.) peut être important pour la diffusion de normes de qualité et sensibiliser les acteurs de terrain à des approches plus complexes (ex : l'accueil et pas seulement la garde des jeunes enfants, ce qui implique un projet social et éducatif qui étaye l'offre des places). Comment ces préoccupations ont-elles contribué à faire évoluer le contenu des politiques sociales locales ?

Une autre question importante a trait au phénomène de non-recours aux prestations, équipements et services. Les travaux conduits pour l'évaluation du RSA ou pour la préparation du plan pluriannuel contre la pauvreté et pour l'inclusion sociale ont à nouveau souligné son ampleur. Or, le non-recours revêt différentes dimensions allant de l'information dispensée à la nature de l'offre publique en passant par les modalités de gestion des prestations et services (Warin, 2007). Comment la préoccupation d'un meilleur accès des populations aux dispositifs locaux est-elle prise en compte, notamment pour appréhender la qualité de leur mise en œuvre ? En quoi la prise en compte de la question du non-recours modifie-t-elle la réponse des CCAS/CIAS à l'obligation de développer une politique de lutte contre les exclusions ? Comment est-elle instruite par les travaux d'observation sociale et saisie par les outils de la comptabilité publique (en termes de provision budgétaire pour risques et charges, de suivi des restes à réaliser,...) ?

Enfin, l'analyse de l'implication des personnes dans l'élaboration des politiques et dans la mise en œuvre des dispositifs concernant les groupes auxquels elles appartiennent constitue une entrée originale. Quelle est l'importance prise par ces lieux d'expression des usagers (conseil de la vie sociale dans les établissements, etc.) et quel est leur rôle exact ? En quoi ces démarches participatives (pour le RSA, la protection de l'enfance, etc.) permettent-elles d'améliorer la qualité de l'offre ?

Les financements et les mécanismes de péréquation

En parallèle aux nouvelles compétences qui leur sont confiées dans le champ social, les collectivités locales voient leurs budgets alimentés par des transferts multiples. Souvent jugés insuffisants pour faire face aux charges correspondantes, les fonds reposent sur une gamme diversifiée d'instruments : dotations et subventions en provenance de l'État ou de caisses nationales, redistributions entre collectivités de même niveau, etc. Ces transferts se fondent sur des critères d'éligibilité et de répartition à partir d'une estimation des ressources et des charges. Comment les unes et les autres sont-elles mesurées ? En quoi les inégalités de charges renforcent-elles les inégalités de richesses, les territoires pauvres ayant non seulement des ressources propres faibles, mais aussi des charges élevées du fait des situations sociales dégradées ? Quelles incidences cela a-t-il sur la définition des politiques sociales locales et sur l'application locale de mesures nationales ?

Que peut-on dire de l'impact de la politique de péréquation du fait de la diversité des critères utilisés (inégalités démographiques, géographiques ou sociales) par ses différents mécanismes ? Quelle cohérence entre l'importance des transferts de ressources et le principe de libre administration des collectivités locales ?

Le recours au marché et la diffusion des normes gestionnaires

La question de l'extension d'une logique marchande et de ses incidences générales doit être examinée non seulement à travers les instruments de financement utilisés pour rendre la demande plus solvable ou pour soutenir le développement de l'offre mais aussi à travers le renouvellement des acteurs en présence et des modalités par lesquelles ils accèdent aux ressources publiques pour offrir des services et des équipements. Dans les années 2000, la directive européenne sur les services sociaux d'intérêt général a donné lieu à de nombreux débats. Elle a sans doute contribué à étendre les procédures d'appels d'offres à la place des dispositifs de conventionnement ou de gré à gré sur lesquels se fondaient antérieurement les subventions versées aux prestataires, notamment associatifs. De même, les délégations de service public sont montées en puissance. Qu'en est-il de ces évolutions ? Observe-t-on des différences d'usage de ces instruments selon les collectivités, les territoires et les segments des politiques sociales locales ? Comment l'administration de ces procédures par les services juridiques ou financiers des collectivités, à travers la définition des cahiers des charges par exemple, prend-elle en compte la réalité composite des services et prestations qui devront être offerts pour répondre aux besoins ? Quelle incidence sur le prix des services ? De manière générale, quelles sont les caractéristiques du marché de ces services ? Les opérateurs marchands contribuent-ils à une homogénéisation des services offerts ? Qu'en est-il de l'ancrage local qui est le propre des acteurs associatifs ?

Enfin, parmi les opérateurs, on peut s'intéresser à l'autonomisation d'une fonction de gestion du fait du recours à de nouveaux outils de pilotage et de contrôle. Quelles tensions apparaissent entre les contraintes de gestion et les objectifs sociaux poursuivis par les politiques locales (intégration sociale, égalité des chances, etc.) ? Comment les charges inhérentes à la délivrance du service sont-elles intégrées dans sa tarification et selon quelles modalités de négociations entre le prestataire et la tutelle ?

De manière plus générale, que peut-on dire du double mouvement que certains observateurs ont repéré entre un renforcement du cadre tutélaire (en termes de qualité et de gestion) et le développement d'une gouvernance quasi marchande à travers la mise en concurrence des prestataires et des instruments de soutien à la demande qui peuvent échapper à la régulation locale ?

Bibliographie

Donzelot J., en col. avec Ph. Estèbe, 1994, L'État animateur, essai sur la politique de la ville. éd Esprit.

Elster J. (éd), 1995, Local justice in America, Russell Sage Foundation.

Galtier B. (coord.), 2011, Politiques sociales locales, Revue française des affaires sociales n° 4.

Guiliani F. E., 2013, Accompagner. Le travail social face à la précarité durable. Presses universitaires de Rennes.

Havette S., Molière E., Moriceau C., « L'action sociale facultative des communes et des intercommunalités », DREES, *Dossiers Solidarité et Santé*, 2014, n° 56.

Ion J., 2000, Le travail social à l'épreuve du territoire, éd Dunod.

Lafore R., 2007, La pauvreté saisie par le droit : la construction juridique de l'assistance en France.

ONPES, 2013, Séminaire Droit et pauvreté.

ONPES, 2014, Les effets d'une crise de longue durée, Rapport 2013-2014.

Pollet G. , en col. avec Payre R, 2013, Socio-histoire de l'action publique, La Découverte.

Rosanvallon P., 1981, La crise de l'État providence, Le Seuil.

Warin Ph., 2007, L'accès aux droits sociaux. Presses Universitaires de Grenoble.

Politiques sociales locales : notes de synthèse

Les politiques locales en direction des personnes en perte d'autonomie : appropriation du cadre légal et diversité des pratiques dans le champ médico-social

Responsable scientifique : Philippe Martin
Équipe de recherche : Mélina Eloi, Claire Magord, Philippe Martin, Marie-Laure Pouchadon
Laboratoire : COMPTRASEC, UMR Cnrs-Université de Bordeaux

Cadre et problématique de la recherche

Depuis le début des années 2000, la législation a procédé à une profonde rénovation du champ médico-social, notamment en matière de prise en charge et d'accompagnement des personnes âgées dépendantes et des personnes handicapées. Cette transformation peut être lue sur deux axes. Le département a été institué comme « chef de file » de l'action sociale et médico-sociale. Par-delà le transfert de compétences, ce nouveau cadre induit une logique de territorialisation des politiques sociales. Les collectivités locales deviennent « l'échelon privilégié et incontournable de mise en œuvre des politiques d'action sociale ». Mais la territorialisation prend aussi un tour qualitatif et peut-être perçue comme « un moyen d'adaptation des politiques sociales susceptible de rééquilibrer, en faveur du développement social, une approche orientée vers des publics ciblés »[1] (Avenel, 2013). D'autre part, depuis 2002, le législateur a ouvert de nouvelles perspectives : le dépassement des logiques de filière et de l'approche catégorielle classique, par publics – ici les personnes âgées, là les personnes handicapées – avec l'émergence d'un « champ de l'autonomie » plus transversal[2] ; l'individualisation de l'accompagnement des personnes et le respect de leurs choix, de leur projet de vie ; la recherche d'alternatives à l'accueil en établissement ; le maintien à domicile ; la prévention de la perte d'autonomie. Cette nouvelle donne a soulevé plusieurs enjeux, notamment car la territorialisation questionne en profondeur les modes d'action publique et le rapport à l'individu sujet de droit.

On s'est alors demandé de quelles marges de manœuvre juridique et financière disposaient en réalité les conseils départementaux et comment se manifestaient les enjeux pour le travail social lui-même.

1. C. Avenel, « Introduction », in Politiques locales : enjeux et gouvernance, *Informations Sociales*, 2013/5, n°179, p.4-5
2. La législation se réfère aujourd'hui au « champ de l'autonomie » pour désigner les politiques sociales en direction des personnes âgées en perte d'autonomie (v. art. L. 113-2, art. L. 113-3 CASF).

Hypothèses et objectifs

L'hypothèse générale à l'origine de cette recherche est que, même dans un cadre relativement contraignant, les conseils départementaux comme les autres acteurs locaux des politiques de l'autonomie développent des actions susceptibles de caractériser des modes diversifiés d'appropriation du cadre légal : dans les manières de concevoir l'action médico-sociale du côté des instances départementales ou encore dans les manières d'utiliser les outils et de réaliser l'accompagnement des personnes du côté des professionnels.

Nous partons du constat que la législation a historiquement construit des filières distinctes d'action sociale – la « filière personnes âgées » et la « filière personnes handicapées ». Depuis la création de la Caisse nationale de solidarité pour l'autonomie (CNSA) et l'entrée en vigueur de la loi du 11 février 2005, se manifeste cependant une dynamique d'approche plus transversale des situations de perte d'autonomie. Dans la dynamique de la décentralisation, chaque département dispose toutefois d'une forte latitude pour répondre à cet objectif qui peut être analysée. Par ailleurs, si des prestations telles que l'allocation personnalisée d'autonomie (APA) et la prestation de compensation du handicap (PCH) sont bien des dispositifs nationaux, le fait qu'ils reposent sur une évaluation par des équipes pluridisciplinaires du conseil départemental et se concrétisent par l'élaboration de plans individualisés suppose une marge d'autonomie de la part des agents locaux qui donne à voir un second niveau d'appropriation du cadre légal.

Les objectifs de la recherche ont dès lors consisté à analyser d'une part l'offre politique, la conception-même des politiques locales et la manière dont elle se concrétise dans l'organisation administrative des services départementaux de *l'autonomie*, mais aussi dans la structuration des acteurs territoriaux, notamment à l'échelle des intercommunalités; à observer d'autre part les modalités de mise en œuvre et les pratiques des acteurs en charge de l'accompagnement des publics.

Terrain de la recherche et méthodologie

Pour saisir cette diversité des modes d'appropriation, nous avons comparé plusieurs configurations départementales et infra départementales dans le champ de l'autonomie. La présente étude s'est focalisée sur deux départements limitrophes : le département des Landes et celui de la Gironde.

L'étude a été organisée à partir de l'analyse des deux administrations départementales (conseils départementaux des Landes et de la Gironde) et des modalités d'intervention des acteurs sociaux dans deux territoires infra départementaux (un territoire urbain et un territoire rural dans chaque département). C'est donc à partir d'une approche monographique (la réalisation de quatre monographies au total) que nous avons organisé le recueil des données locales. Les intercommunalités de Labrit et du Grand Dax ont été repérées comme particulièrement probantes pour les Landes. De la même manière, le territoire Sud Gironde et celui des Portes du Médoc (plus spécifiquement la commune de Mérignac) ont été perçus comme pertinents pour le département de la Gironde.

L'enquête s'appuie sur l'exploitation de différents types de matériaux : le recueil de données de cadrage, l'étude de documents officiels et techniques produits par les organismes de tutelle et les collectivités territoriales, la conduite d'une centaine d'entretiens individuels et collectifs de type semi-directifs auprès d'élus, de personnels politico-administratifs, d'acteurs du champ social et médico-social, et d'usagers, ainsi que la réalisation d'observations de terrain dans le cadre de différents contextes sociaux (interventions professionnelles, commissions techniques, réunions de régulation, journées d'étude). Ces différentes modalités d'investigation ont été mobilisées en des temps distincts de l'investigation empirique, entre phase exploratoire et phase opérationnelle, associant deux orientations disciplinaires : une dimension juridique et une dimension sociologique. Ainsi la recherche revêt un fort caractère interdisciplinaire, nous permettant de produire, par la jonction de l'approche sociologique et de l'analyse juridique, une analyse de l'action publique et du travail social dans le champ des politiques de la vieillesse et du handicap.

Les deux départements présentent de fortes différences sociodémographiques dont il convient de tenir compte dans la comparaison et les analyses ici menées, car ces données peuvent peser sur les choix politiques ou les modes d'organisation administrative et de gestion des prestations et des populations. On a en effet, d'un côté – en Gironde – une population de plus d'un million et demi d'habitants, et dans les Landes d'environ 400 000. Ces données populationnelles générales se retrouvent dans le décompte du nombre de bénéficiaires de l'APA et de la PCH.

Les formes d'appropriation du cadre légal par les acteurs des politiques de l'autonomie se manifestent à trois niveaux : au plan de la construction des politiques de l'autonomie et de l'organisation des services départementaux, dans le jeu des différents acteurs qui soutiennent les dynamiques de territorialisation de ces politiques, notamment à l'échelle communale et intercommunale et enfin, dans les modalités de l'accompagnement des publics – personnes âgées et personnes handicapées – par les professionnels.

Construction des politiques de l'autonomie et organisation des services départementaux

Dans le champ de l'autonomie, la législation (art. L. 113-2 du code de l'action sociale et des familles) précise sous forme de liste les missions imparties au département. Pour ce qui est des personnes handicapées, ses attributions sont formellement moins affirmées. S'il est moins clair que le département ait un rôle majeur à jouer dans le champ du handicap, il « définit et met en œuvre la politique d'action sociale » (art. L121-1 CASF), qui inclut notamment les personnes âgées et les personnes handicapées. La loi confie également au département une mission de coordination des actions menées sur son territoire.

Dans ce cadre général, peuvent se forger diverses conceptions de l'action en direction des personnes âgées et des personnes handicapées. De fait, l'étude comparative révèle des approches différentes de la part des conseils départementaux. Pour partie, les différences peuvent s'expliquer par les données sociodémographiques, mais le poids du politique, le degré de politisation des questions relatives à la vieillesse ou au handicap dans les territoires doivent également être analysés dans cette perspective. On s'est intéressé aussi aux modes et formes d'organisation administrative des services départementaux dédiés aux politiques de l'autonomie, en ce qu'elles sont susceptibles de révéler des conceptions particulières de l'action publique dans ce champ.

Dans les deux départements, se manifeste une certaine dynamique de rapprochement des politiques dédiées aux personnes âgées, d'une part, et aux personnes handicapées, d'autre part. D'une manière un peu plus affirmée en Gironde que dans les Landes, on voit poindre une politique de l'autonomie par-delà les clivages catégoriels hérités du droit de l'aide et de l'action sociale. L'étude montre néanmoins les limites de ce mouvement de rapprochement.

L'approche landaise : volontarisme politique et organisation intégrée

Le conseil départemental des Landes a connu une grande stabilité politique depuis les lois de décentralisation, avec la présidence socialiste d'Henri Emmanuelli, stabilité conjuguée à une vision politique forte de la question du vieillissement, de la dépendance et plus largement du « bien-vivre » des personnes âgées. Le département s'est positionné comme acteur central, avant tout par la définition d'un « style landais » caractérisé par le développement d'une offre publique de services et structures d'accueil. Cette politique a fait l'objet d'un consensus très large, y compris auprès de municipalités non socialistes qui ont jusque-là toujours « joué le jeu ».

Cette cohérence et cette stabilité se retrouvent dans l'organisation administrative de la Direction de la solidarité départementale. Les personnes sont en poste depuis longtemps et portent la « mémoire » de l'organisation et de son impulsion politique ; les professionnels travaillent en très étroite coordination dans un système « en plateforme » caractérisé par la forte présence d'un « pôle médecins ».

La vision politique landaise concernant les personnes âgées est historiquement structurée autour de l'investissement public. Même si le paysage est un peu différent dans le secteur du handicap, on retrouve la même logique et le même volontarisme de la part des instances départementales.

L'organisation des services est quant à elle marquée par une forte intégration associée à une logique de mutualisation, de coordination et de transversalité des actions et des personnels. La démarche repose sur l'existence d'une plateforme médico-sociale d'aide et d'accompagnement des personnes âgées et des personnes handicapées qui regroupe quatre services, rattachés à deux directions : le pôle des personnes âgées, et plus spécifiquement le service « prestations et accompagnement », et le pôle médical composé des médecins assurant les évaluations APA.

La Maison landaise des personnes handicapées fonctionne en lien très étroit avec le conseil départemental.

L'approche girondine : une administration en quête de proximité et d'efficacité

En Gironde, l'aspect technique, normalisé et réglementaire de l'action sociale et médico-sociale a longtemps prévalu. Les présidents successifs ont toutefois cherché depuis une dizaine d'années à amener les politiques publiques – vieillesse et handicap – au plus près des territoires, des lieux et bassins de vie des personnes. En raison du fort clivage entre la métropole bordelaise, qui concentre les structures et services dédiés aux personnes âgées, et les territoires ruraux et périurbains, moins bien lotis, les élus se préoccupent aussi d'œuvrer à l'équité et à la solidarité territoriale. On assiste à une réorganisation administrative en vue de répondre à cet enjeu fort autour de cette polarisation et la nécessité de garantir l'équité territoriale en termes d'accès aux structures et services.

L'action départementale girondine n'est pas exempte de « direction politique », mais elle se conçoit essentiellement dans une dimension administrative. Les responsables des directions et services en charge de l'autonomie considèrent que leur action relève incontestablement d'une mission de service public, même si le Département a laissé une part importante au secteur privé et à l'initiative locale, jouant à cet égard un rôle d'animateur et, dans une certaine mesure, de régulateur.

Dans la foulée des lois de décentralisation, la Direction générale Solidarité s'est développée comme « *un département dans le Département* », d'où l'impression d'une grande machine à gérer les prestations, d'une « technostructure ». Les interlocuteurs évoquent d'ailleurs le traitement « industriel » de l'APA et l'importance des « processes ». Entre 2014 et 2016, le Pôle solidarité autonomie (PSA) du département de la Gironde a connu un vaste mouvement de transformations. D'une part, l'action départementale se territorialise avec l'instauration de véritables pôles territoriaux de solidarité dans un mouvement de déconcentration. Cette nouvelle organisation territoriale porte l'ambition de structurer l'action à partir des besoins locaux et des dynamiques locales. D'autre part, les services centraux se réorganisent dans une optique de simplification pour l'usager et de mutualisation et de transversalité des outils et moyens dédiés aux deux publics – Personnes âgées et Personnes handicapées – selon un profil MDA (Maison de l'autonomie).

Une politique de l'autonomie par-delà le clivage catégoriel personnes âgées/personnes handicapées ?

Depuis la création de la CNSA (2004), la législation emporte une certaine dynamique de rapprochement des politiques envers les personnes âgées et des politiques en direction des personnes handicapées. Au plan local, cette dynamique opère dans une certaine mesure au niveau politique et organisationnel : une approche voulue plus intégrée dans les schémas départementaux d'offre médico-sociale (SDOMS), une réorganisation des services départementaux et une certaine polyvalence des services d'aide et d'accompagnement à domicile (SAAD). Mais les limites sont assez patentes. Elles tiennent au poids des frontières et catégories juridiques, à la dimension technique de l'accompagnement des personnes handicapées, et pourraient se manifester aussi dans les nouvelles instances de représentation les conseils départementaux de la citoyenneté et de l'autonomie (CDCA) voulues par le législateur.

L'exercice comparatif entre les départements landais et girondin montre qu'il y a deux « chemins », deux histoires territoriales et donc des manières différentes de s'approprier la décentralisation en matière de vieillesse et de handicap. Il est toujours tentant d'opposer, mais le tableau est au final plus nuancé qu'il n'y paraît de prime abord.

Au plan politique, le « tout service public » landais a constitué la marque territoriale ; il pourrait toutefois toucher ses limites. En Gironde, l'investissement politique semble avoir été moins marqué ou en tout cas moins spectaculaire. Il y a néanmoins une ligne départementale assez nettement affirmée sur la qualité, la professionnalisation de l'accompagnement des personnes en perte d'autonomie, la proximité, l'accès au droit et finalement l'usager au centre du dispositif.

Au plan administratif, les différences observées dans l'organisation des services tiennent aux différences démographiques entre les deux départements. La territorialisation des services girondins s'imposait. Elle est cependant présentée et valorisée aussi comme un élément majeur de la politique du conseil départemental de la Gironde et a été bien reçue par les acteurs de terrain.

Acteurs et dynamiques de la territorialisation des politiques de l'autonomie

La décentralisation, au sens de transfert des compétences, emporte un mouvement de territorialisation des politiques publiques. Les deux notions ne se confondent cependant pas. La territorialisation suppose que l'action publique se construise sur la base des besoins identifiés sur un territoire restreint qui n'est pas le territoire national ; elle implique aussi un changement des méthodes de l'action publique classique : transversalité, adaptation aux diversités, proximité, appui sur des partenariats locaux, participation citoyenne.

La territorialisation dans le champ des politiques en direction des personnes âgées et des personnes handicapées peut se manifester au travers de l'organisation des services départementaux, particulièrement mise en exergue en Gironde. Le rôle des communes et des intercommunalités dans le champ de l'autonomie, le positionnement du Département au regard des possibilités ouvertes à ce niveau et des initiatives prises par les acteurs locaux, l'identification des acteurs et leurs logiques d'action, les outils juridiques, les partenariats et les formes de régulation mobilisées ont également retenu notre attention.

Dans le champ du soutien à l'autonomie, l'étude montre différents modes d'agencement entre les instances (publiques) locales, notamment les centres intercommunaux d'action sociale (CIAS), et les instances départementales. Les paysages landais et girondin présentent là encore des différences.

Les dynamiques territoriales ne se limitent cependant pas à l'action des CIAS dans le champ de l'autonomie, souvent cantonnée à une offre de services médico-sociaux. On observe çà et là ce qu'on pourrait appeler des « dynamiques de pays », concrétisées dans des actions, des projets innovants, expérimentaux, dépassant parfois le seul cadre de l'action sociale et impliquant divers acteurs de la société civile.

Le département, l'intercommunalité et les politiques de l'autonomie : différents modes d'agencement

Si certains départements se montrent plus volontaristes que d'autres pour définir et mettre en œuvre l'action sociale en direction des personnes en perte d'autonomie, force est de constater que, compte tenu du vieillissement de la population et de la montée des pathologies Alzheimer et assimilées, la seule gestion de l'APA et les opérations d'autorisation et de tarification des établissements ainsi que des services d'aide à domicile monopolisent l'essentiel des ressources humaines et financières départementales. L'échelon communal ou intercommunal peut s'avérer constituer le relais important d'une politique départementale, notamment pour le développement de l'aide à domicile. Notre étude montre sur ce plan des différences.

Dans les Landes, le conseil départemental a incontestablement joué un rôle moteur et structurant dans la mise en place et le développement des intercommunalités dédiées aux politiques en direction des personnes âgées. Cela ne signifie pas, cependant, que les politiques locales (intercommunales) sont uniformes ; selon les territoires, les CIAS gèrent tel ou tel type d'équipement et développent parfois des services singuliers ou innovants.

En Gironde, par comparaison, l'intercommunalité apparaît moins développée et le Département semble jouer la carte de la subsidiarité, venant plutôt en appui dans les territoires ruraux. Si le rôle du conseil départemental est moins « proactif », cela n'empêche pas certains territoires d'investir les politiques de l'autonomie *via* leurs CCAS ou leurs CIAS. Il existe une offre publique girondine, en ce qui concerne l'aide à domicile, et elle se trouve fortement structurée par un acteur original : le réseau public départemental de l'aide à domicile.

Des « dynamiques de pays » autour des politiques de la vieillesse et du handicap

Le fait de constater la présence de structures intercommunales investies dans les politiques de la vieillesse et du handicap est en soi un indicateur de l'existence de dynamiques territoriales propres ou en tout cas relativement autonomes de la politique générale menée par les conseils départementaux. Ce n'est toutefois pas le seul indicateur. L'existence d'un CIAS exerçant des compétences en la matière témoigne d'un investissement public particulier, pour une offre de services locaux mais ne dit rien des autres types d'actions éventuellement menées par d'autres types d'acteurs sur le territoire. Les « dynamiques de pays » prennent le plus souvent leur ancrage dans l'intercommunalité, mais agrègent différents acteurs, en général autour de projets spécifiques : élus locaux, structures de l'action sociale (communales, intercommunales voire départementales), acteurs associatifs, entreprises, consortiums, etc.

La forte présence de l'intercommunalité dans **les Landes** et le volontarisme du conseil départemental confèrent une coloration particulière à cette question des dynamiques de pays. On observe des espaces d'expérimentations remarquables et remarquées, le tout dans une sorte de « philosophie partagée » des politiques de la vieillesse et du handicap. Le département des Landes se targue d'être actif et même avant-gardiste dans le champ de l'autonomie. Le conseil départemental se positionne fortement, ce qui n'empêche pas les acteurs locaux, sur certains territoires, de mener des actions innovantes en fonction de logiques territoriales spécifiques. Ces actions demeurent assez centrées sur l'accompagnement de la dépendance même si, sur le territoire de Labrit, on dit ne plus parler en termes de *dépendance* mais bien d'autonomie. Des acteurs locaux, pour l'essentiel publics, jouent donc leur carte à leur échelle ; ils partagent cependant la vision d'ensemble, la « philosophie » impulsée par le département qui consiste notamment à concevoir la vieillesse et le handicap par-delà la stricte approche médico-sociale : il s'agit de promouvoir le bien-être, le bien-vivre des personnes, dans leur environnement immédiat. Cette approche suppose une certaine dynamique participative qui se manifeste par une forte mobilisation du secteur associatif.

En Gironde, le département intervient sur un mode particulier : il recourt à la contractualisation et se propose comme fédérateur et soutien d'initiatives mêlant des enjeux sociaux et économiques. Le conseil départemental de la Gironde est actuellement engagé dans des réflexions sur l'articulation et le nécessaire décloisonnement de l'action des différentes collectivités territoriales. Typiquement, le maintien à domicile des personnes en perte d'autonomie et, plus largement, la restauration de leur place au sein de la société, leur pleine intégration dans l'espace public en tant que citoyens constituent des objectifs multidimensionnels qui sollicitent aussi bien les politiques de l'habitat, du logement et du transport que le sanitaire et le médico-social, mais aussi l'emploi et la formation – notamment dans le secteur de l'aide à domicile – et finalement le développement économique si on raisonne en termes de Silver Economie.

Pour le département, c'est dans cette perspective que doivent se rechercher des innovations sociales et technologiques. Le pôle solidarité autonomie (PSA) n'entend pas, toutefois, imposer une logique verticale. Sa ligne d'action est fondée sur le principe de subsidiarité. Le discours de la direction du PSA est que les capacités d'innovations viennent nécessairement du terrain et doivent être soutenues et valorisées par le département, dans une logique *bottom up*. Le conseil départemental entend donc jouer plutôt un rôle d'animation et de structuration des initiatives territoriales.

Une attention particulière est accordée en Gironde au « chantier des SAAD », mais aussi aux possibilités de développement de la Silver Economie. Cette attention du conseil départemental entre en résonnance avec des initiatives locales, tout particulièrement menées sur le Pays Sud Gironde. On a là un territoire pilote ou expérimental où, d'une part, se met en place une politique de contractualisation avec les acteurs de l'intervention à domicile, *via* un contrat pluriannuel d'objectifs et de moyens (CPOM) territorialisé et, d'autre part, se développent des projets autour de la Silver Economie.

Nous avons ici identifié deux aspects de la territorialisation des politiques de soutien à l'autonomie : d'une part la posture adoptée et le rôle joué par les conseils départementaux dans la structuration et le développement de l'intercommunalité dans ce champ ; d'autre part la manifestation de dynamiques locales, « dynamiques de pays » témoignant d'actions innovantes, expérimentales s'inscrivant dans des logiques de développement territorial dépassant le cas échéant le seul cadre médico-social.

Les configurations landaise et girondine présentent des différences, mais de manière plus générale, on observe dans les deux départements étudiés à la fois des logiques descendantes (*top down*) et des logiques ascendantes (*bottom up*). La logique descendante est assez présente dans les Landes (le Village Alzheimer en constitue un exemple). Certains territoires landais comme le territoire de Labrit constituent cependant des espaces d'appropriation relativement autonome et innovante des outils de l'accompagnement des personnes âgées et personnes handicapées. En Gironde, la position du conseil départemental au regard des intercommunalités est plutôt fondée sur le principe de subsidiarité. Les territoires (comme celui du Bazadais) qui ont investi le champ de l'autonomie *via* leur CIAS développent des actions tout à fait comparables à celles qu'on peut observer chez les CIAS landais. La logique ascendante est perceptible dans les actions menées sur le territoire Sud Gironde et visant à décliner différentes facettes de la politique de maintien à domicile. Le conseil départemental se réapproprie certaines initiatives et se lance dans un mode d'action contractualisé (le CPOM) qu'il valorise auprès de certaines instances nationales (CNSA notamment) comme une position entreprenante dans le secteur de l'aide à domicile et particulièrement innovante en terme de déclinaison d'une politique locale. Dans le chantier de la Silver Economie, il se contente de jouer un rôle de facilitateur.

Modalités de l'accompagnement des publics (PA/PH)

L'accompagnement est une notion centrale véhiculée par les textes législatifs abordant les modalités de l'action sociale et médico-sociale en direction des personnes âgées et des personnes handicapées. Dans les textes, cette notion vise toutes les étapes de la prise en charge de la personne âgée et handicapée (définition des besoins, adaptation du plan et de l'intervention des différents professionnels, suivi des situations, réajustement des interventions en fonction de l'évolution des besoins de la personne). Elle s'accompagne, en outre, du principe philosophique de ne laisser aucune situation en rupture ou en jachère de prise en charge.

Au-delà de ce que préconise la législation, de quelles marges de manœuvre disposent les différents services et professionnels pour mettre en œuvre le droit à l'accompagnement des personnes âgées et des personnes handicapées ? Comment et sur quels aspects se manifestent ces marges de manœuvre et dans quelles mesures traduisent-elles des conceptions particulières de la perte d'autonomie ? Telles sont les orientations problématiques soulevées dans cette partie. Toutefois, l'accompagnement des publics nécessite une délimitation préalable de l'objet, tant il prend une dimension polymorphe dans les référentiels entourant les politiques publiques (schémas départementaux, supports administratifs, discours politiques, etc.). L'enjeu de ce chapitre est alors d'en traduire les principales dimensions analytiques. Au regard de ce que révèle notre terrain d'investigation, et dans l'optique de dépasser une vision strictement professionnelle de la notion, le travail social proposant une approche restreinte et technique de l'accompagnement, nous pouvons le décliner à travers trois entrées : l'évaluation technique, l'organisation de la réponse aux besoins, l'individualisation des prises en charge.

Pour ce faire, nous appréhenderons successivement les dimensions de l'évaluation médico-sociale APA/PCH du point de vue des normes, des pratiques et des représentations des acteurs. Dans un deuxième temps, nous nous pencherons sur l'évaluation et la mise en œuvre des plans d'aide. Enfin, les questions de l'individualisation des prestations, du suivi des situations et du « projet de vie » seront abordées.

Les dimensions de l'évaluation médico-sociale APA/PCH : normes, pratiques et représentations

L'évaluation peut être définie comme le processus par lequel les professionnels mesurent la perte d'autonomie pour vérifier l'éligibilité au droit et par lequel ils apprécient les besoins/les souhaits (projet de vie) du bénéficiaire et de ses aidants dans la perspective du plan d'aide.

La plupart des acteurs professionnels intervenant auprès des personnes âgées et handicapées pratiquent l'évaluation médico-sociale. Ils la mobilisent lors de leur première prise de contact avec le bénéficiaire afin d'entrevoir les contours et les modalités de leur intervention au regard de leurs missions spécifiques. Il y a donc une multiplicité d'évaluations mobilisées pour une même personne accompagnée.

Ces évaluations se font à partir de grilles différentes, en fonction des appréciations et des usages qui en sont faits dans les services. En ce sens, l'évaluation paraît omniprésente tout au long de la prise en charge de la personne, en des temps spécifiques et selon les nécessités de l'accompagnement. Si dans certaines situations, l'évaluation est l'enjeu unique et principal de l'intervention des professionnels auprès des personnes âgées ou handicapées (éligibilité à l'APA et la PCH), dans d'autres contextes, elle s'inscrit en préalable de l'action technique des équipes ou dans le cadre d'un accompagnement plus large visant la coordination des actions et l'ajustement des interventions des différents prestataires au plus près des besoins de la personne. L'évaluation peut donc revêtir des fonctionnalités et des significations différentes selon les cas et les profils d'acteurs qui l'utilisent.

L'évaluation est une compétence professionnelle largement valorisée par les équipes des MDPH rencontrées qui mentionnent le caractère complexe et multiforme de sa réalisation dans le cadre du handicap. Elle fait souvent dire aux professionnels des MDPH que la pratique de l'évaluation est bien plus difficile à manier que celle développée dans le cadre des services des Conseils Départementaux. Il n'en reste pas moins que quelques spécificités se font jour entre MDPH sur l'organisation des équipes pluridisciplinaires et leur composition, l'orientation des évaluations, ainsi que le rapport aux prestataires par exemple.

L'évaluation et la mise en œuvre des plans par les autres acteurs du maintien à domicile

L'étude a permis de mettre en évidence la multiplicité des acteurs gravitant autour des personnes âgées et handicapées soit dans le repérage des situations, soit dans la coordination des acteurs locaux, soit dans la mise en œuvre effective de l'aide, par-delà l'organisation des dispositifs dédiés (APA/PCH). Ainsi, malgré une évaluation déjà réalisée par les acteurs départementaux, les opérateurs de terrain soutiennent une démarche propre d'évaluation.

Individualisation de la prestation, suivi des situations et notion de projet de vie

L'analyse des pratiques professionnelles à l'œuvre dans la déclinaison pratique des plans, le suivi des situations et le quotidien des bénéficiaires montre plusieurs éléments. On observe ainsi la prise en compte plus ou moins affirmée d'une individualisation des accompagnements encadrée par des préoccupations d'harmonisation justifiées par des contraintes légales et budgétaires. De même, ressort la façon dont l'impératif législatif du « projet de vie » se concrétise dans l'intervention autour des Personnes Âgées ou des Personnes Handicapées selon les exigences administratives relatives à la demande de certaines prestations (dossiers MDPH) ou en tant qu'objectifs généraux de prise en charge.

L'enquête de terrain laisse apparaître la multiplicité des acteurs engagés dans le processus d'évaluation. Par-delà leur statut et affiliation institutionnelle, ils évaluent plus ou moins la même chose : la perte des capacités fonctionnelles et les besoins qui en découlent. Ils entrevoient la démarche dans une optique proche à travers une évaluation sociale globale qui souhaite dépasser la rigidité des grilles. Les différences tiennent aux objectifs de l'évaluation : si certains agissent dans l'optique d'une ouverture de droits (équipes APA et MDPH), d'autres le font pour organiser leur intervention pratique (SAAD, SSIAD). De plus, pour de nombreux travailleurs sociaux, l'évaluation n'est qu'un pan de l'accompagnement et les réalités qu'ils désignent ne se recouvrent pas complètement. Conformément à une certaine éthique du travail social, l'accompagnement engage un suivi au long cours de la personne aidée qui n'est pas l'objectif de l'évaluation. Cela laisse apparaître un écart entre la façon dont les pouvoirs publics désignent la notion, et la compréhension qu'en ont les professionnels de terrain. Dans le cadre de la prise en charge de la perte d'autonomie, l'accompagnement renvoie surtout à l'action des services prestataires qui prennent le relais sur le suivi concret des situations et la déclinaison pratique des mesures d'aide. Pour ce qui relève du champ du handicap, ce sont les SAAD, les services d'éducation spéciale et de soins à domicile (SESSAD), les services médico-sociaux pour adultes (SAMSAH) qui sont en première ligne. Pour le volet « personnes âgées », SAAD et SSIAD endossent ce rôle. Un même écart d'appréciation se révèle autour de l'introduction par les pouvoirs publics de la notion de « projet de vie ». Si l'individualisation de la prestation est complètement intériorisée en tant que bonne pratique de l'évaluation, la notion de « projet de vie » trouve plus difficilement une résonnance dans la pratique des acteurs de terrain qui soulèvent son côté artificiel.

Concernant le déploiement de marges de manœuvre, l'observation des pratiques professionnelles et l'analyse des discours révèlent qu'elles se situent pour les professionnels et opérateurs de terrain essentiellement à deux niveaux : dans la démarche individuelle d'appréciation de la situation et dans la pratique de la collectivisation de la réflexion et de l'analyse de la situation. Les logiques d'appropriation émergent, ainsi, à la fois dans les logiques de désignation d'un niveau de dépendance adossées à la structuration d'une conviction personnelle et dans les pratiques collectives de résolution des incertitudes liées à la délimitation des niveaux de besoins.

Les réponses publiques à la prise en charge de la dépendance s'articulent toujours autour d'une logique de filières. Les entretiens menés auprès des acteurs professionnels des départements concluent à une insuffisance du rapprochement entre politique du vieillissement et politique du handicap. Plusieurs profils d'acteurs regrettent cette absence de mutualisation des interventions et soulèvent les intérêts directs que pourrait avoir l'intégration des deux filières au sein d'une même politique.

Conclusion générale

Au départ de cette étude, on s'est interrogé sur la question de savoir si on assiste à l'émergence et au développement de politiques locales dans le champ de l'autonomie, ici entendu comme le champ des politiques en direction des personnes âgées et handicapées. Nous avons pour l'occasion mobilisé le concept de territorialisation des politiques sociales qui, si on s'en rapporte à la littérature, implique des transformations de l'action publique au-delà de la seule décentralisation au sens de transfert des compétences. Que nous enseigne à cet égard le travail comparatif entre les territoires landais et girondin ? Peut-on dire que se dégage l'idée qu'il y aurait des *modèles* locaux en matière de politiques de l'autonomie ? En tout état de cause, nous avons observé des chemins, des histoires départementales ou infra-départementales assez singulières. La comparaison entre les Landes et la Gironde a fait apparaître, peut-être de manière trop marquée, deux approches différentes si on s'en tient à la manière de construire l'offre de services : ici presque exclusivement publique ; là beaucoup plus mixte. Le positionnement très affirmé du conseil départemental des Landes, notamment dans le champ de la vieillesse, indique incontestablement que ces questions ont été investies comme un objet politique. C'est moins net côté girondin où la volonté du conseil départemental, sa « vision », s'incarne plutôt dans l'organisation administrative en quête d'efficacité et de proximité. Mais en réalité, les deux départements semblent bien partager une vision commune des enjeux que soulève la perte d'autonomie liée à l'âge ou au handicap. En Gironde comme dans les Landes, il est clair que cette question et les réponses qui doivent être proposées et déployées par le département relèvent d'une approche de service public et de réponse aux besoins des populations locales. C'est plutôt sur la manière d'organiser le service qu'on observe des modalités différentes de la territorialisation. Dans les Landes, la décentralisation s'est interprétée sur un mode qu'on pourrait qualifier de « jacobin » – ce qui peut paraître paradoxal – dans la mesure où le conseil départemental a entendu se constituer en entité centrale et omniprésente ; en Gironde, dans la période récente, on a assisté à une véritable territorialisation des services du conseil départemental, dans une logique de maillage et de cohésion. Ajoutons que dans les Landes, la notion de maillage territorial n'est pas absente de l'action publique, mais elle opère par le biais d'acteurs (CIAS, associations) venant en relais du conseil départemental.

L'autre point problématique de cette recherche consistait à mettre en évidence des modes ou des logiques d'appropriation du cadre légal dans le champ de l'autonomie, avec comme point de départ l'idée de marges de manœuvre assez faibles ou limitées pour les acteurs. On observe finalement qu'il y a bien des logiques d'appropriation qui se manifestent à des niveaux différents de l'action départementale et autour d'enjeux diversifiés. Elles apparaissent au plan de la conception des politiques départementales dans leurs grandes orientations d'action, dans le fonctionnement des systèmes administratifs, de la structuration organisationnelle et de l'activation des dispositifs, ainsi qu'au niveau de la pratique des acteurs de terrain. Au regard des données de terrain accumulées, quelques grandes marges de manœuvre peuvent finalement être identifiées et objectivées :

– La définition d'orientations politiques d'action ou de stratégies d'intervention donnant une couleur particulière à la politique départementale (soutien du service public, développement de la territorialisation).

– La prise de liberté avec le cadre légal et l'assouplissement des règles administratives aboutissant à des pratiques locales d'acceptation des demandes d'aide par

exemple (indulgence sur les délais de dépôt des dossiers, les dates de validité des certificats médicaux, etc.).
– La production et l'application de règles administratives ou d'injonctions supplémentaires par rapport à ce qui est prévu par le cadre légal (demandes supplémentaires de documents administratifs).
– La déclinaison locale d'actions autour de la spécification de certains dossiers afin de donner corps à certaines orientations nationales laissées à la libre formalisation des acteurs départementaux (orientation de la commission des situations critiques par exemple au sein de la MDPH de la Gironde vers certaines orientations prioritaires, définies par rapport à des problématiques départementales particulières).
– Les pratiques de négociation, d'ajustement et de redéfinition du cadre par les acteurs de terrain, allant dans le sens d'une ouverture plus favorable des droits aux bénéficiaires. Sur ce point deux niveaux peuvent être distingués : l'action des professionnels de terrain dans le cadre de l'appréciation des situations et relative à la construction d'une conviction personnelle ; les actions collectives de régulation, négociation et autres formes d'arrangement, se jouant lors des réunions hebdomadaires d'équipes et autres initiatives de coordination des partenaires locaux (calcul plus favorable du girage, jeu autour des scores de la grille, etc.).

Décentralisation de l'action publique et inégalités territoriales dans l'aide aux personnes âgées à domicile (DITAPA)

Responsable scientifique : Jérôme Wittwer
Équipe de recherche : Rémi Kaboré, Quitterie Roquebert, Jonas Roux, Jérôme Wittwer
Laboratoire : Bordeaux Population Health, Université de Bordeaux

La demande d'aide à domicile des personnes âgées s'exprime différemment selon l'accessibilité et le prix des services qu'ils rencontrent sur les territoires. La nature du secteur d'activité et son mode de régulation conduit à une hétérogénéité de l'offre de service, tant du point de vue de l'accessibilité que des prix, entre départements mais également au sein d'un même département. Le projet de recherche produit des éléments nouveaux de connaissance sur l'organisation géographique du secteur de l'offre de services d'aide à domicile et sur les inégalités territoriales, intra et inter-départementales, de recours à l'aide professionnelle.

La recherche se présente *en trois volets* qui peuvent être lus indépendamment. Les deux premiers proposent une analyse du secteur associatif de l'aide à domicile en exploitant deux sources de données ; une enquête permettant une description d'ensemble du secteur et des données de production d'une association conduisant à une analyse des coûts de distribution de l'aide dans un département (des coûts induits par les déplacements du professionnel) et des effets redistributifs d'une tarification uniforme sur le territoire. La dernière contribution renverse la perspective et se place du côté de la demande en s'intéressant aux effets de l'hétérogénéité interdépartementale de la régulation de l'offre de service sur le recours individuel à l'aide professionnelle.

Les acteurs du secteur de l'aide à domicile peuvent se regrouper en trois catégories : les services publics (souvent adossés à un CCAS ou un CIAS), associatifs et privés. Le secteur associatif joue historiquement un rôle majeur dans le secteur médico-social et dans l'aide à domicile en particulier. De nombreux départements construisent leur politique territoriale en s'appuyant sur le maillage territorial offert par des associations autorisées qu'ils tarifient directement. On a aujourd'hui peu d'information sur les caractéristiques de ces associations qui assurent une part très importante des volumes d'aide délivrés au domicile des personnes âgées dépendantes. Le premier volet du rapport exploite l'enquête Associations (2013) de l'Insee afin d'offrir une caractérisation du secteur associatif de l'aide à domicile.

Des modèles de production d'aide déterminés par le périmètre d'intervention

Un rapide aperçu de la construction du secteur de l'aide à domicile professionnelle intervenant auprès des personnes âgées dépendantes permet de montrer l'hétérogénéité du secteur et de situer les producteurs associatifs par rapport aux autres types de producteurs existants. L'enquête Associations (2013) est mobilisée pour étudier les associations dont l'activité principale déclarée est l'aide à domicile. Cette enquête est la seule offrant un échantillon de taille suffisante pour étudier la dimension spatialisée du service : l'enquête permet de connaître le périmètre d'intervention géographique de l'association (la commune, un ensemble de communes, le département ou la région).

L'analyse par périmètre géographique de l'organisation des ressources humaines, des charges et des ressources budgétaires de ces producteurs fait apparaître que les associations intervenant sur les plus petits périmètres sont plus fréquemment dépendantes des contributions publiques – comme la mise à disposition gratuite ou à des conditions avantageuses – ou privées – la part des bénévoles est relativement plus importante dans ces associations. L'organisation des ressources humaines est également liée au périmètre, avec une charge d'encadrement relativement plus forte pour les associations intervenant sur les plus grands périmètres, qui, en parallèle, utilisent relativement moins le temps partiel. Un ensemble de variables se montrent par ailleurs invariantes au périmètre géographique : la structure globale des ressources, le type de contrats mobilisés ou encore l'importance de l'appartenance à un réseau.

L'analyse des données suggère une différenciation des modèles de production selon le périmètre de production. Plus précisément, deux types de modèles se dessinent : un modèle associatif autonome (peu de subventions publiques, diversification des activités, poids relatif des bénévoles faible) offrant un service sur une zone étendue (département ou infra-département) et un modèle associatif relativement plus dépendant du soutien public et privé intervenant sur un périmètre restreint (commune ou quartier).

Le périmètre d'intervention pèse sur la structure des coûts de la production de l'aide à domicile

L'analyse du secteur associatif de l'aide à domicile à partir de l'enquête de l'Insee n'est pas suffisante pour comprendre finement le rôle du territoire d'intervention sur la structure des coûts des associations qui est une dimension essentielle pour comprendre l'organisation territoriale de l'offre. L'aide à domicile est une activité de service nécessitant le déplacement des professionnels au domicile des clients. L'organisation des tournées des professionnels intervenant à domicile constitue un enjeu majeur de gestion pour les structures d'aide à domicile. Le secteur se rapproche de ce point de vue des activités de réseaux à l'instar par exemple des services postaux. Les coûts de déplacement et la rémunération (totale ou partielle) des temps d'attente entre deux interventions peuvent constituer un poste de dépenses significatif alors que les départements sont confrontés à la nécessité de prendre en considération ces coûts dans leur pratique de tarification.

Le deuxième volet de la recherche propose une contribution originale sur cette question en exploitant des données récoltées auprès d'un producteur d'aide à domicile, autorisé et associatif, desservant plus de 10 000 consommateurs dans un département français. Ces consommateurs peuvent être des bénéficiaires de l'APA ou des individus non subventionnés par l'aide publique, consommant des services de confort. Ces données permettent d'observer les tournées des aidants professionnels pendant le mois d'octobre 2015. Grâce aux informations géographiques contenues dans les données, il est possible, en mobilisant des outils dédiés, de reconstruire les temps et distances de trajet pour chaque tournée. Ces informations permettent de quantifier les coûts de transport associés aux tournées journalières de chaque intervenant et de les comparer au nombre d'interventions ou au temps d'intervention dans la journée. Grâce aux fichiers de facturation et de paye disponibles par ailleurs, il est possible d'associer ces coûts aux caractéristiques du client et de l'aidant professionnel. On montre que ces coûts sont plus élevés pour les tournées servant les zones rurales ou les petites unités urbaines, du fait des contraintes géographiques associées à ces espaces : les temps et distances de trajet pour aller d'une intervention à une autre sont plus importants dans ces zones. Mais l'importance des coûts de transport observés dans ces zones tient aussi aux caractéristiques de la demande qui réside dans ces espaces. En effet, les bénéficiaires de l'APA, et parmi eux, les individus les plus dépendants, sont sur-représentés dans les zones rurales ou petites zones urbaines. Or, leur profil de consommation est fragmenté : ces bénéficiaires reçoivent des interventions plus courtes mais plus souvent, ce qui génère mécaniquement des temps et distances de transport plus importants. En outre, ces bénéficiaires reçoivent plus souvent de l'aide de la part d'aidants professionnels très qualifiés, dont le taux de salaire horaire est plus élevé : le coût du temps passé en transport est donc plus élevé pour ces aidants. Ainsi, les contraintes physiques des territoires mais également la structure de la demande qui y réside expliquent la variation des coûts de transport d'une zone à l'autre.

On dispose de très peu d'éléments sur les caractéristiques sociodémographiques des consommateurs ainsi que l'aide informelle qu'ils reçoivent. En outre, dans la mesure où l'analyse est centrée sur un producteur particulier dans un département donné, il est nécessaire d'être prudent dans la généralisation des résultats, qui sont observés conditionnellement à l'organisation des tournées dans ce territoire. Ces résultats permettent toutefois de mettre en évidence, outre la dimension géographique de la distribution de la demande dans les différents types de zones (rurale, petite zone urbaine, grande zone urbaine...), l'effet de la structure de la demande sur les coûts de transport. Cet effet est potentiellement généralisable, dans la mesure où la fragmentation des interventions pour les plus hauts niveaux de dépendance est susceptible de ne pas être spécifique au mode d'organisation du service étudié.

Les coûts de déplacement, tels que nous les recalculons à partir des données dont nous disposons, représentent une part non négligeable des coûts totaux, entre 10 et 15 %. C'est un résultat qui renforce l'idée que l'organisation de l'offre d'aide sur le territoire est fortement structurée par les coûts de déplacement des intervenants à domicile. On comprend notamment à quel point la rentabilité des services dépend de la densité en population des territoires sur lesquels ils exercent leurs activités. Les départements, face à cette réalité de l'activité de service d'aide à domicile et du rôle central des coûts de déplacements, ont une certaine latitude dans l'organisation de l'offre et dans la solvabilisation de la demande dans l'objectif d'assurer une continuité territoriale du service. Nous proposons dans cette deuxième contribution de simuler l'impact redistributif d'une tarification uniforme sur l'ensemble du territoire desservi par l'association étudiée. Il est notamment montré que les plus dépendants (GIR 1/2) gagnent à la tarification uniforme dans le sens où le coût de délivrance du service est plus élevé (compte tenu de la structure des tournées et potentiellement des lieux de résidence de cette population parmi les clients du service considéré) pour cette population que pour l'ensemble de la population du territoire. Plus largement cette analyse fine de la structure des coûts de production d'aide à domicile ouvre la voie à des travaux de simulation des effets sur le prix des services de l'organisation de l'offre sur un territoire.

La générosité des politiques départementales sans effet sur la demande d'aide à domicile ?

La tarification des services d'aide à domicile et l'organisation de l'offre sur le territoire sont sous la responsabilité du département. L'étude s'intéresse dans un dernier volet aux politiques départementales de solvabilisation et d'organisation de l'offre sur le recours à l'aide professionnelle à domicile. Le département a à sa disposition deux instruments pour organiser l'offre : l'autorisation et la tarification des services. Dans le cas des services prestataires, deux régimes de régulation distincts coexistaient jusqu'en 2016 : les services « autorisés » sont régulés par le conseil départemental qui intervient sur le prix, la qualité et l'organisation de la production, tandis que les autres services prestataires, les services « agréés », ont relativement peu de contraintes en matière de qualité ou de fixation des prix. Parallèlement, les conseils départementaux ont à choisir certains paramètres de la règle de calcul de l'APA, règle qui diffère le plus souvent selon le type d'intervenant au domicile : ils peuvent donc choisir d'encourager, financièrement, la demande en direction de l'une ou l'autre des formes d'intervention à domicile. Ils peuvent en particulier, par le jeu des tarifications et des règles de calcul de l'APA, mutualiser les coûts pour ne pas faire peser sur les utilisateurs des territoires peu densément peuplés des surcoûts associés aux coûts de déplacement des professionnels. La latitude laissée aux départements dans l'application du cadre législatif est ainsi suffisamment étendue pour laisser place à une assez forte hétérogénéité dans l'organisation de l'offre de services entre les départements. La dernière contribution du projet propose d'évaluer les effets des types de politiques départementales (en termes d'organisation de l'offre de services à domicile et de solvabilisation de la demande *via* l'APA) sur l'accès aux services d'aide en tirant avantage de l'hétérogénéité des politiques. Dans cet objectif nous mobilisons l'enquête Territoire, menée auprès des conseils généraux en 2012 par le LEGOS (Université Paris-Dauphine) et le CES (Université Paris 1). Son questionnaire permet de caractériser précisément les politiques départementales : type de solvabilisation, niveau des tarifs de solvabilisation pour les différents intervenants, proportion des heures d'aide APA fournie par des services des autorisés, type de tarification, niveau des prix des autorisés.... L'enquête Handicap santé auprès des ménages (HSM) est alors mobilisée pour étudier au niveau individuel l'impact potentiel des politiques départementales ainsi décrites sur le recours à l'aide professionnelle et à l'APA.

Il apparaît que le choix d'une règle généreuse pour la subvention APA n'est pas corrélé aux caractéristiques démographiques ou sociales des populations départementales, alors qu'un plus faible niveau de régulation est observé dans des départements moins vieillissants et avec un plus faible taux de bénéficiaires de l'APA parmi les personnes âgées. Les deux indicateurs d'offre et de demande sont ensuite intégrés dans un modèle de choix discret expliquant l'analyse du recours à l'aide à domicile professionnelle. Ce recours est expliqué à la fois par des variables individuelles et des variables départementales. Outre les indicateurs d'offre et de demande, ces dernières incluent des contrôles pour les caractéristiques sociodémographiques des départements. L'analyse montre qu'une règle de calcul généreuse pour la subvention APA n'est pas associée à un recours à l'aide à domicile plus systématique que dans les autres départements. En revanche, les individus résidant dans un département pour lesquels le niveau de régulation est faible ont une plus faible probabilité de consommer de l'aide à domicile professionnelle. Ce plus faible recours à l'aide professionnelle dans les départements où la régulation est faible pourrait s'expliquer par un effet prix (effet désincitatif des prix non régulés) ou un effet qualité (effet désincitatif de la qualité non régulée). Un faible niveau de régulation pourrait en outre signaler une politique départementale peu orientée sur le maintien à domicile par le recours à l'aide professionnelle (peu de diffusion de l'information, procédures d'accès complexes), entraînant une plus faible demande.

On ne montre donc pas d'impact significatif de la générosité de la solvabilisation sur la probabilité de recevoir une aide professionnelle ; en revanche, le recours à l'aide professionnelle est plus faible dans les départements dans lesquels les services autorisés représentent une faible part de l'offre. Les services autorisés étant contraints par l'obligation de couvrir un territoire donné, ce résultat peut rendre compte d'un effet prix ou du fait que dans ces départements certaines zones géographiques sont mal couvertes par l'offre. Ce résultat ouvre des pistes qu'il sera nécessaire d'approfondir sur d'autres sources de données.

Des connaissances à approfondir

La connaissance des déterminants géographiques de l'organisation de la production d'aide à domicile, du point de vue des acteurs et du régulateur, et de son impact sur la demande, est encore fragile et parcellaire. Les premiers résultats de cette étude devront être confirmés et prolongés.

Les travaux sur la demande d'aide professionnelle pourront faire l'objet de prolongement en mobilisant les données des enquêtes CARE (Capacités, Aide et ressources des seniors). La nouvelle enquête Territoire conduite auprès des conseils généraux pour obtenir un ensemble d'informations réactualisées sur les pratiques de régulation et de solvabilisation départementale, permettra d'approfondir les résultats sur l'impact des politiques départementales sur le recours à l'aide professionnelle. Par ailleurs, les données « Remontées individuelles » de la DREES, qui n'ont pu être mobilisées pour cette étude, fournissent un descriptif individuel des plans d'aide de l'APA qui permettra d'enrichir sensiblement l'analyse en mesurant l'impact potentiel des politiques départementales sur les volumes d'aide et les types de prestataires.

Enfin, dans un avenir assez proche, on peut espérer mobiliser des données appariées rapprochant données de cohortes épidémiologiques sur la dépendance, données des conseils départementaux sur l'APA et données de l'Assurance maladie qui permettront une analyse fine des besoins non satisfaits et de leur distribution sur les territoires. Les contributions de ce rapport sont les premières contributions d'un programme de recherche qui se prolonge sur l'organisation territoriale de l'offre de soins et ses effets sur les inégalités de recours à l'aide professionnel à domicile.

Une gouvernance renouvelée des politiques sociales locales au prisme de l'enjeu métropolitain

Responsable scientifique : Christophe Nosbonne
Équipe de recherche : Mara Bisignano, Rachid Belkacem, François Michon, Christophe Nosbonne
Laboratoire : 2L2S, EA Université de Lorraine

Introduction

Cette recherche « Une gouvernance renouvelée des politiques sociales locales au prisme de l'enjeu métropolitain » interroge les modes de gouvernance des politiques sociales territoriales au prisme du pilotage des politiques d'insertion. En privilégiant une entrée par les villes-métropoles, nous centrons l'analyse sur les mécanismes de régulation issus de la redistribution des prérogatives entre les différents échelons territoriaux. Relever les transformations dans la conception, l'organisation et la gestion des politiques sociales dans le cadre d'une gouvernance métropolitaine est l'objet de la recherche.

Pour qu'on puisse véritablement questionner les potentialités liées à une démarche d'action territoriale décloisonnée, il faudrait se pencher sur les jeux d'interdépendance entre les acteurs impliqués (les élus locaux, les administrations, la société civile et l'État) et les conditions de sa réalisation. Sur les territoires, ce décloisonnement suppose une approche intégrée des politiques locales qui passe par l'identification, l'évaluation et la mobilisation de moyens d'action adaptés et transversaux.

La territorialisation de l'action publique s'inscrit dans un processus qui fait émerger des formes de régulation des politiques publiques nouvelles entre l'État et les collectivités territoriales d'une part, entre élus (régionaux, départementaux, communaux) et citoyens d'autre part (société civile). Ce processus s'avère assez complexe à analyser en matière de politiques sociales. En effet, le champ des politiques sociales locales est délicat à cerner en raison de la nature hétérogène des interventions réalisées et du rôle historique joué par certains acteurs (notamment les communes).

Si le processus de décentralisation a conduit à d'importants transferts de compétences et de moyens, la loi continue d'encadrer l'action sociale sans pour autant avoir opéré une véritable forme de hiérarchisation entre les différents niveaux territoriaux d'intervention. L'action sociale locale s'appuie sur plusieurs intervenants et est soutenue par plusieurs acteurs. Ces considérations sont en arrière-plan de la recherche et traversent nos interrogations. L'objectif de ce travail est d'apprécier la capacité des métropoles à impulser une évolution de fond dans la mise en œuvre des politiques sociales locales. Autrement dit, il s'agit de saisir l'étendue des marges de manœuvre territoriales dont les métropoles disposent en repérant les dynamiques socio-économiques et institutionnelles locales, mais aussi les ressources et les outils déployés au service de cette ambition.

La recherche, en s'appuyant sur une démarche d'enquête qualitative appliquée à deux territoires métropolitains – Lyon et Strasbourg –, vise à discuter de la pertinence de ce nouvel échelon dans le pilotage des politiques sociales locales. En se recentrant sur un domaine spécifique, celui de la politique d'insertion, il s'est agi de questionner les tenants et les aboutissants d'une gouvernance territoriale qui fait appel à des acteurs multiples aux rôles variables selon les orientations portées sur ces deux territoires.

Si la première partie de cette note de synthèse précise le cadre de la recherche, la problématique et la méthodologie adoptée, les deux parties suivantes présentent les observations et résultats de la recherche.

Problématique et cadre de la recherche

Notre problématique se propose de saisir les enjeux d'un renouvellement de la gouvernance des politiques sociales du fait de la recomposition des compétences des collectivités territoriales issue de la loi de modernisation de l'action publique territoriale et d'affirmation des métropoles (Maptam). La problématique de la recherche interroge la capacité des métropoles à impulser une gouvernance territoriale des politiques sociales. Elle entend croiser l'analyse sur les marges de manœuvre qui s'offrent à ce nouvel échelon et la traduction concrète d'actions destinées à pallier à l'hétérogénéité des besoins sociaux. À l'issue de la recomposition du maillage des compétences (et des acteurs), il s'agit de se pencher sur le pilotage des dispositifs de la politique d'insertion. En d'autres termes, nous nous demandons si les métropoles peuvent s'affirmer comme des acteurs pilotes à même d'assurer à la fois une coordination de proximité des politiques sociales sur leur territoire et la promotion d'une action sociale intégrée qui s'appuie sur une « ingénierie sociale » (transversalité des acteurs, des actions, des outils et des dispositifs, etc.). Le statut des villes métropoles engendre des mutations du périmètre des politiques sociales territoriales. C'est désormais à l'échelle du territoire urbain que l'évaluation des besoins sociaux, la définition des interventions, la mobilisation de divers acteurs et partenariats public/privé, la coordination des actions ou encore l'évaluation des impacts auprès des usagers doivent être repensées dans une stratégie intégrée qui fasse sien l'objectif de la transversalité et de la désectorisation des politiques sociales.

Hypothèses de travail

Notre problématique se décline en trois hypothèses :

- La première pose tout d'abord la question de la coordination des politiques sociales et interroge plus particulièrement la capacité des métropoles à assurer une coordination de proximité sur leur territoire en endossant le rôle d'acteur pilote.

La création des métropoles est susceptible de marquer un renversement dans la logique de territorialisation de l'action publique locale. Il s'est agi alors de questionner les ressorts aussi bien symboliques que normatifs qui conduisent les métropoles à s'orienter vers la prise en charge de compétences sociales, étant entendu les difficultés (financement, gestion, contraintes, etc.) associées à leur exercice.
– Une deuxième hypothèse s'intéresse à la gouvernance métropolitaine appliquée aux politiques d'insertion et, plus précisément, aux outils de pilotage et de coordination entre les acteurs de l'insertion.

Nous formulons l'hypothèse que l'affirmation des métropoles favorise davantage un approfondissement de la coopération pluri-institutionnelle entre les acteurs du champ social qu'un véritable changement de contenu des politiques sociales locales.
– La troisième hypothèse porte sur la manière dont les métropoles vont réussir à articuler leurs actions avec les compétences des autres collectivités.

Il s'agit ici de prolonger les interrogations posées précédemment sur la coopération pluriinstitutionnelle entre les acteurs. La coopération au niveau métropolitain, autre que promouvoir une coordination entre les acteurs, est censée pouvoir cristalliser dans des pratiques transversales les outils de la politique d'insertion.

Les axes de la recherche

Deux axes d'investigation sont retenus :
– Pour confirmer notre première hypothèse de travail, un premier axe interroge le sens attribué aux politiques sociales locales. Celui-ci est appréhendé au prisme des arrangements politico-institutionnels produits par les systèmes d'acteurs locaux.
– Un deuxième axe, en répondant à la seconde hypothèse, questionne les appropriations locales (ou « déclinaisons » territoriales) des politiques sociales de la part des acteurs en charge de la mise en œuvre de la politique d'insertion afin de révéler les mécanismes de régulation entrainés par la construction des métropoles.

Les analyses tirées de l'exploitation de ces deux axes sont croisées dans le but d'apporter une réponse à un questionnement plus général, synthétisé dans la troisième hypothèse, c'est-à-dire saisir le rapport entre gouvernance métropolitaine et gouvernance des politiques d'insertion.

Démarche d'analyse et terrains de recherche

Appréhender les recompositions des politiques sociales engendrées par l'affirmation des villes-métropoles a conduit à l'élaboration d'une démarche empirique qui puisse faire état des enjeux de la recherche. Celle-ci s'appuie sur une équipe et un réseau pluridisciplinaire constitué de sociologues (de l'action publique, de l'emploi et des politiques sociales) et d'économistes (des organisations et du travail).

Pour saisir les enjeux liés aux repositionnements institutionnels sur les territoires induits par le développement des métropoles, nous avons choisi d'adopter *une démarche comparative, macro-territoriale et multi-niveaux*.

La méthodologie générale retenue pour la recherche fut celle de l'approche qualitative en ce qu'elle a permis de rendre compréhensible des phénomènes sociaux ne pouvant être saisis par le biais de mesures quantitatives. Nous avons intégré à notre protocole de recherche plusieurs champs d'investigation nécessitant la mobilisation de différentes techniques d'enquête. Schématiquement, trois corpus de matériaux ont été exploités. Une revue de littérature s'est révélée incontournable pour s'imprégner des débats scientifiques sur la gouvernance de l'action publique et des politiques sociales locales. Un deuxième ensemble agrège des données quantitatives permettant d'une part de dresser un portrait statistique (socio-économique et social) des deux territoires enquêtés et d'autre part de recueillir, par le biais d'un questionnaire adressé aux professionnels de l'insertion, des observations sur le travail (son organisation, ses contenus) d'accompagnement des bénéficiaires du Revenu de solidarité active. Un troisième ensemble regroupe au moyen d'entretiens semi-directifs, les registres discursifs mobilisés par une pluralité d'acteurs institutionnels et/ou professionnels. Celui-ci est enfin complété par une enquête ethnographique appuyée sur des observations non participantes.

Derrière la territorialisation de l'action publique, l'insaisissable question du niveau pertinent d'intervention

La question du territoire (ou du niveau) pertinent d'intervention est systématiquement présente en toile de fond, se configurant en un dénominateur commun préalable à toute réflexion sur la territorialisation de l'action publique. Elle se pose aujourd'hui avec davantage d'acuité à l'heure où la place (voire le rôle) du département est discutée. La loi portant nouvelle organisation territoriale de la République (loi NOTRe n°2015-991 du 7 août 2015) en redessinant la carte des territoires autour de macro-régions rend possible une réduction du nombre de collectivités départementales tandis que la loi Maptam (2014-58 du 27 janvier 2014) pose les métropoles en acteurs du développement économique et social des territoires. Pour ne retenir que cet exemple, elles se voient reconnaitre la possibilité de solliciter des compétences nouvelles, allant au-delà de celles conférées par la loi. À ce titre, les territoires métropolitains sont désignés comme des niveaux d'intervention pertinents et d'intégration des politiques sociales locales. Nous avons ainsi pris le parti d'appréhender la « métropolisation des politiques sociales » en mettant l'accent sur les recompositions (ou reconfigurations) visibles sur les territoires. Nous faisons alors l'hypothèse que peuvent émerger, à défaut d'un niveau pertinent, de bonnes pratiques, construites ou réinterprétées localement, susceptibles de constituer à l'échelle nationale un cadre général permettant de gommer les inégalités socio-spatiales inter ou intra territoires. À partir des investigations réalisées, nous verrons qu'il est impropre de parler de manière univoque de « métropoles » tant les spécificités (politiques, démographiques, socio-spatiales, etc.) et les histoires des territoires influent sur leurs trajectoires de développement et leur propension à investir les politiques sociales. Pour cela, le positionnement des métropoles doit être appréhendé à l'aune des recompositions territoriales qui se jouent avec les régions, les départements (et l'État).

Les métropoles dans la nouvelle organisation territoriale

Si l'on s'en tient à la définition du code général des collectivités territoriales (en son article L5217-1), les métropoles sont des structures intercommunales renforcées appelées à devenir des pôles d'attractivité dont la vocation est à la fois régionale, nationale voire européenne. Leurs dynamiques sont ainsi censées bénéficier aux territoires situés à leur périphérie immédiate ou plus lointaine. Pour cela, elles se voient doter de moyens importants et surtout de la faculté d'actionner différents leviers, dont celui du développement économique, au service d'un projet métropolitain en capacité de répondre aux défis de l'urbanisation – de ses opportunités en termes de développement économique, culturel ou intellectuel comme de ses limites démographiques ou sociales.

Si l'idée de métropole peut paraître récente, compte tenu de son actualité, elle trouve ses origines dans les communautés urbaines dont les premières sont nées en 1966 (Bordeaux, Lille, Lyon, Strasbourg) et dans les pôles métropolitains issus de la réforme des collectivités territoriales de 2010 (loi 2010-1563). Ces pôles sont nés d'une initiative parlementaire menée par Gérard Collomb et André Rossinot. En clarifiant les compétences des acteurs institutionnels locaux pour gagner en cohérence et en efficacité de l'action publique, les lois Maptam et NOTRe mettent l'accent sur la métropolisation et la régionalisation des territoires, faisant ainsi de ces deux niveaux les pivots d'une organisation territoriale renouvelée.

Les enjeux de la reconfiguration du paysage institutionnel des territoires pour les politiques sociales

La politique de décentralisation a eu l'effet de centraliser à l'échelle des espaces métropolitains un ensemble de compétences sociales exercées par les communes, l'État et le département. À cet égard, deux éléments doivent être soulignés. Indépendamment des contextes et des configurations locales où s'entrecroisent des stratégies d'acteurs différentes, le processus de réforme territoriale donne à voir plusieurs enjeux pour le devenir des politiques sociales locales. Lorsque certains voient dans l'affirmation d'un nouvel acteur, en l'occurrence métropolitain, un risque de complexification territoriale de l'action sociale, d'autres préfèrent insister sur une possible « vente à la découpe des compétences sociales ». Si de tels questionnements ne doivent pas être négligés, le principal enjeu n'est-il pas celui de la cohérence (ou de la continuité) de ces politiques sur les territoires ? Derrière le délitement du « département providence » induit par une métropolisation dirigée, on voit poindre une redéfinition du périmètre (et contenus) d'intervention des acteurs métropolitains et départementaux, potentiellement concurrents pour le *leadership* territorial, au regard des spécificités territoriales, voire des inégalités entre territoires.

Le délitement du « département providence » au prisme d'un processus de métropolisation dirigée

Nous l'avons vu, la politique de décentralisation valorise la formation de systèmes spatiaux de gouvernementalité territoriale au sein desquels la gouvernance multi-niveaux de l'action publique repose sur des outils de concertation et de planification existants (conférences territoriales de l'action publique, schémas directeurs, etc.) ou à inventer. Les métropoles se posent en acteurs des politiques sociales locales. Mais deux questions restent en suspens : celle de l'étendue des compétences sociales exercées et celle de la manière dont elles vont le faire. Rien ne renseigne *a priori* sur l'éventail des compétences assumées, ni sur le degré d'investissement des métropoles.

Si les régions et les métropoles (et plus largement les intercommunalités) sortent renforcées par les dernières évolutions normatives encadrant la territorialisation de l'action publique, il en va différemment pour l'échelon départemental. Le rôle de ce dernier dans la future architecture institutionnelle des territoires reste incertain.

Par-delà une certaine mise en retrait annoncée du département, il ressort de l'analyse des discours un changement de référentiel dans la définition des périmètres de l'action publique et du rôle joué par chaque administration. Il n'est alors plus question d'envisager chaque acteur (et son action) au prisme de son rôle historique sur un espace géographique donné, mais plutôt de les considérer en fonction d'une hiérarchisation des besoins sociaux qu'ils peuvent satisfaire. Autrement dit, à la plus petite échelle (la commune) comme à celle du département, seront dévolues des missions intermédiaires plutôt orientées vers la préservation (ou le renforcement) de solidarités locales. À l'inverse, il appartiendrait aux métropoles de coordonner les politiques sociales locales sur les espaces urbains, où se concentre une majorité de la population, en conformité avec des schémas directeurs établis au niveau régional.

Une telle configuration reste pour l'heure hypothétique. L'histoire de la décentralisation invitant à une certaine prudence en la matière, tant il n'est pas rare de voir une disposition législative venir défaire (totalement ou partiellement) ce qui avait été auparavant construit. L'évolution du nombre de métropoles précédemment évoquée en est une illustration. Pourtant, en l'état, deux mouvements entrecroisés concourent à un renforcement de la position des métropoles, au détriment de celle des départements, dans une gestion de proximité des politiques sociales.

Premièrement, la loi invite à une redistribution des compétences au profit des aires métropolitaines. Concrètement, les métropoles ont la possibilité de reprendre (par convention) des compétences départementales depuis 2014. Deuxièmement, la loi Notre, en supprimant la clause de compétence générale des départements (pourtant réintroduite par la loi Maptam), c'est-à-dire leur « capacité à agir en toute matière pour répondre à un intérêt public local », limite leurs capacités d'action. Deux arguments sont généralement invoqués : clarifier la répartition des compétences et permettre aux acteurs locaux de se recentrer sur leurs compétences obligatoires. En pratique, l'échelon départemental perd sa latitude sur une partie de ses compétences facultatives et notamment en matière économique. En revanche, les métropoles ont la faculté d'actionner le levier du développement économique sans toutefois disposer de la compétence de l'insertion des bénéficiaires du RSA.

Des politiques sociales locales à géométrie variable ?

On l'a vu, les métropoles – hormis Lyon – se sont jusqu'à présent montrées plutôt prudentes à l'égard d'une éventuelle « reprise » des compétences sociales des départements. La genèse finalement assez récente du fait métropolitain peut en partie expliquer cela. L'idée selon laquelle l'administration métropolitaine est la plus à même de piloter les politiques sociales sur son territoire s'affirme (et se construit) progressivement, à la fois politiquement et socialement. Dans cette optique, l'échelle métropolitaine est considérée comme un niveau pertinent d'intervention, favorisant la construction de réponses adaptées aux problématiques locales. Ici, l'efficacité supposée de l'intervention publique repose sur la proximité et une meilleure connaissance des territoires et des populations.

Si l'on poursuit la réflexion, les territoires pourraient se trouver éclatés entre de grandes aires métropolitaines et les espaces situés à leur périphérie. Les politiques publiques locales s'en trouveraient fragmentées entre une action intégrée, portée par des administrations métropolitaines en capacité de mobiliser des ressources et des réseaux d'acteurs (et partenaires) locaux, et des interventions sociales pilotées par l'échelon départemental, avec des leviers d'action différents. Ces différents éléments s'entrecroisent avec la question des ressources mises au service des politiques sociales mais aussi avec celle de la solidarité inter et intraterritoriale qui interpelle le pilotage de l'action sociale.

Mais les territoires, métropolitains et non, ne sont pas étanches les uns aux autres. L'influence des métropoles déborde leur seul périmètre. Il suffit de penser aux mobilités qui s'organisent aux abords des grandes agglomérations. Pour ne retenir que l'exemple des mobilités professionnelles, tous ceux qui travaillent dans les métropoles n'y résident pas et inversement. Les aires métropolitaines sont donc des espaces à la fois vécus et traversés, notamment en raison d'une forte concentration d'emplois ou de services.

L'on pourrait assez logiquement s'attendre à retrouver dans les discours des acteurs un antagonisme marqué entre métropoles et conseils départementaux. On peut s'en douter, deux positions s'affrontent autour de la pertinence des niveaux d'intervention. Pourtant et à distance de cette opposition, nous avons privilégié une lecture différente pour l'analyse. Par-delà la teneur de leurs discords, deux éléments ressortent avec une certaine récurrence : le besoin d'adapter les politiques (leurs déclinaisons et leur mise en œuvre) aux spécificités locales et la nécessité de construire une solidarité sur les territoires.

On le voit, sur fond de concurrence entre acteurs institutionnels présents sur les territoires, est posé un enjeu central pour le devenir des politiques sociales locales : celui de leur continuité (et de leur cohérence). Faute d'un recul nécessaire et d'éléments tangibles pour envisager le futur possible des métropoles (et par effet miroir des départements) il est pour l'heure délicat de dire si les métropoles – celles disposant de la taille critique pour cela – vont, à terme, piloter des politiques sociales. Si l'exercice de ces compétences va se faire en lieu et place ou au côté des départements ? Si les instances de coordination à l'échelle des territoires seront l'occasion de donner une cohérence à l'action publique ? À ce stade, trois remarques peuvent cependant être faites. Premièrement, les métropoles disposant de la capacité à suivre l'exemple lyonnais sont finalement peu nombreuses. L'on peut penser à Lille, à Strasbourg, à Bordeaux ou à Aix-Marseille. Deuxièmement, sur les autres territoires métropolitains, le risque de complexification de l'action sociale reste mesuré dans la mesure où la mise en œuvre des politiques sociales suppose déjà des actions concertées ou partenariales entre grandes agglomérations et départements. Troisièmement, les instances de coordination territoriale de l'action publique existent déjà. La coordination ne se décrète pas et ces instances seront ce que les acteurs en feront. Au final, l'on peut faire l'hypothèse que les déclinaisons territoriales des politiques sociales locales donneront à voir une juxtaposition de situations de compromis, fonctions de rapports de force localisés.

De la communauté urbaine à la métropole : les trajectoires singulières de Lyon et Strasbourg

Les territoires métropolitains de Lyon et Strasbourg représentent deux exemples spécifiques pour analyser les effets de recomposition des politiques sociales. Précisons-le d'emblée, elles sont les deux métropoles qui exercent (à notre connaissance) le plus de compétences sociales.

Pour autant la comparaison s'arrête là. Certes leur statut juridique diffère, de même qu'une série de caractéristiques économiques, sociales et démographiques. Mais c'est pour des raisons tenant à la singularité de leurs histoires respectives qu'elles se distinguent l'une de l'autre, tout en faisant aujourd'hui figure d'exception dans le panorama des métropoles. Pour faire écho à la réflexion engagée précédemment sur le niveau ou le territoire pertinent d'intervention, la juxtaposition de ces deux situations locales donne à voir l'originalité des arbitrages et des arrangements locaux effectués. Des situations de compromis socialement construites en fonction des stratégies des acteurs en présence (métropoles, communes membres, départements, régions) et des ressources qu'ils sont susceptibles de mobiliser (normative ou symbolique).

La métropole lyonnaise : une collectivité intégrant compétences économiques et sociales

Le processus suivi par la métropole de Lyon peut être appréhendé comme le résultat d'un projet politique au long cours : un projet conjointement porté par Gérard Collomb, ancien maire de Lyon et premier président de la métropole, et Michel Mercier, ancien président du conseil général du Rhône. En pratique, les compétences du département du Rhône ont progressivement été intégrées à celles de l'ancienne communauté urbaine (née en 1966).

Du point de vue de l'analyse, le parcours emprunté par Lyon est tout à fait significatif en ce qu'il se distingue nettement de celui suivi par les autres métropoles. En effet, Lyon a anticipé la loi Maptam de même que l'effacement du département et les transferts de compétences.

La métropole affiche clairement son ambition d'agir parallèlement dans deux directions : coordonner des actions de proximité au plus près des territoires et des citoyens et s'inscrire durablement dans le paysage des métropoles européennes en s'affichant, à l'international, comme un important pôle d'attractivité. L'intégration des compétences de l'ancienne communauté urbaine, de celles des communes présentes sur son territoire et du département doit être envisagée comme le moyen, le levier d'action, de cette double stratégie de développement. C'est l'instrument d'une forme de rationalisation de l'action publique appuyée sur la recherche d'une plus grande efficacité des politiques locales qui passe par la construction de cohérences nouvelles, croisant plusieurs compétences, et d'une volonté affichée de simplification (ou plutôt de dé-complexification) pour les citoyens/usagers de l'imbrication classique des niveaux, des échelles, des acteurs et des territoires.

L'Euro-métropole de Strasbourg : le rôle historique particulier de la ville centre

L'euro-métropole de Strasbourg se distingue assez sensiblement de la métropole de Lyon. Il n'est pas ici question d'effacement de l'échelon départemental dans la conduite des politiques publiques sur les territoires de l'aire métropolitaine. La métropole a été instituée au 1er janvier 2015 sous un statut de droit commun, c'est-à-dire sans prérogatives particulières à la différence des métropoles à statut spécial. Pour autant, au moins trois éléments concourent à faire de l'exemple strasbourgeois une réalité particulière en matière d'organisation territoriale de l'action publique.

Le premier est incarné dans une forme d'anticipation de la réforme territoriale visant à imaginer dès 2009 une reconfiguration du rôle de l'agglomération – alors communauté urbaine – allant dans le sens d'une plus grande intégration des territoires et des domaines d'intervention.

Le second élément tient à l'architecture institutionnelle du territoire métropolitain où trois acteurs majeurs – l'euro-métropole, la ville centre et le conseil départemental – interviennent à des degrés divers, formant ainsi un système de territorialisation de l'action publique à la fois particulier et assez difficile à saisir. L'observation révèle alors un enchevêtrement d'acteurs.

Le troisième élément renvoie à la longue tradition de gouvernance territoriale de la ville de Strasbourg dans le champ social. Il s'agit là d'une particularité locale formalisée depuis 1947 dans le cadre d'une convention prévoyant des délégations de compétences sociales et médico-sociales entre le conseil départemental du Bas-Rhin (délégataire) et la ville de Strasbourg (récipiendaire).

L'exemple de Strasbourg invite à penser la question des niveaux pertinents d'intervention non pas en se mettant en surplomb, mais plutôt à partir du point de vue des acteurs. Ici, les niveaux d'intervention doivent être appréhendés comme le résultat de jeux d'acteurs participants à un processus de négociation inscrit dans des temporalités longues.

Des déclinaisons territoriales des politiques sociales à géométrie très variable

Les déclinaisons locales des politiques sociales analysées à l'aune du processus de métropolisation de l'action publique peuvent être appréciées au regard de deux facteurs : les moyens pour agir et la volonté d'agir. La conduite ou la mise en œuvre (dans le cas des dispositifs légaux) d'une politique sociale à l'échelle locale peut donc être saisie au moyen de ces deux dimensions. L'on se doit alors de considérer à la fois les ressources et les moyens – pouvant être appréhendés en termes financiers ou de réseaux d'acteurs mobilisables – et la volonté d'un acteur de se saisir d'une politique ou d'un dispositif pour rénover son action.

Ici, c'est par le biais du pilotage de la politique d'insertion à destination des bénéficiaires du RSA qu'est saisi le renouvellement de la gouvernance des politiques sociales locales. Nos observations sont déclinées en trois temps. Si le premier est l'occasion de se pencher sur la question de la construction de la politique locale d'insertion en interrogeant le sens qui lui est dévolu par les différents acteurs impliqués, le deuxième voit la focale d'analyse se déplacer vers les évolutions des pratiques professionnelles des différents acteurs impliqués dans la politique d'insertion. Le troisième temps s'arrête sur les implications territorialisées des orientations prises en termes de contrôle et d'activation des bénéficiaires.

La métropolisation des politiques publiques locales : statu quo, simple rénovation ou véritable changement d'approche dans le pilotage de la politique d'insertion ?

Les trajectoires suivies par les agglomérations de Lyon et de Strasbourg sont spécifiques. Leurs différences l'emportent en effet assez largement sur leurs traits communs. Il n'en va pas différemment en matière de suivi et d'accompagnement des bénéficiaires du RSA. Les situations observées sur nos deux terrains d'enquête sont ici traitées de manière distincte.

La rhétorique de la mise en mouvement des publics en insertion : le cas de Lyon

Le transfert de la compétence départementale marque le point de départ de la politique d'insertion à l'échelle métropolitaine. Celle-ci fut construite progressivement dans un contexte marqué par des changements organisationnels majeurs. En pratique, l'administration de la métropole ne disposant ni des services, ni des compétences nécessaires, près des deux tiers des agents du département (sur les 7 000 qu'il comptait) ont été transférés, dont la quasi-totalité du service insertion.

L'arrivée d'un effectif aussi important dans une administration non rompue aux compétences sociales ne va pas de soi. Les outils sont différents, tout comme les habitudes et les cultures professionnelles des agents. L'orientation donnée à la politique d'insertion est explicitement d'encourager et de faciliter le retour à l'activité des bénéficiaires du RSA en établissant des liens avec les entreprises implantées du territoire. L'objectif est celui de la « mise en mouvement » (expression transversale aux divers entretiens), autrement dit de l'activation des personnes et des parcours. Deuxièmement, il prend appui pour sa mise en œuvre sur les partenariats locaux développés par le département. Mais du point de vue de l'analyse, si rupture il y a, ce n'est pas tant dans l'objectif poursuivi que, plutôt, dans la volonté d'agir directement (ou indirectement) sur les pratiques et les actions des acteurs de l'insertion, fussent-ils agents de la métropole ou partenaires extérieurs. Ainsi, le but est de privilégier les sorties du dispositif, même temporaires. Pour cela, les professionnels de l'insertion doivent privilégier des formes d'activation adaptées à l'hétérogénéité des publics et des parcours.

La poursuite d'un partenariat institutionnel : le cas de Strasbourg

Le contexte dans lequel s'est déroulée la recherche était un peu particulier dans la mesure où le président du conseil départemental avait dénoncé la délégation sociale qui lie le département à la ville de Strasbourg. S'agissant plus spécifiquement de la politique d'insertion à l'égard des bénéficiaires du RSA, le pilotage est départemental. Mais la ville de Strasbourg porte une mission insertion. S'il n'intervient pas dans la demande de l'allocation, le « département RSA » de la ville (le service dédié au dispositif) intervient au titre de la délégation sociale signée avec le conseil départemental sur le périmètre de la ville.

Concrètement, il appartient à l'administration communale de gérer et d'animer le dispositif RSA. La gestion du dispositif renvoie à la gestion de la contractualisation et des activités des quatre commissions territoriales du RSA (équivalent local des équipes pluridisciplinaires inscrites dans la loi) présentes dans le périmètre de la ville. La gestion du dispositif à l'échelle de l'agglomération semble présenter une certaine pertinence, principalement en raison de la forte concentration de bénéficiaires du RSA sur le territoire de l'agglomération. Si le pilotage du RSA revient bien au département, la ville n'apparait pas en retrait. Autrement dit, en l'absence d'une capacité formelle à agir sur le déploiement du dispositif, elle n'en pèse pas moins sur le département pour l'adapter ou le faire évoluer, se posant ainsi davantage en partenaire du conseil départemental qu'en simple prestataire. La gouvernance du RSA à l'échelle de la ville a évolué sur au moins deux aspects majeurs : le nombre de référents de parcours et l'information/orientation des bénéficiaires à leur entrée dans le dispositif.

Au final, les observations réalisées donnent à voir une forme de « coopération concurrentielle ». Au nom de l'histoire, la situation locale à l'égard des politiques sociales est encore aujourd'hui particulière. Elle montre une forme de partenariat institué, presque « institutionnalisé » sur ce territoire, autour d'une délégation sociale dont les contours n'ont finalement que peu évolués.

Adapter les pratiques de travail pour mieux servir les objectifs de la politique d'insertion

La déclinaison à l'échelle des territoires d'une politique d'insertion dans le cadre du dispositif RSA fait évoluer les pratiques de travail des professionnels de l'accompagnement. À ce propos, rappelons que l'objectif de la recherche n'était pas tant d'apprécier « la qualité » (en termes par exemple de nombre de sorties positives du dispositif ou de temporalités déployées) des parcours d'accompagnement professionnels et/ou sociaux mis en œuvre par les professionnels mais plutôt de se demander ce qu'induit le réaménagement des outils de pilotage, d'orientation et d'accompagnement porté par la nouvelle gouvernance métropolitaine sur le degré de cohérence de l'offre de service. L'exploitation des résultats du questionnaire adressé aux professionnels de l'accompagnement devaient nourrir la réflexion. Faute de retours suffisamment nombreux pour être significatifs, nos observations s'appuient exclusivement sur l'analyse des discours recueillis auprès des professionnels de l'insertion qui ne sont ici que partiellement abordées.

Le travail d'accompagnement fait intervenir et interagir plusieurs acteurs. De manière très schématique, nous pouvons regrouper les diverses figures professionnelles intervenant auprès des publics en insertion en trois sous-ensembles en fonction des missions qui leur sont dévolues : les conseillers emploi de Pôle Emploi, les travailleurs sociaux employés par les collectivités locales (conseils départementaux, métropoles, communes – CCAS et CMS) et les professionnels travaillant au sein de structures associatives. L'orientation des bénéficiaires du RSA se fait en fonction d'un certain nombre de critères isolés, codifiés, objectivés et inscrits dans des dispositifs particuliers par l'administration et/ou les institutions. Deux familles de critères orientent le parcours d'accompagnement des bénéficiaires : les critères renvoyant à ce que l'on nomme les freins périphériques à l'emploi d'ordre social (logement, santé, situation de famille, etc.) et les critères relatifs au parcours professionnel (niveau de qualification, compétences et expériences professionnelles, etc.). La manière dont ces principes sont ensuite déclinés dans la pratique dépend des opérateurs.

La rationalisation de l'organisation des services sur les territoires est de nature à modifier le travail des professionnels (y compris des travailleurs sociaux à différentes échelles). À Lyon, par exemple, sur le seul périmètre de la ville, se mettent en place des maisons de la métropole et des solidarités, nées de la fusion des maisons du Rhône et du CCAS. Elles constituent une porte d'accès aux services d'aide et d'action sociales. Elles fonctionnent comme un guichet unique. Un tel changement n'est pas sans conséquences sur les contenus du travail des travailleurs sociaux. Dans le domaine du travail social, la polyvalence de secteur structure traditionnellement l'activité des professionnels employés dans les services sociaux départementaux et communaux. Les facteurs ayant une incidence sur le travail des professionnels sont multiples. Le contrôle des bénéficiaires, le renforcement du volet activation ou encore les réorganisations des services sociaux en font partie. L'injonction à l'activation limite autant qu'elle encadre l'activité des professionnels. Les pratiques des professionnels sont encadrées par des procédures et des dispositifs qui limitent en partie leur autonomie.

Gouverner les orientations territorialisées de la politique d'insertion

Les déclinaisons locales des politiques sociales demeurent toujours singulières. Elles sont un compromis entre des stratégies d'acteurs locaux pris dans des relations de pouvoir particulières, des mécanismes de régulation institutionnel comme opérationnel et des dynamiques (et situations) socio-économiques et socio-spatiales spécifiques. La manière dont est déployée la politique d'insertion dans le cadre du dispositif RSA sur les agglomérations de Lyon et Strasbourg est de ce point de vue tout à fait éclairant. La gouvernance du dispositif, sa gestion comme son animation, repose sur divers instruments. Ces outils peuvent être de diagnostic, d'orientation, de coordination, d'appui à l'insertion ou d'information-communication et prendre des formes très différentes. Mais dans tous les cas ils ne vont pas de soi et ne trouvent de pertinence que dans le contexte où ils ont été (co)produits. Pour le dire autrement, ils se configurent comme une réponse pragmatique, socialement construite, à ce qui est posé comme un problème ou un dysfonctionnement. À cet égard, et pour ne prendre qu'un exemple, la création de nouvelles figures professionnelles – chargés de liaison entreprise emploi ou conseillers emploi – faisant l'interface entre les entreprises et les publics en insertion est censée faciliter le retour à l'activité de ces derniers et par-delà augmenter des sorties du dispositif jugées quantitativement insuffisantes. Parce qu'au final et compte tenu des coûts liés à la politique d'insertion, le but premier des acteurs pilote du dispositif est bien celui-là. Mais d'autres leviers peuvent être actionnés simultanément dans la poursuite de cet objectif. L'on pense ici en particulier à l'activité de contrôle des bénéficiaires et au volet activation du dispositif RSA. Il ressort en effet de nos observations une utilisation transversale mais différenciée de ces deux dimensions. Dans le cas de Lyon, l'activation prime alors qu'à Strasbourg, bien qu'elle soit présente, c'est la politique départementale de « contrôle » qui est particulièrement développée.

Conclusion

Le travail de recherche a tout d'abord permis de conduire une analyse sur la question du niveau pertinent d'intervention sociale. Le travail d'investigation mené nous conduit à prendre des distances vis-à-vis des réflexions invitant à désigner ou à rechercher LE niveau (ou le territoire) pertinent. L'explication tient au fait que les reconfigurations territoriales analysées à Lyon et à Strasbourg sont distinctes l'une de l'autre mais, prises séparément, elles présentent une certaine « cohérence ». En conséquence, l'analyse nous invite davantage à considérer que de bonnes pratiques peuvent émerger et être appropriées au niveau national, dans un cadre général permettant de gommer les inégalités socio-spatiales.

La recherche a également été l'occasion d'appréhender les enjeux de la reconfiguration du paysage institutionnel pour les politiques sociales. Le travail réalisé permet de formuler trois remarques. Tout d'abord, les métropoles ayant la capacité de suivre la voie ouverte par Lyon sont peu nombreuses. Ensuite, l'enchevêtrement des compétences et des acteurs n'a finalement rien de bien nouveau, même si de nouvelles régulations doivent être imaginées. Enfin, il existe des outils de concertation favorisant une coordination des acteurs à l'échelle des territoires à même de limiter les écarts de traitement (ou d'offre sociale).

Au final, le travail réalisé sur les dynamiques des métropoles montre les moyens dont elles disposent dans la mise en œuvre d'une politique sociale intégrée. Pour autant, ces marges de manœuvre, aussi importantes soient-elles, ne permettent pas de conclure sur le type de gouvernance susceptible d'émerger. Plusieurs raisons expliquent cela. Premièrement, la gouvernance d'une politique sociale à l'échelle des agglomérations métropolitaines ne se décrète pas. Deuxièmement, chaque forme de gouvernance est spécifique. La gouvernance est fonction d'un ensemble de facteurs pouvant différer sensiblement d'une réalité locale à l'autre. En matière de politique d'insertion pour les bénéficiaires du RSA, nos observations montrent que les régulations qui se jouent autour de ces dispositifs ne se commandent pas. Ils sont reçus par des acteurs qui se les approprient, les interprètent et peuvent, en fonction de leurs propres stratégies, leur donner un sens différent.

La transversalité dans les politiques sociales locales. Acteurs, représentations, normes et gouvernance

Responsables scientifiques : Anne Eydoux, Léa Lima, Loïc Trabut
Équipe de recherche : Elisabetta Bucolo, Anne Eydoux, Laurent Fraisse, Alexandra Garabige, Léa Lima, Jules, Simha, Loïc Trabut, Claire Vivès
Laboratoires : CEET et Lise, CNAM, INED

Introduction

À l'heure où se manifeste dans de nombreux pays d'Europe un désenchantement vis-à-vis de la capacité des politiques sociales nationales et supranationales à faire face au renouvellement des besoins sociaux (vieillissement, montée du chômage, précarité, pauvreté, etc.) dans un contexte budgétaire contraint, la tentation est grande de considérer que les territoires sont les lieux pertinents de redéploiement des interventions sociales pour traiter des problèmes complexes tout en rationalisant les interventions. Les politiques sociales locales sont alors perçues comme mieux à même d'offrir, sur la base de diagnostics locaux, des solutions de proximité permettant de dépasser les cloisonnements traditionnels de l'intervention sociale.

Cette recherche aborde les politiques sociales locales sous l'angle de la transversalité. Elle se focalise sur des dispositifs d'accompagnement global en privilégiant une analyse multi-niveaux et intersectorielle ou trans-sectorielle. Elle s'intéresse à deux types de dispositifs transversaux : des dispositifs promus au niveau national ou supranational et déployés au niveau local, mais aussi des dispositifs résultant d'initiatives locales. Il s'agit, à partir d'un travail monographique, d'explorer leur mise en œuvre, la manière dont ils travaillent et sont travaillés par les cadres cognitifs et normatifs de l'action publique, ainsi que leurs enjeux d'allocation des ressources, de financement et de gouvernance.

Démarche de recherche

La recherche mobilise une enquête qualitative portant sur trois types de dispositifs transversaux. Le premier, porté par Pôle emploi, sera intitulé ici « accompagnement global Pôle emploi ». Il combine pour les demandeurs d'emploi en difficulté un accompagnement professionnel et un accompagnement social. Le deuxième type de dispositif consiste en un accompagnement global de mères précaires, qui s'articule à des initiatives locales variées. Le troisième est le dispositif Parcours de soins des personnes âgées à risque de perte d'autonomie (Paerpa), qui met en place au niveau régional une coordination de professionnels de secteurs différents pour l'accompagnement global des personnes âgées dépendantes. Pour chaque type de dispositif, nous avons effectué deux monographies territoriales. Au total, notre recherche s'appuie donc sur six monographies de dispositifs transversaux territoriaux ou territorialisés.

Le choix de ces dispositifs tient aux enjeux de société dont ils sont porteurs. Les politiques d'insertion sont travaillées par le renouvellement de la question de la lutte contre la pauvreté, marquée par le caractère désormais central du retour à l'emploi. Les politiques de la petite enfance sont de plus en plus envisagées comme à même de favoriser l'insertion et l'emploi des femmes ainsi que l'égalité entre les sexes. Quant aux politiques de prise en charge de la dépendance, elles apparaissent comme un défi dans un contexte de vieillissement des populations et de contention des dépenses publiques.

Dans les dispositifs étudiés, la transversalité est appréhendée par les acteurs comme une ressource pour répondre à des problèmes complexes : il s'agit de mobiliser conjointement des professionnels et des savoirs issus de plusieurs secteurs pour surmonter les difficultés.

Organisation du rapport

La première partie cherche à éclairer notre démarche d'ensemble. Elle repart des différents niveaux où est promue une approche transversale (européen et national notamment), et questionne la notion de transversalité : une notion vertueuse, qui pourrait tendre à faire oublier la présence de relations de pouvoir dans les politiques sociales, ou le fait que les politiques et dispositifs transversaux procèdent souvent de tentatives de rationalisation des dépenses dans un contexte budgétaire contraint.

La deuxième partie de la recherche est consacrée au dispositif d'accompagnement global reposant sur un travail conjoint de Pôle emploi et des services sociaux départementaux autour des demandeurs d'emploi en difficulté. Ce dispositif est replacé dans le contexte de l'évolution de l'offre de service de l'opérateur public et dans celui de la mise en place de partenariats antérieurs entre les conseils départementaux et Pôle emploi autour de l'accompagnement des allocataires du RSA. Sa déclinaison dans deux départements est examinée pour mettre en évidence la manière dont la transversalité s'organise localement et les questions qu'elle soulève. Les outils de cette transversalité et leurs usages (ou non-usage) par les professionnels sur le terrain, ainsi que la gouvernance du dispositif sont plus particulièrement analysés.

La troisième partie de la recherche est consacrée à des dispositifs locaux d'accompagnement global des mères précaires dans des quartiers prioritaires de la politique de la ville. Une première monographie concerne un dispositif partenarial d'accompagnement des mères de famille monoparentale au RSA. Une deuxième monographie porte sur une crèche d'insertion qui organise en interne l'accompagnement de mères précaires prêtes à travailler. Ces deux initiatives sont resituées dans le contexte de la montée des préoccupations politiques pour l'insertion professionnelle des mères de famille monoparentale. L'observation révèle diverses manières de construire la transversalité. Elle met également en lumière la diversité des usages des diagnostics et évaluations ainsi que les problèmes soulevés par la gouvernance locale et par l'essaimage de ces dispositifs.

La quatrième partie de la recherche porte sur l'accompagnement global des personnes âgées dépendantes. Elle inscrit tout d'abord le dispositif étudié dans le cadre de l'évolution des politiques publiques de prise en charge de la dépendance. Ensuite, sur la base des monographies, elle souligne les difficultés et analyse les outils de la mise en place de la transversalité. Elle soulève pour finir la question du territoire pertinent de cet accompagnement des personnes âgées dépendantes.

Résultats

Le premier constat est celui de la diversité des dispositifs transversaux. Celle-ci tient à leur dimension multi-niveau et au caractère territorialisé de leur conception et de leur mise en œuvre, qui les inscrit dans des configurations locales variées.

Les dispositifs étudiés articulent les niveaux de manière très différente. L'accompagnement global Pôle emploi procède d'une logique descendante : c'est une initiative nationale qui se décline au niveau départemental, chaque département ayant sa propre organisation en matière d'insertion et d'action sociale. Le dispositif Paerpa est également un dispositif national procédant d'une logique descendante, mais il est expérimenté dans les territoires sous l'égide de l'Agence régionale de santé (ARS), selon un pilotage régional et non départemental. Quant aux initiatives locales concernant l'insertion des mères précaires dans des quartiers prioritaires, elles procèdent d'une logique ascendante et font montre d'une plus ou moins grande capacité à essaimer selon les relais qu'elles trouvent à d'autres échelons territoriaux.

L'organisation de la transversalité des dispositifs au niveau des territoires apparaît très dépendante du contexte local. Elle est enchâssée dans une organisation territoriale des politiques, marquée par la sectorisation (le cloisonnement entre politiques sociales, d'insertion, de l'emploi, de santé, etc.). Les dispositifs nationaux comme l'accompagnement global Pôle emploi et le dispositif Paerpa se déploient différemment selon les territoires. Les caractéristiques sociodémographiques et économiques des territoires étudiés, mais aussi les choix antérieurs d'organisation des services et de déploiement des politiques locales apparaissent jouer sur les déclinaisons des dispositifs. Dans le cas des initiatives locales pour l'insertion des mères précaires, la nature des besoins identifiés est pour beaucoup dans la définition des dispositifs mis en œuvre.

Ces dispositifs transversaux ont un trait commun qui les distingue des politiques de développement social local : ils visent la prise en charge des personnes et non la participation de collectifs. Plusieurs idéaux-types de transversalité peuvent de ce point de vue être distingués. Le *case-management de courtage* concentre la transversalité au moment de l'accueil et du diagnostic des besoins de la personne. Le professionnel est capable de réaliser un bilan global, de mettre en relation la personne avec les services adéquats. Le *case management clinique* suppose la coordination de l'offre de services individualisée par un clinicien capable de diagnostiquer le besoin à tout moment dans le cadre d'un accompagnement du parcours individuel. Il est un référent permanent et une autorité de prescription des interventions et des services en même temps qu'il assure la responsabilité de la cohérence du parcours de la personne. La *transversalité intégrée* situe l'offre de transversalité au niveau d'une structure ou de la coopération entre professionnels de structures différentes dans un dispositif. Elle déclenche une nouvelle offre spécifique liée à l'identification d'un besoin complexe. Cette nouvelle offre peut être incarnée par un nouveau profil de professionnels alliant des compétences issues de champs différents ou bien réunir au sein d'un même dispositif ou dans une même organisation des professionnels spécialisés.

Un deuxième constat est celui de la difficulté à mettre en œuvre la transversalité. Dans la mesure où celle-ci fait intervenir, souvent à différentes échelles, des institutions et professionnels de différents secteurs, leur coordination s'avère souvent problématique. Si le développement de dispositifs transversaux exprime d'une manière ou d'une autre une « crise » de l'approche sectorielle (ou une volonté de dépasser cette approche), l'observation de ces dispositifs confirme la difficulté à se départir d'une approche sectorielle. D'abord, la transversalité interroge le découpage territorial des compétences, et sa pertinence du point de vue des publics accompagnés. Ensuite, la transversalité interroge la définition des compétences institutionnelles, ainsi que celle des compétences professionnelles et des métiers des professionnels embarqués dans le dispositif. Enfin, les dispositifs transversaux sont confrontés à un contexte qui reste marqué par la sectorisation, par le cloisonnement des compétences institutionnelles et par la segmentation des publics.

Un troisième constat est celui de l'émergence d'une expertise locale à la faveur de l'expérience de la transversalité. On a pu observer la construction d'expertises locales, qui ne sont ni toujours partagées, ni toujours autonomes par rapport aux politiques nationales ou par rapport aux interventions sectorisées. Mais, qu'ils obéissent à une logique descendante ou ascendante, les dispositifs étudiés témoignent de la montée d'une expertise locale qui entre en résonnance avec des préoccupations formulées au niveau national, voire supranational. On peut dire dans le cas des dispositifs nationaux descendants (accompagnement global Pôle emploi et Paerpa) que la construction de savoirs territorialisés procède de la déclinaison et de l'appropriation d'une approche nationale transversale (plutôt que sectorisée). Quant aux initiatives locales d'accompagnement des mères précaires, si elles trouvent leur légitimité première dans une expertise locale (diagnostics, évaluation), elles doivent souvent composer avec les expertises et priorités d'autres acteurs intervenant à d'autres échelles.

Un quatrième constat est celui des difficultés à gouverner la transversalité. La gouvernance des dispositifs étudiés est largement partenariale et décentralisée. Elle mobilise de multiples instances et niveaux de coordination. Le déploiement des dispositifs s'est accompagné de la mise en place de comités de pilotage ou de comités techniques. La transversalité implique ainsi des coûts de coordination et s'avère chronophage pour les professionnels qui doivent se coordonner autour de la personne qu'ils/elles accompagnent. Elle requiert des compétences relationnelles et de coordination qui ne sont pas toujours faciles à mobiliser. La gouvernance partenariale des dispositifs transversaux fait l'objet d'un pilotage souvent problématique, traduisant peut-être un impensé des rapports de pouvoir dans les politiques locales.

Le financement des dispositifs transversaux est une source supplémentaire de difficultés. En raison du caractère sectorisé des financements, les dispositifs transversaux et partenariaux sont susceptibles de faire appel à des canaux multiples. Ce sont autant de financeurs auxquels rendre des comptes en se pliant à des contraintes de gestion pensées pour des interventions sectorisées. Or, le financement a des effets sur la soutenabilité des dispositifs et sur leur éventuelle généralisation ou réplication. Certains acteurs, par la nature de la solution qu'ils proposent, d'un savoir-faire qu'on pourrait qualifier d'entrepreneurial, n'ont pas de difficulté à trouver des financements et à essaimer. C'est le cas des crèches d'insertion proposées aux élus comme des services « clé en main » performants pour l'insertion professionnelle des mères précaires. D'autres dispositifs sont à l'inverse mis en œuvre à moyens (plus ou moins) constants et procèdent de logiques de rationalisation ou de réallocation des ressources du territoire.

Conclusion

En dépit de l'outillage de la transversalité par des instances de coordination, par des outils et par des diagnostics et évaluations, certains dispositifs étudiés peinent à se déployer. Les acteurs restent aux prises avec des contraintes résultant de choix passés. Si les exemples analysés confortent l'idée selon laquelle la proximité constitue un registre de légitimation de l'action publique, la portée transformatrice des dispositifs apparait limitée par la persistance d'une division sectorielle des politiques publiques. Le dépassement d'une approche sectorisée de l'action publique ne va donc pas de soi.

Des besoins aux décisions : réceptions et traductions de demandes d'usagers aux échelons locaux de l'aide sociale et de l'action sociale

Responsable scientifique : Christophe Trombert
Équipe de recherche : Claire Autant-Dorier, Laurence Fournel, Elisa Herman, Malika Lebbal, Christophe Trombert
Laboratoire : Centre Max Weber, UMR Cnrs-Université de Lyon 2-ENS

Introduction

La question du non-recours aux droits sociaux interroge les politiques sociales de multiples façons : quels sont les effets des propriétés des prestations sur des perceptions de besoin et sur des modalités de demande ou d'abandon de demande ? Quels sont les effets des arbitrages entre avantages accordés et contreparties exigées sur les propositions des professionnels et les demandes des usagers ? Quel est l'équilibre à trouver entre complexité de l'instruction (pour mieux cibler ou pour lutter contre les fraudes) et simplicité de l'accès au droit ? N'est-il pas paradoxal de vouloir lutter contre le non-recours pour des droits de derniers recours, souvent pensés et conçus pour être subsidiaires et moins favorables que le droit commun ou que ce que l'usager pourrait s'offrir par lui-même s'il disposait de ressources, cela afin d'éviter tout aléa moral ? Quelles sont les tensions entre objectifs du droit et effectivité du droit sous contrainte de moyens d'aide ? Le non-recours par non-demande est-il lié pour une part à la non-proposition de prestation par des professionnels ? Qu'est-ce que ces professionnels introduisent dans le droit en acte, sous forme d'interprétations des critères de décision (pour les accorder aux cas d'espèce), d'interprétations des cas d'espèce (pour les accorder à des critères de décision), d'interprétations de l'esprit du texte légal lorsque celui-ci reste silencieux sur tel cas d'espèce ? Enfin quel est le poids de leurs propres critères de justice, contre les critères du droit ?

Notre enquête procède à un déplacement de la question : du non-recours vers l'accès au et le maintien dans le droit, du quantitatif (taux de recours et typologies modélisant in abstracto des facteurs de non-recours), vers une démarche qualitative et processuelle inspirée par certains travaux théoriques de l'Observatoire du non-recours (ODENORE, Mazet, 2010, Warin, 2010), afin de répondre à la question suivante : comment, pour des droits variés, dans des contextes variés de mise en œuvre impliquant des acteurs (professionnels, décideurs, usagers) variés, des (non)demandes initiales deviennent et restent ou non des attributions d'aide ? Notre problématique n'est plus tant celle du (non)recours, que celle de l'accès au droit sous l'angle de la légitimité en situation à demander, à instruire, à accorder et à se maintenir dans un dispositif, et des controverses qui lui sont liées. Elle s'inscrit dans le champ des *legal consciousness studies* (Pelisse, 2005), en prenant le (non)recours non pas pour un indicateur d'efficacité, mais comme un sous-produit d'activités d'acteurs en interaction, guidés par des croyances sociales et des espérances, des préoccupations identitaires, des outils de travail, des moyens disponibles, des règles inégalement connues et des jurisprudences émergeantes, des anticipations sur le positionnement d'autres acteurs (concurrence, concurrence « inversée » et conflits de juridiction), des anticipations sur les gains et sur les coûts (au sens large), un rapport au temps conditionné par un ordre de distribution des besoins urgents et éventuellement conditionné par la rareté relative des ressources d'aide, une capacité à se mettre d'accord en situation sur le sens à donner aux situations, une tendance, pour les acteurs faibles, à esquiver les situations dans lesquelles l'expression publique du désaccord s'associe au risque de l'imposition de la volonté d'autres acteurs sur eux. Notre approche veut donc mettre l'accent sur un angle mort du non-recours tel que l'appréhendent le plan pluriannuel de lutte contre la pauvreté et pour l'inclusion sociale de 2013 (PPLPIS 2013) et la circulaire DGCS/SD1B/2014/14 du 16 janvier 2014 : celui de la « (non) réception » de la demande et de la « (non)proposition » de l'aide, ces troisième et quatrième types de non-recours selon l'ODENORE, et peut être improprement désignés comme un type de non-recours puisqu'à ce stade il y a bien déjà une tentative de recours, sous forme d'une demande initiale, ou au moins l'exposé d'une difficulté, qui échoue à se concrétiser en une aide obtenue ou utilisée.

Une telle approche de la question conduit logiquement à privilégier des méthodes qualitatives à dominante monographique. Nous abordons différents terrains de mise en œuvre pour 5 types de droits sociaux ou d'intervention d'action sociale : domiciliations administratives pour les personnes sans hébergement stable, Revenu de solidarité active (RSA), mesures d'assistance éducative en milieu ouvert (AEMO) et d'aide éducative à domicile (AED) dans le cadre de la protection de l'enfance, accès aux crèches publiques ou parapubliques *via* les guichets municipaux de la petite enfance, impact du travail social communautaire auprès des migrants sur l'accès aux droits sociaux. Certaines prestations sont en espèces (allocation RSA, ASPA), d'autres en nature (places en crèche, domiciliations administratives) et d'autres prennent la forme d'un accompagnement (accompagnement RSA, mesures éducatives de l'aide sociale à l'enfance); certaines sont des prestations demandées et d'autres imposées (AEMO); certaines relèvent d'un droit opposable (l'offre d'aide devant s'ajuster à la population éligible) et d'autres relevant d'un simple objectif général de politique publique, non créateur d'un droit individuel précis autre que celui de demander (les demandeurs étant classés à l'aide de critères interprétables et révisables afin d'ajuster le nombre d'éligibles à une quantité d'aide fixée d'avance). Ces terrains diversifiés dessinent un panorama partiel mais instructif de l'accès à des droits dans deux départements de la région Auvergne Rhône-Alpes. Notre propos ne prétend bien évidemment pas à l'exhaustivité concernant le non-recours par non-réception ou non-proposition dans la Région, mais vise à la comparaison de terrains et de dispositifs, en vue de définir les possibilités des généralisations par recherche de similitudes et de dissemblances sur ces terrains et dispositifs variés : l'identification empirique des contraintes, ressources, mécanismes, raisons, interactions qui contribuent ou entravent l'accès aux droits sociaux ou à des prestations extra-légales.

L'enquête a permis d'identifier différents facteurs d'échec de recours, et plus largement des fonctionnements atypiques ou inattendus des prestations, susceptibles, au-delà des abandons de recours et des renoncements à demander quelque chose par la suite, d'incommoder des usagers, d'entrainer des vécus malheureux des prises en charge, des défiances, du ressentiment. Inversement, l'enquête a permis d'identifier des pratiques professionnelles, de guichet parfois et d'accompagnement plus souvent, visant à aménager dans un sens favorable les exigences pour accéder et se maintenir dans un droit. Les restrictions semblent plus souvent s'appliquer à des groupes (le cas exemplaire est celui de certains publics sans droit au séjour, dans la domiciliation), alors que les aménagements plus favorables semblent plus souvent s'appliquer à des situations singulières, notamment dans le cadre d'accompagnement ou de relation d'aide. En outre, les interviews d'usagers conduisent à penser que les qualités et la bonne volonté reconnues par les usagers chez un intervenant contribuent au maintien dans le droit ; alors qu'à l'inverse une perception d'hostilité chez un professionnel refusant une demande conduit à des refus exprimés de nouvelles demandes d'aide.

Les contraintes de rareté de la ressource d'aide en situation de délégation locale des interventions et de responsabilisation financière entrainent une concurrence inversée et des délestages

Ce phénomène est massif pour la domiciliation administrative. Pour les centres communaux d'action sociale (CCAS), le coût intrinsèque de la prestation est faible, mais la crainte d'autres coûts locaux induits par les publics domiciliés joue fortement sur les refus de domiciliation et les réorientations sur d'autres services. Cela s'apparente à un phénomène de « délestage[3] ». Celui-ci suppose des conditions qui sont présentes dans le cas des CCAS. Pour rappel : une insuffisance probable de moyens matériels et humains face à la demande potentielle (avec une thématique de la « vague » des demandes et du « débordement » des capacités du service assez présente dans le discours des acteurs) ; un coût à leur charge exclusive ; une facilité à contester l'éligibilité au droit des demandeurs du fait de certains critères interprétables ou d'absence de preuve conventionnelle d'un fait servant à remplir tel ou tel critère ; une facilité à réorienter sur d'autres acteurs locaux (autres CCAS, associations agréées) supposés délivrer la même prestation ;

3. Par pratique de « délestage » (Trombert, 2009a) nous désignons les pratiques de réorientation d'usagers légitimes à solliciter le service, mais jugés indésirables par ce service (ou l'interlocuteur du service), renvoyés sur un autre service, sans concertation avec ce service destinataire, et sans évaluation préalable de la situation de l'usager en vue de lui proposer la prise en charge la plus adaptée à son cas. Cette définition a pour point faible qu'elle ne repose pas que sur des critères de faits observables mais aussi sur un critère de jugement qui est rarement formulé car difficile à assumer (usagers jugés indésirables). Les phénomènes « d'écrémage » dans les dispositifs d'insertion (c'est-à-dire la sélection des plus employables au détriment des moins employables dans le cadre des mesures d'accompagnement ou d'insertion) sont largement rapportés (par exemple Hara, 1989, Wuhl, 1996), mais l'écrémage pour garantir les bons résultats d'un service implique aussi le délestage sur d'autres services.

l'hypothèse que les autres CCAS, subissant la même structure d'incitation et les mêmes craintes pourraient pratiquer eux aussi le délestage sur d'autres structures voisines ; l'hypothèse que le bouche-à-oreille entre usagers peut conduire à des demandes de domiciliation supplémentaires lorsqu'on domicilie un usager ayant un certain profil. Les CCAS (et dans une certaine mesure les associations) sont donc dans une situation de « concurrence inversée » et craignent de faire « appel d'air » si leurs pratiques de domiciliation sont trop libérales. Une course à la restriction et au délestage se met en place, sans rapport avec le coût, somme toute marginal, d'une année de domiciliation administrative et de quelques demandes d'aides financières associées à celle-ci.

De plus, sur certaines communes, des a priori politiques envers des publics « étrangers au pays n'ayant pas vocation à se maintenir sur le territoire », suivant l'expression consacrée dans les OQTF (obligation de quitter le territoire) ou des jugements administratifs rejetant des demandes d'hébergement d'urgence, perçus comme désignant des personnes sans lien avec la commune, semblent peser sur la mise en œuvre du droit. Dans ces cas, il est fort possible que des préoccupations électorales, en lien avec la présence visible de squats et de bidonvilles par le passé, renforcent des tendances à une lecture assez restrictive du critère de « lien avec la commune » ouvrant droit à la domiciliation.

Les associations agréées ont, elles aussi, cette perception de « vagues » de demandes, de « débordement » des capacités du service, de délestage des CCAS sur elles et de risque « d'appel d'air ». Toutefois l'existence d'un niveau maximum de domiciliés dans leur agrément, et le fait qu'elles ne disposent pas de budget d'aide financière en propre (donc aucune crainte de coûts supplémentaires induit par la domiciliation), n'amènent pas à des pratiques indues de restriction dans la mise en œuvre du droit. D'une certaine façon l'agrément préfectoral fixe d'avance les restrictions à leur intervention et rend légales leur capacité d'accueil et la définition des publics accueillis.

D'autres cas de délestages ont été repérés via l'étude portant sur le centre social et de santé participatif. Ils concernent des services sociaux qui reportent sur le secteur associatif des interventions, relevant pourtant de leur champ de compétence, au motif que les actions de médiation et d'information sur les droits menées par ces associations ont fait naître des demandes supplémentaires adressées aux services sociaux. Des travailleurs sociaux du service social départemental (SSD) d'une commune d'enquête semblent considérer qu'un domicilié a vocation à être accompagné par ce service de domiciliation et n'a pas à être reçu au SSD.

Ces situations ne sont pas nouvelles et les exemples de structures locales cherchant à fuir les « mauvais risques » réels ou supposés abondent (voir Tissot, 2005, en matière de logement social, par exemple). C'est en réponse à ce problème qu'ont été créés le numéro unique de demande de logement social puis un fichier national d'enregistrement, les services intégrés d'accueil et d'orientation (SIAO) et les guichets uniques de demandes de places en crèche (EAJE : établissement d'accueil du jeune enfant). À chaque fois, il s'agit d'aménager la « concurrence inversée » en répartissant plus équitablement l'ensemble des profils de publics sur l'ensemble des intervenants sociaux. Cela suppose en préalable une harmonisation des pratiques d'acteurs, notamment de leurs critères de décision, *via* des schémas locaux d'intervention, une coordination et des comités de pilotage, des échanges de bonnes pratiques. C'est justement ce que mettent en place les schémas départementaux de la domiciliation.

Concernant les EAJE, il apparaît que ces guichets uniques obligent les acteurs à invoquer un objectif de « mixité » dans les publics reçus, qui sonne aussi beaucoup comme un souci d'équilibrage dans la répartition des publics les plus complexes sur les différents établissements.

Ces contraintes de rareté des ressources d'intervention conduisent en outre à des listes d'attente, des temps morts dans des parcours, des désajustements temporels

L'affaiblissement de l'efficacité de l'aide sociale, de l'action sociale et de la Sécurité sociale par les délais d'obtention ressort sur tous les terrains et pour toutes les prestations. Les délais d'instruction d'une demande (domiciliation administrative, EAJE, minimum vieillesse – ASPA, allocation chômage lorsqu'elle est versée par un employeur du secteur public), les délais d'obtention d'un accompagnement (RSA) ou de mise en œuvre d'une mesure de protection de l'enfance (action éducative en milieu ouvert, placement), sont perçus comme longs par les usagers comme par la plupart des professionnels qui les reçoivent (et pour la domiciliation administrative cela conduit des demandeurs à faire une demande parallèle ailleurs). Une partie des allocataires du RSA tombent dans une « trappe à ininsertion » (Trombert, 2009a) : jugés inemployables et réorientés sur un suivi uniquement social que le département n'est pas en mesure d'assurer, ils restent dépourvus de référent et de contrat d'engagements réciproques. Ils peuvent solliciter le service social départemental s'ils ont besoin d'aide. Les délais d'examen des contrats d'engagement réciproque RSA sont longs et contribuent à vider le contrat de son sens (avec des commissions qui rallongent la durée proposée, car le contrat serait presque terminé à la date d'examen si sa durée n'était pas allongée). La rareté des ressources pour certains droits conduit à des listes d'attente (domiciliation, AED et AEMO, EAJE) et entraîne des à-coups dans l'accompagnement, avec des phases dans lesquelles professionnels et usagers attendent une réponse. L'accompagnement apparait alors vide, ou ses exigences soudaines semblent survenir à contretemps. Dans certains cas (domiciliation administrative en CCAS) tout se passe comme si des délais d'attente longs visaient à décourager certains demandeurs ; ils ont en tout cas cet effet. Ailleurs, la liste d'attente, avec un demandeur qui maintient sa demande, devient une modalité d'évaluation de la réalité du besoin et de l'absence d'alternative (domiciliation en association agréée), un délai de carence de fait assure du bien-fondé de la demande.

La non-maîtrise et la non-prévisibilité des délais contribuent à une forme de remise de soi des usagers à leurs accompagnants sociaux : une forme d'adhésion patiente, passive et apparente à la tutelle bienveillante de l'accompagnateur censé maîtriser les arcanes de l'accès au droit. Elles conduisent aussi au sentiment d'être rabaissé et peu considéré par les institutions qui interviennent auprès d'eux. Cette précarité temporelle ne risque pas d'encourager les usagers à exprimer des attentes dans la négociation d'un contrat d'engagement réciproque, par exemple.

Il existe *a contrario* des dispositifs non saturés, telles les mesures de soutien familial de proximité et hébergement (SFPH). Alors que les temps d'attente pour des AED ou des AEMO classiques peuvent être importants (il en va de même pour des placements hors situation d'urgence), les mesures AED SFPH et AEMO SFPH (des mesures éducatives « renforcées ») restent sous-utilisées sur le département d'enquête, avec 25 % des places potentielles qui restent vacantes. Il n'est pas possible de dire si ce sous-emploi tient au coût, intermédiaire, de cette mesure (3,5 fois plus chère que les AED ou AEMO « classiques », mais largement moins coûteuses qu'un placement), à une trop grande confidentialité de ce dispositif innovant (il serait dans ce cas mal connu à la fois des inspecteurs et inspectrices de l'Aide sociale à l'enfance et des juges des enfants), ou si les prescripteurs estiment que peu d'enfants et de familles ont une problématique justifiant d'y recourir. Mais cela montre en tout cas que les désajustements entre demandes et prises en charge ne se réduisent pas à un déficit de place.

Ces contraintes conditionnent un travail d'interprétation et de traduction des situations par les professionnels et impliquent de mobiliser des critères de justice non prévus pour hiérarchiser les demandes

Opérer un classement de demandeurs de ressources rares et couteuses implique de disposer d'un nombre suffisant de critères au regard du niveau de désajustement demande/offre. Ces mêmes critères peuvent aussi servir à décourager la demande à la source, ce qui réduit le désajustement. Sous cette hypothèse, le travail d'interprétation discrétionnaire des agents ne vise pas seulement à interpréter les cas d'espèce et les règles en vue de leur ajustement situé, mais à ajuster une quantité de ressources directes (les aides ou places elles-mêmes) et indirectes (le temps de travail que prennent les aides pour être instruites et mises en œuvre) à une quantité de demande à classer, *via* des critères. Ces critères sont rapportables au temps (la liste d'attente, attribution par ordre de demande), ou bien aux registres du besoin, du mérite à être aidé et des chances d'usage profitable de l'aide attribuée. Il vise aussi à rapporter des cas à classer pour une prise en charge à un contexte local, en envisageant les conséquences de la prise en charge du cas sur ce contexte local.

Par exemple, dans les discours d'une responsable départementale sélectionnant des allocataires du RSA pour des emplois aidés, ces registres du besoin (ne pas décourager un allocataire, lui donner de l'expérience, améliorer son CV), mérite (parfois on positionne un allocataire qui s'est démené sur ses recherches d'emploi et a enchaîné les emplois classiques courts) et chances d'usage profitable (le bon moment dans un parcours d'insertion construit donc bénéfique) ressortent, l'effort méritoire (mérite) servant au passage de garantie sur les chances de profitabilité de l'aide.

Besoins, mérites et chances de profitabilité guident le travail de la relation dans les mesures AED et AEMO. Mais ici la mesure ne se mérite pas au départ, elle s'impose explicitement (AEMO) ou implicitement (AED). En revanche, son arrêt peut découler de deux cas de figure diamétralement opposés : soit le risque de danger (la forme principale de besoin pour ce type de mesure) a disparu ; soit ce risque de danger est toujours présent, mais la non adhésion de l'enfant et des parents (démérite de ceux qui n'ont pas compris leur besoin) rend inutile la poursuite de la mesure (chance de profitabilité très faible). Le dernier cas de figure étant celui d'un renforcement de l'intervention (préparation d'un placement), lorsque le niveau de danger initial (besoin) a été sous-évalué.

En EAJE, les critères de priorité (protection de l'enfance, maladie, handicap, monoparentalité) sont des critères de besoin. D'autres sont des critères de besoins et de profitabilité (parcours d'insertion professionnelle). Les communes priorisant les demandes de parents ayant les plus faibles revenus produisent un classement en fonction du besoin, puisque de faibles ressources réduisent les possibilités de garde alternative (assistante maternelle, crèches privées).

Les mérites et les démérites référés à une origine nationale apparaissent de façon implicite et peu assumés en matière de domiciliation administrative. La notion de « lien avec la commune » ouvre sur une approche par statut méritoire, le « proche », spatialement et culturellement étant favorisé dans les pratiques de certains CCAS. Ici des considérations sur les conséquences pour la municipalité et pour l'opinion entre en ligne de compte dans l'évaluation du mérite d'origine et d'ancrage sur le territoire.

Cette dimension territoriale du mérite (ou du démérite) ressort aussi dans des pratiques pointilleuses et suspicieuses de la durée de présence sur le territoire de bénéficiaires de l'ASPA.

À noter que le temps d'attente (domiciliation, place en crèche, action d'insertion RSA), lorsqu'il s'accompagne de patience et de persévérance dans la demande de la part de l'usager, peut devenir un indicateur de besoin (celui qui persévère a vraiment besoin), de mérite (il a patienté), donc de chance de profitabilité.

Faute de moyens, donc de critères de classement suffisant pour répartir, l'oralité devient ici à la fois une ressource et l'indice d'une contrainte.

Ressource car nombre de refus sont formulés hors instruction, dès le guichet (domiciliation administrative) ou dans le cadre d'un rendez-vous de suivi (RSA, service social départemental). Au-delà des refus explicites sans instruction, la recherche pointe l'importance des discours décourageants, qui insistent sur les faibles chances d'obtenir une ressource rare (place en EAJE), ou bien qui insiste sur les temps d'attente importants (domiciliation, EAJE) et qui invitent les demandeurs potentiels à envisager des alternatives. On observe aussi des discours d'instructeurs prédisant qu'à leur avis la demande, si elle est maintenue, « ne passera pas », si l'usager ne suit pas ses conseils visant à le faire abandonner sa demande. Ce genre de prédiction, faite par un instructeur se considérant plutôt comme un « prescripteur » (Lima, Trombert, 2013) a une dimension de prophétie créatrice :

l'instructeur prescripteur accompagnera son instruction d'un rapport social avec avis défavorable, avis souvent confirmé par une décision de refus en commission. Ici aussi cette pratique a un effet fortement décourageant. Cette oralité dans des refus informels implicites ou explicites est une ressource car elle ne laisse pas de trace. De plus, les refus oraux peuvent être démentis (ce n'était pas un refus, l'usager aurait mal compris).

L'oralité est le signe d'une contrainte car le manque de temps pour traiter les demandes au guichet nuit à la compréhension des situations de demandes. Le manque de temps peut conduire à des réponses erronées ou bien à des explications lacunaires. Faute de temps, les réorientations sur un autre service reposent au mieux sur la remise d'une feuille ou d'un carton indiquant le nom et l'adresse d'un autre service, sans faire l'objet d'une fiche de liaison. Éventuellement l'agent, s'il en a le temps, imprime un plan de trajet à partir d'un site internet. Dans le cadre des suivis, le manque de temps incite à s'épargner d'instruire des demandes d'aide qui ont peu de chances de « passer », ou pour des droits qui sont peu suivis d'effets.

Autres contraintes exogènes

Ces mécanismes se combinent avec des facteurs exogènes parfois spécifiques à certains des terrains d'enquête. Premièrement, la complexité du droit, encore plus flagrante pour des publics de nationalité étrangère soumis à des règles supplémentaires spécifiques. Deuxièmement les chevauchements d'éligibilité : le flou sur les ordres de priorité dans la prise en charge (par telle prestation, par tel service, par telle commune ou département) contribue à dégrader l'accès au droit. Troisièmement la mise en place de guichets numériques et téléphoniques majore les difficultés d'accès au droit : en multipliant le nombre de mots de passe à mémoriser, en majorant le coût financier des contacts (nécessité d'avoir une connexion internet, numéros d'appel payant, tarif majoré pour les téléphones portables alors que les cabines téléphoniques disparaissent, envois de rendez-vous par SMS de la part des préfectures, ce qui rend indispensable la possession d'un portable et d'un forfait téléphonique), en laissant les demandeurs seuls devant des formulaires numériques à remplir ou une liste de choix de demande sur un serveur vocal.

Par ailleurs, le vécu d'un contexte post-colonial, caractérisé par des continuités dans le vécu des prises en charge administrative, conditionne un rapport spécifique aux institutions des publics originaires du Maghreb.

Outre la rareté des moyens d'aide, la rareté de l'emploi pour des personnes peu qualifiées et sans expérience professionnelle récente décrédibilise les objectifs et l'accompagnement socioprofessionnel prévu dans le cadre du RSA.

Il faut enfin souligner combien des propriétés des aides et des propriétés des publics visés conditionnent l'accès au droit. Premièrement, Il existe d'une part des ressources d'aide dont la quantité annuelle est prédéfinie et non-élastique (secours financiers, aides alimentaires, certains types de places en crèche, des places en Centres d'hébergement pour sans-domicile, des places en famille d'accueil ou en maison d'enfant à caractère social, des places en formation, des postes d'emplois aidés, etc.), obligeant alors les instructeurs et les décideurs à classer suivant un ordre de priorité, supposant une réinterprétation des critères suivant des besoins, des mérites et des chances de bon usage de l'aide. D'autres ressources s'ajustent quant à elles aux demandeurs éligibles sur la base de critères prédéfinis et moins interprétables (RSA, ASPA). L'exemple de la domiciliation administrative, qui est pourtant un droit d'aide sociale légale à critères prédéfinis relativement peu interprétables, montre cependant que la différence n'est qu'une différence de degré, puisque les collectivités locales ne s'estiment pas en mesure de garantir une extension indéfinie des ressources d'aide aux publics éligibles, même lorsqu'elles ont une obligation d'intervention. Deuxièmement, des aides visent à une compensation financière du manque de ressources (ASPA, allocation RSA), alors que d'autres aides, en nature ou en service, visent à une capacitation professionnelle (RSA volet accompagnement) ou parentale (AED, AEMO). Troisièmement, certaines sont subsidiaires par rapport à l'emploi et visent des pauvres valides soupçonnables de ne pas réellement chercher du travail du fait même de l'assistance qu'ils reçoivent, pendant que d'autres visent des enfants et des parents (EAJE, AED, AEMO) pour lesquels la question des capacités à subvenir à ses besoins par son propre travail ne se pose pas immédiatement, ou plus, et ces aides ne se prêtent à aucun soupçon d'abus. Quatrièmement, certaines aides peuvent faire l'objet d'un détournement d'usage alors que d'autres ne s'y prêtent pas. Cinquièmement, il existe des aides avec faible ciblage et avec un reste à charge, comme les places en crèche, alors que d'autres aides ciblent les plus pauvres exclusivement, *via* un barème de ressources assez bas, et ne prévoient pas de reste à charge.

Cela n'aboutit pas aux mêmes conditions et procédures de demande, ni aux mêmes vécus, ni aux mêmes caractéristiques de l'aide servant à garantir leur attribution aux bonnes personnes et leur bon usage. Schématiquement les conditions de comportement pour continuer à bénéficier du droit sont plus fortes pour les pauvres valides recevant une aide monétaire compensant leur manque de ressources financières (allocation RSA). L'aide capacitante peut être aussi le contrôle de contrepartie comportementale attendu de l'usager pour l'aide financière compensatoire qu'il reçoit (cas de l'accompagnement RSA). Ici pèse une conditionnalité du soupçon qui est à l'opposé du soupçon de carence parentale propre aux aides capacitantes de la protection de l'enfance : dans le premier cas le renforcement du soupçon aboutit à une suspension du RSA, alors que pour la protection de l'enfance le renforcement du soupçon de danger conduit en général et à l'inverse à un renforcement de l'intervention assistantielle.

Des contraintes pour quels vécus ?

Prôner une autonomie et une co-construction des parcours avec les usagers est invalidé par les faits lorsque les usagers ne bénéficient pas à l'avance d'explications claires sur leurs droits et sont à ce point dépendants des instructeurs, mais aussi lorsque la complexité des critères et conditions, associée aux problèmes de langue, rendent inefficaces les formulaires, notices d'information et dépliants sur les droits (lorsqu'ils existent). Dans un tel contexte les dépliants sont délaissés et les usagers s'appuient plutôt sur les expériences réussies des pairs dans l'accès au droit (centre social et de santé participatif), et/ou bien s'en remettent à un professionnel dont l'expertise et le pouvoir restent mystérieux (domiciliation administrative, centre social et de santé participatif).

Lorsque les possibilités d'aide sont très sélectives, les critères de sélection en situation de fort écart entre offre et demande ne peuvent plus être stabilisés d'avance et publicisés. Des critères supplémentaires, pas toujours prévus par les textes, deviennent nécessaires pour ajuster le nombre de demandeurs élus à la ressource. Typiquement les critères de pré-sélection des allocataires RSA candidats à des emplois aidés seraient difficiles à publiciser, à justifier et à stabiliser dans leur ensemble. Par ailleurs l'exemple de la domiciliation en CCAS montre que des responsables locaux mobilisent des critères restrictifs non prévus par les textes, et non publicisés. Dans un tel contexte les notifications de refus de domiciliation tendent à invoquer des motifs trop généraux (peu motivés par rapport à la situation du demandeur mais formellement conformes par rapport à une règle générale du droit social) pour être compris des usagers. On observait ce même phénomène dans une précédente enquête sur les commissions du fonds départemental d'aide aux jeunes, où les motifs de refus indiqués au demandeur n'étaient pas toujours le véritable motif de refus de la commission.

La forte sélectivité et l'impossibilité de publiciser le travail de choix et de classement des demandes conduisent les usagers à des sentiments d'arbitraire. Le pouvoir discrétionnaire de l'agent de guichet, qui semble réel pour la plupart des droits de l'étude, est perçu des usagers, voire même surévalué. Bénéficier ou pas, rapidement ou pas, semble pour les usagers relever du hasard ou de l'interlocuteur rencontré (perçu comme conciliant ou pas, compétent ou pas). Le registre de la « chance », les marqueurs d'invocation (« Inch Allah », « mektoub »), ou encore des discours fatalistes, ou d'autres complotistes, sur la façon dont on traite les personnes en difficulté, sont des marqueurs de l'impossibilité de comprendre le travail d'instruction sous contrainte de rareté, de l'affaiblissement d'un sentiment de droit à prestation, et d'une expérience d'arbitraire.

Des usagers cherchent à rationaliser leurs expériences négatives et leurs échecs cuisants au guichet par l'invocation de forces transcendantes (donc extérieures à la compréhension) ou séculières (et occultes, mais dont on peut reconstituer les mobiles). Ce vécu d'aléatoire au guichet ressort aussi dans une perception non professionnelle et non bureaucratique des agents de guichet et des travailleurs sociaux par les usagers (« gentille », « méchante »). Il montre, par « l'autre côté du guichet » la pertinence des approches morales et situées des relations de guichet. D'autre part, ce vécu montre, dans la « conscience du droit » des usagers, l'effacement des critères et des principes du droit par rapport à une personnification du droit avec des variantes, suivant le pouvoir que le professionnel parait avoir et sa position perçue dans une chaine de décision.

Pour l'accompagnement RSA, les discours d'usagers sur la qualité relationnelle de l'accompagnement par les travailleurs sociaux semblent compensatoires :

ils expriment la rencontre de deux « bonnes volontés » ayant peu de moyens d'action sur la situation, potentiellement parce ce que ces référents sont relativement moins instructeurs d'aide et relativement moins décisionnaire des aides qu'ils instruisent. La personnalisation de la relation (les référents RSA sont souvent qualifiés sur le registre du proche et de l'attention : « gentil », « super ») et la bonne volonté dans la relation au travailleur social proche semblent atténuer la violence des attendus comportementaux des dispositifs. Cela semble lié au fait que la question de l'attribution de ressources matérielles rares est plus secondaire dans l'accompagnement.

Ailleurs, des usagers trop nombreux au regard des ressources se sentent jugés et rabaissés au guichet lorsqu'on leur refuse une aide, et ils se sentent mis en concurrence dans la misère. L'exemple typique dans les données est celui des épiceries sociales, dans lesquelles une forme de répartition des subsides, rares, en fonction d'un classement de la misère, opère de façon visible. Cela exacerbe les discours de distinction (« ceux qui abusent, ce sont les autres ») et les discours à connotation ethnique dénonçant des injustices distributives (« les aides, c'est tout pour les [étrangers, ou mention d'un groupe à connotation ethnique] »).

Les vécus moins négatifs des usagers des guichets uniques d'EAJE semblent confirmer que la négativité de l'assistance est une combinatoire du stigmate général de l'assistanat et des interactions locales. Si les parents soulignent parfois le déficit d'information et la longueur et la complexité des demandes, l'opacité des attributions et le manque de places, ils ne rapportent pas de questions ou de propos dénigrants, suspicieux ou indiscrets, et ils n'infèrent pas des conditions de leur demande des signes de leur indignité et ils n'y voient pas l'indice d'une forme d'identité sociale inférieure. Ici comme ailleurs une conditionnalité est présente, celle des ressources, de l'ancienneté de la demande, de la situation ou non d'appartenance à un public défini comme prioritaire, mais pour ce type de droit il ne s'agit pas d'une conditionnalité (comportementale ou autre) du soupçon : le soupçon d'assistanat et d'abus dans le RSA, le soupçon de carence éducative dans les mesures de protection de l'enfance. Autrement dit une conditionnalité non-suspicieuse épargne les demandeurs d'un sentiment d'indignité. Il faut aussi tenir compte du poids important des parents ayant un emploi et appartenant aux classes moyennes et supérieures parmi les demandeurs et les bénéficiaires. Outre un public plus diversifié en termes de revenus, ceux-ci déterminent une part variable de reste à charge dans le financement de la place attribuée. Par les revenus et statut des bénéficiaires et par le biais du reste à charge, les EAJE ne passent pas pour une mesure d'aide sociale.

Comparativement les refus d'aide financière (ou d'aide alimentaire en épicerie sociale), ainsi que les dysfonctionnements de l'aide sociale ou de certaines prestations de sécurité sociale prennent un tout autre sens. Les souvenirs sont plus précis et chaque expérience cuisante est lue au prisme du stigmate général de l'assistanat et servent de confirmation quant au fait que ce stigmate général et cette identité sociale inférieure perdurent.

L'exemple des AED et des AEMO montre pour sa part que le sentiment d'être jugé ou rabaissé n'est pas nécessairement lié à une concurrence dans l'accès à des aides dont l'accès est contrôlé et restreint. De ce point de vue, l'expérience des parents relevant d'une mesure éducative, même dans le cas où ils sont à l'origine de la demande, indique que c'est le besoin d'aide en soi, comme aveu ou repérage par d'autres des difficultés à s'en sortir seul, qui génère le stigmate. La crainte de l'étiquetage comme « mauvais parent » venant se surajouter à celle d'assisté pour de nombreuses personnes, puisque la proportion de personnes en situation précaire et relevant des minima sociaux est très élevée parmi les familles suivies en mesures AEMO-AED. Les deux sources de stigmatisation se renforcent ainsi mutuellement au gré de la multiplication des interventions, des démarches et de l'exposition de soi induite. La peur du placement constitue à ce titre un motif de réticence à s'engager pleinement dans une mesure éducative, au point éventuellement de rendre impossible son effectivité réelle, et en contribuant parfois ainsi à la décision de placement justement redoutée.

Il est aussi possible que d'autres propriétés de la ressource à distribuer entrent en jeu dans ces écarts de vécus : lorsqu'il s'agit de ressources réutilisables, comme des « places » (domiciliation en association agréée, place en crèche, hébergement), il est toujours possible de réguler la distribution de ressources par la liste d'attente, sans émettre de refus. Dans ces cas, les demandes sont toujours en cours et maintenues, c'est au pire le demandeur qui renonce à sa demande. Alors que les aides non réutilisables (secours en argent par exemple) se prêtent à des décisions non différées, d'accord ou de refus, elles entrainent donc des vécus plus tranchés et douloureux en cas de refus. Dans le cas des EAJE, l'abandon de demande tient à la lassitude face à l'attente qui a conduit de surcroit à chercher une alternative; alors que pour des aides financières le ressentiment et le refus de demander de l'aide à l'avenir tiennent souvent au souvenir cuisant du refus.

Les difficultés et contraintes du maintien dans le droit accordé

Pour la domiciliation, l'idée de lien avec une commune, de fait compris comme un lien stable, voire une appartenance à une population, semble un contresens majeur au regard de la mobilité des publics dépourvus de domicile stable. C'est justement d'un droit compatible avec leur mobilité (emploi saisonnier, passage d'un hébergement ponctuel à un autre) que les domiciliés auraient besoin.

De même, pour le RSA, l'incidence des emplois aidés sur un parcours d'insertion semble assez négative. Si, comme cela a été souligné dernièrement par le gouvernement, les emplois aidés contribuent si peu à un retour à l'emploi durable, ce n'est peut-être pas dû aux emplois aidés en eux-mêmes, mais aux conséquences de ces emplois sur les dispositifs de prise en charge ultérieure : l'emploi aidé fait sortir du RSA, ce qui veut dire un changement de dispositif et d'accompagnement, avec des problèmes spécifiques de liquidation de l'indemnisation chômage (cas du rejet préalable par Pôle Emploi avant de demander au dernier employeur public d'indemniser au titre du chômage, ce qu'il fait souvent avec retard) qui s'ajoutent au faible ajustement du suivi par Pôle Emploi aux chômeurs les plus en difficulté.

Pour l'AEMO et l'AED, l'accès au droit consiste à ce que les personnes « adhèrent à la mesure », se saisissent de l'aide éducative et qu'ils identifient en quoi elle porte ses fruits pour trouver intérêt à s'y maintenir. Si pour les éducateurs cela signifie qu'un travail éducatif réel s'engage, concrètement les enfants ou les parents espèrent une amélioration, si possible rapide, de la situation (par exemple qu'une solution soit trouvée pour un enfant en difficulté scolaire, qu'un changement de comportement advienne ou un apaisement des relations au sein de la famille). Au-delà de la longueur et du caractère incertain des démarches entreprises, ce qui peut faire obstacle à la relation de confiance et à terme au maintien de la mesure c'est d'abord pour les jeunes ou les parents le sentiment de ne pas être entendus (que leurs raisons et justifications ne soient pas jugées légitimes) et donc de ne pas être reconnus. Les décrochages adviennent lorsque la lecture du problème diverge, lorsque les attentes concernant les actions à conduire et qui doit agir et sur quoi ne concordent pas et lorsque les effets visés ne sont pas les mêmes entre usagers et professionnels.

L'ensemble de ces facteurs restreint l'accès aux droits, produit de l'abandon de recours, des contre-conduites ou des contre-interventions

La combinaison de conditions matérielles aboutissant à des « choix tragiques » (Bobbit, Calabresi, 1978) et opaques impliquant des traductions non stabilisées des situations pour les rattacher à des critères de droit insuffisants non pour décider, mais pour répartir, de positions politiques et de calculs économiques conduisant à rejeter sur d'autres services ou d'autres communes des publics jugés indésirables ou représentant des « mauvais risques », de la complexité du droit et de son inadaptation à la mobilité des publics précaires, du caractère lacunaire ou inexact de l'information sur les droits de certains publics, des délais non maîtrisables, des problèmes de langue, contribue à du découragement dans le recours et conduit à des abandons. Autant dire que tels qu'ils sont décrits jusqu'ici les usagers apparaissent agis par des effets de structures qui les dépassent et faiblement dotés en possibilité de compréhension de ce qui leur arrive.

Néanmoins, les usagers, depuis leur compréhension partielle du contexte et malgré un rapport de force assez asymétrique, mettent en place des contre-conduites qui, dans certains cas, leur paraissent satisfaisantes à l'usage et efficaces du point de vue des résultats obtenus et observables.

Pour les crèches, une des contre-conduites usagères possibles est la demande directe auprès des EAJE, pour des places en occasionnel demandées en vue de l'obtention future d'une place permanente. Les volumes de prise en charge demandés peuvent être calibrés pour s'ajuster aux volumes horaires les plus disponibles dans les EAJE (et peut-être dans l'idée de demander un changement de volume horaire plus tard, directement auprès de l'EAJE).

Pour le RSA, la demande directe, ou *via* un travailleur social, d'un accompagnement RSA est une des contre-conduites des allocataires depuis trop longtemps en attente de la désignation d'une structure référente. Un absentéisme perlé réduit la contrainte d'un suivi mensuel auquel certains usagers ne trouvent pas de sens, sans que cela ne contredise leur attachement personnaliste à l'accompagnement et à la bienveillance du professionnel. De façon prudente et diplomate, des allocataires sondent leur référent pour mieux s'ajuster à des attentes concernant le contenu des contrats d'engagement réciproque.

Pour la protection de l'enfance, des AED sont demandées pour se prémunir du risque ressenti d'une AEMO ou d'un placement qui eux seraient imposés. Des formes d'évitements et de freinages, une adhésion formelle à la mesure, une bonne volonté affichée mais sans changement dans les comportements, un front uni de l'enfant et du ou des parents contre les éducateurs peut aboutir, de guerre lasse, à une mesure de mainlevée. Changer de département peut viser à échapper à une mesure.

Pour la domiciliation, des restrictions dans l'accès au droit conduisent les demandeurs à reporter leur demande sur d'autres services, y compris sur des CCAS de communes avec lesquels ils n'ont aucun lien. Selon les professionnels, ils utilisent pour cela des attestations d'hébergement de complaisance, parfois délivrées contre argent. Le fait que les attestations de domiciliation ne soient pas acceptées par toutes les administrations les conduit à avoir plusieurs adresses administratives officielles simultanément qui ne correspondent pas forcément à l'adresse de leur lieu de vie.

Les groupes de pairs sont une ressource pour repérer ce qui marche par expérience dans l'accès aux droits, avec une transmission de savoirs sur le droit en action qui contraste fort avec l'inefficacité du droit formel publicisé pour accéder à ses droits. Ils permettent aussi de trouver une entraide, une débrouille du quotidien permettant de faire sans certains droits, aussi pénible que cela puisse être. Il peut s'agir de groupes de pairs communautaires et physiques (centre social et de santé participatif) ou d'une « communauté » virtuelle sur des forums internet (allocataires du RSA).

Des réseaux associatifs et militants soutiennent aussi les recherches d'expédients d'usagers qui subissent des restrictions dans leur droit à domiciliation : par exemple un prêtre d'une des communes d'enquête a domicilié il y a quelques mois une centaine de personnes dans son église.

Mais certains professionnels, et parfois les services, ne sont pas en reste. Une famille demandeuse d'asile a bénéficié d'une mesure d'AEMO avec alternative au placement avec pour objectif sous-jacent de la protéger et a été hébergée dans l'appartement du service (décision dans l'urgence de l'association quand elle s'est retrouvée à la rue) puis réacheminée vers l'Église en question pour qu'elle puisse refaire une demande d'hébergement d'urgence recevable (ce qui n'était pas le cas si elle restait dans l'association, sur conseil du 115). Si en domiciliation des CCAS restreignent le droit pour des groupes visiblement jugés « indésirables », inversement ailleurs et pour d'autres situations de besoins vitaux on déborde aussi parfois du droit dans un sens favorable aux personnes fragilisées, en excédant les capacités d'accueil et règles institutionnelles que l'on est censé appliquer.

Bibliographie

BOBBIT P. CALABRESI G. (1978), *Tragic choices*, New York, Norton.

DUBOIS V. (2003), *La vie au guichet. Relation administrative et traitement de la misère*, Paris, Economica.

HARA R. (1989), « Les dispositifs d'insertion et de réinsertion des demandeurs d'emploi », Travail et emploi, n°42, pp.74-81.

LEDUC S. (2008), « Les ressorts du ressentiment », in LINHART D., *Pourquoi travaillons-nous*, Toulouse, Eres.

LIMA L., TROMBERT C. (2013), « L'assistance-chômage des jeunes sous condition d'accompagnement. De quelques mécanismes du non-recours par éviction », in Lien social et politique, n° 70, URL : http://id.erudit.org/iderudit/1021154ar

MAZET P. (2010), « La non demande de droits : prêtons l'oreille à l'inaudible », La Vie des idées, URL : http://www.laviedesidees.fr/La-non-demande-de-droits-pretons-l.html

MOULIERE M, RIVARD T., THALINEAU A. (1999), *Vivre le RMI des deux côtés du guichet*, Paris, Syros.

PELISSE J. (2005), « A-t-on conscience du droit ? Autour des Legal Consciousness Studies », Genèses, n°59, pp. 114-130.

SPIRE A. (2008), *Accueillir ou reconduire, enquête sur les guichets de l'immigration*, Paris, Raisons d'agir.

TISSOT S. (2005), « Une discrimination informelle ? Usage du concept de mixité sociale dans les attributions de logement HLM », *Actes de la recherche en sciences sociales*, n°159, pp. 54-69.

THOMPSON E. (2015), *Les usages de coutume. Traditions et résistances populaires en Angleterre*, Paris, Gallimard.

TROMBERT C. (2009a), *Le RMI à l'épreuve de l'activation. Centralité du travail et construction de la responsabilité dans les situations de pauvreté valide*, Thèse de doctorat, Paris, Conservatoire national des arts et métiers.

WARIN P. (2010), « Le non-recours : définition et typologies », ODENORE, Document de travail, n° 1.

WUHL S. (1996), *Insertion : les politiques en crise*, Paris, PUF.

Définition, différenciation et ciblage des populations en danger/dangereuses à Mayotte

Responsables scientifiques : Elise Lemercier, Elise Palomares
Équipe de recherche : Mlaili Condro, François Féliu, Violaine Girard, Myriam Hachimi Alaoui, Élise Lemercier, Valelia Muni Toke, Élise Palomares
Laboratoire : Dynamiques sociales et langagières, Université de Rouen

Le projet DICIBL se saisit du cas spécifique des politiques sociales actuellement mises en œuvre à Mayotte, 101e département français depuis 2011. Il restitue comment ces politiques sociales participent des processus de définition, de différenciation et de ciblage de populations alternativement et contradictoirement perçues comme « dangereuses » ou « en danger » : les populations résidant dans des zones d'habitat insalubre d'une part, et les jeunes perçus comme en danger et/ou dangereux, d'autre part. Ancienne dans l'histoire de la question sociale française, les contours de la catégorie du danger se recomposent de manière singulière dans le cas de Mayotte.

MÉTHODOLOGIE

Cette recherche s'est appuyée sur des méthodes de recueil et d'analyse de données qualitatives s'inspirant des méthodes ethnographiques. Ainsi, avec le relais d'un collègue installé sur place, trois des missions se sont tenues en mai-juin 2016, deux en octobre 2016 et cinq en juin 2017, soit 10 missions individuelles au total. L'année 2016 a été marquée par de nombreuses mobilisations politiques et violences collectives à Mayotte qui ont transformé les conditions d'enquête et nous ont conduit à construire des compléments à la problématique initiale.
Nous avons recueilli des données transversales à l'action publique locale et par secteur, en menant 60 entretiens semi-directifs auprès d'élus locaux, d'agents de l'État et des collectivités, de cadres, de salariés et de militants associatifs et des observations des lieux de leurs actions. De façon complémentaire, nous avons rassemblé un corpus d'entretiens de type récit de vie auprès des publics des politiques sociales locales étudiées, « ces gens dont on parle » et dont la caractérisation même est un enjeu. Le rapport DICIBL contraste leurs parcours avec la construction locale du problème public et les modalités par lesquelles l'action publique locale se déploie dans trois domaines les concernant : la rénovation urbaine, la protection de l'enfance et la gestion sociale de l'urgence.

Mayotte, une trajectoire historique singulière

Située dans le canal du Mozambique, et plus précisément dans l'archipel des Comores, Mayotte est constituée de deux îles habitées par plus de 212 000 personnes sur 376 km^2. Depuis 2011, Mayotte est le 101e département français; elle est devenue région ultrapériphérique de l'Europe au sein de l'Océan Indien en

2012. Son histoire et sa situation géographique ont produit un contexte économique et social singulier.

Alors que les années 1960-1970 sont marquées par les indépendances, la population de Mayotte choisit par les urnes de rester française, rompant ainsi avec le reste de l'archipel des Comores qui s'engage dans une voie politique nouvelle. Deux référendums, l'un en 1974 et l'autre en 1976, entérineront le choix du rattachement de Mayotte à la République française à la suite duquel le statut de collectivité territoriale est attribué à l'île. Censé être provisoire, ce statut durera 25 années. Cette hésitation de la France à accorder un statut définitif à Mayotte inquiète les pro-Mayotte française qui, dans les années 1980, brandissent régulièrement « la menace comorienne » (Carayol 2008).

Tout au long du processus de départementalisation, marqué par la volonté de Mayotte de rester « française à tout prix » (Blanchy 2002), les élus ont participé à la construction d'une identité politique se définissant comme spécifiquement mahoraise (Richard 2009). Cette logique de singularisation ne doit toutefois pas faire oublier la réalité des échanges et des liens familiaux, culturels et économiques étroits entre les îles (Sakoyan 2010).

Enfin, Mayotte est une île multilingue. La langue majoritaire est le *shimaore*, langue comorienne de la famille bantoue, aux côtés du *shindzuani* (Anjouan), du *shingazidja* (Grande-Comore) et du *shimwali* (Mohéli). Le *kibushi*, langue première pour environ un tiers de la population mahoraise, est souvent présenté comme une variante dialectale du malgache de Madagascar, île voisine (Johansen Alnet 2009 : 31). La migration apporte en sus d'autres langues, en particulier d'Afrique de l'Est. La grande majorité des habitants, pour être souvent *a minima* bilingue, a néanmoins pour langue première une langue autre que le français. La fréquentation des écoles religieuses musulmanes (*shioni*) en marge des horaires de l'école publique française assure la permanence d'une tradition écrite des langues locales en alphabet arabe. Le français est néanmoins langue officielle unique ; et il est la langue de l'administration. Ainsi, dans le contact entre la population mahoraise et les services publics, le recours à l'interprétariat improvisé est aussi nécessaire que fréquent. Les difficultés d'ordre communicationnel, évidentes pour tous les acteurs, produisent des effets concrets sur la mise en œuvre des politiques sociales à Mayotte, en tant qu'elles reposent centralement sur une communication administrative écrite et monolingue en français (Muni Toke 2015).

PORTRAIT STATISTIQUE DU DÉPARTEMENT FRANÇAIS LE PLUS JEUNE

Alors que la moitié des habitants de Mayotte a moins de 17 ans, tous les indicateurs socioéconomiques dressent le portrait statistique d'une situation sociale et économique exceptionnellement défavorisée au regard de celle des autres départements français. Le PIB par habitant est 4 fois inférieur à celui de métropole, il se situe autour de 6 575 euros par habitant en 2010 contre 760 par habitant aux Comores.

L'indice de prix est au moins supérieur de 10 %, tandis que le revenu médian par unité de consommation est estimé inférieur à 1 000 euros par mois. Le niveau de vie est 6 fois moindre qu'en métropole. L'habitat insalubre prédomine. Le taux d'activité s'établit autour de 41 % de la population active, contre 70 % en métropole et 60 % en DOM (département d'outre-mer). La moitié des emplois sont dans l'administration tandis que Mayotte enregistre le taux de chômage le plus élevé de France (22 % de la population active et 40 % pour les 15 à 25 ans). La moitié des jeunes sont classés dans la catégorie d'actifs n'ayant aucune qualification, 70 % des plus de 15 ans ont peu ou pas de diplômes. Le taux de mortalité infantile est 4 fois supérieur à la métropole et 7 % des enfants souffrent de malnutrition infantile.

Pour plus de développement : http://www.insee.fr/fr/themes/document.asp?reg_id=27&ref_id=21878 et http://www.insee.fr/fr/regions/mayotte/default.asp?page=faitsetchiffres/presentation/presentation.htm

---

« Ces gens dont on parle »

Dans un premier chapitre, la recherche restitue les expériences et les points de vue de « ces gens dont on parle ». Par cette formulation, nous entendons les femmes et les jeunes désigné·e·s par les débats publics comme responsables d'un péril démographique et des difficultés de développement de Mayotte en dépit de la départementalisation.

Etiqueté·e·s comme Anjouanais·e·s ou Comorien·ne·s, ils et elles ont néanmoins des relations très hétérogènes avec ces autres îles et ont actuellement des statuts de séjour très différents : certain·e·s sont Français, disposent ou ont disposé d'un titre de séjour ou d'un récépissé, et certain·e·s sont sans titre de séjour valable, expulsables ou non. Parfois des différenciations s'opèrent au sein des fratries quand certain·e·s enfants sont reconnu·e·s s comme Français·e·s et d'autres pas. Les catégorisations selon l'origine et la nationalité dont ils et elles font l'objet sont complexes à restituer parce qu'elles ne sont jamais seulement « descriptives » : peu objectivables, labiles, elles changent selon les contextes, elles diffèrent selon les assignations, les auto-perceptions et les autres classements sociaux.

La quasi-totalité des personnes rencontrées, quel que soit leur âge ou leur sexe, a émigré pour rejoindre une personne de sa famille, en effectuant pour cela, parfois dès l'enfance, des traversées du « cimetière de la mer », long de 70 km, qui sépare Anjouan de Mayotte. Les traversées réitérées s'effectuent dans des conditions diverses, souvent traumatisantes. Les risques de la traversée ne sont qu'un aspect d'une succession d'épreuves dont la plus difficile reste la clandestinité elle-même. Le marché de l'emploi informel auquel elles et ils ont accès est genré : l'agriculture, le bâtiment et la mécanique pour les hommes, le ménage, la garde des enfants et la couture pour les femmes. Il est également ethnicisé au sens où les Anjouanais·e·s sont fortement assigné·e·s à ces tâches, réalisant des « bricoles », autrement dit des tâches ne nécessitant pas de qualification ou d'expérience particulière.

Au gré de leurs rencontres et de leurs alliances matrimoniales, certain·e·s développent des habiletés professionnelles (mécanique, couture) tandis que ceux d'entre elles/eux qui ont des qualifications plus élevées peinent à trouver du travail à des postes où elles/ils ne sont pas attendus, tant sur le marché formel qu'informel. Même avec un statut légal sur le territoire, gagner les moyens de sa survie reste un enjeu quotidien. La ressource la plus recherchée est une domiciliation permettant d'inscrire ses enfants à l'école. Le plus souvent, elle s'effectue chez le propriétaire en titre d'un logement que l'on loue sur la base d'un accord oral, ou plus exceptionnellement par l'accès à un bail formel.

En outre, les récits que nous avons recueillis font apparaître l'ampleur de l'impact des décasages de 2016 qui ont bouleversé simultanément les ancrages économiques, résidentiels, familiaux et scolaires des personnes enquêtées. Ils ne sauraient néanmoins être lus comme un évènement singulier, isolé et exceptionnel, venant troubler des trajectoires d'intégration sociale qui auraient suivi une progression linéaire. À rebours de cette lecture, la reconstitution des parcours fait apparaître un continuum entre les évènements de 2016 et les différentes expulsions de leur domicile et du territoire auxquelles les personnes ont été confrontées de façon récurrente. Les étrangers en situation irrégulière expulsés du territoire tentent régulièrement de revenir au péril de leur vie pour reconstruire encore une nouvelle installation.

Les données recueillies indiquent que les décasages ont également concerné de nombreuses personnes qui étaient tout près d'accéder à une stabilisation au plan de la légalité du séjour voire de la nationalité française. La vindicte populaire visant les « clandestins », combinée à la gestion locale de la crise, a dans certains cas produit une prophétie autoréalisatrice, fragilisant certain·e·s au point qu'elles/ils (re)deviennent des sans-papiers.

Plusieurs personnes décasées rencontrées avaient cru être épargnées des décasages par l'ancienneté de leur ancrage local. Ce ne fut pas le cas, et ces personnes ont assisté à la destruction des portes et des fenêtres de leur logement : leur maison et leurs instruments de travail sont devenus inutilisables, leurs biens ont été spoliés et un climat de terreur a été instauré. Les décasages produisent des difficultés combinées, parmi lesquelles les enquêté·e·s soulignent les difficultés de maintien ou d'accès à la scolarisation de leurs enfants quand celle-ci a été interrompue.

En remettant en cause les inscriptions fragiles dans des réseaux producteurs de richesse et de reconnaissance sociale que les personnes construisent, les expulsions et les décasages engendrent de façon dynamique, pour toute une catégorie de la population désignée comme « Comorienne », une vulnérabilité sociale régulièrement renouvelée. Le maintien des liens sociaux et familiaux est rendu difficile sinon chaotique et il en va de même pour l'accès aux droits sociaux. Or, cette vulnérabilité des conditions matérielles d'existence constitue, si l'on suit la caractérisation qu'en propose H. Bréant (2015), un marqueur important d'appartenance aux classes populaires en Afrique, avec la faiblesse des revenus et de la scolarisation. Tout se passe comme s'il s'agissait moins d'expulser les (Franco)-Comorien·ne·s du territoire que de les maintenir collectivement en position subalterne, tandis que, de l'autre côté de la frontière ethnique, nombre de Mahorais·e·s sont convaincus qu'il s'agirait là d'une condition *sine qua non* pour atteindre une égalité espérée de longue date au sein de l'ensemble français et qui semble être sans cesse reportée.

Processus de construction et de ciblage des personnes « en danger » et/ou « dangereuses » à Mayotte

Malgré l'accroissement des financements publics depuis une quinzaine d'années, les politiques sociales locales à Mayotte restent largement insuffisantes pour faire face aux redoutables problèmes sociaux de ce département (Math 2012). Le processus de départementalisation a contribué à l'institutionnalisation des politiques sociales (notamment dans le champ de l'insertion) mais elles sont récentes et restent largement dérogatoires (Richard 2011 ; François-Lubin 1997 ; Lemercier 2015 ; Roinsard 2014). À titre d'exemple, le montant alloué au social par le département de Mayotte était, jusqu'à une date très récente, en moyenne 11 fois inférieur aux dépenses des départements métropolitains alors que les inégalités sociales y sont plus saillantes. De même, le rythme de production de logements sociaux par les pouvoirs publics est assez largement inférieur aux besoins sociaux estimés (Girard 2014). En outre, bien qu'officiellement tournée vers les « mal-logés », la réforme du logement social à Mayotte restreint et sélectionne davantage les publics pouvant prétendre à l'accession sociale à la propriété (Condro, Girard, et Palomares sous presse). Dans ce contexte d'institutionnalisation des politiques sociales à l'échelle locale, le second chapitre examine quels sont les besoins locaux définis comme prioritaires, par quels types d'acteurs et quels sont les processus de tri et de gestion différenciée des publics en résultant.

Les discours des personnes interrogées à Mayotte, qu'elles soient nées à Mayotte ou non, sont marqués par les récits de la montée du danger de vivre à Mayotte et du départ massif des Métropolitain·e·s et des Réunionnais·e·s expatrié·e·s à Mayotte à cause de l'insécurité. La grève générale contre l'insécurité à Mayotte de la fin février 2018 confirme la saillance de cette question publique. Dans ces discours publics, la frontière est parfois floue entre les discours désignant les conditions sociales d'existence comme dangereuses pour les personnes les plus marginalisées (notamment dans les bidonvilles construits à flanc de colline) et ceux consistant à blâmer la victime, en attribuant par exemple aux mineur·e·s isolé·e·s la responsabilité du développement de la délinquance.

Cette politisation de l'immigration comme « le » problème social de Mayotte (Hachimi Alaoui, Lemercier et Palomares 2013) confère une place singulière aux femmes étrangères (et à leurs enfants), perçues comme venant usurper la nationalité française en mettant au monde des enfants présenté·e·s comme illégitimes, alors même qu'un grand nombre d'entre elles et eux pourrait potentiellement accéder à la nationalité française. C'est y compris le cas des mineur·e·s isolé·e·s recensé·e·s par l'Observatoire des mineurs étrangers à Mayotte. Le rapport de l'IGAS estime la proportion de Français·e·s parmi ces mineur·e·s à 47 % (Aballéa et Rabineau 2016), tandis que les autres sont, pour une large part, des Français·e·s potentiel·le·s en raison de la durée de leur présence à Mayotte, mais qui ne parviennent pas à en apporter la preuve. Cette représentation genrée du péril démographique à Mayotte surdétermine assez largement les enjeux, les modalités d'intervention, les besoins pris en compte en priorité dans les politiques sociales, ainsi que les critères de justice locale.

C'est à l'évidence le cas de la **gestion de l'urgence à prendre en charge les familles décasées** en 2016 et conduites à l'errance malgré la légalité de leur séjour à Mayotte. Des représentant·e·s de l'État sont intervenu·e·s auprès des municipalités afin de tenter d'endiguer les décasages avant qu'ils n'adviennent, sans toutefois recourir à des sanctions. Face aux opérations de décasage, l'action des forces de l'ordre peut être décrite selon trois logiques observables : le laissez-faire, l'empêchement des agressions physiques directes, le prolongement de l'action des collectifs d'expulseurs par le contrôle des identités et l'expulsion du territoire des étrangers en situation irrégulière. La position d'intervention minimale a été définie assez tôt, d'aucun considérant que les décasages relèveraient des relations entre Mahorais et Comoriens dans lesquelles l'ingérence de l'État se devrait d'être minimale, par contraste avec les discours publics des ministres des Outre-mer et de l'Intérieur et avec la position développée par le Défenseur des droits.

Après de nombreux refus de maires d'accueillir ces décasé·e·s, un hébergement d'urgence a été installé dans un gite touristique en construction, sans infrastructure suffisante, notamment en eau potable et en raccordements électriques. Si quelques un·e·s ont bénéficié d'hébergements d'urgence, ces derniers n'ont pas servi de passerelle vers un logement pérenne. Des solutions pour pallier aux difficultés de domiciliation n'ont pas pu être trouvées, empêchant notamment la (re) scolarisation des enfants. Les expulsions ont aiguisé encore davantage l'enjeu du tri au sein des publics cibles des politiques sociales et du type de traitement réservés à celles et ceux qui, catégorisé·e·s comme indésirables sur l'île, voient leur légitimité même à être là et leurs droits sociaux de plus en plus contestés.

Dans le champ des **opérations de résorption de l'habitat insalubre** (RHI), la publication par l'Agence nationale pour la rénovation urbaine (ANRU) en décembre 2014 de trois quartiers mahorais dans la liste des « quartiers d'intérêt national » a ouvert de nouvelles possibilités aux acteurs institutionnels de la politique du logement et de la lutte contre l'habitat insalubre. Ils espéraient alors développer de nouveaux outils institutionnels, afin de ne plus procéder, comme par le passé, à un évitement de la question de l'habitat informel dans des quartiers identifiés comme rassemblant des Comoriens et des Anjouanais. Notre enquête montre toutefois qu'on n'assiste pas à l'émergence d'un outil d'urbanisme qui serait spécifiquement dédié aux populations concernées par l'habitat informel et/ou par des conditions administratives de séjour précaires. C'est l'auto-construction encadrée qui a été promue par des acteurs et institutions de l'État central, puis soutenue par l'ANRU, et elle est au moment de l'enquête portée sur le terrain par les acteurs de l'État déconcentré et des collectivités. Cet outil, qui doit faire l'objet d'expérimentations sur le terrain, est précisément conçu pour ne pas apparaître comme réservé aux ménages les plus précaires : il prévoit également des formes d'accompagnement ouvert à des ménages mahorais propriétaires de logements en dur.

Il s'agit alors d'inclure les personnes de nationalité étrangère, qu'elles soient sans titre ou détentrices de titres d'un an ou dix ans, dans des catégories sociales plus vastes – celles des « populations précarisées » ou celles des ménages « ayant des difficultés d'accès au logement social », des catégories non encore stabilisées dans les dispositifs – afin d'inclure ces personnes parmi les possibles bénéficiaires de l'autoconstruction encadrée. Finalement, le refus d'autonomiser la prise en compte du critère de nationalité et de séjour se traduit donc par l'absence de prise en charge spécifique de ces populations, à l'heure où, à l'occasion des PRU, s'élabore pourtant le projet d'un dispositif invitant à différencier les types d'intervention sur l'habitat en fonction des types de construction et des statuts des occupants.

Du côté de la **protection de l'enfance**, jusqu'à la fin des années 1990, la collectivité de Mayotte ne disposait pas de compétences en matière médico-sociale. C'est l'État qui pilotait ces politiques tout en fonctionnant en partie grâce à des fonctionnaires de la collectivité mis à disposition des services de l'État. Ce n'est qu'en 2005 que la collectivité départementale de Mayotte a créé une direction de la solidarité et du développement social (DSDS), dont une des composantes est l'aide sociale à l'enfance (ASE). Depuis lors, État et département se renvoient la responsabilité de l'insuffisance des actions mises en place, notamment du fait de l'absence à Mayotte d'hébergement collectif au titre de la protection de l'enfance – ce dernier étant perçu comme le symbole d'une politique d'accueil des « enfants des autres ». Ce rapport investigue alors les étapes du retournement progressif du conseil départemental vers l'ouverture d'un tel « foyer », notamment à la faveur d'un rattrapage financier de l'État, en 2016, pour le financement de l'ASE. Nous montrons ainsi comment ce changement politique s'est construit par un élargissement relatif du ciblage de la protection de l'enfance à Mayotte : auparavant perçue comme une politique « pour les autres » (symbolisé·e·s par la figure des mineurs isolé·e·s), elle s'adresserait désormais à « toute » la population de Mayotte. D'une part, les élus et les techniciens du département insistent sur le fait que de nombreux parents Mahorais gagneraient à être soutenus dans leur parentalité du fait des récents changements sociaux de l'île. Et d'autre part, ils répètent qu'il n'est plus possible de ne rien faire, arguant d'un lien – non démontré – entre accroissement de l'insécurité et absence de prise en charge desmineur·e·s isolé·e·s.

À rebours de ces représentations des mineurs isolé·e·s comme « bombes à retardement », les professionnels du secteur socio-éducatif rencontrés témoignent davantage d'une double difficulté vécue par ces jeunes vivant dans l'informalité : la grande précarité de leurs conditions de vie, associée à une difficulté du travail socio-éducatif du fait de la faiblesse de l'accès aux droits, y compris celui d'être protégé·e en tant que mineur·e en danger ou en risque de danger. Au-delà de l'aide sociale à l'enfance, chaque démarche administrative peut être bloquée et empêcher le parcours d'insertion des jeunes : obtenir une attestation scolaire, une affiliation à la sécurité sociale ou une inscription à l'école. Si la lenteur administrative et l'inconstance de la rigueur des procédures administratives semblent vécues par l'ensemble des usagers, les professionnels attestent d'un renforcement des obstacles pour les administrés étiquetés comme Anjouanais ou Comoriens. Pour faire face à la précarité des conditions de vie des jeunes et à l'absence (plus ou moins temporaire) de leurs parents, les professionnels de la protection de l'enfance ont mobilisé la catégorie « mineur isolé » pour renforcer les droits et les dispositifs existants pour ces mineur·e·s.

Toutefois, ces dernier·e·s restent fragiles à Mayotte comme dans le reste du territoire français. Ils et elles restent souvent soupçonné·e·s de ne pas être réellement isolé·e·s, sans que ne soit posée, ou ne puisse être posée, la question des liens qui les unissent aux tuteurs légaux qui en ont la charge. À Mayotte, la remise en question de cet isolement prend un tour nouveau. Des ressources familiales et amicales sont relativement plus disponibles localement pour ces jeunes, du fait de l'ancienneté de leur installation ou de celle de leurs proches sur le territoire, les circulations migratoires entre Mayotte et le reste des Comores s'inscrivant dans le temps long. Plus surprenant, cet « isolement », qui justifie pourtant leur protection, va dans certains contextes se retourner contre eux au sens où il participe de la fabrication d'une représentation de ces jeunes comme « sans foi ni loi ». Laissé·e·s sans éducation par leurs parents, elles et ils seraient « livré·e·s à elles-mêmes et eux-mêmes » et seraient responsables de l'accroissement de la délinquance et de l'insécurité à Mayotte. Cette figure est alors sexuée : aux garçons les vols et la violence, et aux filles la prostitution ou le « vol » de maris Mahorais ou *Mzungus*.

La territorialisation des politiques sociales dans les Outre-mer

L'*invention du social* avait imposé l'État comme principal opérateur de la solidarité reposant sur le principe de la redistribution à l'échelle de la nation (Donzelot, 1984). Avec l'aggravation de la crise économique, le « tout État » (et le mythe qui l'entoure) tend à être remplacé par l'alternative d'une action publique à l'échelle locale. Les départements et les municipalités jouent alors un rôle croissant dans l'élaboration et la mise en œuvre des politiques sociales, et la « montée en puissance des systèmes locaux » est mise en exergue dans la définition des politiques sociales à l'échelle locale. Si la littérature est riche concernant la territorialisation des politiques sociales dans les quartiers populaires métropolitains, les Outre-mer français ont peu été investigués sous cet angle. Ils sont pourtant des espaces pertinents d'observation de ces configurations locales – tout particulièrement des relations entre État et collectivités, notamment du fait du retard avec lequel les politiques sociales y sont appliquées (François-Lubin, 1997) et de la persistance des effets du régime d'exception juridique de la colonisation dont la politique française ultramarine reste héritière.

Ce rapport de recherche met en lumière les reconfigurations institutionnelles récentes dans le champ des politiques sociales à Mayotte, notamment dans la gestion de l'urgence sociale, des politiques de résorption de l'habitat insalubre et de protection de l'enfance. Nous avons pu notamment éclairer les modes d'interaction entre différents représentants de l'État, du département et des associations. Dans le reste de la France, au cours de ces dernières décennies, le département est monté en puissance pour devenir le chef de file de l'action sociale, l'avenir de son rôle est aujourd'hui plus incertain. Acteur majeur du territoire, dans un contexte de reconfigurations institutionnelles, le conseil départemental de Mayotte a dû évoluer rapidement ces dernières années. L'introduction d'un nouvel acteur – l'Union européenne, Mayotte étant devenue région ultrapériphérique en 2012 – a également permis l'introduction de nouvelles procédures de concertation entre les acteurs locaux ainsi que l'accès à de nouvelles ressources financières.

L'État central semble avoir développé une nouvelle stratégie vis-à-vis du département : l'obliger à se repositionner par des incitations financières, notamment en matière de protection de l'enfance.

Pour autant, le rôle de chef de file du social du département reste fragile, notamment du fait que l'État continue de détenir les principaux cordons de la bourse dans le secteur sanitaire et social, notamment en matière de financement de la Protection Judiciaire de la Jeunesse et des associations. Or, dans ce territoire ultramarin comme en métropole, l'État hésite à s'engager directement et préfère déléguer aux initiatives privées pour ne pas « être en première ligne dans un secteur protéiforme, en perpétuelle redéfinition, très sensible à l'opinion publique » (Gardet et Vilbrod 2004).

Bibliographie

Aballéa, Pierre, et Yves Rabineau. 2016. « Mission d'appui au Département de Mayotte sur le pilotage de la protection de l'Enfance – tome 1 Rapport ». RAPPORT N°2015-087R. Inspection générale des affaires sociales. http://www.igas.gouv.fr/IMG/pdf/2015 087R_TOME_1_Mission_d_appui_MAYOTTE_.pdf.

Blanchy, Sophie. 2002. « Mayotte : « française à tout prix » ». *Ethnologie française* 32 (4): 677-87.

Bréant, Hugo. 2015. « (Im)mobilité internationale : les inégalités au sein des catégories populaires face à la migration ». *Lien social et Politiques*, no 74: 37-56. https://doi.org/10.7202/1034063ar.

Carayol, Rémi. 2008. « L'histoire de Mayotte de 1946 à 2000 ». *CRESOI.* http://www.cresoi.fr/Lhistoire- de-Mayotte-de-1946-a.

Condro, Mlaili, Violaine Girard, et Élise Palomares. sous presse. « How to identify and select citizens entitled to social housing in a postcolonial situation ? Administrative agents facing bureaucratic norms in a French overseas departement. » In *Creating target publics for welfare policies. A comparative and multilevel approach*, édité par Lorenzo Stella et Pierre-Edouard Weill. Logic, Argumentation & Reasoning collection. Springer.

François-Lubin, Bertrand. 1997. « Les méandres de la politique sociale outre-mer ». In 1946-1996 : *Cinquante ans de départementalisation outre-mer*, édité par Daniel Constant, L'Harmattan. Paris.

Gardet, Mathias, et Alain Vilbrod. 2004. « Une décentralisation avant la lettre ? Les coordinations pour l'enfance et l'adolescence inadaptées ». *Revue française des affaires sociales*, n° 4: 173-195.

Girard, Violaine. 2014. « Le logement social à Mayotte : l'action publique en tension dans le cinquième département d'outre-mer ». *Revue française des affaires sociales* 4 (4): 50-71.

Hachimi Alaoui, Myriam. 2016. « Françaises et Français de Mayotte. Un rapport inquiet à la nationalité ». *Politix* 4 (116): 115-138.

Hachimi Alaoui, Myriam, Élise Lemercier, et Élise Palomares. 2013. « Reconfigurations ethniques à Mayotte ». *Hommes & Migrations* 1304 (4): 59-65.

Johansen Alnet, Aimee. 2009. « The Clause Structure of the Shimaore Dialect of Comorian (Bantu) ». Dissertation for the degree of Doctor of Philosophy in Linguistics, Urbana, Ullinois: University of Illinois.

Lemercier, Élise. 2015. « Être français à part entière : discours publics sur les inégalités d'accès au RSA à Mayotte ». In *Territoires vécus de l'intervention sociale*, édité par Maryse Bresson, Fabrice Colomb, et Jean-François Gaspar, PUS. Lille.

Lemercier, Élise, Valelia Muni Toke, et Élise Palomares. 2014. « Les Outre-mer français. Regards ethnographiques sur une catégorie politique ». *Terrains & travaux* 24 (1): 5-38.

Math, Antoine. 2012. « Mayotte. La situation économique et sociale ». *Chronique internationale de l'Ires*, n° 134: 41-54.

Muni Toke, Valelia. 2015. « La métaphore des 'langues partenaires' ou les langues vues par l'État ». In Cohabitation des langues et politique linguistique. *La notion de 'langue* *partenaire*', édité par Marinette Matthey et Virginie Conti, 63-76. Neuchâtel, Suisse : Délégation à la langue française.

Richard, Estelle. 2009. « Compétence métisse : Mobilisations et métier politique à Mayotte (1975- 2005) ». Thèse de Science politique, Montpellier 1. http://www.theses.fr/2009MON10027.

———. 2011., « Une collectivité en devenir : enjeux et implication de la départementalisation de Mayotte ». In *Les outre-mer à l'épreuve du changement : réalité et perspectives des* réformes territoriales, édité par Justin Daniel. Collection GRALE. L'Harmattan, Paris.

Roinsard, Nicolas. 2014. « Conditions de vie, pauvreté et protection sociale à Mayotte : une approche pluridimensionnelle des inégalités, Living conditions, poverty and social protection in Mayotte – inequality viewed from two different angles ». *Revue française des affaires sociales*, no 4 : 28-49.

Sakoyan, Juliette. 2010. « Un souci en partage. Migrations de soins et espace politique entre l'archipel des Comores et la France », Doctorat d'anthropologie, EHESS.

Politiques sociales locales : Lecture transversale

Robert Lafore
Jean-Luc Outin

Les travaux de recherche conduits dans le cadre du programme DREES-MiRe/CNAF « Politiques sociales locales : fondements et enjeux – dispositifs et interventions – systèmes d'acteurs – régulations » ont permis la mobilisation d'un vaste ensemble d'observations et de données relatives à l'aménagement au niveau local de divers aspects des politiques d'action sociale. Comme il est naturel en pareil cas, chaque situation ou politique observée comportait des spécificités tenant aux différents objets choisis, aux approches différenciées dont ils ont fait l'objet tout autant qu'aux particularités des territoires et par-là des acteurs concernés.

Toutefois, de nombreux thèmes communs sont apparus et il est possible, dans un choix qui comporte une certaine dose d'arbitraire, de les ramener à trois : 1) la notion de « territoire » dans les politiques sociales ; 2) l'évolution de la conception des politiques d'action sociale sous l'emblème de leur « territorialisation » ; 3) la territorialisation et son impact sur les formes prises par les prestations sociales et leur mise en œuvre.

La notion de « territoire » dans les politiques sociales

Il est une thématique qui court en soubassement des travaux de recherche réalisés dans le cadre du programme : il s'agit de la notion de « territoire ».

Le terme est largement utilisé à tous niveaux et il est venu se substituer jusque dans les textes constitutionnels au qualificatif « local » qui dénommait antérieurement les découpages essentiellement administratifs dans lesquels l'État central projetait ses administrations déconcentrées et dans lesquels étaient établies des personnes publiques autonomes, dénommées les « collectivités locales ».

Il apparaît que cette nouvelle dénomination recouvre une mutation de ces espaces d'action publique et de leurs régimes de fonctionnement. Passant de la notion de « local » à celle de « territoire », on semble chercher un dépassement de simples délimitations géographiques de l'espace de façon à appréhender les dynamiques socio-économiques et socio-politiques en jeu qui combinent sentiers de dépendance et innovations. La mise en place des métropoles et le développement des intercommunalités confèrent une grande acuité à une telle approche. C'est à l'identification de cette mutation et de sa nature que l'on pourrait s'attacher.

Partant de l'action sociale et de ses logiques « territorialisées », il peut être effectivement fécond de s'interroger sur ce qui constitue la spécificité, si tant est qu'il y en a une, de ces logiques : dans la façon de concevoir les questions publiques à prendre en compte et de les traiter, dans la façon d'organiser les interventions, notamment du point de vue des acteurs concernés, de les légitimer et de les évaluer, de les « gouverner », le passage au « territorial » marque-t-il une inflexion notable et si oui, de quelle nature est cette inflexion ? Par exemple, il s'agit d'apprécier comment les discours et les démarches en termes de transversalité des interventions, de proximité des populations, de participation et de responsabilisation des acteurs infléchissent (et à quel degré) les façons de faire pour répondre aux besoins. Cela interroge la genèse des « savoirs territorialisés » et leurs caractéristiques en termes de normes d'action et de représentations. De plus, leurs traductions opérationnelles doivent composer avec des cadres nationaux et des contraintes budgétaires plus ou moins stricts.

D'autres questions tournent autour de l'échelon pertinent de l'intervention sociale pour traiter de problèmes complexes, des difficultés liées au fonctionnement « multiniveaux » (infra communal, communal ; intercommunal, départemental, national, etc.), des marges de manœuvre territoriales pour la conception et la mise en œuvre des dispositifs ainsi que les inégalités territoriales qui en découlent.

L'enjeu est ici de mettre en évidence à la fois les caractéristiques du « territoire » et des « politiques territorialisées » ainsi que d'évaluer si la thématique « territoriale » est en congruence ou non avec l'émergence éventuelle d'un nouveau modèle d'action sociale et plus largement de « gouvernementalité », à savoir de formes d'aménagement et d'exercice du pouvoir.

La recomposition cognitive des politiques territoriales d'action sociale

Plusieurs des rapports de recherche font état d'un changement dans les conceptions des politiques d'action sociale, dans le cadre de leur territorialisation.

L'essentiel tiendrait dans la volonté de mettre à l'écart les logiques sectorielles héritées qui découpent bénéficiaires et organisations par publics cibles en construisant des modes d'interventions (prestations matérielles et financières) selon des catégories et sous-catégories, chacune étant orientée vers une filière organisationnelle spécialisée depuis l'inscription dans le statut catégoriel jusqu'à la prise en charge. On tend, sur les divers espaces observés, à substituer à ce modèle d'appréhension des problèmes sociaux une approche qui se veut « globale » et « transversale », centrée sur les « besoins » de chaque personne singulière avec un ensemble de prestations diversifiées intervenant successivement ou simultanément, cela obligeant à décloisonner les acteurs au sein de l'action sociale et à désectoriser ce secteur d'action publique en le connectant à l'emploi, à la santé, à l'éducation, à la formation, au logement, etc… Les thèmes du « parcours », de « l'accompagnement », de « l'individualisation » tout autant que de « l'accès aux droits » et de « l'inclusion » sont autant de symptômes de ces reconfigurations.

Cependant, on observe une forte prégnance des arrangements catégoriels hérités qui structurent encore l'appréhension et le traitement des situations problématiques de telle sorte que l'impact de ce nouveau modèle dit « inclusif » paraît relativement réduit en pratique.

Les observations conduites pourraient permettre de juger des effets de cette nouvelle approche à divers points de vue :

– *Du point de vue des bénéficiaires*, cette nouvelle approche semble impliquer une évaluation particulière des besoins/situations afin de déboucher sur une individualisation marquée de l'intervention ayant des contreparties en termes de responsabilisation pour le bénéficiaire. D'où des enjeux multiples : réponse aux besoins/contrôle des besoins ; soutien aux démarches personnelles/responsabilisation individuelle ; nature des droits fondés sur des critères généraux d'attribution (« objectifs ») ou impliquant des critères plus ouverts à interpréter (« subjectifs ») ; elle implique également une approche plus dynamique des situations individuelles pour ajuster les moyens susceptibles de les faire évoluer.

– *Du point de vue des acteurs :* pour les concepteurs et décideurs, cela pose la question de la conciliation de ces nouveaux cadres cognitifs avec des contraintes gestionnaires (maîtrise des enveloppes financières, définition des barèmes et des tarifs), avec des normes de qualité (censées promouvoir « bien-être, épanouissement, autonomie »), avec des principes d'équité (maîtrise des transferts entre catégories de bénéficiaires) et avec des principes de justice (exigences à l'égard des bénéficiaires en termes de droits et devoirs). Pour les « professionnels opérateurs », on peut s'interroger à propos des incidences sur les cultures et pratiques professionnelles sous-tendues par cette approche qui se veut « globale » (formation, qualification et compétences, identités professionnelles).

– *Du point de vue des interventions,* cette nouvelle approche implique une démarche transversale (pluridisciplinaire/plurisectorielle et pluri institutionnelle) et la participation du bénéficiaire ; d'où une série d'interrogations concernant les outils utilisés (expression et évaluation des besoins, élaboration des plans d'aide, etc.) ou encore les instances de coordination correspondantes (légitimité/fragilité, coopération/conflits).

Plus largement, dans le cadre des reconfigurations territoriales en cours (métropoles/intercommunalités), cette nouvelle approche interroge aussi la connexion faite entre l'action économique et l'action sociale au sein de ces espaces : l'action sociale considérée comme un coût qui pèse sur la dynamique économique (*via* la prise en charge des exclus du marché du travail) ; l'action sociale envisagée comme une ressource qui contribue à la dynamique économique (à travers les équipements petite enfance ou le logement). Cela interroge aussi la nature du modèle « inclusif » dès lors qu'on dépasse le cadre strict des politiques sociales.

On peut aussi porter l'attention sur les processus institutionnels et organisationnels au travers desquels cette nouvelle approche tente de s'affirmer et de s'imposer dans les pratiques :

– Par qui et comment ce « nouveau modèle » est-il élaboré et comment transite-t-il vers les pratiques organisationnelles et professionnelles ? A-t-il suscité des recompositions organisationnelles et de quels types ? Ces recompositions sont-elles propres à certains sous-secteurs de l'action sociale ou diffusent-elles dans l'ensemble du champ ?

– Quels sont les porteurs de cette reconfiguration éventuellement attendue des politiques sociales locales et, à cet égard, quels sont la place et le rôle respectifs des acteurs politiques, des administrations et des associations ?

– Même s'il paraît jouir d'une forte légitimité, le modèle de « l'inclusion » suscite aussi des controverses dont il faudrait apprécier la nature et la portée en termes de « sens ». Sur le premier aspect, les principes qui le commandent (droits individuels, adaptation aux situations singulières, maintien au plus près du droit commun, etc...) parviennent-ils à constituer un ensemble cohérent nettement identifiable et identifié comme tel par les acteurs, notamment en se démarquant des représentations qui commandaient antérieurement les interventions sociales ? Sur le second, « l'inclusion » constitue-t-elle un socle de significations mobilisatrices ou opère-t-elle de façon plus diffuse et indéterminée pour les diverses catégories d'acteurs permettant des différenciations d'interprétation et/ou des clivages nets dans les conceptions, voire des contestations de son bien-fondé ?

L'enjeu à ce niveau des représentations est de percevoir, d'une part, dans quelle mesure les processus de formalisation des politiques territoriales d'action sociale sont irrigués par des constructions idéelles plus ou moins partagées et d'apprécier, d'autre part, le degré d'appréhension et d'appropriation de notions fondatrices renouvelées et de leur déclinaison réelle en finalités et objectifs partagés. L'hypothèse ici est que le degré plus ou moins avancé d'institutionnalisation du « territoire » et des « politiques territorialisées » dans le champ de l'action sociale dépend fortement de la consolidation d'un socle de représentations vers lesquelles convergent les protagonistes de ces politiques. À cet égard, on pourrait tout aussi bien se trouver dans une réalité où l'héritage des représentations antérieures reste prégnant, la nouvelle conception en termes « d'inclusion » n'étant qu'un élément de langage impulsé par les élites nationales de l'État social, que dans une phase d'acculturation où les formes institutionnelles antérieures se recomposent sous la poussée d'une représentation nouvelle et relativement partagée de l'action sociale.

Territorialisation de l'action sociale et conception de la « prestation »

Dans les divers projets conduits sur les recompositions de l'action sociale au niveau des « territoires », une des dimensions des questions posées implique de s'interroger sur les « prestations » elles-mêmes, c'est-à-dire sur les modalités concrètes de prise en charge des personnes concernées. Sur ce point concernant les modalités concrètes d'intervention, cela fait référence à trois dimensions principales qui interagissent : les principes généraux de solidarité qui fondent la « prestation », les conditions de son attribution qui circonscrivent son domaine précis et enfin les questions de mise en œuvre qui renvoient au problème de l'accès effectif à la prestation et de ses effets en termes de satisfaction des « besoins » des bénéficiaires.

Sur un premier plan de la question, on peut repartir de l'idée que la protection sociale distribue deux types de prestations : les prestations en nature et les prestations en espèce. En se situant au niveau du bénéficiaire, le premier type consiste à délivrer directement à ce dernier une prise en charge matérielle qui se concrétise par la production d'un service (hébergement, soin, accompagnement, aide concrète) qui lui est directement presté soit dans un établissement, soit par le biais d'un service, soit par une combinaison des deux modalités ; dans le second cas, il s'agit d'allouer au bénéficiaire une somme monétaire qui peut être sans affectation déterminée (solvabilisation du bénéficiaire sans contrôle ou fléchage de l'aide monétaire laissant libre son usage) ou au contraire affectée à un type d'usages ou de dépenses prédéterminées. Les prestations du modèle « d'inclusion » semblent se caractériser par une combinaison de ces deux types de logique : prestation en espèce connectée à des prestations en nature (accompagnement, appui divers) comme dans le cas du RSA. L'enjeu est alors de doser les rapports entre un « droit » (prestation en espèce) et une forme de contrepartie (engagement et efforts du bénéficiaire inscrits dans un instrument qui, de plus, mobilise une responsabilité répartie (et souvent diluée) entre plusieurs acteurs publics ou para-publics.

Traditionnellement, les politiques d'assistance ont recours à des prestations « en nature » consistant, dans les formes originaires de ces interventions, à prendre en charge directement les bénéficiaires dans des établissements spécialisés ou à leur délivrer des prestations à domicile (soins, aide-ménagère, par exemple) dont le coût est supporté par les financeurs publics, le bénéficiaire se voyant offrir une certaine quantité de prestations en fonction de l'aide à laquelle il a droit. Cette modalité d'aide sous-tend toute la politique d'ouverture d'établissements spécialisés qui, au cours des années 1950-1960, caractérise l'aide sociale dans sa phase de modernisation : la puissance publique finance, alors, les établissements et en organise l'accès en fonction des droits reconnus aux bénéficiaires. Avec l'apparition et le développement de prestations dites « de solidarité nationale » (AAH, RSA, ASPA qui constituent des « minima sociaux ») et notamment depuis l'institution de l'APA et de la PCH, le modèle prestataire s'infléchit en intégrant des prestations monétaires, à savoir des ressources directement versées aux bénéficiaires. Les effets en sont contrastés selon l'articulation de ces prestations avec les opérateurs : pour l'AAH et pour l'ASPA dans une moindre mesure, leur usage est fortement canalisé par l'orientation très prégnante pour les personnes en situation de handicap et les personnes âgées vers des établissements, ce qui les constitue en financement quasi-obligé de ces derniers sans grandes marges de manœuvre pour les bénéficiaires ; même remarque pour l'APA et la PCH, mais, du fait du développement du « maintien à domicile », leur bénéficiaire dispose d'une plus large capacité d'arbitrage quant à leur usage.

La question est de savoir si la « territorialisation » de l'action sociale combinée au modèle de « l'inclusion » ne produit pas des effets dans les logiques des prestations ou si, dans l'autre sens, selon les prestations considérées (ASPA – AAH/APA

– PCH), leurs modalités d'utilisation ne se modifient pas pour accompagner des transformations dans les modes d'intervention. Ainsi, par exemple, assiste-t-on au développement d'un modèle « économie des services » dans lequel les choix et arbitrages opérés par les bénéficiaires tendent à modeler l'offre ou, au contraire, observe-t-on un maintien des logiques de régulation par les financeurs et les opérateurs sous forme d'un contrôle de l'offre de services et de prises en charge, les prestations monétaires étant intégrées par ce modèle sans interférer sur l'offre ?

Ces inflexions dans le modèle de prestations peuvent conduire à examiner la production d'interventions sociales (prestation/service) d'un point de vue d'économie industrielle : la prestation ou le service est-il conçu/appréhendé par l'autorité qui le fournit comme un « bien » (cela interroge les conditions de sa production en termes de quantité/qualité, coût) plus que comme un « droit » (l'accent étant mis sur les conditions d'attribution) ?

On peut examiner également si les modalités de mise en œuvre des services (service public/délégation à associations/services marchands) interfèrent sur les caractéristiques de la prestation ou du service en termes de quantité, prix, qualité ou mode de rationnement.

L'enjeu est d'importance : la « territorialisation » de l'action sociale induit-elle un changement dans la régulation des ressources, avec notamment un renforcement du poids des demandeurs ? Sous l'influence du modèle « inclusif », suscite-t-elle des évolutions vers un modèle beaucoup plus ouvert de prestataires et un recul du contrôle public de l'offre ? Le modèle « territorialisé » et « inclusif » génère-t-il une recomposition du système prestataire en le poussant inéluctablement vers une logique de prestations monétaires, ce type de prestations pouvant passer rationnellement comme le meilleur moyen de donner au bénéficiaire le maximum d'autonomie. De là, les pouvoirs publics voient-ils leur rôle évoluer vers la « régulation » d'une offre « conforme » à des normes réglementaires plutôt que rester dans l'aménagement d'un secteur d'opérateurs structuré par eux ? Et, en arrière-fond, à partir de ce que l'on observe sur le terrain, ces évolutions sont-elles déjà à l'ordre du jour ou, au contraire, les prestations monétaires de l'action sociale ne sont-elles que de simples modalités d'allocation indirecte de ressources pour des prestataires restant structurés par les pouvoirs publics avec peu d'impact des bénéficiaires ?

La question revêt aussi un second plan, mis en avant de façon récurrente, mais peu exploré : dans un système « national » de prestations, leur « territorialisation » suppose qu'il existe des marges d'interprétation et d'application des législations au niveau des acteurs publics locaux. Ces marges sont variables selon les prestations, la distinction « prestations en nature / prestations monétaires » pouvant passer là encore comme une variable décisive. Les premières ouvrent de grandes marges d'appréciation aux pouvoirs locaux quand les secondes, soumises à une logique réglementaire stricte, les transforment en simples gestionnaires de prestations légales.

Comme le montre toute l'histoire de l'assistance, surtout dans sa forme modernisée « d'aide sociale », d'importantes distorsions territoriales en matière d'établissements et de services ont toujours existé. Pendant longtemps cela n'a pas emporté de conséquences à considérer compte tenu du modèle en vigueur (conception du « placement » en établissement avec non prise en compte de la localisation des établissements, sauf pour les « maisons de retraite », dans les années 1960). Avec la territorialisation, mais aussi avec « l'inclusion », on peut penser que les prestations en nature doivent en principe être pensées en fonction de l'existence d'opérateurs pertinents sur chacun des territoires concernés ainsi qu'à travers la plus ou moins bonne adéquation entre cette offre et les « besoins » du territoire. Le « local » (et ses caractéristiques) prend donc un poids nouveau. Se pose la question de savoir si cela ouvre des marges nouvelles aux acteurs publics et opérateurs dans l'application des législations ou, au contraire, si cela les met davantage sous l'emprise du pouvoir central qui, en dernière instance, répartit les ressources. En tout état de cause, il s'instaure une nouvelle dialectique « national/local » qui peut être explorée en relation avec la diversité des configurations d'acteurs et de leur mode de coopération, avec l'impact de la territorialisation sur l'organisation des services, des pratiques des professionnels et de la diversité des critères d'attribution des aides.

La logique des prestations monétaires, on l'a dit, semble plus égalitaire parce que reposant sur des critères réglementaires généraux définis nationalement ; mais le problème est alors de savoir si leurs bénéficiaires sont face à une offre suffisante et/ou réellement ouverte de prestataires, ce qui alors ramène au point précédent de la correspondance « services/demande » (comme le montre l'accès aux soins de santé, égalitaire du point de vue des « droits », mais profondément inégalitaire du point de vue de l'offre).

Aussi, si la nature monétaire ou non des prestations peut apparaître centrale, selon les publics et les prestations (le RSA est sans doute différent à cet égard de l'AAH ou de l'ASPA), les facteurs territoriaux et la façon dont les acteurs les affrontent ouvrent des marges d'interprétation différenciées. Ces dernières sont certainement décisives et produisent probablement de très grandes différences dans la prise en charge effective des bénéficiaires et donc au final dans le contenu même de leurs droits.

L'enjeu global de cette thématique tenant à la conception des prestations est donc de percevoir, dans un sens, comment cette conception influe sur les modalités de mise en œuvre par les acteurs territoriaux et, dans l'autre, d'appréhender comment cette mise en œuvre impacte à son tour la nature et la portée des prestations.

Pour illustrer le propos, on peut ici prendre l'exemple du RSA pour lequel le législateur a clairement distingué l'insertion sociale (traitement d'exception) et l'insertion professionnelle (traitement ordinaire). Or, le dispositif est mis en œuvre sur un mode incluant une modalité d'insertion « socioprofessionnelle », intermédiaire-mixte-floue, notamment du fait du décalage entre les moyens disponibles, les besoins exprimés et la complexité des transitions. De même, la réaffirmation solennelle des droits et devoirs n'exclut pas débats et ajustements pratiques qui placent les bénéficiaires dans des régimes de justification différents et récurrents.

PRÉSENTATION DES AUTEURS

Elisabetta Bucolo
CNAM, Lise.
elisabetta.bucolo@lecnam.net

Dr Daniel Coutant
daniel.coutant2@sfr.fr

Anne Eydoux
Maîtresse de conférences d'économie.
CNAM, Lise-CNRS et CEET
anne.eydoux@lecnam.net

Laurent Fraisse
CNAM, Lise.
fraisse_laurent@orange.fr

Alexandra Garabige
INED et CEET.
alexandra.garabige@ined.fr

Marc Godefroy
Conseiller métropolitain à l'ESS à la Métropole Européenne de Lille (MEL).
contact@lillemetropole.fr

Florence Jany-Catrice
Professeure d'économie à l'université de Lille et chercheuse au Clersé-UMR 8019.
florence.jany-catrice@univ-lille.fr

Robert Lafore
Professeur de droit public, Institut d'études politiques – Université de Bordeaux.
r.lafore@sciencespobordeaux.fr

Elise Lemercier
Maîtresse de conférences en sociologie, chercheure au laboratoire Dysolab, université de Rouen Normandie.
elise.lemercier@univ-rouen.fr

Isabelle Leroux
Cheffe du bureau des collectivités locales de la DREES.
Isabelle.LEROUX@sante.gouv.fr

Léa Lima
CNAM, Lise et CEET.
lea.lima@cnam.fr

Philippe Martin
Directeur de recherche au CNRS, COMPTRASEC, université de Bordeaux.
philippe.martin@u-bordeaux.fr

Laura Nirello
Économiste, maître-assistante à l'Institut Mines Télécom (IMT) Lille Douai, membre du Centre lillois d'études et de recherches sociologiques et économiques (CLERSE).
laura.nirello@imt-lille-douai.fr

Jean-Luc Outin
Économiste, chercheur associé au Centre d'économie de la Sorbonne et à la Mission recherche au sein de la Direction de la recherche, des études, de l'évaluation et des statistiques (DREES).
Jean-luc.outin@sante.gouv.fr

Marie-Laure Pouchadon
Maître de conférences en sociologie, laboratoire Passages, Université Bordeaux Montaigne, chercheure associée au Centre Emile Durkheim, université de Bordeaux.
marie-laure.pouchadon@iut.u-bordeaux-montaigne.fr

Quitterie Roquebert
LIRAES, université Paris Descartes.
quitterie.roquebert@parisdescartes.fr

Jules Simha
Université Paris Descartes, Cerlis et CEET.
jules.simha@parisdescartes.fr

Loïc Trabut
INED et CEET.
loic.trabut@ined.fr

Christophe Trombert
Maître de conférences en sociologie, université Lyon 2, Centre Max Weber.
Christophe.Trombert@univ-lyon2.fr

Claire Vivès
CNAM, Lise et CEET.
claire.vives@lecnam.net

Imprimerie de la Direction de l'information légale et administrative
N° 736190030-001119 – Dépôt légal : novembre 2019
PEFC 10-31-2190 / Certifié PEFC IMPRIM'VERT®